超越东西方文化的研究

梁觉论文选集

陈昭全 陈晓萍 张志学 主编

Beyond Eastern and Western Culture
A Collection of Papers by Kwok Leung

图书在版编目(CIP)数据

超越东西方文化的研究:梁觉论文选集/陈昭全,陈晓萍,张志学主编.—北京:北京大学出版社,2017.5

(IACMR 组织与管理书系)

ISBN 978-7-301-27151-3

Ⅰ.①超… Ⅱ.①陈…②陈…③张… Ⅲ.①管理学—文集 Ⅳ.①C93-53

中国版本图书馆 CIP 数据核字(2016)第 113797 号

书　　名	超越东西方文化的研究:梁觉论文选集 CHAOYUE DONGXIFANG WENHUA DE YANJIU
著作责任者	陈昭全　陈晓萍　张志学　主编
责 任 编 辑	贾米娜
标 准 书 号	ISBN 978-7-301-27151-3
出 版 发 行	北京大学出版社
地　　址	北京市海淀区成府路 205 号　100871
网　　址	http://www.pup.cn　新浪微博:@北京大学出版社
电 子 信 箱	em@pup.cn
电　　话	邮购部 62752015　发行部 62750672　编辑部 62752926
印 刷 者	北京中科印刷有限公司
经 销 者	新华书店
	730 毫米×1020 毫米　16 开本　24.75 印张　366 千字 2017 年 5 月第 1 版　2017 年 5 月第 1 次印刷
定　　价	79.00 元

未经许可,不得以任何方式复制或抄袭本书之部分或全部内容。

版权所有,侵权必究

举报电话:010-62752024　电子信箱:fd@pup.pku.edu.cn

图书如有印装质量问题,请与出版部联系,电话:010-62756370

梁觉教授简介

梁觉教授(1958—2015),曾任香港中文大学教授,香港城市大学管理学系主任,香港中文大学心理系主任。1981年毕业于香港中文大学生物学系后,赴美国厄巴纳-香槟伊利诺伊大学分校,攻读社会与组织心理学专业,取得博士学位。1985年,回到香港后,就职于香港中文大学心理系,任系主任。2000年,转入香港城市大学管理学系,任系主任。

梁觉教授投身于心理学、管理学的教学与研究生涯,在学术领域做出了杰出贡献。梁觉教授的研究兴趣广泛,著作等身。他在跨文化研究、冲突管理、公平理论、研究方法等多个领域发表的论文和专著得到频繁引用,对学术界产生了深远的影响。其中,代表作品包括:Methods and Data Analysis for Cross-cultural Research(1997),引用率高达1700余次;Psychological Aspects of Social Axioms: Understanding Global Belief Systems (2009),开创了社会通则研究的先河。

梁觉教授全身心地投入各项学术公益活动,在众多的国际学术期刊中承担了主编、编辑、评审等工作。他曾担任中国管理研究国际学会(International Association for Chinese Management Research, IACMR)的会刊《组织管理研究》(*Management and Organization Review*, MOR)的副主编,以及《国际商学期刊》(*Journal of International Business Studies*, JIBS)的副主编等。

梁觉教授活跃于国际学术舞台,在国际同行中获得了广泛的尊重,拥有众多合作者。同时,梁觉教授致力于推动国内的研究发展,在繁忙的工作中,对于国内的学术活动邀请,他总是不辞劳顿、欣然接受,对于国内年轻学者的求教,总是慷慨相助。梁觉教授以渊博的学识、高尚的品德,成为国内外学术领域一位德高望重的学者。

纪念梁觉教授（代序）

梁觉教授于 2015 年 5 月 25 日英年早逝，学界同仁无不扼腕叹息。中外学者纷纷在自媒体、网络以及学术期刊上发表文章纪念他，同行们也在不同的学术场合举行纪念活动，MOR 杂志计划出版关于梁觉教授学术研究的特刊。受 IACMR 的委托，我们特别编辑这本书，一方面向读者呈现梁觉教授在学术上的巨大贡献，从他颇具前瞻性与洞察力的研究中获得启迪，另一方面也表达 IACMR 以及我们对于梁觉教授的怀念和敬意。

梁觉教授将自己的毕生精力投入科研、教学和学术社区的服务之中。他在香港中文大学学习生物，毕业后去美国伊利诺伊大学攻读心理学硕士和博士学位，后回到母校香港中文大学心理学系任教，之后担任心理学系主任。后来到香港城市大学商学院任讲座教授，并担任管理系主任。2014 年回到香港中文大学任管理学院讲席教授，潜心从事学术研究。他是国际商务学会、美国心理科学学会以及跨文化研究国际学会的会士。他曾担任《亚洲社会心理学》的主编、JIBS 的领域主编和副主编、《亚太管理杂志》和《跨文化杂志》的副主编；担任过 MOR 的副主编，并为 IACMR 做了大量工作。此外，他还担任过跨文化心理学国际学会（IACCP）的主席、亚洲社会心理学学会的主席等重要学术职务。

梁觉教授对学术非常执着，数十年来初心不改，一直孜孜不倦地开发新的研究课题。有一次参加国际学术会议之后，他和樊景立教授一起回香港，两个人在登机口等飞机时讨论学术问题，完全沉浸在讨论中，竟然彻底忘记了坐飞机的事，硬是把航班给错过了。正是对于学术的痴迷精神，造就了梁觉教授在学术上的卓越贡献。他的研究横跨心理学和管理学，在跨文化心理学、社会心理学和组织行为学的理论及方法上作出了重要的贡献。他早期的研究多专注于跨文化心理学，比较中美文化中个体的思维方式和行为方式的异同。中后期的研究一方面注重方法论本身，另一方面开始重视本土概念研究，同时还继续中外对比研究，特别是在创造力这个课题上。

～～～～～～～～

决定编辑本书时，我们三人经过讨论，从众多作品中选出了能够代表梁觉教授研究成果和特色的11篇文章，包括他在分配公平、冲突处理与谈判、和谐、社会信念几个领域中发表的具有很大影响力的研究作品。

仔细阅读这11篇文章，可以体会到梁觉教授的学术风格和发展历程。他由于中美分配公平的跨文化比较研究（Leung & Bond，1984；本书第1章）而开始受到学界关注，随后他又发表了比较中美解决冲突方式的研究报告（Leung，1987；本书第4章）。他还意识到中国人与美国人对于内群体和外群体的态度不同，揭示了中美两国人在处理与内外群体成员之间冲突上的差异，并以文化集体主义解释了这种差异（Leung，1988；本书第5章）。这三篇文章成为跨文化研究领域的经典之作，也奠定了梁觉教授在跨文化研究领域的领导地位。

除了考察中美差异之外，他的作品还比较了在韩国和美国文化下，互动目标对于公正原则选择的影响（Leung & Park，1986；本书第2章）。采用他在社会公平研究中采用的范式，他与合作者通过三个环环相扣的研究揭示了在资源分配决策当中，互动公平对于个人自我中心偏差的影响（Leung，Tong，& Ho，2004；本书第3章）。基于他对文化差异的理解，以及他在冲突处理和奖赏分配方面的研究积累，他系统地总结和分析了冲突处理、谈判以及奖赏分配方面的跨文化差异（Leung，1997）。这篇论文被从事谈判、冲突处理和奖赏分配领域的研究者频繁引用。由于梁觉教授熟悉多国文化，因此他与同事致力于从多元文化视角建立起解释不同文化背景下的社会信念的模型，并在世界各国收集数据，比较各国在几个社会信念上的差别（Leung & Bond，2004；本书第9章）。这项工作激发了全世界的学者从事社会信念的研究。

梁觉教授对于中国文化具有深入的理解，并在研究中体现出中国文化的特色。西方人注重对冲突的处理和管理，而他觉得中国文化注重关系，中国人很注重和谐。他在前面提及的1997年的那篇总结性的文章中，开始对"和谐"进行界定和分析，几年之后，他明确区分了和谐具有"和谐提升"和"避免分裂"两种不同的动机，并推演出它们会导致不同的冲突处理方式（Leung，Koch，& Lu，2002；本书第6章）。他在北京大学光华管理学院与师生交流时曾说，他认为关于和谐的研究虽然具有高风险但却很值得做。后来，他与同事进一步开发量表，比较中国香港、中国内地和澳大利亚三个样本在和谐观念上的异同，还考察了和谐的两种动机与五种冲突处理方式之间的关系，以及这些关系在中澳文化中存在的差异（Leung，Brew，Zhang，& Zhang，2011；本书第7章）。

梁觉教授的研究不只局限于心理学领域，还延伸至管理学领域。他基于在跨文化和公正判断方面的深厚积淀及洞察力，与同事们合作建构了文化与公正判断之间关系的理论（Morris，Leung，Ames，& Lickel，1999；本书第8章）。从心理学系进入商学院任教之后，他开始将自己在跨文化领域的积累应用于国际商务领域。他与合作者就文化及国际商务之间关系的论述（Leung，Bhagat，Buchan，Erez，& Gibson，2005；本书第10章），为该领域的未来研究指明了方向。这篇文章是他的作品中被引用次数最高的文章之一。他最新的文章，进一步整合当代社会心理学，尤其是文化心理学的最新研究和理论，阐述了文化与行为之间关联的动态机制（Leung & Morris，2015；本书第11章）。相信这篇文章会启迪国际商务学者开展更多的研究，也有助于学者揭示全球化环境下人们的工作行为规律。

作为学界同行，我们三人都与梁觉教授具有深入的交流和深厚的情谊。在听到梁觉教授病重住院的日子里，我们时时挂念，希望他早日康复，一切安好。然而我们的心愿落空了，听到梁觉教授去世的消息，我们每个人都异常悲痛。我们对他的怀念并没有因为时间的流逝而消退，每每想起他来，依然感到心痛。他是我们尊重、景仰和热爱的良师益友。下面这些内容分别简述了我们每个人与他的交往，以表达我们对他的怀念。①

陈昭全最初了解梁觉，缘于阅读他关于中西方文化中分配公平差异的开创性研究。当昭全开始攻读博士学位时，梁觉已经是跨文化心理学领域的权威学者。梁觉发现，在分配报酬时，中国人偏好平等而西方人倾向于公正。昭全在博士论文中提出了相反的假设并得到了实证支持，即伴随着中国20世纪七八十年代以来的市场经济改革，中国人甚至比美国人更支持差异化的报酬分配。在第一次和梁觉见面时，昭全感到忐忑紧张甚至隐隐不安，因为两人的研究结论相悖，不知道梁觉会作何反应。没想到梁觉对于这篇论文大为赞扬，并与昭全握手表示祝贺。梁觉的宽广胸襟和包容品格深深地感染了昭全，从此昭全开始向梁觉请教有关中国文化、组织公平和跨文化心理学的知识。两人的友谊和合作关系日渐加深。

梁觉和昭全后来各自邀请对方到自己的大学访问，与对方的博士生们见面，分享他们对于学术研究所需要的品质——志存高远、满怀热情、充满好奇和具有内在动机——的理解。之后两人有更多的相互帮助和合作：共同在 MOR 的编委会中工作，共同在 MOR 期刊上合作编辑"中国本土管理研究"特刊，也受陈晓萍之邀一起在 *Organizational Behavior and Human Decision Processes*

---

① 这些内容改编自陈昭全2015年8月9日在美国管理学会（AOM）年会上举行的纪念梁觉的活动上的发言，以及2015年5月26日陈晓萍和张志学听到梁觉去世的消息后当天写的纪念文章。

（OBHDP）上主编"中国管理研究"特刊。

陈晓萍和梁觉是伊利诺伊大学的校友，他们先后在心理系攻读硕士和博士学位。梁觉比晓萍早 10 年毕业。由于他们师从同样的教授——Harry Triandis 和 Sam Komorita，因此晓萍开始读博士时，Komorita 教授总是向她提起梁觉，说他是一个"在压力状态下达到最佳工作状态"的人，让晓萍印象深刻。晓萍毕业后去香港科技大学任教，那时梁觉是香港中文大学心理系的教授和系主任。两人在香港见面，之后因 IACMR 的工作开始更多地交往。梁觉担任 JIBS 的领域主编时，曾主管晓萍投给 JIBS 的文章。他在整个审稿过程中向晓萍提出要求并给予指导，使得该论文的质量得到显著提高，并最终得以发表。晓萍曾经担任 IACMR 的第二任主席，也曾担任 MOR 的顾问编辑。梁觉先是担任学会期刊 MOR 的资深编辑，后来又担任其副主编，还兼任过 MOR "中西方创造力"特刊的主编。晓萍成为 OBHDP 的主编之后，邀请梁觉加入编委会，后来又邀请他担任 OBHDP "中国现象研究"特刊的特约主编。而梁觉在研究、教学和行政任务极其繁重的情况下，都欣然应允。

晓萍和梁觉都在 IACMR 举办的管理研究方法培训班上担任导师工作。这个培训班每两年办一期，培养了大量优秀的管理学者。每期前后四五天的时间，导师每天 12 个小时高强度地工作，与多所大学的年轻教师、博士生一起讨论研究问题和研究方法。在这些培训班里，梁觉和晓萍作为导师及筹办者，进行了很多的交流和商榷。梁觉为人随和，非常容易共事，从来没有任何架子。两人无论在 IACMR 的活动中还是在 AOM 碰面时，都是既谈学术也拉家常。在晓萍看来，梁觉从来都是十分放松、洒脱的样子。他不仅擅长，而且从内心深处热爱这些工作，总能举重若轻，游刃有余。

张志学与梁觉交往很多，他们最后一次见面是在 2014 年 12 月 5 日。当天在香港科技大学举行的首届 MOR 前沿研讨会上，梁觉邀请志学在他召集的专题会上发表演讲。会议结束后,志学坐他的车到香港中文大学火车站,从那里回深圳继续第二天的教学工作。路上,志学告诉梁觉一个好消息,他们关于进言的文章已经进入 Journal of Applied Psychology 的第三轮评审,该论文中的一个重要概念就是"避免分裂"。志学表示等文章被接受后就发给梁觉,表明他基于中国文化提出的概念已被国际高水平期刊认可。等到文章被接受时,梁觉已经病重,一直没能阅读,留下了遗憾。

志学在香港理工大学工作的最后一段时间,想到即将到北京大学光华管理学院任教,从心理学研究者转为组织管理研究者,就希望找机会向前辈学习。2000年春天,梁觉邀志学去他家聚会,聊了很多有趣的事情,也在学术上给了志学一些建议。光华管理学院创办国际博士生项目之后,志学邀请梁觉与博士生们分享研究心得。他讲了自己七个引用率最高的研究,分析它们为什么受同行关注,创新点在哪里。最后讲到关于"和谐"的研究时,他说这种研究具有高风险,他不以发表文章为目标的时候才敢做。2005年志学去香港拜访时,梁觉分享了自己如何管理时间、如何平衡研究和行政工作、如何指导博士生的心得。2009年年底,梁觉、志学等一行十多人去德国大学访问。在长时间的晚餐过程中,内地学者由于缺乏感兴趣的话题而显得沉闷和无聊。但是,梁觉却能与德国同行们聊很多有趣的话题。事后,他被问起为什么如此善于聊天时回答说,闲谈其实也是学术生活的一部分。他平时善于学习和积累,并思考看到的东西,当需要闲谈时就能够与别人交流和分享。这可能是他颇具研究洞察力和创造力的原因。

在我们看来,梁觉教授既拥有中国传统的君子之风,同时又是一位后现代的世界公民。他在学术和生活中兴趣广泛、待人温和、平易近人,他周游世界、学识渊博、研究精湛,精通并赞赏世界上各种不同的文化。他在与人交往时总是充满鼓舞人心的力量,总能给别人带去知识和精神上的启迪,而又永远与世俗钻营的物质利益保持距离。在当下诸多精英都在追求权力、资源和名利之时，梁觉教授以他的清新之风留给了我们这些学人难得的精神财富。

梁觉教授在有生之年尽了最大的努力为社会、为他人贡献了自己的聪明才智，我们编辑这本书的目的在于感谢他为华人心理学和中国管理研究作出的卓越贡献，也表达我们以及同仁对于他的纪念。虽然本书并不能反映他研究和作品的全貌，但我们希望并相信这些文章对于同行的后续研究将有所启迪和帮助。

陈昭全、陈晓萍、张志学

2017 年 4 月

第1篇　分配公正与互动公正

第1章　文化集体主义对报酬分配的影响　梁　觉　Michael H. Bond / 003

　　公正理论及其与集体主义的关系 / 005

　　实验1 / 007

　　讨　论 / 011

　　分配行为的感知 / 013

　　实验2 / 014

　　分配公平性 / 017

　　报酬的分配 / 018

　　讨　论 / 019

　　总体讨论 / 021

　　参考文献 / 022

第2章　互动目标对分配原则选择的影响：一项跨国研究

　　　　　梁　觉　Hun-Joon Park / 025

　　方　法 / 028

结　果 / 029

讨　论 / 033

参考文献 / 034

第 3 章　资源分配决策中互动公正对自我中心偏差的影响
　　　　梁　觉　Kwok-kit Tong　Salina Siu-Ying Ho / 037

互动公正与自我中心偏差 / 038

公平启发式理论与自我中心偏差 / 040

当前研究 / 041

研究 1 / 042

研究 2 / 048

研究 3 / 050

综合讨论 / 057

参考文献 / 059

第 2 篇　冲突与和谐

第 4 章　冲突解决程序选择偏好的决定因素：一项跨国研究　梁　觉 / 067

集体主义文化框架 / 069

集体主义与程序公平 / 070

集体主义对非约束式程序的选择偏好内在机制 / 070

冲突解决程序选择偏好的决定因素 / 072

群组成员关系、第三方身份、性别与程序选择偏好 / 072

方　法 / 073

结　果 / 077

讨　论 / 085

参考文献 / 089

第5章 冲突回避的决定因素 梁 觉 / 093

文化集体主义的概念 / 094

文化集体主义和冲突解决 / 095

研究方法 / 096

实验设计和程序 / 097

研究结果 / 097

讨　论 / 099

参考文献 / 100

第6章 和谐的二元模型及其对亚洲冲突管理的启示
　　　梁　觉　路　琳　Pamela Tremain Koch / 103

和谐与冲突：东亚的模式 / 104

东亚的本土冲突理论 / 105

和谐和冲突管理的非亚洲视角 / 107

重新概念化和谐 / 109

和谐的二元模型 / 113

对冲突理论和未来研究的启示 / 117

参考文献 / 121

第7章 和谐与冲突：中国与澳大利亚的跨文化研究
　　　梁　觉　Frances P. Brew　张志学　张　燕 / 127

和谐的二元视角 / 128

和谐与冲突解决 / 130

研究 1 / 131

研究 2 / 138

贡献和意义 / 151

局限和未来的研究方向 / 153

参考文献 / 155

第 3 篇　跨文化理论与文化差异

第 8 章　内部视角与外部视角：整合文化与公平判断的主客位观点
　　Michael W. Morros　梁　觉　Daniel Ames　Brian Lickel / 161

主位视角与客位视角 / 162

公平判断 / 166

对文化影响力的研究 / 168

协同形式 / 173

整合性框架在应用中的优点 / 177

结　论 / 180

参考文献 / 181

第 9 章　社会通则：一个多元文化视角的社会信念模型
　　梁　觉　Michael H. Bond / 187

社会心理学中的信念 / 190

基本的心理学概念：社会通则 / 195

社会通则的维度 / 200

社会通则的全球化研究 / 206

有关社会通则各因素的意义与作用的证据 / 223

基于公民信念对文化群组进行分类 / 235

社会通则对个体行为的影响 / 237

结论和研究展望 / 244

附　录 / 253

参考文献 / 255

第 10 章 文化与国际商务：近期研究成果回顾和未来的研究方向
　　　　梁　觉　Rabi S. Bhagat　Nancy R. Buchan　Miriam Erez
　　　　Christina B. Gibson / 266

在局部全球化的时代下的文化变革、趋同和差异 / 268

局部全球化的演变 / 268

全球化和自我身份 / 277

困　境 / 284

判定文化效应何时产生 / 285

启　示 / 287

用实验法研究文化 / 289

个体、群体及情境因素的调节作用 / 290

通过实验来理解文化影响的局限 / 292

结　论 / 295

参考文献 / 297

第 11 章 处于文化-行为关系中的价值观、心理图式和规范：一个情境化的动态框架　梁　觉　Michael W. Morris / 308

引　言 / 309

价值观 / 310

图　式 / 313

规　范 / 317

情境化动态框架的启示 / 332

结　论 / 335

参考文献 / 340

附　录　梁觉教授学术成果概览 / 353

后　记 / 377

第 1 篇　分配公正与互动公正

第1章

文化集体主义对报酬分配的影响*

梁 觉　Michael H. Bond

翻译：陈力凡

校对：陈昭全

摘要：集体主义的文化被认为会导致人们在分配报酬时，对内群体成员和外群体成员采用不同的方式。本研究的两项实验通过中美受试者对这个问题进行了探讨。第一项实验使用了外群体环境，该研究引导受试者认为他们是和一个未见面的搭档工作并获得一份小组报酬。结果发现，一旦社会评价的压力消失，与个体主义的美国受试者相比，集体主义的中国受试者在分配团队报酬时能更严格地遵守公正原则（equity rule）。在第二项实验中，中国受试者和美国受试者假想这样一个情境：一个报酬分配者和一个内群体成员或者一个外群体成员一起工作。报酬分配者对任务有高投入或者低投入，其在分配团队报酬时采用公正原则或平均原则（equality rule）。和美国受试者相比，中国受试者喜欢报酬分配者与内群体成员平均分配团队报酬，他们认为这种分配方式更为公平。实验要求受试者假设他们就是报酬分配者并对团队报酬进行假设性分配。当接受者（搭档）为外群体成员或者当受试者的投入低时，与美国受试者相

---

* Leung, K., & Bond, M. H. (1984). The impact of cultural collectivism on reward allocation. *Journal of Personality and Social Psychology*, 47(4), 793-804.

比，中国受试者更严格地遵守公正原则。然而，当受试者的投入高或者当受试者是一个内群体成员时，与美国受试者相比，中国受试者更严格地遵守平均原则。这些发现是在集体主义文化中维护集体团结的愿望这一条件下进行讨论的。

集体主义-个体主义是跨文化心理学、社会学和人类学理论讨论的主要概念之一（例如，Berger, Berger, & Kellner, 1973；Brittan, 1977）。然而，直到最近我们才有了评估这一概念重要性的实证基础。Hofstede（1980）在40个国家（地区）开展了大范围的信仰与价值观调查，他提炼出民族文化的四个维度，而个体主义-集体主义就是其中之一。根据他的数据，美国的个体主义得分最高，而具有中国文化背景的地区（如新加坡、中国香港和中国台湾）则处于集体主义一端。这一结果和Hsu（1970）对中国和美国社会大范围的人类学观察结果是一致的。

尽管集体主义-个体主义是一个十分重要的概念，然而仅有几个学者尝试对其进行阐释和定义（例如，Gould & Kolb, 1964；Kluckhohn, 1952；Parsons, 1977）。对集体主义-个体主义的定义一般来说都是对集体主义的社会环境以及个体主义的自我的强调。这些定义比较抽象，并且不够集中，无法产生可供研究的假设。

社会学文献综述显示，诸如Riesman、Glazer和Denney（1961）的传统导向，Parsons和Shils（1952）的集体取向、特殊主义和归因取向，以及Etzioni（1975）的组织道德参与等概念，都可以用来描绘集体主义者。集体主义者更加关注他们的个人行为给内群体成员带来的影响，更可能为了集体利益而牺牲个人利益（参见Bond & Wang, 1983；Jones & Bock, 1960）。

反之，个体主义者可以用诸如Riesman等（1961）的内部导向，Parsons和Shils（1952）的自我取向、普遍主义和成就取向，以及Etzioni（1975）的计算式参与等概念来描述。个体主义者不太注重他们的个人行为给社会环境中的其他人带来的影响，不论这些人和他们本人是否属于同一个集体。个体主义者更加关注他们的行为与自己的需求、利益和目标之间的关系。

Triandis（1983）对个体主义和集体主义进行了详尽的文献综述，然后，他在内群体/外群体差异的基础上对个体主义和集体主义进行了定义。他采取如下方式定义集体主义。

（集体主义）特别强调：（a）内群体观点、需要和目标而非个人观点、需要和目标；（b）基于内群体规定的社会规范和责任而非个人乐趣；（c）内群体共享的信仰而非将个人与组织区别开来的信仰；（d）与内群体成员合作的强烈意愿。(Triandis, 1983: 9)

相应地，个体主义就被定义为如下的方式。

（个体主义）特别强调：（a）个人观点、需要和目标而非他人观点、需要和目标；（b）基于个人乐趣、个人享受而非基于由别人规定的社会规范和责任；（c）独特的个人信仰；（d）个人成果最大化。(Triandis, 1983: 10)

Triandis 的概念要求区分内群体成员（如家人和朋友）和外群体成员（如不知名的他人），其实证支撑可以从 Triandis 和 Vassiliou（1972）以及 Vassiliou 和 Vassiliou（1966）等研究中找到。Tajfes（1982）对社会分类的研究同样强调了区分内群体和外群体的重要性。

公正理论及其与集体主义的关系

公正理论（equity theory）（Adams, 1965; Homans, 1961; Walster, Walster, & Berscheid, 1978）自从其出现之日起就在解释和预测分配行为时居统治地位。然而，Deustsch（1975）认为，公正理论是一个有限的视角，因为在非经济的社会关系中，群体团结和让对方满意更受重视，在报酬分配过程中，平均及需要比公正更有影响力。

此外，个性也会影响分配原则的选择。Swap 和 Rubin（1983）发现，在报酬分配情境中，人际关系量表得分较高的受试者会更大程度地采用平均原则，而得分较低的受试者更可能采用公正原则。请注意：人际关系得分高的特点是对与他人的关系中的人际方面具有更高的反应性，而人际关系得分低的特点是对与他人的关系中的人际方面没有反应却想将自己的成果最大化。

从这一分析可以清楚地看出，社会情感取向可能是决定分配原则选择的一个重要因素。我们似乎可以认为，社会情感取向与分配方法选择之间的相似关系在个人层面向文化层面转变的过程中依然适用。在人际敏感度高的文化中，和谐、团结一致更受重视，平均原则比公正原则更受欢迎。反之，在强调生产绩效、竞争性和自我利益的文化中，公正原则更受欢迎。

然而，正如前面所解释的那样，个体主义者的分配行为不怎么受对象群体身份的影响，而对象是否属于内群体成员或外群体成员却会影响集体主义者的分配行为。简言之，集体主义者只对内群体成员具有集体主义倾向，而对外群体成员却具有个体主义倾向（参见 Triandis & Vassiliou，1972）。这样，我们可以认为，集体主义者只与内群体成员进行更为平均的分配。

有证据表明，与个体主义者相比，集体主义者甚至与外群体成员也会更严格地遵循公正原则。在个体主义盛行的文化中，社会成员学会了将群体视为暂时的，契约关系也许更为重要。个体主义者参加许多不同的群体，陌生人也被当作潜在的群体成员。因此，在与陌生人合作互动的过程中，必须具有社交能力和友好的态度，这会促进将来潜在的交流互动。反之，集体主义者更加重视与既存群体成员的和谐互动交流，而他们认为陌生人不太可能成为内群体成员。实际上，对中国人和美国人进行的性格测试结果显示，在加利福尼亚心理调查表上，美国受试者更赞同集体性和社交性（Abbott，1972），在戈登人际价值观调查中，美国人更看重相互帮扶（Tarwater，1966）。美国人普遍重视对陌生人的友好，这一点有可能使得他们对陌生人的分配行为不那么强调公平。Leung 和 Bond（1982）以及 Bond、Leung 和 Wan（1982）的跨文化研究发现了与这一假定模式一致的证据，他们的研究发现，与美国人相比，在内群体成员间进行分配时，中国人会更多地采用平均原则。Mahler、Greenberg 和 Hayashi（1981）以及 Marin（1981）等的研究也发现，在与外群体成员进行分配时，日本受试者和美国受试者采用公正原则的程度相同，而哥伦比亚受试者比美国受试者更严格地遵守公正原则。注意：与美国人相比，日本人和哥伦比亚人更具有集体主义倾向（Hofstede，1980）。

总而言之，可获得的证据似乎支持我们提出的集体主义和分配行为之间的关系。本研究的设计目的是进一步加深刚刚提到的理论分析。Leung 和 Bond（1982）以及 Bond、Leung 和 Wan（1982）已经研究了内群体情境中的分配行为，因此本研究是第一个对中美受试者在外群体分配情境中的分配行为进行对比的研究。另一个变量，即分配的匿名性，也包含在本研究设计中，因为与美国人相比，中国人对社会评价压力更敏感（Hsu，1970）。中美受试者在报酬分配方面的这些差异可能会受到这一变量的影响。社会行为自我呈现的决定因素也引起了更多的兴趣（Baumeister，1982），似乎值得对这一话题进行跨文化探索。

总之，本研究检测了这一假设：不论他们的工作绩效如何，与美国受试者相比，中国受试者在与外群体成员进行分配时更加公平。

实验1

方　法

受试者

受试者是伊利诺伊大学及香港中文大学心理学入门课程的学生。他们的参与是该课程的要求之一。总共192名受试者（96名美国人、96名中国人）参与本实验。每个文化群体的男女生人数相同。

实验设计

每位受试者都由一名同性别、同文化背景的实验者管理。实验者让受试者相信，他们将和一位搭档一起完成一项抄写任务，并且将会根据他们的共同表现获得一笔现金报酬。实验者告诉受试者，他们完成的任务是搭档的两倍或者一半。然后委派受试者公开地或者匿名地和搭档分配现金报酬。相关测量标准是他们分配给自己的现金数额。研究使用了四因素析因设计（2×2×2×2）（工作绩效×分配环境×性别×文化）。

本研究并未测量受试者的集体主义程度，原因有二。其一，已经有不同的渠道可靠地展示了中国人和美国人在集体主义方面的差异（例如，Hofstede，1980；Hsu，1970；Jones & Bock，1960），在这里复制这一已有结果没有太大的必要。其二，在收集数据时未能获得一个综合全面的集体主义量表。①

步　骤

受试者参与真实而有难度的工作，在整个实验过程中都看不到其搭档。实际上，受试者的搭档并不存在，是实验者设定情境予以操纵的，假装搭档就在隔壁房间。

当受试者到达时，实验者告诉受试者他将和另一位受试者组成一个两人小组，两人将完成一个小组任务。实验者告诉受试者他的搭档已经到达并且已经在另一个房间里开始工作了。然后要求受试者将包和衣服放在他的搭档的包和衣服旁边。搭档的包和衣服其实是实验者放在那儿的，目的是让受试者相信确实存在一位搭档。

然后受试者被领进一个小房间去阅读实验指示。指示以书面形式呈现，同时以口头形式进行：录音机重复播放印在指示单上的内容。受试者被告知，实验的目的与抄写任务的完成情况有关，抄写内容是受试者知晓的语言（中文或英语）或受试者不懂的语言（法语或日语）。受试者被告知，现金将被用于支付报酬，这样做是为了评估该过程中动机变量的影响。研究也评估了拥有一位搭档带来的影响，其方法是委派一些受试者和一位搭档工作，其他人则单独工作。

受试者被告知，他们将被要求抄写 20 分钟的法语（如果受试者是中国人）或者日语（如果受试者是美国人），然后再抄写 20 分钟的中文（如果受

---

① 该量表可以从伊利诺伊大学的 Harry Traindis 和 Harry Hui 那里获取。

试者是中国人）或者英文（如果受试者是美国人）。小组将会根据这两个时间段内抄写单词的数量获得一定数额的报酬。实验者告知受试者，为了避免互相干扰，受试者和他的搭档将在不同的房间里工作。

在开始抄写前，受试者抽签决定谁在实验结束后充当小组报酬的分配者。抽签过程是被操纵的，所有受试者都是分配者。

然后受试者开始抄写法语或者日语词语。10分钟后，实验者宣称要去隔壁让受试者的搭档从抄写法语或日语转为抄写中文或英语。门被关上以假装隔壁房间正在进行这种交流。

实验者在两个房间之间来回穿梭，以加强这样一种印象：搭档比受试者的进度快10分钟。在受试者的任务才进行到一半时，实验者就对似乎就在受试者工作间门外的搭档表示感谢并让其离开。

受试者完成了40分钟的抄写任务后，实验者将受试者的成果拿到另一个房间进行计算。5分钟后，实验者带着两位小组成员完成的数量结果回来了，并且带来了3.10美元或者等值的港币作为小组报酬。实验者要求受试者拿出他的报酬份额，将剩下的钱放进一个信封或者一个塑料袋里。受试者分配报酬时，实验者离开了房间。

自变量

投入操纵。实验者将完成任务的数额展示给受试者，操纵了小组成员的相对工作绩效。正确抄写的字数是235个和118个（即2∶1），一半受试者是绩效高的，一半受试者是绩效低的。

匿名操纵。一半的受试者被要求将其搭档的那份报酬放进一个白色的纸质信封里，其目的是给受试者留下这样的印象：实验者是不会知道分配结果的。然后他们将信封从一个狭窄的缝隙里投进一个封口的盒子里，他们不必等待实验者回来就可以离开。这个盒子里还有其他的信封，假装是专用于实验结束后收集分配信封的。既然实验者已经离开房间，那么报酬分配看起来就是完全私密的。

另一半的随机抽样的受试者将在实验者知晓的情况下进行奖金分配，尽管实验者当时并不在场。这一组使用了透明的塑料信封，受试者被要求在实验者返回房间后将信封当面交给他。

本研究的结果变量是受试者为自己留下的奖金份额。实验结束后，实验者向受试者详细解释了实验的实际情况。

实验结果

实验分析的第一步是将金钱数据转换成百分比。百分比使用了四因素方差分析（ANOVA）。分配公平的标准是，绩效低的获得总报酬的33%，而绩效高的获得67%。

结果发现了两个重要的主效应。首先，两种文化的受试者在公开情境下收取的报酬比例都比在私密情况下收取的报酬比例低，$F(1, 176) = 5.34$，$p < 0.025$（Xs = 48.36% vs. 51.21%）。此发现表明，一旦社会压力从分配情境中消失，受试者的分配就会变得更加自私。

其次，两种文化的受试者小组绩效高的都比绩效低的收取的报酬比例高，$F(1, 176) = 174.9$，$p < 0.001$（Xs = 57.92 vs. 41.65）。因此，生产绩效都被两种文化下的实验小组当作分配的基础。

研究也发现了文化、性别和工作绩效三因素相互之间的影响效应：$F(1, 176) = 20.9$，$p < 0.001$。这一交互模式对于评估本研究介绍部分提出的假设是十分关键的（见表1）。

不论工作绩效如何，比起美国女性受试者，中国女性受试者明显更严格地遵守公正原则。利用**工作绩效×文化**来分析女性受试者进一步证实了这一印象，$F(1, 176) = 13.6$，$p < 0.01$。然而，对男性受试者进行相似的分析却发现，比起中国男性受试者，美国男性受试者更严格地遵守公正原则，尤其是在他们绩效高的情况下。

表1 文化、性别及工作绩效作用下的受试者分配方式

单位:%

	工作绩效	
	高	低
女性		
美国人	45.13	53.94
中国人	37.50	59.14
男性		
美国人	40.19	62.35
中国人	43.76	56.26

注:数字指的是受试者分配给自己的金额百分比。

这一方法也发现,美国的男性受试者比美国的女性受试者更为公平,而中国受试者的情况则正好相反。

讨 论

在外群体情况下,比起美国受试者,中国受试者会更严格地遵守公正原则,这一假设得到了部分验证。在不同实验情境下,中国女性受试者比美国受试者更严格地遵守公正原则。

比起美国受试者,中国男性受试者更严格地遵守平均原则,尤其是在他们表现好的情况下,这一发现出乎意料。从 Chu 和 Yang(1977)的研究中可以找到该结果的一个可能的解释。该研究发现,在(a)社会评价压力大;(b)自己绩效高的情况下,中国受试者更喜欢平均的分配方式,与陌生人进行分配也是如此。注意:Chu 和 Yang 的研究没有发现中国受试者在报酬分配方面存在性别差异。

我们可以认为,在本研究中,中国男性受试者的平均分配行为也是因为存在高社会评价压力。本研究中对公开或私密分配环境的操控也允许为了检测这一结论而进行再分析(见表2)。然而,因为此分析具有析因本质,故在阐释这些结果时必须小心。

表2　文化、工作绩效和分配环境作用下的男性受试者的分配方式

单位：%

	工作绩效	
	高	低
私密环境		
美国人	42.34	62.74
中国人	44.17	60.22
公开环境		
美国人	38.04	61.96
中国人	43.35	52.30

计划性比较显示，对于男性来说，在私密环境下，**文化×工作绩效**的交互作用并不显著，$F<1$；而在公开情况下，该交互作用是显著的，$F(1, 176) = 9.25$，$p<0.01$。也就是说，只有在公开环境下，美国男性受试者才比中国男性受试者更严格地遵守公正原则，而在私密情况下，中国受试者和美国受试者的分配行为没有差异。该方法也显示，中国男性高度平均的分配方式基本上出现在绩效高的情况下，这一发现与 Chu 和 Yang（1977）的研究结果是一致的。

总之，当评价压力减轻时，中国男性受试者对外群体成员倾向于采用公正原则。随后使用情境模式复制了该实验室研究（Leung & Bond，1983）。复制研究是对这一推断的很好的测试。情境（问卷）复制研究的评价忧虑几乎为零，因为问卷调查是在小组情境中以匿名的方式进行的。正如预料的那样，在不同实验环境下，中国男性和女性受试者都比美国受试者更严格地遵守公正原则。这一发现表明，集体主义可能对社会评价更为敏感，更愿意在与己相关的他人面前维护良好的形象。平均原则的采用，尤其是当某人的绩效高时，可以向接受者（搭档）和实验者传达友好及团结的形象，因此，在分配环境公开的情况下受到了中国受试者的欢迎。集体主义者和个体主义者之间的这一差异在后面的研究中将会得到进一步的探索。

总体来说，本研究的发现与 Leung 和 Bond（1982）以及 Bond、Leung 和 Wan（1982）的研究结果显著不同，他们的研究显示：在内群体环境中，中国

受试者比美国受试者更遵守平均原则。我们得出以下结论：当相关他人（本研究中的实验者）的评价压力减轻或者消失，或者当他人为外群体成员时，比起美国受试者，中国受试者更可能遵守公正原则。

另一个值得讨论的发现是，与先前的研究（例如，Landau & Leventhal，1976；Sampson，1975）一致，美国男性受试者比美国女性受试者更为公平。就中国受试者而言，女性受试者却更为公平。Chu 和 Yang（1977）发现中国台湾大学生的分配行为不存在性别差异。两种文化教育机会方面的差异可能最能解释研究发现的这种差异。比起美国，中国香港和中国台湾的教育机会较少，女性在大学里的人数较少。中国香港的女大学生可能更具竞争性、更为独立，因此她们更加崇尚公平。为了证实这一假设，我们明显需要一个精密完善的个体主义和集体主义的测量方法。

分配行为的感知

除了分配行为，接受者（搭档）的群体身份和分配者的工作绩效相互作用，也会影响人们对分配公平性和对分配人喜欢程度的判断。我们可以得出以下结论：集体主义的中国受试者对内群体成员比对外群体成员采用了更为平均的分配方式。同时，如果报酬总数固定不变，分配者的工作绩效就变得重要了，因为采用平均原则并不会让内群体接受者（搭档）得到更大份额的报酬。为了将更大的份额分配给内群体成员，高投入的集体主义者可能更喜欢采用平均分配方式，而低投入的集体主义者可能更喜欢公平分配。集体主义者选择上述方式分配小组报酬，其原因可能在于，他们认为这种分配方式是公平的——他人以相同的方式分配一份报酬也应当被判定为公平。这样，我们似乎可以说，与个体主义的受试者相比，当分配行为是在内群体成员间而非外群体成员间进行分配时，集体主义的受试者更可能将高投入成员的平均分配看作是公平的。同样，和个体主义的受试者相比，集体主义的受试者更可能认为与外群体成员进行平均式分配更不公平。

公平当然是讨人喜欢的一个因素,因此遵守公平常规的人应当被视作更讨人喜欢。另外,如果被观察人采用的是观察人倾向于采用的分配方式,被观察人可能会更讨观察人喜欢,因为相似的人相互吸引(Byrne,1971)。因此,集体主义的受试者会认为,对内群体成员给予平均分配的高投入者比对外群体成员给予平均分配的高投入者更讨人喜欢。与个体主义的受试者相比,集体主义的受试者也应当认为一个对陌生人给予平均分配的人不那么讨人喜欢。

下面要汇报的第二项研究的设计目的是测试这些假设。第一项研究创造了外群体环境,研究结果与之前的研究(Bond, Leung, & Wan, 1982; Leung & Bond, 1982)在内群体环境下得出的结果进行了比较。为了更好地检测这些假设,第二项研究对内群体/外群体变量进行了操控。第二项研究使用了情境模式,其原因有三:第一,该模式可以使评价的压力最小化;第二,在情境模式下,刺激更容易准确地标准化,所以更容易实现跨文化对等;第三,与实验室研究相比,情境模式更容易对接受者和受试者之间的关系进行操控。

实验 2 的假设可以正式地表述如下:(a)与美国受试者相比,中国受试者视高投入分配者在内群体成员间进行的平均分配更为公平;(b)与美国受试者相比,中国受试者认为与外群体成员进行平均分配更不公平,分配者也不那么讨人喜欢;(c)在内群体环境中,高投入中国受试者比高投入美国受试者在分配上更平均;(d)与美国低投入受试者相比,中国低投入受试者不论是对内群体成员还是对外群体成员都更会采用公正分配原则。

实验 2

方 法

受试者

受试者是伊利诺伊大学及香港中文大学心理学入门课程的学生。他们的参与是该课程的要求之一。总共 144 名中国受试者和 128 名美国受试者参与进来。每个文化群体的男女生人数相同。

步　骤

受试者被分成 20—40 人一组，由一名与受试者同文化背景的女性实验者管理。实验者告知受试者这是一个关于决策过程的研究。实验者要求受试者阅读用他们的母语写成的情境描述。该情境描述描绘了两个工作伙伴（可能是朋友也可能是陌生人）共同完成一项加法任务，并因此获得一份现金报酬。报酬分配者是两个工作伙伴当中的一个，其完成的工作量是另一位的两倍或一半，他将根据公正原则或平均原则分配报酬。

相关措施及分析

受试者从七个方面进行评分：（a）分配公平性；（b）接受者（搭档）认为分配的公平性；（c）接受者（搭档）的满意度；（d）受试者假想自己是接受者的满意度。[①] 然后受试者在假定自己是分配者的情况下表明自己将以何种方式进行分配。受试者也将对分配者就八项两极个人感知进行打分：友好-不友好，公平-不公平，热情-冷漠，讨人喜欢-不讨人喜欢，大方-吝啬，善良-不善良，乐于助人-不乐于助人，负责任-不负责任。

实验结束后，实验者向受试者详细解释了研究的目的。

在分析因变量时采用了方差分析法，除此之外，还采用计划性比较来检测前面提出的假设。

结　果

个人感知项目

研究采用主成分因子分析法对每种文化的八个个人感知项目进行了分析。只有特征值大于 1 的因子才通过采用最大方差法被旋转成直角结构，因为接下来两种文化的因子分析极其相似，所以两个文化小组的数据通过整体因子分析

---

① 最后三个项目的分析没有产生关于主要假设的结果，这些结果将不会被报告。

的方法被合并在一起。

这样就出现了两因素解决方案。第一个因素被标记为讨人喜欢的程度，该因素包括以下项目：友好，热情，不讨人喜欢（-），吝啬（-），善良和乐于助人。第二个因素被标记为公平性，该因素包含两项内容，也就是不公平（-）和负责任。

研究计算了每个因子的因子得分，其方法是将该因子数值大于0.5的有关项目相加。为了消除两个文化群体不同反应定势带来的差异，研究标准化了每种文化的原始分数。然后使用五因子方差分析法对每一个作为因变量的标准化分数进行分析。为了更清楚地展示研究结果，下面只汇报与假设相关的发现。

讨人喜欢的程度。研究发现了工作绩效和分配方式之间非常重要的交互作用，$F(1, 240) = 278.0$，$p < 0.001$。慷慨的分配者，也就是采取让接受者（搭档）获得更大份额分配方式的分配者更讨人喜欢，而自利的分配者，也就是绩效低却采用平均分配方式的分配者最不讨人喜欢。

研究也发现了近乎显著的文化、关系和分配方式三因素交互作用，$F(1, 240) = 3.23$，$p < 0.08$。在分析简单的交互作用时发现，在工作伙伴是朋友的情境下，文化和分配方式的交互作用十分显著，$F(1, 240) = 6.05$，$p < 0.05$，而在工作伙伴是陌生人的情境下，这一交互作用却是不显著的，$F < 1$。美国受试者更喜欢在朋友间进行公正分配的分配者，而中国受试者更喜欢在朋友间进行平均分配的分配者（见表3）。

表3 文化、关系和分配方式作用下的讨人喜欢程度打分

	分配方式	
	平均	公正
朋友		
美国人	0.28	1.24
中国人	1.25	-0.61
陌生人		
美国人	-0.47	-1.05
中国人	-0.12	-0.51

注：朋友和陌生人表示接受者与分配者之间的关系。数字指的是讨人喜欢程度的标准化打分。数字越大，表示越讨人喜欢。

上述效果似乎不受受试者性别的影响，因为当加入性别变量时，四方交互作用并不显著，$F<2.5$，ns。

分配者公平性。研究发现，遵循公正原则的受试者被认为比遵循平均原则的受试者更为公平，$F(1, 240) = 101.8$，$p<0.001$。另外，研究也发现了工作绩效和分配方式之间的双因素交互作用，$F(1, 240) = 86.3$，$p<0.001$。当采用平均原则时，高投入分配者被认为比低投入分配者更为公平。然而，当采用公正原则时，低投入分配者被认为比高投入分配者更为公平。

分配公平性

五因素方差分析显示，比起平均分配，公正分配被认为更为公平，$F(1, 240) = 170.2$，$p<0.001$。研究发现了工作绩效和分配方式之间的双因素交互作用，$F(1, 240) = 39.5$，$p<0.001$。当采用平均原则时，高投入分配者的分配被视为比低投入分配者的分配更为公平。然而，当采用公正原则时，低投入分配者的分配被认为比高投入分配者的分配更为公平。

文化、性别和分配方式三因素交互作用，$F(1, 240) = 5.4$，$p<0.025$，这表明，与美国女性受试者相比，美国男性受试者认为公正分配更为公平，而平均分配则没有那么公平。中国受试者的情况则正好相反（见表4）。

表4 文化、性别和分配方式作用下的分配公平性打分

	受试者性别	
	女	男
平均		
美国人	-0.40	-0.60
中国人	-0.81	-0.52
公正		
美国人	0.40	0.60
中国人	0.74	0.59

注：分数越高，被认为越公平。

研究也发现了文化、关系和分配行为之间的三因素交互作用，$F(1, 240) = 4.64$，$p<0.05$。中国受试者认为和朋友采取平均分配比和陌生人采取平均分配更为公平，美国受试者认为和朋友采取公正分配比和陌生人采取公正分配更为公平（见表5）。

表5 文化、关系和分配方式作用下的分配公平性打分

	关系	
	朋友	陌生人
平均		
美国人	−0.57	−0.43
中国人	−0.51	−0.82
公正		
美国人	0.57	0.43
中国人	0.58	0.75

中国受试者认为，分配者绩效高时和内群体搭档采用平均分配比分配者绩效低时和内群体搭档采用平均分配更为公平。两个优先对比①被用于证实这一假设。文化、关系、分配方式和工作绩效的四因素交互作用并不显著，$F<1.5$，ns。然而，研究发现，只有当分配者绩效高时，中国受试者才认为在朋友间进行平均分配更为公平，$F(1, 240) = 5.89$，$p<0.05$（Xs = −0.02 vs. −0.62），而如果分配者绩效低，受试者则并不这么认为，$F>1$（Xs = −1.00 vs. −1.02）。美国受试者并没有表现出这一模式，$F<1$，ns。

报酬的分配

分析的第一步是将现金数据转换成百分比。注意：绩效低的人获得33.33%，而绩效高的人获得66.6%是公平的。

---

① 这些先验实验是合理的，正如Keppel所说的那样，"这些预先设计好的对比实验可以看出综合F假设显著与否……通过预设对比，实验者可以重点关注其中具有相关性的对比测试，而非全部对比测试"（1973：90）。我们有理由认为先验性的实验设计和使用是合理的，基于此的后续实验也是合理的。

关键的文化、关系和工作绩效三因素交互作用并不显著，$F(1, 240) = 2.6$，$p<0.11$。不过，两个优先对比被用于测试假设 3 和假设 4。第一，研究假设，比起美国受试者，高投入中国受试者和朋友分配更平均，和陌生人分配更公正。与这一假设相关的交互作用和预测的方向一致，也是显著的，$F(1, 240) = 14.8$，$p<0.01$（见表 6）。

表 6　文化、工作绩效和关系作用下的受试者分配方式

单位：%

	关系	
	朋友	陌生人
	绩效低	
美国人	37.00	36.50
中国人	34.25	34.17
	绩效高	
美国人	58.50	57.00
中国人	56.00	60.17

注：数字表示受试者分配给自己的金额百分比。

第二，研究假设，不论接受者是朋友还是陌生人，低投入的中国受试者在分配上都比美国受试者更公正。这一假设得到了证实，$F(1, 240) = 11.9$，$p<0.01$（见表 6）。最后，实验没有发现显著的性别差异。

讨　论

工作绩效和分配方式

研究发现，工作绩效和分配方式交互作用对下列判断产生影响：(a) 分配者讨人喜欢的程度；(b) 分配者的公平程度；(c) 分配的公平程度。慷慨的分配者（也就是采用让接受者获取更大份额分配方式的分配者）更讨人喜欢。这一发现意味着分配原则和工作绩效相互作用决定了讨人喜欢程度的分值高低。观察者最喜欢高投入平均分配者和低投入公正分配者。实际上，这些结果与 Feather 和 O'Driscoll（1980）使用澳大利亚受试者以及 Nelson（1977）使用

美国和德国受试者的研究发现是一致的。

分配者公平性打分结果和分配行为公平性打分结果是相同的。让接受者获得更大份额的慷慨分配者和分配行为被视为更加公平。另外，不论分配者的工作绩效如何，与采用平均分配原则的分配者和分配行为相比，采用公正原则的分配者和分配行为被视为更加公平。

通过以上结果，我们可以得出如下结论：对分配者讨人喜欢程度的判断大体上由分配者的慷慨程度决定，然而，对分配者和分配行为的公平性的判断则由采用的分配原则决定，公正原则总是被认为比平均原则更为公平。然而，慷慨行为也能强化对分配行为和分配者公平性的判断。

集体主义与分配行为

与假设 1 一致，中国受试者更喜欢和朋友进行平均分配的分配者，而不是和朋友进行公正分配的分配者，美国受试者更喜欢和朋友进行公正分配的分配者，而不是和朋友进行平均分配的分配者。

关于公平性评价的发现和关于讨人喜欢程度方面的发现是一致的。中国受试者认为和朋友进行平均分配比和陌生人进行平均分配更为公平，然而，美国受试者认为和陌生人进行平均分配比和朋友进行平均分配更为公平。相对地，中国受试者认为和陌生人进行公正分配比和朋友进行公正分配更为公平，而美国受试者认为和朋友进行公正分配比和陌生人进行公正分配更为公平。

总的来说，这些结果表明，集体主义的中国受试者更加关注内群体和谐。然而，与外群体成员在一起时，集体主义者关注更多的是公正性而非加强和谐。公正成为一个适当的原则，因为两个文化群体都认为公正原则是公平的。这也许就是中国受试者（不论是观察者还是分配者）都更喜欢公正分配的原因。

有趣的是，美国受试者认为和朋友进行公正分配比和陌生人进行公正分配更为公平，另外，他们认为和朋友进行公正分配的分配者比和陌生人进行公正分配的分配者更讨人喜欢。此时，我们只能对这一模式进行如下推测。在美国文化中，公正是一个非常重要的价值观，遵循这一原则的人会得到人们的认可并被视为是公平的。然而，在和朋友的社会交往中，存在避免冲突和维持良好关系的压力，而公正原则是和这些目标相一致的（例如，Lerner，1974；Leventhal，Michaels，& Sanford，1972）。因为公正是一个重要的价值观，所以如果一个人冒着失去友谊的风险而遵循公正原则以实现分配公平，美国的观察者可能会视该分配为极其公平的，而这样的分配者也更讨人喜欢。实际上，给分配者的打分也显示出美国受试者的这种模式，但并不显著。然而，在中国文化中，在内群体成员间维护和谐的愿望也许让中国人认为，和朋友进行公正分配没有和陌生人进行公正分配公平。

总体讨论

通过集体主义者强调的以下主题可以最好地理解集体主义和社会行为之间的关系：（a）内群体与外群体的明显区别；（b）对内群体环境和谐与外群体环境公正性的关注；（c）为内群体成员牺牲自我的意愿。Triandis（1972；1983）、Hofstede（1980）以及 Hsu（1970）已经广泛探讨了内群体/外群体的区别与对内群体成员间和谐的关注，Triandis（1972）已经讨论了集体主义者为内群体成员牺牲自我的意愿及其对社会行为的影响，但是在本研究之前，还没有人对此话题进行过系统的研究。尤其是研究发现，当集体主义的中国受试者的工作绩效更高或者接受者是朋友时，他更可能采用平均原则。与采用公正原则相比，接受者这样便取得了分配者的部分份额，从而获得了比他自己应得的份额更大的份额。相反，如果集体主义的中国受试者的工作绩效更低，则他更可能采用公正原则，牺牲自己的份额，让接受者获得更大的份额。

那么集体主义是怎样转化为社会行为的？为了回答这一问题，我们必须提取并分析大量的行为和情境。然而，在集体主义-个体主义框架下研究的社会行为为数不多（特例可参见 Bond & Forgas，1983；Bond, Wan, Leung, & Giocalone，1983）。Triandis 对社会行为的通用分类为研究集体主义和社会行为之间的关系提供了一个系统框架。至少，要理解集体主义和社会行为之间的关系，我们还有很长的路要走。我们必须将本研究视为这一方向研究的一个起点，因为本研究探讨的只是一类社会行为。然而，本研究的结果和下列观念完全一致：集体主义者关注界限分明的内群体成员间的和谐，这与他们与外群体成员一起时的行事方式显著不同。

总之，本研究为构想集体主义对社会行为的影响提供了支撑。我们应当对其他类型的社会行为进行进一步的研究，以评估这一构想的有用性。

参考文献

Abbott, K. A. (1972). *Harmony and Individualism.* Taipei: Oriental Cultural Service.

Adams, J. S. (1965). Inequity in social exchange. In L. Berkowitz (Ed.), *Advances in Experimental Social Psychology* (Vol. 2, pp. 267-299). New York: Academic Press.

Baumeister, R. F. (1982). A self-presentational view of social phenomena. *Psychological Bulletin*, 91, 3-25.

Berger, P., Berger, B., & Kellner, H. (1973). *The Homeless Mind.* New York: Random House.

Bond, M. H., & Forgas, J. (1983). Linking person perception to behavior intention across cultures. Manuscript submitted for publication, Chinese University of Hong Kong.

Bond, M. H., Leung, K., & Wan, K. C. (1982). How does cultural collectivism operate? The impact of task and maintenance contributions on reward distribution. *Journal of Cross-Cultural Psychology*, 13, 186-200.

Bond, M. H., Wan, K. C, Leung, K., & Giocalone, R. (1983). Cultural collectivism and reactions to verbal insult. Manuscript submitted for publication, Chinese University of Hong Kong.

Bond, M. H., & Wang, S. H. (1983). Aggressive behavior in Chinese society: The problem of maintaining order and harmony. In A. P. Goldstein & M. Segall (Eds.), *Global Perspectives on Aggression* (pp. 58-74). New York: Pergamon.

Brittan, A. (1977). *The Privatized World.* London: Routledge & Kegan Paul.

Byrne, D. (1971). *The Attraction Paradigm.* New York: Academic Press.

Chu, J. L., & Yang, K. S. (1977). The effects of relative performance and individual modernity on distributive behavior among Chinese students. *Bulletin of the Institute of Ethnology, Academia*

Sinica, 41, 79-95. (in Chinese)

Deutsch, M. (1975). Equity, equality, and need: What determines which value will be used as the basis of distributive justice? *Journal of Social Issues*, 31, 137-149.

Etzioni, A. (1975). *A Comparative Analysis of Complex Organizations-On Power, Involvement, and Their Correlates*. New York: Free Press.

Feather, N. T, & O'Driscoll, M. P. (1980). Observers' reactions to an equal or equitable allocator in relation to allocator input, causal attributions, and value importance. *European Journal of Social Psychology*, 10, 107-129.

Gould, J., & Kolb, G. A. (1964). *A Dictionary of the Social Sciences*. Glencoe, III: Free Press.

Hofstede, G. (1980). *Culture's Consequences: International Differences in Work-related Values*. Beverly Hills, CA: Sage.

Homans, G. C. (1961). *Social Behavior: Its Elementary Forms*. New York Harcourt, Brace, & World.

Hsu, F. L. K. (1970). *Americans and Chinese*. New York: Natural History Press. Jones, L. V, & Bock, R. D. (1960). Multiple discriminant analysis applied to "Ways to Live" ratings from six cultural groups. *Sociometry*, 23, 162-176.

Kahn, A., Lamm, H., & Nelson, R. E. (1977). Preferences for an equal or equitable allocate. *Journal of Personality and Social Psychology*, 35, 837-844.

Keppel, K. (1973). *Design and Analysis: A Researcher's Handbook*. Englewood Clifis, NJ: Prentice-Hall.

Kluckhohn, C. (1952). Values and value-orientatin in the theory of action: An exploration in definition and classification. In T. Parsons & E. A. Shils (Eds.), *Toward a General Theory of Action* (pp. 388-433), Cambridge, MA: Harvard University Press.

Landau, S. B., & Leventhal, G. S. (1976). A simulation study of administrators' behavior toward employees who receive job offers. *Journal of Applied Social Psychology*, 6, 291-306.

Lemer, M. J. (1974). The justice motive "Equity" and "parity" among children. *Journal of Personality and Social Psychology*, 29, 539-550.

Leung, K., & Bond, M. H. (1982). How Chinese and Americans reward task-related contributions. *A Preliminary Study Psychologm*, 25, 32-39.

Leung, K., & Bond, M. H. (1983). Evaluating the use of scenario studies for cross-cultural comparisons. A case of distributive behavior. Unpublished manuscript, University of Illinois.

Leventhal, G. S, Michaels, J. W., & Sanford, C. (1972). Inequity and interpersonal conflict' Reward allocation and secrecy about reward as methods of preventing conflict. *Journal of Personality and Social Psychology*, 23, 88-102.

Mahler, I., Greenberg, L., & Hayashi, H. (1981). A comparative study of rules of justice Japanese versus Americans. *Psychologia*, 24, 1-8.

Mann, G. (1981). Perceiving justice across cultures Equity vs. equality in Colombia and in the United States. *International Journal of Psychology*, 16, 153-159.

Parsons, T. (1977). *The Evolution of Societies*. Englewood Cliffs, NJ Prentice-Hall.

Parsons, T., & Shils, E. A. (1952). *Toward a General Theory of Action*. Cambridge, MA: Harvard University Press.

Riesman, D., Glazer, N., & Denney, R. (1961). *The Lonely Crowd A Study of the Changing American Character*. New Haven, CT: Yale University Press.

Sampson, E. E. (1975). On justice as equality. *Journal of Social Issues*, 31, 45-64.

Swap, W. G., & Rubin, J. Z. (1983). Measurement of interpersonal orientation. *Journal of Personality and Social Psychology*, 44, 208-219.

Tajfel, H. (1982). *Social Identity and Mtergroup Relations*. Cambridge, England: Cambridge University Press.

Tanvater, J. T. (1966). Chinese and American students' interpersonal values: A cross-cultural comparison. *Journal of College Student Personnel*, 7, 351-354.

Tnandis, H. C. (1972). *The Analysis of Subjective Culture*. New York Wiley.

Triandis, H. C. (1978). Some universals of social behavior. *Personality and Social Psychology Bulletin*, 4, 1-16.

Triandis, H. C. (1983). Collectivism vs. individualism: A reconceptualization. Unpublished manuscript, University of Illinois.

Triandis, H. C., & Vassiliou, V. (1972). A comparative analysis of subjective culture. In H. C. Triandis (Ed.), *The Analysis of Subjective Culture* (pp. 299-335). New York-Wiley.

Vassiliou, G., & Vassiliou, V. (1966). Social values as psychodynamic vanables. Preliminary explorations of the semantics of philotimo. *Acta Neurologica el Psychologica Hellemka*, 5, 121-135.

Walster, E., Walster, G. W., & Berscheid, E. (1978). *Equity Theory and Research*. Boston: Allyn & Bacon.

第2章

互动目标对分配原则选择的影响：一项跨国研究[*]

梁 觉　Hun-Joon Park

翻译：杨时羽

校对：陈昭全

摘要：理论分析表明，分配原则的公平性受到应用原则时情境的互动目标的影响。公正原则更多地被用于强调竞争性和生产率的情境，而平均原则更多地被用于强调团队和谐与团结的情境。本研究采用来自韩国和美国的受试者检验了以上假设。在本研究中，每个受试者阅读一份工作情境的描述，该情境要么强调生产率，要么强调团队团结；在该情境中，某个雇主（分配者）选择公正原则或平均原则在两个雇员之间分配报酬。受试者使用配对反义形容词量表（bipolar adjective scales）对分配结果和分配者进行评分，并表明受试者本身将如何分配。实验结果验证了以上假设：在互动目标强调生产率的情境下，受试者认为公正原则更加公平，更倾向于采用公正原则进行分配，同时也认为采用公正原则的分配者更为胜任、更少带有敌意；相反，在互动目标强调人际

---

[*] Leung, K., & Park, H. J. (1986). Effects of interactional goal on choice of allocation rule: A cross-national study. *Organizational Behavior and Human Decision Processes*, 37 (1), 111-120.

和谐的情境下，受试者认为平均原则更加公平，更倾向于采用平均原则进行分配，同时也认为采用平均原则的分配者更为胜任、更加友善。研究结果还表明，相比于美国受试者，韩国受试者更倾向于在分配者分配原则的选择和友善程度之间建立关联。本研究讨论了研究结果的启示。

在某个集体（家庭、组织、社会等）的不同成员间分配资源是一个重要的议题。一个公平的分配决策有利于提高集体凝聚力、维护集体秩序，提高集体成员的心理健康程度。因此，人们制定公平分配原则以指导分配。Homan（1961）提出的分配公平（distributive justice）概念以及 Adams（1963，1965）提出的公正理论都是对人们的分配行为作出解释的有益尝试。Homan 和 Adam 的基本观点是，分配公平存在于这样一种情形下：某人所得的报酬与他为此所付出的成本成正比。这种分配原则被称为公正原则。已经有大量的证据支持 Homan 和 Adam 的公正理论（Walster，Walster，& Berscheid，1978）。

然而，并不存在一种最优的公平分配原则（Deutsch，1983）。除了公正原则以外，人们还提出了很多其他的分配原则，其中，平均原则是最为普遍的一种（例如，Deutsch，1975；Sampson，1975）。因此，探讨和辨明每一种公平范式所适用的边界条件是很重要的，与此相关的知识在现实生活中也有极为重要的应用价值。Katz 和 Kahn（1978）指出，公正是一种非常重要的组织价值。关于薪酬和晋升的决策应该与公正紧密相关，不公正将极大地削弱员工的工作动力和士气，并由此影响到组织有效性（Lawler，1971）。事实上，研究发现，组织中的薪酬体系设计取决于组织采用哪一种分配原则，而分配原则影响着员工生产的"质"和"量"（Lawler，1968a，1968b；Pritchard，Dunnette，& Jorgenson，1972）。

一些理论研究者已经对公正原则和平均原则的边界条件进行了初步探讨（Deutsch，1975；Leventhal，1976；Sampson，1975）。总体而言，他们达成了一项共识：公正原则有益于维持团队的生产效率，而平均原则有益于维护团队的和谐与团结。

Deutsch（1975：143）在以下论述中明确表达了这一观点：

在以经济生产效率为首要目标的合作关系中，公正，而非平均或需求将成为分配的主导原则。而在以促进或保持良性社会关系为共同目标的合作关系中，平均将成为分配公平的主导原则。

一些证据初步支持了 Deutsch（1975）的假设。例如，当伙伴关系或共同的团队关系处在危机之中时，受试者倾向于忽视团队成员在投入上的差别，而在报酬分配中采用平均原则（Lerner，1974）。也有研究表明，平均分配原则会带来地位平等（status equilibrium）（Kahn，1972），同时减少人际冲突和潜在的不满意态度（Leventhal，Michaels，& Sanford，1972）。Austin（1980）以大学室友为样本进行了研究并发现，人们采用平均原则来分配集体获得的报酬。由于室友关系更加注重人际和谐而非生产率，因此这个发现体现了平均原则保持人际和谐的功能。此外，Marin（1981）发现，来自哥伦比亚和美国的受试者认为在分配中采用平均原则有利于塑造友好的气氛，而采用公正原则则有利于维护正义。

探讨个人特质变量和分配行为之间关系的研究也提供了某些证据支持 Deutsch 的假设。Greenberg（1978，1979）发现，在新教伦理量表（protestant ethic scale）（Mirels & Garrett，1971）上得分较高的受试者更倾向于采用公正原则，而在此量表上得分较低的受试者则更倾向于采用平均原则。由于新教伦理与勤奋、个体主义和雄心有关（Mirels & Garrett，1971），因此 Greenberg 的研究结论与 Deutsch 所提出的假设是一致的。

一系列研究表明，男性受试者更倾向于采用公正原则，女性受试者更倾向于采用平均原则（例如，Landau & Leventhal，1976；Sampson，1975）。一般认为，上述性别差异是由于男性更重视竞争，而女性更看重合作和人际和谐（例如，Austin & McGinn，1977）。以上论述的前提假设是，公正原则促进竞争，而平均原则有助于提高人际关系的质量。

以上的文献回顾呼应了 Deutsch（1975）提出的假设，但文献中的证据是间接的且较为零散。据我们所知，还没有研究通过操控一个具体情境下的互动目标以观察它是如何影响人们对不同分配原则的选择偏好的。同时，此前也没有研究检验人们对互动目标的认知与他们对分配原则的选择偏好之间的真正关系。因此，Deutsch（1975）的假设尚未得到可靠的实证检验，而本研究恰恰填补了这一空白。我们检验了互动目标认知与分配原则的选择偏好之间的关系。

本研究的第二个目的是在跨文化情境下检验 Deutsch 的假设。随着跨国公司的增加，许多组织理论在不同文化中的效度受到了质疑（例如，Hofstede & Kassem，1976；Kanungo，1980；Roberts，1970；Tannenbaum，1980）。同一组织理论在不同社会中可能适用也可能不适用，因此，组织理论普适性的相关知识具有重要价值。缺乏这类知识很可能导致跨国公司在海外业务上的失败。虽然探寻组织行为的泛文化规律有重大意义，但令人失望的是相关研究数据却并不多（Roberts，1970；Tannenbaum，1980）。因此，为了检验 Deutsch 的假设的普适性，本研究分析了两组来自不同文化（韩国和美国）的受试者。

方　法

受试者

总共有 88 名美国大学生和 88 名韩国大学生参与了研究，其中一半是女性一半是男性。韩国受试者是来自首尔延世大学的本科生，美国受试者是来自厄巴纳-香槟伊利诺伊大学的本科生。受试者参与本研究是应一门课的课程要求。

实验设计

受试者按要求阅读一个故事的脚本，故事要么发生在社区里，要么发生在一家企业里。故事内容是，两人受雇于同一雇主完成某项任务，其中一人完成的工作量总是另一人的 2 倍。雇主要么采用公正原则要么采用平均原则在两名雇员之间分配报酬。受试者使用反义形容词量表对老板本身、老板的分配行为是否公平进行评价。研究采用四因子设计：2 种文化（韩国和美国），2 种性别，2种情境（企业和社区），以及2种分配原则（平均和公平）。受试者所阅读的故事脚本材料均是用其母语写成的。脚本原本为英文的，后使用"社区"（community）法（Brislin，Lonner，& Thorndike，1973）翻译为韩文。

程　序

互动目标的操作。受试者以10—20人的小组为单位阅读材料。在社区组，情境故事中的三人是住在同一街区的熟人。其中一人雇用另外两人在周日的下午粉刷他家的房子，并提供90美元作为两人的报酬。在企业组，三人在同一家企业工作，其中之一是销售部经理，另外两人是会计。销售部经理让两名会计加班核算销售部当前的业绩，并承诺提供90美元作为两人的加班费。和社区组的情境一样，这两名会计也是熟人关系。

分配原则操作。在两种条件下，其中一人的工作绩效总是另外一人的2倍。雇主要么给高绩效者60美元、低绩效者30美元，要么向两人都支付45美元。

因变量。受试者使用两个7点量表评价故事脚本中两种互动目标的重要性，即提高生产率与增进友谊。受试者也使用7点量表评价雇主的分配是否公平，测量条目的一端为"公平"，另一端为"不公平"。随后，受试者被要求想象自己处于雇主的位置并在两人间分配报酬。最后，受试者使用9个配对反义词7点量表评价雇主，量表包括：友善-不友善，胜任-不胜任，偏心-不偏心，令人喜爱的-不令人喜爱的，有效率的-无效率的，公平-不公平，温暖-冷漠，聪明-愚蠢，以及客观-主观。在实验的最后，实验者向受试者详细解释了实验目的。

结　果

操作检验

我们对测量两种情境下两个目标（提高生产率 vs. 增进友谊）的重要性的两个条目进行了四因素方差分析。企业组提高生产率的重要性显著高于社区组，$F(1, 160) = 113.0$，$p < 0.001$，而社区组增进友谊的重要性显著高于企业组，$F(1, 160) = 140.0$，$p < 0.001$。因此，我们对互动目标的操作是成功的。

分配的公平性

我们对分配的公平性进行了四因素方差分析，结果显示，情境条件和分配原则之间的交互作用显著，$F(1, 160) = 25.5$，$p < 0.001$。交互作用的结果显示，相比社区情境，公正原则在企业情境下被认为是更公平的分配方式（$M's = 5.23$ vs. 3.23）；而平均原则在社区情境下被认为是更公平的分配方式（$M's = 4.30$ vs. 3.41）。除了上述结果，并未发现其他效应。

受试者对报酬的虚拟分配

我们对受试者分配给高绩效者的报酬比例进行了四因素方差分析。结果显示，相比社区情境，在企业情境下人们更倾向于给高绩效者支付更高比例的报酬，$F(1, 160) = 35.7$，$p < 0.001$（$M's = 60.83\%$ vs. 54.10%）。值得注意的是，如果严格遵循公正原则，高绩效者应得的报酬比例应该是 66.6%；如果严格遵循平均原则，双方所得报酬的比例都应为 50%。因此，以上结果表明，大部分受试者在企业情境下更倾向于采用公正原则，而在社区情境下更倾向于采用平均原则。除此之外，并未发现其他效应。

个人认知条目

我们对9项评价雇主的个人认知条目分别在两个文化组作了主成分分析。我们采用方差最大法对唯一一个特征根大于1的因子作了垂直旋转。由于两个文化组的分析结果十分相似，因此我们将两组数据合并起来进行了因子分析。

结果显示数据有两个因子。在第一个因子上荷载大于0.50的条目有：胜任力，效率，公平，聪明，客观。这个因子被命名为"社会胜任力"。在第二个因子上荷载大于0.50的条目有：友善，令人喜爱，温暖。这个因子被命名为"社会评价"。以上两个因子分别解释了总体方差的 38.4% 和 25.7%。随后，我们将每个因子上荷载大于 0.50 的条目进行加总计算了因子指数（factor indices）。这是为了排除在两个因子上荷载都较大的条目影响后续的方差分析，导致因子指数产生显著结果。社会胜任力、社会评价的内部一致性分别达到 0.82 和 0.84。

社会胜任力。四因素方差分析结果显示分配原则有主效应，$F(1, 160) = 9.55$，$p<0.01$。采用公正原则的分配者在社会胜任力上的得分显著高于采用平均原则的分配者。同时，情境和分配原则之间有交互作用，$F(1, 160) = 4.26$，$p<0.05$。在企业情境下，采用公正原则的分配者在社会胜任力上的得分显著高于采用平均原则的分配者（M's = 5.23 vs. 4.75）。然而，在社区情境下结果正好相反，采用平均原则的分配者在社会胜任力上的得分显著高于采用公正原则的分配者（M's = 4.56 vs. 4.29）。

社会评价。我们发现有两个主效应显著。第一，美国受试者对分配者的社会评价显著高于韩国受试者，$F(1, 160) = 11.5$，$p<0.01$（M's = 4.36 vs. 3.89）。第二，采用平均原则的分配者在社会胜任力上的得分显著高于采用公正原则的分配者，$F(1, 160) = 211.2$，$P<0.001$（M's = 5.14 vs. 3.12）。以上两个主效应应该结合以下的交互作用进行解释。

首先，结果显示文化和分配原则之间存在交互作用，$F(1, 160) = 27.5$，$p<0.001$。采用平均原则者与采用公正原则者在社会评价上得分的差距在韩国受试者中大于美国受试者（见表1）。

表 1　文化和分配原则对分配者社会评价得分的交互作用

	公正原则	平均原则
韩国受试者	2.52	5.27
美国受试者	3.72	5.01

注：数字越大，表明分配者在社会评价上得分越高。

其次，情境和分配原则之间存在交互作用，$F(1, 160) = 31.7$，$p<0.001$。

我们对不同条件下的社会评价均值进行比较,结果发现采用公正原则者在社会评价上的得分在企业情境下高于在社区情境下,采用平均原则者在社会评价上的得分在社区情境下高于在企业情境下(见表2)。

表2 情境和分配原则对分配者社会评价得分的交互作用

	公正原则	平均原则
社区情境	2.69	5.48
企业情境	3.55	4.79

注:数字越大,表明分配者在社会评价上得分越高。

相关性分析

为了检验感知到的互动目标重要性和分配原则选择倾向的关系,我们计算了人们在两种情境下的两个互动目标重要性、分配原则的公平程度以及高绩效者所得报酬间的相关性。相关系数详见表3。

表3 互动目标操作检验、公平感、虚拟分配的相关系数

	人际关系	采用公正原则的公平感	采用平均原则的公平感	高绩效者所得报酬比例
生产率	−0.35	0.51	−0.27	0.15
人际关系		−0.40	0.20	−0.35

注:生产率是指受试者对提高生产率这一目标重要程度的评分,人际关系是指受试者对提升人际关系这一目标重要程度的评分;所有相关系数均达到0.05的显著水平。

和我们的预期一致,感知到的两种目标的重要性负相关。也就是说,如果受试者认为某种情境下的目标是提高生产率,那么相应地,他们就不大可能认为目标是增进友谊,反之亦然。正如Deutsch所预测的,相关系数表明,当人们认为某种情境下的互动目标是提高生产率时,公正分配原则相比平均分配原则更加公平合理,人们也会相应地给高绩效者分配更多的报酬。相反,当人们认为某种情境下的互动目标是增进友谊时,平均分配原则比公正分配原则更加公平合理,他们也会相应地给高绩效者分配更少的报酬。

讨 论

本研究的结果为支持 Deutsch 的假设提供了强有力的证据。在企业情境下，受试者认为提高生产率是首要目标。在两名员工之间分配报酬时，受试者认为公正原则更为公平，也相应地遵循这一原则进行分配。同时，相较于采用平均原则的雇主，受试者对采用公正原则的雇主的社会胜任力和社会评价的评分更高。相反，在社区情境下，受试者认为增进友谊是首要目标。相应地，他们认为平均原则更为公平，并更倾向于采用这一原则进行分配。同时，受试者对采用平均原则的雇主的社会胜任力和社会评价给出更高的评分。

更重要的是，相关性分析表明，互动目标的感知、两种分配原则的公平程度以及分配行为之间的关系都符合我们预期的方向。本研究很可能是首个验证了互动目标感知作为中介机制影响人们对分配原则选择偏好的研究。

本研究也表明 Deutsch 的假设在不同文化情境下都成立。Campbell（1964）以及 Tannenbaum（1980）提出，文化之间的相似性和文化之间的差异性同样重要，因为人们通常更容易理解差异性。通过在韩国和美国这两个不同的文化环境中验证 Deutsch 的预测，本研究证明了其假设的普适性。研究结果表明，不同文化背景的人在分配行为的选择倾向上是一致的，这为我们更好地解读公平行为的异同奠定了基础。

本研究对提高跨国组织运营的有效性具有重要启示。同样的分配原则在韩国和美国社会同样适用。就某项组织任务而言，如果参与者认为目标是最大化生产率，那么在报酬分配中就应该遵循公正原则。在这种情况下，人们认为将绩效和报酬挂钩的激励机制，例如计件报酬和奖金制度是公平的。然而，如果人们认为某项工作任务依赖于所有参与者的共同努力与合作，那么平均原则可能更有助于提高团队凝聚力，从而使团队获得成功。

本研究发现的唯一文化差异在于，虽然总体上看采用平均原则者在社会评价上的得分都高于采用公正原则者，但相比美国受试者，两者的评分差距在韩国受试者中更大。这表明韩国受试者更加注重社会评价和分配原则之间的关系。Leung 和 Bond（1984）发现，中国受试者在进行报酬分配时是采用公正原则还是平均原则往往取决于报酬接受者是"自己人"还是"外人"，而对于美国受试者而言无论报酬接受者是谁都会采用公正原则。由于中国和韩国属于集体主义文化，而美国属于个体主义文化（Hofstede，1980，1983），以上两个研究的发现都表明，在集体主义者眼中，公正原则和平均原则所带来的后果是极为不同的，因此他们更倾向于根据感知到的具体情境的互动目标来选择采用哪一种分配原则。未来的研究应该对上述问题作更深入的探索。

参考文献

Adams, J. S. (1963). Toward an understanding of inequity. *Journal of Abnormal and Social Psychology*, 67, 422-436.

Adams, J. S. (1965). Inequity in social exchange. In L. Berkowitz (Ed.), *Advance in Experimental social Psychology* (Vol. 2). New York: Academic Press.

Austin. W. (1980). Friendship and fairness: Effects of type of relationship and task performance on choice of distributive rules. *Personality and Social Psychology Bulletin*, 6, 402-408.

Austin, W., & McGinn N. C. (1977). Sex differences in choice of distributive rules. *Journal of Personality*, 45, 379-394.

Brislin, R. W., Lonner, W. J., & Thorndike, R. M. (1973). *Cross-cultural Research Methods*. New York-Wiley.

Campbell D. T. (1964). Distinguishing differences of perception from failure of communication in cross-cultural studies. In F. Northrop & H. Livingston (Eds.), *Cross-cultural Understandings: Epistemology in Anthropology*. New York: Harper & Row.

Deutsch, M. (1975). Equity, equality, and need: What determines which value will be used as the basis of distributive justice? *Journal of Social Issues*, 31, 137-149.

Deutsch, M. (1983). Current social psychological perspectives on justice. *European Journal of Social Psychology*, 13, 305-319.

Greenberg, J. (1978). Equity, equality, and the Protestant ethic: Allocating rewards following fair and unfair competition. *Journal of Experimental Social Psychology*, 14, 217-226.

Greenberg, J. (1979). Protestant ethic endorsement and the fairness of equity inputs. *Journal of Research in Personality*, 13, 81-90.

Hofstede, G. (1980). *Culture's Consequences: International Differences in Work-related Values*. Beverly Hills, CA: Sage Publications.

Hofstede, G. (1983). Dimensions of national cultures in fifty countries and three regions. In J. B. Deregowaki, S., Dziurawiec, & R. C. Annis (Eds.), *Expiscations in Cross-cultural Psychology*. Lisse: Swets & Zeitlinger B. V.

Hofstede, G., & Kassem, M. S. (1976). *European Contributions to Organization Theory*. Assen, Netherlands: Von Gorcum.

Homans, G. C. (1961). *Social Behavior: Its Elementary Forms*. New York: Harcourt, Brace & World.

Kahn, A. (1972). Reactions to generosity or stinginess from an intelligent or stupid work partner: A test of equity theory in a direct exchange relationship. *Journal of Personality and Social Psychology*, 21, 116-123.

Kanungo, R. N. (1980). *Biculturism and Management*. Ontario: Butterworths.

Katz, D., & Kahn, R. L. (1978). *The Social Psychology of Organizations*. New York: Wiley.

Landau, S. B., & Leventhal, G. S. (1976). A simulation study of administrators' behavior toward employees who receive job offers. *Journal of Applied Social Psychology*, 6, 291-306.

Lawler, E. E. III. (1968a). Effects of hourly overpayment on productivity and work quality. *Journal of Personality and Social Psychology*, 10, 306-313.

Lawler, E. E. III. (1968b). Equity theory as a predictor of productivity and work quality. *Psychological Bulletin*, 70, 596-610.

Lawler, E. E. III. (1971). *Pay and Organizational Effectiveness: A Psychological View*. New York: McGraw-Hill.

Lemer, M. J. (1974). The justice motive: "Equity" and "parity" among children. *Journal of Personality and Social Psychology*, 6, 291-306.

Leung, K., & Bond, M. H. (1984). The impact of cultural collectivism on reward allocation. *Journal of Personality and Social Psychology*, 4, 793-804.

Leventhal, G. S. (1976). Fairness in social relationships. In J. W. Thibaut, J. T. Spence, & R. C.

Carson (Eds.), *Contemporary Topics in Social Psychology*. Morristown, NJ: General Learning Press.

Leventhal, G. S., Michaels, J. W., & Sanford, C. (1972). Inequity and interpersonal conflict: Reward allocation and secrecy about reward as methods of preventing conflict. *Journal of Personality and Social Psychology*, 23, 88-102.

Marin, G. (1981). Perceiving justice across cultures: Equity vs equality in Colombia and in the United States. *International Journal of Psychology*, 16, 153-159.

Mirels, H. L., & Garrett, J. B. (1971). The protestant ethic scale as a personality variable. *Journal of Consulting and Clinical Psychology*, 36, 40-44.

Pritchard, R. D., Dunnette, M. D., & Jorgenson, D. O. (1971). Effects of perceptions of equity and inequity on worker performance and satisfaction. *Journal of Applied Psychology*, 56, 75-94.

Roberts, K. H. (1970). On looking at an elephant: An evaluation of cross-cultural research related to organizations. *Psychological Bulletin*, 14, 327-350.

Sampson, E. E. (1975). On equality as justice. *Journal of Social Issues*, 31, 45-64.

Tannenbaum, A. S. (1980). Organizational psychology. In H. C. Triandis & R. W. Brislin (Eds.), *Handbook of Cross-Cultural Psychology* (Vol. 5). Boston: Allyn & Bacon.

Walster, E., Walster, G. W., & Berscheid, E. (1978). *Equity: Theory and Research*. Boston: Allyn & Bacon.

第3章

资源分配决策中互动公正对自我中心偏差的影响[*]

梁 觉　Kwok-kit Tong　Salina Siu-Ying Ho

翻译：张　烨
校对：陈晓萍

摘要： 三项研究表明互动公正能削弱自我中心偏差，即认为自己占有更大份额才是公平的心理趋势。研究1的谈判实验表明，公平的人际对待能使自我中心偏差更少、解决问题的时间更短、陷入僵局的情况更少。研究2表明，公平对待导致现实情境中更小的自我中心偏差：大学教师在与学生交往时越公平，大学生越愿意支付较高的学费，而不是削减教师的工资。研究3的实验表明，当人们认为公平的人际对待来自外在压力时，其自我中心偏差的削弱效应就会消失。这些研究结果与公平启发式理论相一致。

在分配资源时，接受者通常会表现出自我中心偏差，即他们都希望能占有更大份额并将此视为公平（例如，Diekmann, Samuels, Ross, & Bazerman, 1997）。公平理论（Adams, 1963, 1965）是资源分配的经典理论，最初的假设

---

[*] Leung, K., Tong, K. K., Ho, S. S. Y. (2004). Effects of interactional justice on egocentric bias in resource allocation decisions. *Journal of Applied Psychology*, 89 (3), 405-415.

是，回报应与贡献成正比，回报过高或过低都会带来心理困扰。但是，后续研究结果表明，得到过高回报的人通常不那么苦恼（参见 Walster, Walster, & Berscheid, 1978），而且在匿名的情况下，他们更倾向于给自己分配更大的份额（例如，Leung & Bond, 1984）。对公平的感知研究结果也发现有以自我为中心的趋势，人们通常认为对自己或群体内成员有利的分配决策比有利于对手的相似分配更为公平（例如，Diekmann et al., 1997）。并且，人们觉得自己为获得更有利的结果所作的努力是合理的，而对手的这种努力却是不公平的（Liebrand, Messick, & Wolters, 1986）。

在谈判中，资源的分配具有竞争性，而谈判者在此过程中的自我中心趋势也是众所周知的（欲回顾相关资料，请参见 Bazerman & Neale, 1992）。谈判者通常都希望能获得更大份额的资源，并将这种行为视为公平。他们还找出各种理由来为自己的自我中心趋势寻找依据。首先，谈判者"应得的赏罚"通常不太明确，也较具争议性（Bazerman & Neale, 1992；Messick & Sentis, 1979），很难采用客观标准来抑制自我中心偏差。其次，谈判中认知偏差非常大，包括对事实的歪曲（例如，Thompson & Loewenstein, 1992）、对自己的观点过度自信（例如，Bazerman & Neale, 1982）以及过高估计自己的付出（例如，Lerner, Somers, Reid, Chiriboga, & Tierney, 1991；Ross & Sicoly, 1979）。上述这些偏差通常是以自利偏差的形式在发挥作用，导致人们认为有利于自己的解决方案是公平的，而有利于对手的解决方案则是不公平的（Thompson & Loewenstein, 1992）。自我中心偏差被认为是造成谈判中心理定势和最后两败俱伤局面的罪魁祸首（Pruitt & Rubin, 1986）。

互动公正与自我中心偏差

由于自我中心偏差会带来众多消极影响，因此人们展开了大量研究，试图找出能抑制这种偏差的方法。例如，O'Malley 和 Becker（1984）发现，当告诉获得过高回报的受试者其同事由于获得的回报过低而心情沮丧时，这些受试者就不会表现出自我中心偏差。Babcock、Loewenstein 和 Issacharoff（1997）的研究结果表明，在模拟谈判中，当要求受试者仔细考虑针对自己的对立论点时，受试者表现出的自我中心偏差较小。

虽然关于自我中心偏差已有大量研究，但现有研究尚未从公正的角度展开过分析。本研究的主要目的是探究互动公正对自我中心偏差的影响，同时试图找出能减少自我中心偏差的有效机制。之前已对公正进行过各种维度的研究，Colquitt（2001）总结前人对公正的研究，证实了一种四重分类法：分配公正、程序公正、人际公正和信息公正。简单来说，分配公正是指人们对最后的分配结果感知到的公平性。程序公正是指决策过程中采用程序和流程的公平性。人际公正是指实施决策程序过程中受到的人际对待的公正性。信息公正是指所接收到的信息和解释说明的质量。在此之前，Bies 和 Moag（1986）曾提出互动公正的构念，涵盖了 Colquitt 所说的人际公正和信息公正两个方面。我们在本次研究中继续延续这一传统，并赋予互动正义更宽泛的含义。稍后在结论部分将再次讨论这个问题。

在分析开始时我们就已经指出，对公平的认知在得出谈判结果的过程中起着关键作用。我们推测，觉得自己受到不公正对待的人不会让步和妥协，对公平的坚持可能会导致出现僵局。Thompson 和 Loewenstein（1992）的研究结果与此推测一致。他们发现，在一场劳工管理谈判中，谈判双方都在回想对自己有利的事实，而且他们回想起来的有利事实的数量越多，他们希望得到的回报就越高。更接近我们论点的是，谈判双方对公平性的认知差异越大，达成解决方案的时间就越长。Camerer 和 Loewenstein（1993）还发现，在庭外和解的谈判中，谈判双方对公平性的认知差异会严重降低达成解决方案的可能性，并延长其达成时间。尽管上述两项研究并未探索互动公正，但是其研究结果的确表明，对互动公正的认知应该会对谈判流程和谈判结果产生重大影响。

虽然感知到的不公正常常会阻碍谈判，但众所周知，感知到的公正，尤其是互动公正，能够激发人们广泛的积极态度和行为反应（欲回顾相关资料，请参见 Colquitt, Conlon, Wesson, Porter, & Ng, 2001；Tyler & Blader, 2000）。

这就出现了一个有趣也很重要的问题，感知到的互动公正是否会抑制自我中心偏差呢？若人们看到其对手在谈判中的人际互动是公平的，那么他们表现出的自我中心偏差是否会更小一些？为了回答这一问题，我们先来了解一下公平启发式理论（Lind, 2001; Van den Bos & Lind, 2002; Van den Bos, Lind, & Wilke, 2001）。

公平启发式理论与自我中心偏差

尽管公平性效应（fairness effects）已问世数十年，但是对其基本流程的研究仍处于起步阶段。过去十年间，Lind 和 Tyler（1988）的群体价值模型（Group Value Model）以及 Tyler 和 Lind（1992）的关联式模型（Relational Model）为公平性效应提供了最具影响力的支撑。简而言之，人们对感受到的公平持积极态度，因为这表明他们在群体中的身份和地位受到了尊重。需要注意的是，在上述模型中，关注的重点并非给予公平对待的人员，因为公平对待的接受者并不关心为什么这些人行为公正，而是关心公平对待对自己的社会地位有何影响。

更近期的一项理论——公平启发式理论（Fairness Heuristic Theory）则对公平性效应作出了迥然不同的解释，该理论的关注重点是行为者以及关于其行为的推论。其中心论点是，人们对结果公平性的判断比之前研究发现的还要难，因为很难确定自己与权威人士之间的关系。因此，他们将是否受到权威人士的公平对待作为判断权威人士的可信度以及所得到结果的质量的一条重要线索（Lind, 2001; Van den Bos, 2001; Van den Bos & Lind, 2002; Van den Bos et al., 2001）。

在公平启发式理论的最初版本中，关注的重点是权威人士的可信程度。但是，我们认为其基本的内在逻辑也应适用于涉及资源分配的情形，不仅适用于单个分配者对资源分配有单方面绝对控制权的情况，也适用于相互竞争、彼此地位平等的情况，如谈判。不管在哪种情境设置下，接受者应得的奖惩情况通常都不明确，因为根本就不存在清晰、客观的标准来判定他们各自的公平份额。如前所述，谈判者通常也发现在谈判中难以判定应得的奖惩（例如，Messick & Sentis；Bazerman & Neale，1992）。例如，人们可能会赞同不同的分配原则，如公正原则和平均原则（Deutsch，1975），或者实施特定原则的不同标准（Morris & Leung，2000），如所付出的努力或所作的贡献。社会性比较也许能为评估所达成的结果提供依据，但不同的人参照的依据可能不同，导致得出的对公平性的认知也不尽相同（Miceli，1993）。总之，我们认为，公平启发式理论既适用于单方面分配的情况，也适用于谈判。上述两种情况下人们都很难判断其他人的主张是否合理，他们各自到底应该得到怎样的份额才算公平。

由于在资源分配中，结果的公平和受试者应得的奖惩通常都难以明确界定，因此我们根据公平启发式理论推断，人们会依赖感知到的互动公正作为判断其他受试者是可信任的还是具有剥削倾向的重要线索。若受试者感觉到资源分配的过程是公平的，那他们就可能推断，其他受试者不太可能会占其他人的便宜、要求得到的比其应得的更多。基于这种推理，受试者就更有可能将这些比较公平的其他受试者的诉求视为合理的，从而接受自己所占份额较少的结果。换言之，我们预测在资源分配情境下，若受试者感知到其他接受者的行为是公平的，那么他们表现出的自我中心偏差就较小。这个预测很简单，但意义却重大。据我们了解，感知到的公平对感知者自我中心偏差的影响还属于未知领域。我们推测感知到的公平能减少自我中心偏差，本研究即是对这一推测的测试，也是公平启发式理论的一种新颖的延伸观点。由于自我中心偏差根深蒂固，因此若证实了这一推测，那么研究结果还将具有更广泛的实用意义。

当前研究

本研究就互动公正这一常见命题进行了三项研究，研究结果表明，由于互动公正展现出信任、没有剥削动机，因此能缓解自我中心偏差。按照传统，针对互动公正的研究都会涉及权威人士通过正规决策程序进行的资源分配。因此，互动公正通常被定义为权威人士在实施正规程序过程中给予接受者的人际待遇质量（Bies & Moag, 1986; Tyler & Bies, 1990）。但是，权威人士和正规程序的存在并非互动公正研究的前提条件。本研究进行的两项谈判研究中，谈判者双方的地位平等、决策流程也并非正规程序。但是，互动公正这一观点同样适用，因为谈判过程中感知到的人际对待质量会受到决定互动公正的因素（例如尊重、理由的呈现）的影响。另外一项研究则针对学生-教师之间的人际关系，这与互动公正研究中采用的普遍情境相似。

研究 1 采用的是谈判实验，通过控制其中一位谈判者在互动公正方面的行为来评估对其他谈判者自我中心偏差的影响。研究 2 试图在资源分配范例实际情境中复制互动公正对自我中心偏差的影响。研究 3 希望能为公平启发式理论下谈判场景中互动公正的影响提供更直接的支持。上述三项研究相互补充，为我们的命题提供了系统性的测试。

研究 1

该研究旨在评估互动公正能减少二人谈判中的自我中心偏差这一普遍概念。我们使用 Thompson 和 Loewenstein（1992）设计的谈判资料，要求受试者分别以酒店管理人员或工会代表的身份参加一场面对面的模拟薪资谈判，然后测评他们各自的自我中心趋势。假设 1 总结了互动公正对自我中心偏差的影响。

假设 1：受到更高水平的互动公正对待的受试者表现出的自我中心偏差比受到更低水平的互动公正对待的受试者更小。

如上所述，我们还预测，公平的人际待遇会使谈判过程更顺利，对抗局面和分歧更少，我们通过如下两个假设予以总结。

假设 2a：互动公正水平较高的二人小组陷入僵局的数量更少。

假设 2b：互动公正水平较高的二人小组谈判达成一致解决方案所花的时间更短。

方 法

受试者。从香港一所大学的两个心理学本科班中召集了 72 名受试者（24 名男性，48 名女性），他们参与此项研究也是其学习实践的一部分。一个班级的学生与另一个班级的学生随机搭配成 36 个二人小组。组成小组的二人之前并不认识。在实验条件下，男女按比例随机分配。有一半的二人小组由同性别的受试者组成，另一半则是一男一女。

设计和流程。设计效仿的是 Thompson 和 Loewenstein（1992）采用的模拟薪资谈判，但有一个区别，就是允许公开的语言沟通。先让受试者阅读三页谈判背景资料，了解酒店管理人员与工会代表之间就薪资产生的冲突。背景资料的态度是中立的，并不偏向任何一方。受试者会收到一份用于谈判的工资结算安排，说明了不同薪资解决方案对谈判双方的价值。容许的月度薪资解决方案在 6 700 港币至 9 550 港币（折合约 859 美元至 1 224 美元）之间，按 150 港币（折合约 19 美元）的倍数增加或减少。下文中涉及的货币单位均为港币（1 美元约合 7.8 港币）。

随机选择半数受试者接受两种人际互动训练（一种是公平的，另一种是不公平的）中的一种。这两种不同风格的训练主要是参照 Moorman（1991）以及 Leung、Chiu 和 Au（1993）的人际交往说明进行的。第一种实验条件是接受培训向对方提供公平人际待遇的受试者，第二种实验条件则是提供不公平人际待遇的受试者。公平人际待遇主要表现在如下行为中：展现公开性和中立立场、愿意进行解释和说明、表现出对对方的理解、愿意倾听以及感谢对方提出的建议。不公平人际待遇则表现为与上述行为相反的行为：一味坚持自己的观点、反复强调对方的观点是错误的、不愿意提供解释和说明、没有耐心倾听、频繁打断对方以及不尊重对方提出的观点和建议。

选中的培训受试者需提前 30 分钟到实验室接受培训。两种不同人际交往的策略和示例都制作成书面表格，再由实验者向受试者进行解释和说明。培训的受试者自己需要另外给出针对不同策略的例子，以确保完全理解。然后再在实验者的指导下完成整个流程，其间，实验者会进行评论并提出建议，这样使受试者更加熟悉自己指定角色的恰当行为表现，避免偏离自己的角色。

随机指派接受培训的受试者扮演酒店的管理人员或工会代表，他们分别与未接受培训的受试者（"天然的"受试者，对对方接受培训一无所知）进行配对。当受试者阅读完背景资料和工资结算安排后，完成问卷调查的第一部分并上交问卷。然后开始谈判。受试者可以自由沟通，时间最长为 40 分钟。整个过程都会录音，规定时间结束后或达成一致协议后，再让受试者完成问卷调查的第二部分。

问卷调查。谈判开始前完成问卷的第一部分，让受试者选出他们认为公平的薪资、他们对背景资料的理解以及他们在谈判中扮演的角色。另外还要求接受过培训的受试者说明对自己完成所指派的人际互动风格能力的信心。在谈判结束后完成问卷的第二部分，再次让他们回答自己认为公平的薪资。作为对实验操作的一种检测手段，要求受试者回忆谈判过程中自己受到的人际待遇。分别用九个题目和七个题目表明公平与不公平待遇，题目示例包括："你的谈判对手是否表现出公开性和中立态度？""你的谈判对手是否对你的需求毫无兴趣？"（摘自 Leung, Chiu, & Au, 1993）受试者的回答采用李克特式（Likert-type）7 点量表，程度从 1（从不）到 7（总是）。公平与不公平待遇的量表包括概念上相似但方向相反的各种行为。这些量表并不是为了获取两组相互独立的结果，相反，以上两种量表所得的结果将用作检测实验操作的有效性。

采用 Thompson 和 Loewenstein（1992）开发出的方法在二人小组和单人层面测评对自我中心偏差的缓解作用。将二人小组层面的自我中心偏差定义为谈判双方认为的公平薪资待遇（控制谈判前差异）。这一衡量标准实际上是谈判前和谈判后分数之间的差异。每一组差异分值均基于谈判双方各自认为的公平薪资之间的差值得出，差值为正则表明有自我中心偏差。谈判后差值减去谈判前差值所得的值即表示是否有减少自我中心偏差的作用。正值表示谈判过程中自我中心偏差减少。

在受试者个人层面，将自我中心偏差的减少定义为谈判前后受试者所认为的公平薪资之间的差值。对于扮演管理人员的受试者而言，是谈判后公平薪资减去谈判前公平薪资所得的差值；而对于扮演工会代表的受试者而言，是谈判前公平薪资减去谈判后公平薪资所得的差值。相减的顺序不同是因为对于管理人员而言薪资越高表示自我中心偏差越小，而工会代表的情况则刚好相反。这种安排也是确保所得的正值总是表明其对自我中心偏差有缓解作用。尽管有作者提出了与采用差值相关的一些问题（例如，Edwards, 2001），但是在我们的实验条件下，采用差值没有问题。因为我们是随机安排受试者到不同的实验情境中的，不同实验条件下所有的谈判前分值应该很相似，因此基于这种分值得出的结果应该主要受谈判后评判的影响。事实上，在此研究领域，采用差值反映对自我中心偏差的影响非常普遍（例如，Messick & Sentis, 1979; Wade-Benzoni, Tenbrunsel, & Bazerman, 1996）。

结　果

鉴于采用了李克特式 7 点量表，因此平均值表明未经培训的受试者很好地理解了背景资料（$M = 5.44$，$SD = 1.16$），并积极参与到谈判中（$M = 5.17$，$SD = 1.06$）。接受过培训的受试者对扮演指派给自己的不同人际待遇风格的角色很有信心（$M = 5.22$，$SD = 1.16$）。

更为重要的一点是，我们对公平性的操作非常成功。针对公平和不公平待遇量表的信度系数（cronbach alpha）分别为 0.79 和 0.78。未经培训受试者的报告结果显示，不公平实验条件比公平实验条件报告的不公平待遇更多（$M = 3.21$，$SD = 0.72$ vs. $M = 2.07$，$SD = 0.54$），$F(1, 34) = 28.45$，$p < 0.01$，$\eta^2 = 0.46$，式中，η^2 表示效应值（即自变量在总变异数中所占的比例）。并且，未经培训受试者报告的在公平实验条件下的公平待遇也比不公平条件下多（$M = 2.80$，$SD = 0.59$ vs. $M = 2.26$，$SD = 0.50$），$F(1, 34) = 8.58$，$p < 0.01$，$\eta^2 = 0.20$。接受过培训的培训者也得出类似的结果，他们认为未经培训的受试者在不公平实验条件下表现出的不公平待遇要比在公平实验条件下更多（$M = 2.44$，$SD = 0.48$ vs. $M = 1.79$，$SD = 0.36$），$F(1, 34) = 21.21$，$p < 0.01$，$\eta^2 = 0.38$；在

公平实验条件下表现出的公平待遇也略多于不公平实验条件下（$M=2.79$，$SD=0.52$ vs. $M=2.43$，$SD=0.59$），$F(1, 34)=3.84$，$p<0.06$，$\eta^2=0.10$。上述结果表明谈判者的表现是与他们受到的人际待遇相对应的。

二人小组不同的性别组成方式（性别相同 vs. 一男一女）对谈判双方谈判前和谈判后认为的公平薪资并无影响，分别为 $t(70)=-1.91$，不显著，以及 $t(70)=-0.69$，不显著；谈判者的性别对结果也无影响，分别为 $t(70)=1.28$，不显著，以及 $t(70)=0.30$，不显著。因此，不再进一步分析性别以及性别组成因素。

关于在二人小组层面（即谈判双方所认为的公平薪资之间的差值）对自我中心偏差的减少作用，方差分析的结果表明，公平的人际待遇比不公平的人际待遇减少自我中心偏差的作用更显著（$M=437.50$ vs. 86.11），$F(1, 34)=12.14$，$p<0.01$，$\eta^2=0.26$。这一结果说明，来自对方的公平人际待遇能缩小谈判双方所认为的公平薪资之间的差距。同样，在个人层面（即单个受试者谈判前和谈判后所认为的公平薪资之间的差值），方差分析结果也表明公平的人际待遇比不公平的人际待遇减少自我中心偏差的作用更显著（$M=218.75$ vs. 43.06），$F(1, 70)=7.07$，$p<0.01$，$\eta^2=0.09$。上述结果为假设 1 提供了强有力的支持。取平均值所得的结果表明，在公平实验条件下，不论是管理人员还是工会代表，谈判后评判都会向着自我中心偏差更小的方向大幅移动。分析结果总结请参见表 1。

在公平谈判的条件下，受试者的自我中心偏差表现出大大减少的趋势，不管是在二人小组层面，$t(35)=4.52$，$p<0.01$，$d=0.75$（$M=261.81$），还是在个人层面，$t(72)=3.80$，$p<0.01$，$d=0.45$（$M=130.90$），式中，d 表示针对 t 测试的效应量指数（Cohen，1988，p. 20），均是如此。由于自我中心偏差涉及了谈判前与谈判后评判的比较，因而能反映出谈判过程对自我中心偏差移动方向和程度的影响。我们的研究结果与之前的相似，表明公平的谈判过程通常能减少自我中心偏差（Thompson & Loewenstein，1992）。

第 3 章
资源分配决策中互动公正对自我中心偏差的影响

表 1　受到公平对待与未受到公平对待对结果的影响

变量	受到公平对待	未受到公平对待
所认为的公平的薪资		
管理人员		
谈判前	7 223.3ª（243.9）	7 344.4（331.2）
谈判后	7 500.8（196.4）	7 400.0（310.6）
工会		
谈判前	7 812.5（261.1）	7 948.6（387.2）
谈判后	7 652.5（271.8）	7 918.1（378.6）
自我中心偏差的减少		
二人小组层面	437.5（313.7）	86.1（291.0）
个人层面	218.8（276.5）	43.06（284.1）
陷入僵局的数量	0	7
解决问题的时间	13 分钟（1 分钟，48 秒）	27 分钟（2 分钟，18 秒）

注：括号中的数字表示标准差。表中金额的单位为港币。1 美元＝7.8 港币。

在不公平待遇的实验条件下，有七个二人小组陷入僵局，但是在公平待遇的实验条件下，所有小组均达成了一致解决方案，$\chi^2(1, N=36) = 8.69$，$p<0.01$，$\Phi=0.49$。Φ 统计值为四分点相关系数，该系数的平方表示效应量（Cohen, 1988, p. 223）。这个结果在一定程度上支持了假设 2a。但有趣的是，最终的薪资解决方案在 7 000 港币至 8 200 港币之间，平均数为 7 529.14 港币（SD＝332.43），并未受到待遇公平性的影响，$F(1, 27) = 1.07$，ns。

最后，达成一致协议的二人小组中，公平的人际待遇比不公平的人际待遇解决问题的时间更短（$M=13.0$ min vs. 27.0 min），$F(1, 27) = 23.0$，$p<0.01$，$\eta^2=0.46$，这个结果支持了假设 2b。

讨　论

与假设一致，不管是在二人小组层面还是在个人层面，公平的待遇均减少了自我中心偏差，陷入僵局的情况更少，解决问题的时间更短。关于解决问题的时间，我们的解释是公平的人际待遇能使谈判过程更加顺利。但是，也可能有另一种解释，即公平的人际待遇中谈判的时间比不公平的人际待遇更短。我们认为，这种可能性不太现实，因为无法解释不公平的待遇实验条件下陷入僵局的情况更多这一问题。不公平的人际待遇导致的分歧和冲突才是造成解决问题时间更长、出现更多僵局的更简单、更一致的理由。

在我们探究公平启发式理论是否能真正对上述研究结果提供足够的合理解释之前，我们注意到研究 1 有两个局限性。首先是该研究基于谈判情境，而这涉及面对面的互动和为了获得更加有利的结果而进行的直接竞争。因此，很难确定在其他资源分配情境下是否能得出类似结果。其次，研究 1 缺乏外部效度，应该在现实生活场景中验证互动公正对自我中心偏差的影响。研究 2 通过采用现实资源分配场景设置，无须涉及直接的面对面竞争，从而克服了上述局限性。

研究 2

我们选择特定的资源分配情境来评估感知到的互动公正能否缓解自我中心偏差。香港特区政府宣布了一项计划，准备减少对地方大学的补贴。希望通过增加学费和减少大学开支来平衡这种效应，而大学开支中大学教师的工资占很大的比例。我们对学生展开调查，希望了解学生感知到的来自教师的人际待遇与学生对降低教师工资这项政策的支持以及学生认为多大的降幅比较合理之间存在什么联系。基于研究 1 的研究结果，对如下假设进行验证。

假设 3：学生受到教师公平对待的程度越高，对削减教师工资政策的支持程度越低，削减幅度越小，被认为是越合理的。

方　法

受试者。选择香港某大学的 101 名学生，在其课间就学费变动事宜进行意见调查。多数受试者为大学二年级的学生，绝大多数会受到拟增加学费政策的影响。受试者自愿参与调查,被邀请参加此项调查的学生 90% 以上接受了邀请。

问卷调查。问卷引言清楚地说明,有多种方法可以解决资金短缺问题,包括削减大学教职工的薪资以及增加学生的学费。受试者需要表明他们是否支持削减大学教师的薪资来避免增加学费这一政策。采用李克特式 7 点量表,7 表示非常同意,1 表示完全不同意。受试者还需要选出他们认为削减多大比例的薪资以减少学费的增加才是合理的。上述两种量表用以反映自我中心偏差的原因是,在这种情境下,受试者的利益与教师的利益是相互冲突的。若学生支持削减教师工资,并建议大幅削减,那么就可以减少他们即将面临的学费增加。越支持削减工资的政策、认为合理的削减幅度越大,表现出的自我中心偏差越大。

此外,效仿 Moorman(1991)与 Leung、Chiu 和 Au(1993)之前采用的相关题目,要求受试者选出他们受到的来自其主要院系教师的人际待遇的质量(例如,"他们关心学生"),共 6 项,使用 7 点量表(同意-不同意)。

结 果

人际待遇量表的信度系数为良好(0.89)。表 2 列示了基本统计数据。后续分析中不考虑性别因素,因为性别对所有测量变量均无影响,包括人际待遇质量 $t(99) = -0.337$,不显著;对削减工资政策的支持,$t(99) = 0.532$,不显著;以及认为合理的削减幅度,$t(64) = -0.080$,不显著。回归分析结果表明,人际待遇质量有显著差异,与对削减工资政策的支持负相关($R^2 = 0.17$),$F(1, 99) = 21.20$,$p<0.01$,标准化 $\beta = -0.42$,$t(99) = -4.61$,$p<0.01$。受到的人际待遇越公平,对削减政策的支持程度越低。此外,在另一单独回归分析中,人际待遇的质量也具有显著差异,与受试者认为合理的薪资削减幅度之间负相关($R^2 = 0.093$),$F(1, 65) = 6.57$,$p<0.05$,标准化 $\beta = -0.31$,$t(65) = -2.56$,$p<0.05$。与前面一致,受到的来自教师的人际待遇越公平,认为合理的削减幅度越小。因此,上述结果可以支持假设 3,同时也

表明来自教师的公平人际待遇与削减教师薪资之间存在相关关系。

表 2　变量之间的相关表

数量	M	SD	1	2	3
1. 人际待遇	4.2	0.94	—		
2. 对削减工资政策的支持	4.00	1.49	−0.42**	—	
3. 削减的幅度	9.18	7.80	−0.31*	0.57**	—

注：数字越大，变量的层级越高。$*p<0.05$，$**p<0.01$。

讨　论

人际待遇越公平，自我中心偏差越少这一假设再次得到支持。与假设一致，学生受到教师的人际待遇越公平，学生越不会支持削减教师的工资，而是更愿意承担增加学费的后果。我们应注意，上述研究发现是相互关联的，虽然我们没有关于受试者是否需要自己支付学费增加部分或者他们是否有其他方式可以支付（如由他们的父母支付）的相关信息，学费增加和削减工资之间表现出的取舍关系也是隐含的，但是，概念上相关的两个独立变量得出的结果是一致的，也对研究 1 的核心发现具有支撑作用。鉴于研究 2 以不同情境下的现实问题为基础，我们认为两项研究均能支持公平的人际待遇对自我中心偏差具有缓解作用这一命题。

研究 3

尽管上面的两项研究证明了互动公正对减少自我中心偏差的作用，但是这两项研究并没有直接证明我们对于启发式公平理论的预测。事实上，我们对这样的结果有另外两种不同的解释：第一，谈判中的互动公正可能会导致更好的信息交换，从而导致自我中心偏差的减少。Carroll、Bazerman 和 Maury（1988）的研究发现，谈判的失败源于对对方的忽视和对对方观点的简单化理解。互动公正能够降低在谈判中的指控次数和人身攻击，从而加强谈判双方的信息交换。更好地理解对方的观点能够导致更多的同理心和对对方要求的赞同，从而减少自我中心偏差。同理，Thompson（1991）发现，信息交换可以导致更多有利的、更具整合性的谈判协议。

第二，Pillutla 和 Murnighan（1996）发现，愤怒的谈判者更容易拒绝一个有利的提议。从而我们认为，互动公正可以减少谈判双方之间的消极对抗，比如人身攻击等，从而减少双方的愤怒情绪，增加妥协的可能性。这个观点强调，互动公正所增加的积极体验是导致自我中心偏差减少的原因。

采用与研究 1 相似的实验方法，在研究 3 中，我们试图排除以上第二种解释的可能性，从而验证我们对于启发式公平理论的论断。首先，我们控制了信息交换量，将接受培训和未接受培训两个条件下交换的信息量设置为一样的。如果出现同样的结果，就可以排除是由于交换的信息量不同导致结果产生变化的可能性。

其次，积极体验论断与公平启发式理论的论断相悖。公平启发式理论强调互动公正的象征性意义，而不是相伴产生的体验。互动公正的象征性意义才是减少自我中心偏差的原因。我们认为通过互动公正减少愤怒只是附带产生的效果，并且与减少自我中心偏差无关。在这样的逻辑之下，我们需要创造一种能够将互动公正的象征意义与相伴产生的体验区分开来的情境，从而对这两种解释进行区分。我们可以借用归因研究的相关范式，提供一种情境因素，从而减少人们将某行为的产生归因于行动者本身的倾向（例如，Morris & Larrick，1995）。我们认为如果人们将受到公平对待的原因归结为情境，那么我们就不能归因于这个人本身是值得信任的。公平启发式理论认为，互动公正如果没有象征性意义，那么它就不能影响人们的自我中心偏差。相反，如果积极体验论断是可靠的，那么在谈判中的互动公正必须有效，不管它的产生是由于内在动机还是外在刺激。换句话说，不管公平对待被赋予何种解释，它都必须使谈判双方产生愉悦的交换；不管它的产生是否来自外部，它都必须对减少自我中心偏差有持续的影响。

值得注意的是，在这项研究中，谈判者的公平行为不管是出于真心还是受到环境所迫都同样具有可信价值,但如果是作为一种个人品质,就完全不同了。据我们所知,公平启发式理论并没有区分信任行为的产生是由于情境因素还是由于个人品质。但是,以往的两项研究发现,对某个人可信度的操纵或测量,一是受到情境的影响,二是受到个人或群体特质的影响(Van den Bos, van Schie, & Colenberg, 2002; Van den Bos, Wilke, & Lind, 1998)。因此,即使是由于环境的原因,谈判者的言行被要求表现出公平,并且看起来是值得信任的,我们仍然强调公平作为一种个人品质更为重要。如果接受者知道那些看似公平的言行是出自环境的要求,那么这些行为尽管看上去非常可信,也会失去其效力。

综上,我们对比了启发式公平理论的论断和积极体验论断,并提出区别点在于受到公平对待是一方是否将对方公平的行为归结为环境的要求。我们认为,如果受到公平对待被归因于外部环境的要求,就不能减少自我中心偏差,那么启发式公平理论的论断就会获得支持。我们因此提出以下两个假设。

假设 4a:谈判中受到公平对待的一方如果将其原因归结为对方自身的因素,那么相对于受到不公平对待来说,互动公正更有可能减少自我中心偏差。

这个假设和研究 1 的结果类似,可以进行进一步的论证。并且,如果人们将受到公平对待的原因归结为环境因素,那么其对减少自我中心偏差的作用就会消失。那么不管是在公平对待的条件下还是在不公平对待的条件下,自我中心偏差都不会有差别。

假设 4b:自发产生的公平对待比由环境迫使产生的公平对待更能减少自我中心偏差。类似地,自发产生的不公平对待比由环境迫使产生的不公平对待更不能减少自我中心偏差。

方 法

受试者。香港一所大学的 64 名本科生(24 名男性,48 名女性)参与了此项实验,他们参与此项研究也是其学习实践的一部分。每一组谈判者都是由性别相同的学生组成的,他们彼此之间并不认识。

研究设计和步骤。背景信息和问卷与研究 1 相同。我们设计了一个 2（公平对待 vs. 不公平对待）×2（接受培训 vs. 不接受培训）的对照组。受试者被随机分到这 4 种实验条件中，他们中的一半扮演酒店管理者的角色，另一半扮演工会代表的角色。在培训期间，两个实验者的同谋（一男一女）掌握了表演公平对待和不公平对待应该采用的方法。在与对方进行谈判的时候，我们教谈判者怎样给对方标准化的解释，以说明请求的合理性。解释的数量和原因都是一样的。而且让步的方式也一样，在第 7 分钟让步 300 美元，在第 14 分钟让步 750 美元。我们告诉受试者，他们有 30 分钟的时间进行谈判，而且在限定时间内他们随时都可以终止谈判。

受试者来到实验室后，在对他们进行分组之前，我们先要求他们进入一个独立的房间阅读背景信息，在他们阅读完背景信息，并且完成问卷的第一部分后，我们将相同性别的受试者进行配对。在实验条件下，乙方被告知甲方已经接受了某种谈判策略的培训，并且在接下来的谈判中将会采用这样的策略。实验者告知受试者某种谈判策略的标准化解释，并给他们举了特定的例子，但是他们可以选择不同的表达方式。在对照组中，我们没有告知乙方甲方已经接受了培训并将采用某种特定的策略。实验操作方式与研究 1 相似，都是采用公平或者不公平的人际待遇。与研究 1 类似，在谈判中，双方可以进行公开的交流，谈话被录音。谈判结束后，我们要求受试者完成问卷的第二部分，并且接受详细的询问。

结　果

与研究 1 类似，我们同样采用 7 点量表，均值表示受试者是否充分理解指示（$M = 5.56$, $SD = 1.02$），并且在谈判中完全投入（$M = 4.92$, $SD = 0.95$）。互动公正和不公平量表的信度良好，分别为 0.89 和 0.95。为了检验我们对不公平人际待遇的操纵是否有效，我们进行了 2（互动公正 vs. 人际待遇不公平）×2（接受培训 vs. 不接受培训）的方差分析，结果证明主效应显著（$M = 3.47$, $SD = 0.88$ vs. $M = 1.60$, $SD = 0.86$），$F(1, 60) = 81.0$, $p < 0.01$, $\eta^2 =$

0.57，这表明，相对于在公平的条件下，在不公平的条件下，受试者确实感受到了更多的不公平对待。接受培训与未接受培训并没有主效应，但是，我们发现了显著的交互作用，$F(1, 60) = 7.09$，$p<0.01$，$\eta^2=0.11$，这表明，尽管相对于公平条件，在不公平条件下的受试者报告他们受到了更多的不公平对待，但这种不公平的感受，在接受培训的条件下（$M=3.72$，SD$=0.64$ vs. $M=1.29$，SD$=0.25$）比在未接受培训的条件下（$M=3.22$，SD$=1.02$ vs. $M=1.90$，SD$=1.12$）更加明显。或许，当我们告知一方，另一方接受了某种策略的培训之后，这一方会对自己是否接受了公平的对待更加敏感。

我们在公平实验条件下也发现了相同的结果。相对于不公平条件，在公平条件下，受试者报告他们受到了更多的公平对待（$M=3.56$，SD$=0.79$ vs. $M=2.22$，SD$=0.45$），$F(1, 60) = 74.21$，$p<0.01$，$\eta^2=0.55$。同样，接受培训与未接受培训并没有主效应，但是，我们发现了显著的交互作用，$F(1, 60) = 7.09$，$p<0.01$，$\eta^2=0.11$，这表明，尽管相对于不公平条件，在公平条件下的受试者报告他们受到了更多的公平对待，但这种公平的感受，在接受培训的条件下（$M=3.77$，SD$=0.44$ vs. $M=2.05$，SD$=0.31$）比在未接受培训的条件下（$M=3.35$，SD$=1.00$ vs. $M=2.39$，SD$=0.50$）更加明显。

薪资解决方案在6 850港币至8 650港币之间，均值为7 884.60港币。与研究1类似，受到公平或者不公平对待的程度对谈判双方谈判前和谈判后认为的公平薪资并无影响，$F(1, 50) = 2.05$，不显著；角色扮演信息对结果也无影响，$F(1, 50) = 0.22$，不显著。

与研究1不同的是，我们不能在关系层面解释自我中心偏差，因为有一个受试者其实是实验者的同谋。我们只能在个体层面解释自我中心偏差的差异（在谈判前与谈判后对薪资公平程度的感受）。方差分析的结果显示，受到公平和不公平对待与信息量之间不存在交互作用，$F(1, 60) = 2.55$，$p<0.15$，$\eta^2=0.04$。但是，根据Keppel（1973：89-90）的建议，我们按照之前的计划分成不同的情况进行比较，以验证假设。在没有告知一方另一方接受培训的条件下，我们发现，采用公平的对待比不公平的对待更能减少自我中心偏差

(Ms = 485.63 vs. 28.13),F(1, 60) = 6.14,$p<0.05$,$\eta^2=0.09$,因此,假设4a得到支持。在告知一方另一方接受培训的条件下,我们发现,公平的对待或者不公平的对待对减少自我中心偏差没有差别(Ms = 396.88 vs. 356.25),F(1, 60) = 0.48,不显著。另外,在不公平对待的条件下,相对于没有告知一方另一方已经接受了培训的情况下,在我们告知一方另一方已经接受了某种策略的培训的条件下,自我中心偏差的减少更少(28.13 vs. 356.25),F(1, 60) = 3.16,$p<0.093$,$\eta^2=0.05$。这与假设4b一致。但是,与假设4b相矛盾的是,在公平的条件下,差异的方向虽然与我们期待的一致,但是并不显著(Ms = 485.63 vs. 396.88),F(1, 60) = 0.23,ns。因此,假设4b仅在不公平的条件下获得了支持,在公平的条件下没有获得支持。图1显示了结果。最后,与研究1的结果一致的是,谈判之后人们的自我中心偏差都有所减少,t(63) = 4.71,$p<0.01$,$d=0.59$($M=316.7$)。

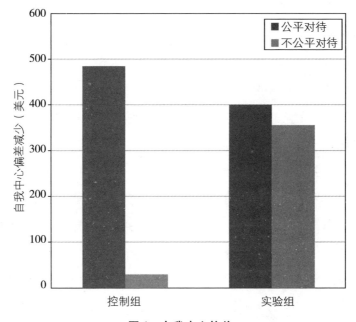

图1 自我中心偏差

注:4组自我中心偏差的对比。货币单位为港币。1美元=7.8港币。

讨 论

在研究 3 中，实验控制组的条件实际上是对研究 1 的复制，两项研究得到了相同的结果。尽管研究 1 用的是培训过的受试者，研究 3 用的是实验者同谋，但公平的人际对待对于减少自我中心偏差的效果被印证。更为重要的是，与公平启发式理论一致，我们的结果表明，当人们把公平对待的原因归结为外部（是因为外部环境的要求）时，它对减少自我中心偏差的作用就会消失。有趣的是，告知一方另一方已经接受培训的信息，在公平条件下会增加自我中心偏差，在不公平条件下则会减少自我中心偏差，但是这种变化仅仅在不公平条件下才显著。这种效果可能是由于消极感知偏差，即人们通常更会去注意消极的信息而不是积极的信息（例如，Ito, Larsen, Smith, & Cacioppo, 1998）。不管解释如何，我们的结果与之前提到的人际关系带来的情绪体验对自我中心偏差减少的解释非常不同。而且，由于我们控制了信息的交换量，自我中心偏差的减少就不能归因于信息交换量的不同。由此可见，公平启发式理论是最合适的解释。在我们告知对方已经接受了培训的条件下，不管是公平的还是不公平的人际对待方式，都失去了它们无意识的属性，从而无法产生效果。如果人们感觉受到了公平的对待，但是仍然不能判断对方是否真的值得信任，那么公平的人际待遇对于减少自我中心偏差的作用就会消失。

我们最后想要说明的是，当我们告知一方另一方已经接受了某种策略的培训时，按照要求表现出公平对待的受试者会比按照要求表现出不公平对待的受试者看起来更值得信任，但是，他们是不是真的值得信任却不得而知。相反，在我们没有告知一方另一方已经接受了某种策略的培训的条件下，表现出公平对待的受试者会显得更值得信任。在这一点上，我们并不知道信任的来源（角色要求 vs. 个人品质）是否在这个过程中起到了某种作用。但是我们认为，信任作为一种个人品质更加重要，而不是看外在是怎么说的或者怎么做的。不过，我们并不能排除公平启发式理论之外的其他的合理解释。例如，相对于自发表现出的公平对待行为，人们并不会认为按照角色要求表现出的公平对待行为很有价值。未来的研究需要去研究信任的来源会不会对结果造成影响。

综合讨论

以上三项研究的结果共同为公平的人际待遇对削减自我中心偏差的作用提供了强有力的支持。研究 1 和研究 2 主要有三个方面的不同：任务的性质（谈判 vs. 分配），现实情况（模拟 vs. 现实生活中的事件），推理类型（因果 vs. 相关性），即便如此，两项研究所得的结果仍然一致。研究 3 通过同谋（而非培训受试者）的方式验证了研究 1 的结果，为效果的稳健性提供了进一步的支持。除了对自我中心偏差的削减作用外，研究 1 还发现，公平的人际待遇能使问题得到更快的解决，谈判中出现僵局的情况也更少。

不仅研究 1 和研究 2 的发现与公平启发式理论的预测一致，而且研究 3 也为其提供了直接的理论支持。人际待遇的作用在于其所发出信号的价值，去掉这一因素则会消除感知公平对自我中心偏差的影响。

理论意义

Van de Bos 和 Lind（2002）指出，当前对公平启发式理论的研究形成了两大流派：一派主要关注公平性的不同方面彼此是如何相互作用的（例如，Van den Bos, Vermunt, & Wilke, 1997），另一派则关注不确定性是如何突显公平性影响的（例如，Van den Bos & Miedema, 2000）。我们的研究结果超越了以上两个流派，为公平启发式理论指出了一个有趣且新颖的延伸方向（即公平或不公平待遇的信号影响作用）。我们将该理论的应用延伸至资源分配情境，即一种缺乏判定公平性的标准，并容易产生自我中心偏差的情境。我们认为，冲突双方感知到的公平待遇会形成对评估各自应得份额的启发，因为这种公平待遇表明了他们的可信度，以及他们并无剥削动机（Van den Bos & Lind, 2002）。这种信号发出的过程也解释了为什么感知到的公平能削减自我中心偏差、有利于问题的更快解决以及减少出现僵局的情况。

从人际公平具有发出信号的功能这一角度出发能衍生出许多有趣的解释。其中最有意思的可能当属试图将正义的关系模型整合进公平启发式理论中的尝试。关系模型也可从发出信号的角度予以理解,因为公平待遇被假定为表明接受者社会地位的信号。有人可能会问,感知到的公平何时传递的是接受者社会地位的信号,何时传递的是行为者可信度的信号呢?就关系模型进行的研究通常关注的是受权威人士所作决定影响的接受者,而当前研究关注的则是人们如何在一群受试者中进行资源分配。在决策情境中,权威人士的地位被突显,因此传递社会地位信号的作用可能更大。在双方以平等地位竞争资源的情境中,传递可信度和剥削动机的信号的作用则可能更大。当然,这显然只是一种推测,还需要未来的实证评估予以验证。

发出信号的作用表明未来研究至少还可以有两大方向。第一个方向是关于公平性作为印象管理组成部分的探讨(例如,Greenberg、Bies, & Eskew,1991),但是目前对如何感知到表演式公平的研究还非常有限。我们的研究结果表明,感知到的公平行为背后的动机在调节公平性影响方面起着至关重要的作用。与此相似,Leung、Su 和 Morris(2001)也发现,感知到的造成负面监管反馈的原因对接受者的反应会产生重要影响。我们需要进一步探究影响对公平行为的理解的相关情境变量,以及对公平行为的理解是如何反过来影响公平所起的作用的。第二个方向则探究可能减弱公平性所起作用的单个不同变量的信号作用。例如,Brockner(1996)指出,是程序公平所产生的信任,而非程序公平本身,对人们对于决策的反应起着决定性作用。从这一角度推理,我们可能得出有趣的结论:对程序不够信任的人可能对感知到的公平的反应不那么积极,因为他们更有可能认为公平行为是表演出来的。

未来的研究方向及其局限性

本研究存在五个方面的局限性,可以供未来的研究在这些方面作出改进:

第一,我们的谈判情境是在实验室内,但资源分配问题却是现实的问题。我们建议未来的研究将谈判放在现实情境中,把资源分配问题放在实验情境中，以加强目前研究结果的内在效度和外在效度。此外，在今后的相关研究中，对以自我为中心的偏差的操作应更准确细致，以更好地反映自我利益和他人利益的平衡。

第二，虽然三项研究清楚地表明，公平启发式理论可以解释互动公正对自我中心偏差的减弱作用，但是我们仅对这项理论应用的一个方面，即信号理论进行了测试。显然，这个理论的其他派生理论也应该进行测试，比如，可以操纵感知到的他人的可信度或剥削动机，来测试该因素是否对互动公正减弱自我中心偏差的能力产生影响。

第三，本研究没有涉及程序公平性。程序公平在资源分配中比在谈判中更为重要，未来的研究需要补全这一部分。此外，目前的研究主要集中在比较泛泛的互动公正上。互动公正最近被分为两个维度：人际交往公平和信息公平，并且已经有相关的项目在研究它们（Colquitt, 2001; Colquitt et al., 2001）。Colquitt 的元分析表明，人际交往公平和信息公平的相关度相对较高（$r=0.57$），尽管影响的程度不同，但它们作用效果的方向却是一致的。我们预期这两个因素都能够减少自我中心偏差。两者的影响程度显然会是未来研究的一个方向。

第四，在研究 3 中，我们预期当我们告知一方另一方已经接受了某种策略的培训并将在此次谈判中采用这样的策略时，在互动公正的条件下，自我中心偏差会增加，在非公平条件下，自我中心偏差会减少。但是只有在非公平条件下变化明显。我们推测，负面偏差可能是这种不对称性的一个解释，我们需要更多的研究来确定这一发现是否可靠。

第五，我们考察了互动公正与自我中心偏差的因果性，但也有可能一个自我偏差不大的人更倾向于认为他人的做法公平。这种反向因果关系可以与本研究中的因果关系并存，我们需要在未来的研究中进一步观察。

参考文献

Adams, J. S. (1963). Toward an understanding of inequity. *Journal of Abnormal and Social Psychology*, 67, 422-436.

Adams, J. S. (1965). Inequity in social Exchange. In L. Berkowitz (Ed.), *Advances in Experimental Social Psychology* (Vol. 2, pp. 267-299). New York: Academic Press.

Babcock, L., Loewenstein, G., & Issacharoff, S. (1997). Creating convergence: Debiasing biased litigants. *Law and Social Inquiry*, 22, 913-925.

Bazerman, M. H., & Neale, M. A. (1982). Improving negotiation effectiveness under final offer arbitration: Therole of selection and training. *Journal of Applied Psychology*, 67, 543-548.

Bazerman, M. H., & Neale, M. A. (1992). *Negotiating Rationality*. New York: Free Press.

Bies, R., & Moag, J. (1986). Interactionaljustice: Communication criteria of fairness. In R. Lewicki, M. Bazerman, & B. Sheppard (Eds.), *Research on Negotiation in Organizations* (pp. 43-55). Greenwich, CT: JAI Press.

Brockner, J. (1996). Understanding the interaction between procedural and distributive justice: The role of trust. In R. M. Kramer & T. R. Tyler (Eds.), *Trust in Organizations: Frontiers of Theory and Research* (pp. 390-413). Thousand Oaks, CA: Sage.

Camerer, C. F., & Loewenstein, G. (1993). Information, fairness, and efficiency in bargaining. In B. A. Mellers & J. Baron (Eds.), *Psychological Perspectives on Justice: Theory and Applications* (pp. 155-179). New York: Cambridge University Press.

Carroll, J. S., Bazerman, M. H., & Maury, R. (1988). Negotiator cognitions: A descriptive approach to negotiators' understanding of their opponents. *Organizational Behavior and Human Decision Processes*, 41, 352-370.

Cohen, J. (1988). *Statistical Power Analysis for the Behavioral Sciences* (2nd Ed.). Hillsdale, NJ: Erlbaum.

Colquitt, J. A. (2001). On the dimensionality of organizational justice: A construct validation of a measure. *Journal of Applied Psychology*, 86, 386-400.

Colquitt, J. A., Conlon, D. E., Wesson, M. J., Porter, C. O. L. H., & Ng, K. Y. (2001). Justice at the millennium: A meta-analytic review of 25 years of organizational justice research. *Journal of Applied Psychology*, 86, 425-445.

Deutsch, M. (1975). Equity, equality, and need: What determines which value will be used as the basis of distributive justice? *Journal of Social Issues*, 31 (3), 137-149.

Diekmann, K. A., Samuels, S. M., Ross, L., & Bazerman, M. H. (1997). Self-interest and fairness in problems of resource allocation: Allocators versus recipients. *Journal of Personality and Social Psychology*, 72, 1061-1074.

Edwards, J. R. (2001). Ten difference score myths. *Organizational Research Methods*, 4, 265-287.

Greenberg, J., Bies, R. J., & Eskew, D. E. (1991). Establishing fairness in the eye of the beholder: Managing impressions of organizational justice. In R. A. Giacalone & P. Rosenfeld (Eds.), *Applied Impression Management: How Image-making Affects Managerial Decisions* (pp. 111-132). Thousand Oaks, CA: Sage.

Ito, T. A., Larsen, J. T., Smith, N. K., & Cacioppo, J. T. (1998). Negative information weighs more heavily on the brain: The negativity bias in evaluative categorizations. *Journal of Personality and Social Psychology*, 75, 887-900.

Keppel, G. (1973). *Design and Analysis: A Researcher's Handbook*. Englewood Cliffs, NJ: Prentice-Hall.

Lerner, M., Somers, D. G., Reid, D., Chiriboga, D., & Tierney, M. (1991). Adult children as caregivers: Egocentric biases in judgments of sibling contributions. *The Gerontologist*, 31, 746-755.

Leung, K., & Bond, M. B. (1984). The impact of cultural collectivism on reward allocation. *Journal of Personality and Social Psychology*, 47, 793-804.

Leung, K., Chiu, W. H., & Au, Y. F. (1993). Sympathy and support for industrial actions: A justice analysis. *Journal of Applied Psychology*, 78, 781-787.

Leung, K., Su, S. K., & Morris, M. W. (2001). When is criticism not constructive? The roles of fairness perceptions and dispositional attributions in employee acceptance of critical supervisory feedback. *Human Relations*, 54, 1155-1187.

Ley, R. (1979). F curves have two tails but the F test is a one-tailed two-tailed test. *Journal of Behavior Therapy and Experimental Psychiatry*, 10, 207-212.

Liebrand, W. B., Messick, D. M., & Wolters, F. J. (1986). Why are we fairer than others: A cross-cultural replication and extension. *Journal of Experimental Social Psychology*, 22, 590-604.

Lind, E. A. (2001). Fairness heuristic theory: Justice judgments as pivotal cognitions in organizational relations. In J. Greenberg & R. Cropanzano (Eds.), *Advances in Organization Justice* (pp. 56-88). Palo Alto, CA: Stanford University Press.

Lind, E. A., & Tyler, T. R. (1988). *The Social Psychology of Procedural Justice*. New York: Plenum Press.

Messick, D. M., & Sentis, K. P. (1979). Fairness and preference. *Journal of Experimental Social*

Psychology, 15, 418-434.

Miceli, M. P. (1993). Justice and pay system satisfaction. In R. Cropanzano (Ed.), *Justice in the Workplace* (pp. 257-283). Hillsdale, NJ: Erlbaum.

Moorman, R. H. (1991). Relationship between organizational justice and organizational citizenship behaviors: Do fairness perceptions influence employee citizenship? *Journal of Applied Psychology*, 76, 845-855.

Morris, M. W., & Larrick, R. P. (1995). When one cause casts doubt on another: A normative analysis of discounting in causal attribution. *Psychological Review*, 102, 331-355.

Morris M. W., & Leung, K. (2000). Justice for all? Progress in research on cultural variation in the psychology of distributive and procedural justice. *Applied Psychology: An International Review*, 49, 100-132.

O'Malley, M. N., & Becker, L. A. (1984). Removing the egocentric bias: The relevance of distress cues to evaluation of fairness. *Personality and Social Psychology Bulletin*, 10, 235-242.

Pillutla, M. M., & Murnighan, J. K. (1996). Unfairness, anger, and spite: Emotional rejections of ultimatum offers. *Organizational Behavior and Human Decision Processes*, 68, 208-224.

Pruitt, D. G., & Rubin, J. Z. (1986). *Social Conflict: Escalation, Stalemate and Settlement*. New York: Random House.

Ross, M., & Sicoly, F. (1979). Egocentric biases in availability and attribution. *Journal of Personality and Social Psychology*, 37, 322-336.

Thompson, L. L. (1991). Information exchange in negotiation. *Journal of Experimental Social Psychology*, 27, 161-179.

Thompson, L. L., & Loewenstein, G. (1992). Egocentric interpretations of fairness and interpersonal conflict. *Organizational Behavior and Human Decision Processes*, 51, 176-197.

Tyler, T. R., & Bies, R. J. (1990). Interpersonal aspects of procedural justice. In J. S. Carroll (Ed.), *Applied Social Psychology in Business Settings* (pp. 77-98). Hillsdale, NJ: Erlbaum.

Tyler, T. R., & Blader, S. L. (2000). *Cooperation in Groups: Procedural Justice, Social Identity, and Behavioral Engagement*. Philadelphia: Psychology Press.

Tyler, T. R., & Lind, E. A. (1992). A relational model of authority in groups. In M. P. Zanna (Ed.), *Advances in Experimental Social Psychology* (pp. 115-191). San Diego, CA: Academic Press.

Van den Bos, K. (2001). Uncertainty management: The influence of uncertainty salience on reactions to perceived procedural fairness. *Journal of Personality and Social Psychology*, 80, 931-941.

Van den Bos, K., & Lind, E. A. (2002). Uncertainty management by means of fairness judgments. In M. P. Zanna (Ed.), *Advances in Experimental Social Psychology* (pp. 1-60). San Diego, CA: Academic Press.

Van den Bos, K., Lind, E. A., & Wilke, H. A. M. (2001). The psychology of procedural and distributive justice viewed from the perspective of fairness heuristic theory. In R. Cropanzano (Ed.), *Justice in the Workplace: From Theory to Practice* (pp. 49-66). Mahwah, NJ: Erlbaum.

Van den Bos, K., & Miedema, J. (2000). Toward understanding why fairness matters: The influence of mortality salience on reactions to procedural fairness. *Journal of Personality and Social Psychology*, 79, 355-366.

Van den Bos, K., van Schie, E. C. M., & Colenberg, S. E. (2002). Parents' reactions to child day care organizations: The influence of perceptions of procedures and the role of organizations' trustworthiness. *Social Justice Research*, 15, 53-62.

Van den Bos, K., Vermunt, R., & Wilke, H. A. M. (1997). Procedural and distributive justice: What is fair depends more on what comes first than on what comes next. *Journal of Personality and Social Psychology*, 72, 95-104.

Van den Bos, K., Wilke, H. A. M., & Lind, E. A. (1998). When do we need procedural fairness? The role of trust in authority. *Journal of Personality and Social Psychology*, 75, 1449-1458.

Wade-Benzoni, K. A., Tenbrunsel, A. E., & Bazerman, M. H. (1996). Egocentric interpretations of fairness in asymmetric, environmental social dilemmas: Explaining harvesting behavior and the role of communication. *Organizational Behavior and Human Decision Processes*, 67, 111-126.

Walster, E., Walster, G. W., & Berscheid, E. (1978). *Equity: Theory and Research*. Boston: Allyn & Bacon.

第 2 篇　冲突与和谐

第 4 章

冲突解决程序选择偏好的决定因素：一项跨国研究*

梁 觉

翻译：张 烨
校对：陈昭全

摘要： 过往的研究表明，集体主义文化可能与冲突处理方法相关。本研究基于来自中国香港和美国的受试者对此可能性进行了探索。结果表明，相对于带有个体主义倾向的美国受试者，带有集体主义倾向的中国受试者会更优先选择谈判和调解。研究结果还提示，中国受试者对调解和谈判表现出强烈偏好的原因是，在他们的认知里，这两种程序更有助于减少冲突双方间的敌意。人们对程序的选择偏好取决于他们感知到程序能够：（a）给冲突双方更多的过程控制；（b）更有助于减少敌意；（c）更为公平；（d）对他们更有利。本研究将讨论上述发现对构建程序选择偏好泛文化模式的意义。

自 Thibaut 和 Walker（1975）的先驱研究以来，程序正义研究受到了广泛关注，尤其受到众多社会心理学家（例如，Folger, 1977；Greenberg & Folger,

---

* Leung, K. (1987). Some determinants of reactions to procedural models for conflict resolution: A cross-national study. *Journal of Personality and Social Psychology*, 53(5), 898-908.

1983；Lind，Lissak，& Conlon，1983；Tyler & Caine，1981；Walker & Lind，1984）的关注。在此研究领域，两种法律程序模式经常被拿来进行比较。一种是**对抗式程序模式**，多用于英语国家，将事件构成和在审讯时呈递证据与论据的责任分派给法律纠纷涉及的各当事方。而在另一种模式——**非对抗式（纠问式）程序模式**中，则是由作决定者（法官）及其代理人控制事件和证据的构成，这一模式在全世界的诸多国家被广泛采用。在美国进行的多项研究指出，解决纠纷时对抗式程序比纠问式程序更受欢迎，并且，对抗式程序被认为比纠问式程序更加公平（Houlden，LaTour，Walker，& Thibaut，1978；LaTour，1978；Lind，Kurtz，Musante，Walker，& Thibaut，1980；Lind et al.，1983；Thibaut & Walker，1975）。对实行纠问式法律制度的法国和联邦德国的受试者展开的研究也得出了类似的结论（Lind，Erickson，Friedland，& Dickenberger，1978）。

在此方面，也有一些研究将这两种审判程序与无第三方约束的程序（如谈判和调解）进行比较，其结果也类似，对抗式裁定比其他程序更受欢迎（例如，Houlden et al.，1978；LaTour，Houlden，Walker，& Thibaut，1976）。所有这些发现都奠定了 Thibaut 和 Walker（1978）程序理论的理论基础。

但是，Thibaut 和 Walker（1975，1978）的研究成果受到 Hayden 和 Anderson（1979）的批评，他们质疑 Thibaut 和 Walker 的理论可能适用于欧洲和北美地区，但并不适用于更为传统的社会。还有人类学家指出，如果人们的社交圈有限且人际关系比较稳定和持续，那么在这样的社会中人们更偏向于选择诸如调解和谈判之类的纠纷解决方式，因为这些方式允许人们彼此妥协；而在社交圈较大且人际关系在不断变化的社会中，诸如判决和仲裁之类非黑即白的纠纷解决方式更受欢迎（Gulliver，1979；Nader & Todd，1978）。与上述分析结果一致，研究发现，调解在日本（例如，Henderson，1975；Kawashima，1963；Peterson & Shimada，1978；Sullivan，Peterson，Kameda. & Shimada，1981）、中国（Doo，1973；Lubman，1967）和墨西哥（Nader，1969）社会中更为普遍。并且，尽管在美国对抗式程序远远优于纠问式程序这一观念已根深蒂固，但是这种现象也无法复制到非西方文化中。日本（Benjamin，1975；Tanabe，1963）和中国（Leung & Lind，1986）受试者对纠问式程序的反应更为正面。因此，所有这些发现都与 Thibaut、Walker 及其同事发现人们对对抗式程序的强烈偏好形成了鲜明的对比。

尽管有部分数据支持调解在非西方国家中更受欢迎这一观点，但是仍然缺乏确凿的证据。因为，据本人了解，目前并无研究对西方和非西方文化群组的审判式程序与非约束式程序的程序选择偏好进行直接对比。因此，本研究的首要目的是通过在相同条件下对两组不同文化群组对冲突解决程序的选择偏好进行比较，来评定前述观点。

人类学家的观点还有另一个缺陷，即他们尚未提供完备的理论框架说明文化差异在程序选择偏好中所起的作用。可用以开发这类框架的数据更是寥寥无几。因此，本研究的第二个目的是对理论公式进行评估，以填补这类空白。

集体主义文化框架

多个学术领域都对个体主义和集体主义这两个概念进行过探讨（例如，Berger, Berger, & Kellner，1973；Douglas & Isherwood，1978；Hsu，1970；Kluckhohn，1952；Parsons，1977）。简要说来，**个体主义**是指更关心出于自身需要、利益和目标考虑自己的行为结果的趋势；而**集体主义**则是指更关心个人作为组织成员其行为所产生的后果且更愿意牺牲个人利益保全集体利益的趋势。在崇尚个体主义的社会中，外群体和内群体的区分无关紧要，而是更强调自主权、竞争力、成就感和自足性。而在集体主义者的社会中，对待内群体成员的行为与对待外群体人员的行为截然不同，更看重和谐的人际关系和群体团结（如需回顾相关内容，请参见 Hui，1984；Leung，1983，1985；Triandis，1986）。

已有大量证据支持集体主义作为文化归类方法的有效性。一项在 50 个国家和地区进行的大型问卷调查中，Hofstede（1980，1983）确定了四种区分各国（地区）文化的维度，其中一种就是个体主义和集体主义。最具个体主义特点的国家是英语国家，比如美国和英国，而更具集体主义特点的则是亚洲和南美国家及地区，如中国台湾、中国香港、新加坡、日本、墨西哥、秘鲁和哥伦比亚。美国和有中国背景的国家及地区（新加坡、中国台湾和中国香港）分别位于个体主义和集体主义的两个极端上。有关支持这种集体主义构念的证据，参见 Chinese Culture Connection（in press）和 Hui（1984）。

集体主义与程序公平

Thibaut、Walker 及其同事的研究发现与人类学家的发现不一致这一问题，现在可以通过将集体主义这一文化因素纳入考量而得到化解。个体主义文化浓重的国家（美国、英国、法国和联邦德国）严重偏向对抗式程序，而集体主义文化浓重的国家（如日本、墨西哥）则更倾向于调解。本研究中包含一个个体主义者小组（美国人）和一个集体主义者小组（中国人），直接测量其集体主义程度，探索集体主义与冲突解决程序选择偏好之间可能的联系。

集体主义对非约束式程序的选择偏好内在机制

在当前的发展阶段，尚无程序公平方面的理论能说明文化的影响。但是，这类理论却又是至关重要的，因为其能指引程序公平的跨文化研究和单一文化研究向建立真正全面理论的方向发展。因此，探索集体主义者对非约束式程序的强烈偏好的框架非常重要。下文探讨了两个框架。

第一个框架源于这样一种普遍现象，即被 Hofstede 称为集体主义社会和个体主义社会之间的一个主要差别：两种社会对人际关系和谐的重视程度不同（例如，Chinese Culture Connection, in press; Hofstede, 1980; Hsu, 1970; Nader & Todd, 1978; Reischauer, 1977; Triandis, 1986）。在调解和谈判中，可能会达成相互妥协的结果，并且，纠纷涉及各方通过相互让步最终可能在解决纠纷后保持和谐的关系。在保持纠纷涉及各方之间的和谐关系方面，调解甚至比谈判更为有效，因为比起无人协助的谈判，调解能为让步时保全面子提供更多的机会（参见 Pruitt，1982；Rubin & Brown，1975）。根据调解员的建议作出让步不会让人显得过于怯懦，因此涉及的当事方不太会产生怨恨。相反，采用审判方式时，非黑即白的判决结果会让败诉方觉得丢了面子，容易激发不当行为，从而可能进一步导致关系恶化。① 此外，审判若采用对抗式程序，程序规定的竞争行为可能会延伸到纠纷当事方的关系中，可能导致更多的纠纷。因此，集体主义者对谈判和调解的强烈偏好可能是由于他们强烈渴望和谐的人际关系，且上述两种程序能减少纠纷当事方彼此间的敌意。这一假设与期望理论（Atkinson，1964；Vroom，1964）一致，可称作**效价（valence）假设**：相对于个体主义者，集体主义者之所以更倾向于选择谈判和调解，而非审判式方法，是因为集体主义者更希望能减少敌意。

但是，有些集体主义的研究对效价假设提出了质疑。有研究人员指出，集体主义将内群体/外群体进行了显著区分，对于集体主义者，他们非常在乎内群体关系的和谐，但并不在意外群体的关系（例如，Hsu，1970；Leung & Bond，1984；Triandis，1972，1986）。例如，在日本（Kawashima，1963）和中国（Bond & Wang，1983）社会中，发生在和谐群体外的冲突可能会出现强烈的情感对立和过度的暴力。还有人指出，高强度冲突可能会解除内群体关系，进而产生类似外群体的感受和看法。如果是这样的话，发生高强度冲突时，如本研究中，集体主义者并不会比个体主义者更希望维持内群体纠纷当事人之间的和谐人际关系。本研究中包含的内群体/外群体这一变量可用于评估上述推理。

---

① 争执双方接受争议解决的方法的类型和获得的结果之间的连接是强大的，但不是绝对的。在谈判和调解的情况下，争议双方可以否决任何提议，但在仲裁和判决的情况下，全有或全无的结果更为普遍，因为第三方有权作出决定，妥协因此就成为这两种情形下的准则。当然，仲裁员可能会作出一个妥协的决定或调解员有时可能会提出一个只有利于一方的解决方案，但毫无疑问的是，结果获得的类型和法庭判决之间存在自然的混淆。本研究包含争端解决方法的变量集合及每种方法可能产生的结果。

关于集体主义者对谈判和调解的偏好，本研究还提出了另一个不同的却又同样合理的解释，即期望理论也有助于探索这种可能性。该假设假定，集体主义者和个体主义者希望减少敌意的愿望相同，但是，较个体主义者而言，集体主义者认为谈判和调解比对抗式审判更有可能减少敌意。若情况确实如此，那么他们对冲突解决方式的不同偏好，并不是由于他们对结果本身的价效认知不同，而是由于他们对这两种程序达到结果的工具性的认知不同。因此，这一假设被称作工具性假设。这一分析表明，对于冲突解决选择偏好，文化差异的两种解释恰好也适用于期望理论框架。文化差异可能会反映在预期结果的价效上，也可能体现在导致最终结果的程序工具性上，甚至两方面都有所反映。上述两个假设比较合理，都能解释集体主义者更青睐于谈判和调解而不太愿意选择对抗式审判的原因。本研究对这两个假设进行了检验。

冲突解决程序选择偏好的决定因素

上文的讨论侧重于减少敌意的作用，自然地遵循了跨文化心理学理论和研究。但是，之前大部分程序公平研究主要关注在程序选择偏好方面纠纷解决过程的感知公平和感知控制的作用（Thibaut & Walker, 1975），直到近年来才意识到减少敌意的重要性（Lissak & Sheppard, 1983）。因此，当前的研究还试图论证跨文化心理学研究的一项潜在贡献：扩展需要考虑的变量的范围（Triandis, 1980）。此外，还探讨了另一个变量，即特定程序所得结果对纠纷涉及各方的有利性的影响。

群组成员关系、第三方身份、性别与程序选择偏好

还需要考虑三个变量——纠纷当事方之间的关系、介入第三方的身份以及受试者的性别。虽然这些变量对程序选择偏好有影响，但是在程序公平学术领域尚未得到充分的研究。由于缺乏相关实证数据，我们没有就这类变量的影响

提出任何假设。

总之，本研究检验了两个假设：(a) 集体主义者在解决纠纷时更倾向于选择非约束式方法（如调解），而个体主义者更倾向于选择能分出胜负的解决方式（如审判）；(b) 相比于纠问式程序，集体主义者通常并不会更青睐于对抗式程序。此外，本研究还评估了能解释集体主义者对调解偏好的效价假设和工具性假设，以及其他可能影响冲突解决方式选择偏好的若干因素。

方　法

受试者

本研究中，集体主义受试者是中国香港人，个体主义受试者为美国人。两种文化的法律制度均是基于英国法律建立的，本质上都是对抗式的。为了增加结果的代表性，两种文化中分别抽样了学生群体和非学生群体。学生样本分别由来自中国香港和美国的 96 名大学生组成，他们分别就读于香港中文大学和厄巴纳－香槟伊利诺伊大学。中国受试者在学生宿舍里招募，其中 95% 表示同意，每名受试者能获得 1.30 美元。美国受试者来自心理学导论课程的学生，参与研究是课程要求的一部分。

非学生受试者从两地的本地社区招募而来。香港受试者是中产阶级公寓大楼的 72 名住户，他们是通过公寓大楼租户协会的协助招募而来的，每名受试者能获得 4.50 港币的报酬。美国受试者为来自伊利诺伊州乌尔班纳－香槟市几个社交俱乐部的 72 名会员。他们是通过这些俱乐部委员会成员的协助招募而来的，每名受试者能获得 5 美元的报酬。

我们考虑了非学生受试者的三大人口学特征，即年龄、受教育程度和工作性质。美国受试者样本比中国受试者样本的年纪更大，文化程度更高。并且，美国受试者样本中退休人员较多，蓝领工作者更少。本人在本研究的讨论部分会考虑上述人口学特征差异的影响。

设 计

实验采用 2（中国人 vs. 美国人）×2（受试者性别：男 vs. 女）×2（受试者类型：学生 vs. 非学生）×2（纠纷当事方的关系：朋友 vs. 陌生人）×2（第三方身份地位：高 vs. 低）×4（纠纷解决程序：谈判、调解、对抗式审判和纠问式审判）的因子设计。程序变量为受试者内变量：各受试者了解所有四种程序的说明。其他五个变量都为受试者间变量。12 名学生受试者和 9 名非学生受试者被随机分配至各实验条件下。

材 料

实验中所用的全部资料均用英文撰写，然后采用社区方法翻译为中文。首先，本人进行资料翻译，然后向三位优秀的双语人士请教，对译文进行评估和改进。为了使两个版本最大限度上等效，译文与原文有些许偏差（即对难以翻译成中文的英文表达进行改写以求更加准确）（Brislin, Lonner, & Thorndike, 1973）。以 Lind 等所使用的资料为原型的实验资料开篇用一段话对纠纷情境进行了描述。内群体条件使用的情境描述如下：

> 假设你发生了一起车祸，与另一个人产生了纠纷。发生车祸时你正驾车去上班，比较着急，因此开得很快。到了一个三岔路口，交通信号灯正由绿变黄，你没有停下来，而是继续往前开。一个行人忽然从人行道上蹿出来，要过马路。你没有及时停下来，因此把行人撞倒了。你立即下车，想要了解被撞人的伤势。出乎你意料的是，你发现他是你的同事，也是好朋友。你立刻将他送到医院治疗。后来，他起诉你鲁莽驾驶，并要求你赔偿其医药费和养伤期间无法工作造成的工资损失。你并没有购买意外伤亡险，而且你觉得事故并非自己的责任。假设作为被告，你有权选择冲突解决程序，判定对方的指控是否合理以及你是否需要赔偿他的损失。你可以从如下四种程序中选

第 4 章
冲突解决程序选择偏好的决定因素：一项跨国研究

择一种判定对你的指控是否合理。请仔细阅读这四种程序，因为实际生活中你需要采用其中一种来断定你是否应该赔偿行人的损失。阅读完四种程序后我们希望你能回答关于这些程序的相关问题。

在外群体条件下，纠纷涉及的双方为陌生人。情境描述后有四页的内容，依次是对谈判、调解、纠问式审判和对抗式审判的解释。这四种程序被标注为听证程序，且分别以听证程序 A、B、C、D 作为标题，以避免因标题的不同而对评价造成影响。内容只包含各个程序所需的角色和责任陈述。内容大意如下：

谈判。纠纷涉及双方试图解决冲突，通过协商和谈判达成彼此可接受的结果。无第三方参与。

调解。双方试图在法院指派的第三方的协助下解决纠纷。双方希望通过协商和谈判达成彼此可接受的解决方案，调解员的作用是通过向双方提供指导和建议来促进解决方案的达成。

纠问式审判。法官在一位调查员的协助下举行听证会来解决纠纷。调查员为法官展开调查工作，收集关于案件的资料和情况。听证会上，法官将考量调查员呈递的报告，然后作出关于案件的裁决。裁决对纠纷涉及双方均具有约束力。

对抗式审判。法官在两位调查员的协助下举行听证会来解决纠纷，纠纷涉及双方各选择一名调查员为其服务。调查员收集对各自所代表的当事方有利的资料和事实，并在听证会上将其呈递给法官。两名调查员可彼此提问质疑对方的观点。法官根据提交的报告和调查员之间的交流情况作出对案件的裁决。裁决对双方均具有约束力。

介入者的地位并不适用于谈判，因为这种程序并不涉及第三方。在地位高的条件下，调解员或调查员被描述为拥有 20 年以上从业经验的律师，并且在业界非常有名。他们在专业领域的地位非常高。而在地位低的条件下，调解员或调查员则被描述为刚刚从法学院毕业的律师，毫无知名度。他们在专业领域的地位较低,也无关紧要。

描述完四种程序后,有一页的内容要求受试者说明对拟采用程序解决情境中所述纠纷的偏好程度。受试者被要求对每种程序给出偏好评定,偏好程度有19级,四种程序的评定级数不得相同。这一要求旨在区分四种程序的不同。程度描述的两端分别是**强烈偏好采用此程序**和**强烈偏好不采用此程序**。偏好评定后面紧接的一页是一道开放式的问题,询问受试者为何给出这样的偏好评定。受试者被要求对各个程序进行评定,程度分为17级。受试者认为各个程序:(a) 对其有利;(b) 有可能得出可行的解决方案;(c) 能为受试者提供呈递证据的机会;(d) 能为其对手提供呈递证据的机会;(e) 是公平的;(f) 允许受试者控制证据的呈递;(g) 允许其对手控制证据的呈递;(h) 会得出公平的结果;(i) 能陈述案件的真实情况;(j) 会加剧被告和原告之间的冲突;(k) 会导致纠纷解决后被告和原告彼此之间怀有怨恨;(l) 会导致被告和原告之间的竞争;(m) 会导致由调查员或调解员的能力决定解决结果的情况;(n) 能使纠纷得到及时解决。还希望受试者判断:(o) 各个程序胜诉的可能性;(p) 调查员或调解员的能力;(q) 地位。该评定任务要求受试者依次对四种程序进行评定。

受试者还被要求完成由 Hui(1984)构建的集体主义量表的"朋友和同事分量表"。有六个不同的程度对相关概念进行衡量,例如与朋友和同事的感知相似性、帮助他们的意愿、相互依赖的意愿、对他们的关心等。该量表具有合理可靠性和有效性(参见 Hui,1984)。

程　序

美国学生受试者约20人一组在教室报到。他们到达后,实验者会给每位受试者发一本问卷手册,其中包含按上述顺序排列的实验资料和集体主义量表。他们可以按照自己的速度完成问卷,可以随意翻动问卷。完成后交给实验者。接着他们会收到对实验目的的书面报告解释,随后可以自行离开。中国受试者也单独在指导下完成问卷手册，流程与美国受试者相似。

美国非学生受试者通过邮件收到问卷，或者在社交俱乐部例会时收到问卷。完成后可以直接将问卷以邮件方式发给实验者，或者交给俱乐部委员会指定的成员。问卷的返回率为69%。中国非学生受试者从租户协会代表那里获取问卷，返回率为65%。

结　果

集体主义量表

21项集体主义量表的信度系数为0.68，这与Hui（1984）获得的结果基本相同。将21项求平均值后得到的集体主义指数再进行文化×性别×样本的方差分析。发现了两个结果：第一，中国受试者比美国受试者表现出更为集体主义的现象，$F(1, 328) = 81.5$，$p<0.01$（$Ms=4.51$ vs. 4.07）。第二，文化×样本有交互作用，$F(1, 328) = 12.4$，$p<0.01$，这表明中国学生和非学生在集体主义指数（$Ms=4.51$ vs. 4.50）方面并无明显差异，而美国学生比非学生更具集体主义精神（$Ms=4.22$ vs. 3.88）。

两种文化的非学生样本中，集体主义还与三个人口学变量（年龄、受教育程度和工作性质）密切相关。在中国受试者样本中，各相关性均未能达到0.05的显著水平。在美国样本中，只有年龄与集体主义的相关性较为显著（$r=-0.30$，$p<0.01$）。这一相关性表明，个体主义水平随着年龄的增大而提高。受教育程度和工作性质与集体主义的相关性不显著。

操纵检查

关于第三方能力和地位的两个项目显著相关（$r=0.54$，$p<0.01$），求平均值后得出了单项指数，然后对该指数进行六因素方差分析。为了获得测试的较大数值，所有后续方差分析中均采用0.01的显著水平，以将一类误差降至

最低。重复测量的设计可能导致违反协方差同质性的假设,因而采用保守检验——Greenhouse-Geisser 校正(Greenhouse & Geisser,1959)对程序因素涉及的相关结果进行评估。这一分析将谈判排除在外,因为地位操纵并不适用于谈判。

这一分析表明,调解者的地位有主效应,$F(1, 304) = 139.0$,$p<0.01$。还发现有显著程序效应,$F(1, 304) = 54.0$[①],$p<0.01$。上述结果结合以下报告的交互作用方能被最好地理解。

文化×地位的交互作用为显著,$F(1, 304) = 39.4$,$p<0.01$。地位操纵在两个群组中获得成功。交互作用的结果表明,相较于中国受试者,美国受试者判定高地位第三方调解者有更高的地位(Ms=7.42 vs. 6.76),判定低地位第三方调解者有更低的地位(Ms=5.04 vs. 5.98)。

还发现文化×程序的交互作用,$F(1, 304) = 12.6$,$p<0.01$。表 1 列示了这一效应的平均值。

表 1　不同冲突解决程序中调查员的地位与文化的交互作用

文化	程序		
	调解	纠问式审判	对抗式审判
中国人	5.71	6.44	6.95
美国人	5.99	6.25	6.44
平均值	5.85	6.35	6.70

注:数字越大,表示感受到的地位越高。

这一效应表明,对抗式程序中的调查员被认为拥有最高地位,其次是纠问式程序中的调查员,最后是调解中的调解员。中国受试者中这一典型思维比美国受试者更加明显。这一方差分析中未发现其他显著效应。

---

① 由于 Greenhouse-Geisser 校正,分子、分母的自由度分别被还原为 1 和 304。施加这种校正之后,我们对自由度随后的减少也进行了观察。

程序选择偏好评定

对各程序偏好评定进行了六因素方差分析。① 如前所述，评定采用有19个级别的量表，区间为-9至9，结果发现程序的显著效应，$F(1, 304) = 9.47$，$p<0.01$。对这一效应的理解要结合文化×程序边际显著的交互作用，$F(1, 304) = 2.82$，$p<0.10$（若不经过Greenhouse-Geisser校正，这一数值将达到0.05的显著水平）。表2展示了这一效应的平均值。

表2 不同冲突解决程序偏好与文化的交互作用

文化	程序			
	谈判	调解	纠问式审判	对抗式审判
中国人	1.17	3.30	0.39	1.45
美国人	0.43	1.94	0.70	1.91
M	0.37	2.62	0.54	1.68

注：数字越大，表示程序选择偏好越强。

两组进行计划性正交对照分析，以测试上文谈及的两个假设（系数可参见表3）。第一组中，将程序分为两类：审判式程序（对抗式审判和纠问式审判）和非约束性程序（谈判和调解）。然后测试文化和程序间的交互作用，结果为显著，$F(1, 304) = 8.58$，$p<0.01$。单纯主效应②分析结果表明，中国受试者偏好非约束性程序的程度大大高于美国受试者，$F(1, 1\,271) = 12.2$，$p<0.01$（$Ms=2.24$ vs. 0.75）；并且，中国受试者偏好审判式程序的程度低于美

---

① 地位操纵并不适用于谈判程序，谈判因素没有完全与设计中的所有因素交叉。为了克服这个问题，在六维度的方差分析中，对谈判的反应，在高地位的条件下（在其他三个程序中，第三方的身份被描述为高）编码为高地位，在低地位的条件下编码为低地位。分析方法不同对于解释结果无差异，因为在所有后续方差分析中，地位因素都不显著。而在另一个排除了谈判程序的六维度的方差分析中，地位因素也不显著。

② 详细的流程可参见Winer（1971：529-531）。接下来关于个体间主效应的测试也仿照该流程进行。

国受试者，$F(1, 1271) < 1$（$Ms = 0.92$ vs. 1.31），但后一效应并不显著。在第二组比较中，测试文化与两种审判式程序间的交互作用。尽管不显著，$F(1, 304) < 1$，但是仍进行了单纯主效应分析。比较表明，中国受试者对两种审判式程序的态度差别不大，$F(1, 304) = 2.77$，而美国受试者比起纠问式程序更偏好对抗程序已接近显著水平，$F(1, 304) = 3.62$，$p < 0.07$。

表3　在计划性正交对比中所采用的系数

文化	程序			
	谈判	调解	纠问式审判	对抗式审判
中国人	1，0	1，0	−1，1	−1，−1
美国人	−1，0	−1，0	1，1	1，1

美国受试者得出的两组数据有些出乎意料，需要进行更详细的探讨。第一，美国受试者对调解的偏好程度与对抗式程序相同。这一发现与之前美国受试者相较于调解更偏好审判程序的结论（例如，LaTour et al., 1976）大相径庭。第二，比起纠问式程序，美国受试者虽然的确更加偏好对抗式程序，但是这一效应仅仅是勉强接近显著水平。这两项结果可能是由具体的冲突情境设置造成的。受试者可能有过相关经历，不管是对抗式程序还是调解都能同样有效地解决交通事故引起的冲突，因此并没有表现出对对抗式程序的强烈偏好。应该进行后续研究，探究冲突本身的性质对程序选择偏好的影响。

对程序的认知

每种文化中，就17项问卷调查项目中的14项进行主轴因素分析，有两项操纵检查项目被排除在外，还有一项关于第三方能力对冲突结果的影响的项目也被排除在外，因为这一项并不适用于谈判程序。保留特征值大于1.0的主要因素，再根据最大方差正交旋转法进行正交旋转。既然两个文化群组的因素结构较相似，那么两个文化群组的相关数据就可以被结合在一起，进行总体因素分析。

得出了一个四因素解，分别解释总方差的29.8%、14.6%、9.5%和8.1%。第一个因素为**公平性**。包含如下项目：程序能得出可行纠纷解决方案的可能性、程序的公平性以及程序反映出案件真实情况的程度。第二个因素为**控制**。包含如下项目：受试者对证据呈递的控制以及对方当事人对证据呈递的控制。第三个因素为**减少敌意**。包含如下项目：冲突升级的可能性、冲突解决后原告和被告怀恨彼此的可能性以及原告和被告加强对抗的可能性。第四个因素为**有利性**。包含如下项目：程序有利于受试者的程度以及胜诉的可能性。上述四个因素指数服从六因素方差分析，对程序变量进行重复衡量。鉴于文章篇幅有限，只对与引言中所述观点相关的结论进行简要说明。

公平性。对抗式程序被认为是最公平的，其后依次为纠问式程序、调解和谈判（Ms 分别为 6.40、6.00、5.41 和 4.31）。对抗式审判的平均评分高于纠问式程序，接近显著水平，$F(1, 304) = 4.67$，$p<0.05$；纠问式程序被认为比调解更公平，$F(1, 304) = 10.2$，$p<0.01$；而调解则比谈判更公平，$F(1, 304) = 35.4$，$p<0.01$。

控制。六因素方差分析表明程序的主效应，$F(1, 304) = 44.4$，$p<0.01$，结合文化与程序之间的交互作用能作出最佳解释，$F(1, 304) = 28.03$，$p<0.01$。表 4 呈现了这一效应的平均值。

表 4　不同冲突解决程序感受到的控制与文化的交互作用

文化	程序			
	谈判	调解	纠问式审判	对抗式审判
中国人	5.37	5.76	5.03	6.72
美国人	6.79	6.54	4.11	5.74
M	6.08	6.15	4.57	6.23

注：数字越大，表示感受到的控制越强。

Scheff 检验表明，两个文化群组都认为纠问式程序能使他们有更少的控制，低于其他三种程序中允许的平均控制水平，$F(1, 304) = 71.6$，$p<0.01$。较中国受试者，美国受试者认为谈判和调解能使他们对过程有更多的控制，$F(1, 1335) = 45.3$，$p<0.01$，而两种审判式程序则使他们对过程有较少的控制，$F(1, 1335) = 33.8$，$p<0.01$。

减少敌意。六因素方差分析显示出文化主效应,$F(1, 304) = 12.7$, $p<0.01$;以及程序效应,$F(1, 304) = 16.1$, $p<0.01$。应结合文化和程序间的交互效应,$F(1, 304) = 19.4$, $p<0.01$,来理解上述两种效应。表5显示了这一效应的平均值。

相较于美国受试者,中国受试者认为谈判和调解更能减少敌意,$F(1, 1236) = 55.2$, $p<0.01$,对抗式程序不如上述程序能减少敌意,$F(1, 1236) = 12.2$, $p<0.01$。

有利性。本次分析中未发现相关结果。

表5 冲突解决程序与文化对减少敌意程度的影响

文化	程序			
	谈判	调解	纠问式审判	对抗式审判
中国人	4.71	5.15	4.80	3.52
美国人	3.62	4.16	4.49	4.21

注:数字越大,表示感受到的敌意减少越多。

第三方能力与纠纷解决结果

对询问受试者关于第三方的能力会在何种程度上决定纠纷解决结果的相关项目进行六因素方差分析。同样,也将谈判排除在分析之外。结果发现程序的主效应 $F(1, 304) = 66.0$, $p<0.01$ 显著。应结合文化×程序交互效应 $F(1, 304) = 7.57$, $p<0.01$ 解释这一效应。表6显示了这一效应的平均值。

表6 程序和文化对第三方能力与纠纷解决结果关系的影响

文化	程序		
	调解	纠问式审判	对抗式审判
中国人	5.79	6.27	6.93
美国人	4.92	6.46	6.87
M	5.35	6.37	6.90

注:数字越大,表示感受到第三方能力对结果的影响程度越大。

对抗式审判被认为比纠问式审判更容易受第三方能力的影响，$F(1, 304) = 8.36$，$p<0.01$。而相较于对抗式审判，调解更容易受第三方能力的影响，$F(1, 304) = 30.9$，$p<0.01$。并且，中国受试者比美国受试者更认为调解更易受第三方能力的影响，$F(1, 304) = 22.9$，$p<0.01$。

回归分析

为确定程序选择偏好与程序的四种特征（即控制、公平性、减少敌意和有利性）的相关程度，对受试者针对所有四种程序的程序偏好评定分别与四个变量进行回归分析。由于受试者对四种程序都进行了评定，因此每位受试者提供了四组评分以供分析。为了确定两个样本和两个文化群组中程序选择偏好与这四个特征之间的相关性是否相同，我们遵循 Cohen（1975，chapter 8）提出的程序。首先将两个样本和两个文化群组结合起来，将程序选择偏好评分对四种特征进行回归分析，多重相关的平方（R^2）为 0.328。然后，将样本性质（学生 vs. 非学生）和受试者国别（中国人 vs. 美国人）设定为虚变量。再将程序选择偏好评分对四种特征、两个虚变量以及这两个虚变量与四种特征之间交互作用的八个变量进行回归分析。将该回归方程得出的 R^2（0.342）与第一个回归方程得出的 R^2 进行比较。F 测试表明，两个 R^2 并无显著差异，$F(13, 321) < 1$。① 程序选择偏好评分与四种特征加上文化和样本的回归方程如下所示：

$$\text{PREF} = 0.05\text{CON} + 0.13\text{AR} + 0.27\text{FAV} + 0.34\text{FAIR}$$

式中，PREF 表示程序选择偏好评分；CON 表示控制程度；AR 表示减少敌意；FAV 表示有利程度。回归系数以标准值为基数，所有系数均为 0.025 的显著水平。回归方程的多重相关系数为 0.57。回归系数可理解为受试者赋

---

① 仅通过加入文化×敌意的交互作用所产生的 R^2 并没有显著大于四个变量的预测方程。事实上，这 10 个变量的子集都没有造成 R^2 的显著增加。

予四个特征的有效值。回归方程表明，受试者认为某程序对纠纷涉及的双方越有利、越公平、越能减少敌意以及允许纠纷双方能对过程有越多的控制，则对程序的偏好越强烈。这种结果模式对不同文化群组和不同性质的样本均适用。

为了确定集体主义是否与程序选择偏好相关，本人也进行了相似的回归分析。程序选择偏好评分对四个变量、集体主义指数以及集体主义和四个变量之间的交互变量进行了回归分析。回归方程得出的 R^2 为 0.330，这一结果与程序选择偏好与四个变量回归分析得出的 R^2（0.328）无显著差异，F（1，326）<1。换言之，将集体主义指数纳入预测因素并不会改善对程序选择偏好评分的预测。这一发现表明，集体主义对程序选择偏好的影响可能被对程序的认知效应中介。①

集体主义与程序认知的分析

为了确定集体主义与程序认知之间的关系，将集体主义指数与各程序的四个认知指数进行相关分析。由于形成的相关关系数量较多，因此采用更加保守的显著水平（0.025）以最大限度地减少一类误差。表 7 呈现了获得的相关关系。

相关系数表明，越具有集体主义精神的受试者：（a）越可能认为谈判使他们对过程的控制更少、更能减少敌意；（b）越可能认为调解是公平的、使他们对过程的控制更少、更能减少敌意以及更加有利；（c）越有可能认为纠问式审判有利；（d）越可能认为对抗式程序使他们对过程的控制更多、更不能减少敌意。

---

① 本人进行类似的分析，以查看增加组内、组外变量及其与四个特征的相互作用是否可能导致 R^2 的显著增加。这些额外的变量没有导致 R^2 的显著增加。

表7 集体主义与程序认知之间的相关性

指数	程序			
	谈判	调解	纠问式审判	对抗式审判
公平性	0.07	0.12**	0.04	-0.04_b
过程控制	-0.12^{**}	-0.11^{*}	0.10_b	0.18_b^{*}
减少敌意	$0.15^{*}_{a,b}$	0.22^{*}_a	0.06_b	-0.19^{*}_c
有利性	0.04	0.13^{*}	0.12^{*}	0.08

注：$N=336$，带有不同下标（a、b、c）的系数差异达到0.025的显著水平。

讨 论

在解释文化差异中的效价和工具性

已证实程序选择偏好中确实有文化差异的影响。相较于美国受试者，中国受试者更大程度上偏向于调解和谈判。① 与 Leung 和 Lind（1986）的研究结果一致，中国受试者对纠问式程序和对抗式程序的偏好程度几乎无差异。这些发现为人类学家认为非西方文化更偏好非约束性程序这一观点（例如，Nader & Todd, 1978）提供了强有力的支撑。本研究中的对比式设计避免了人类学家依据的单一文化研究可能造成的混淆。

本研究还为探索文化差异与程序选择的动态提供了新的见解。目前，尚无完备的理论足以解释和预测文化对程序选择偏好的影响。上文谈及的两个假设是在这方面具有系统性的首次尝试。其结果表明，这些文化差异似乎能通过工

---

① 产生这种差异的另一种解释可能与不同文化中的驾驶经验有关。相较于中国的受试者，美国受试者可能有更多的驾驶经验以及更了解交通事故。有人可能会认为，在驾驶经验上的差异，而不是在集体主义水平上的差异，是产生对不同的程序偏好差异的原因。然而，我们很难用驾驶经验来解释集体主义和早些时候报道的中国与美国对于程序的看法之间的显著相关性。此外，集体主义框架提供了关于这些相关性以及文化差异对程序偏好差异的满意的解释（详见文中的阐述）。出于这个原因，以驾驶经验作为解释可能并不合适。

具性假设得到最好的解释。对程序认知的分析表明,中国受试者比美国受试者更加认为谈判和调解使他们对过程的控制更少,而对抗式程序使他们对过程的控制更多。但是,Leung 和 Lind(1986)的研究以及本研究均表明,中国受试者和美国受试者都同样在程序控制与程序选择之间呈现正相关。这种正相关模式意指:相较于美国受试者,中国受试者应更不偏好调解和谈判,而这正与以往的研究相悖。

程序控制的认知效应可能为程序减少敌意的效应所抵消。相较于美国受试者,中国受试者更加认为调解和谈判能减少敌意,而对抗式程序更不利于减少敌意。对减少敌意能力的认知也与程序选择偏好呈正相关,最终发现中国受试者比起美国受试者更多地偏好调解和谈判,更少地偏好对抗式程序。[1]

程序选择偏好评分与程序的四种特征的回归分析结果为工具性假设提供了进一步的支持。分析结果表明,两组文化群组和两种不同样本之间的四种程序特征回归系数相似。换言之,中国受试者和美国受试者在选择程序时对减少敌意同等重视。如果价效假设成立,即如果中国受试者比美国受试者更加希望减少敌意,那么在选择程序时中国受试者应该认为减少敌意更为重要。因此,当前的研究结果表明,价效假设可能站不住脚。

结合过去关于集体主义与倾向于维护人际关系和谐之间的关联等文献来看,价效假设未能获得支持似乎有些意外。但是,如上文所述,在诸如本次研究设定的激烈冲突中,不论之前的关系本质如何,总是容易出现类似外群体的认知和感受。那么集体主义者就没有理由应该比个体主义者更加重视人际关系的和谐了。这种推理也可解释为何内群体-外群体变量在本研究中没有显著效应。

集体主义与程序认知的相互作用

回归分析结果表明,集体主义并不与程序选择偏好直接相关。但是,集体

---

[1] 回归分析表明,公平和有利因素相较于控制和减少敌意因素对程序偏好的解释力更强。然而,这两个因素的回归系数显著性没有文化差异,文化×程序的交互作用对程序偏好的影响也不显著,它们不能解释所观察到的文化差异对程序性偏好的影响。

主义与部分程序特征之间的相关性为显著水平。这即表明，集体主义对程序选择偏好的影响效应为对程序的认知所抵消。特别是，集体主义者更倾向于认为谈判使他们对过程的控制更少，更能减少敌意；他们也倾向于认为调解使他们对过程的控制更少、更加公平、更能减少敌意；而认为对抗式程序使他们对过程的控制更多、更不能减少敌意。需注意的是，上述发现是基于整个样本（包括中国受试者和美国受试者以及学生和非学生）得出的，相关性分析明显反映出中国受试者和美国受试者对程序的认知不同（回顾一下，相较于美国受试者，中国受试者更倾向于认为谈判和调解使他们对过程的控制更少、更能减少敌意）。这种相似性也能在一定程度上支持工具性假设。

目前尚不清楚为何集体主义与对程序的认知相关。可能是因为集体主义者预先设定其对手更可能妥协和让步，因此认为调解和谈判是达成妥协更好的选择，而审判程序很容易让纠纷双方陷入直接冲突。另一种可能是，集体主义者对非约束性程序处理方式更有经验。针对控制特征的认知差异，可能是因为：(a)集体主义者更可能将控制权转交给调解员；(b)集体主义者认为审判程序规定的制度化对抗能使其避免强化和谐关系的社会压力。

因此，集体主义者可能认为谈判和调解给予他们更少的控制，而对抗式程序给予他们更多的控制。毋庸置疑，以上都是猜测，应在未来进行实证研究。

影响程序选择偏好的因素

研究结果清楚地表明，在两个文化群组和两种性质的样本中，程序选择偏好与程序的四个特征（过程控制、公平性、减少敌意和有利性）相关。这一结果与 Lissak 和 Sheppard（1983）的研究结果（人们评估程序参照的标准）完全一致。现在看来，Thibaut 和 Walker（1978）的程序理论比较有局限性，因为其理论仅关注两个标准，即公平性和过程控制。当前的研究发现支持程序选择偏好受多重因素影响这一观点，将减少敌意和有利性也包含在程序选择偏好的决定因素之中。未来的研究可能还会识别出更多影响因素。

对认知指数的分析也提供了关于程序选择偏好方面的重要信息。与 LaTour

等（1976）的研究结果一致，两种审判式程序被认为是最公平的，其后依次是调解和谈判。这一结果表明，将决定的控制权（对与纠纷解决结果有关的决定的控制，参见 Thibaut & Walker，1978）赋予中立的第三方被认为是公平的，因此两种审判式程序的公平性得分很高。对抗式程序被认为是最公平的，这一事实也支持了 Thibaut 和 Walker（1978）得出的过程控制能强化对程序公平性的认知这一理论。

研究发现，调查人员的地位对程序选择偏好并无影响。由于当前的研究仅对调查人员的地位进行了解，因此得出第三方的地位对程序选择偏好并无影响这一结论可能为时尚早。例如，未来的研究可能对对抗式程序中决策者（法官）的地位进行探索，以评估其对程序选择偏好的影响。

第三方能力对纠纷解决结果的影响

研究结果表明，相较于美国受试者，中国受试者更倾向于认为调解结果更易受调解员能力的影响。这一发现表明，中国受试者比美国受试者愿意赋予调解员更多的过程控制权。这种推理或许能说明为什么中国受试者认为调解更能减少敌意。若纠纷双方愿意让调解员在纠纷调解中起到更加主动和直接的作用，那么出现僵局的可能性就比较小。还需要对此进行更多的研究来揭示工具性假设背后的因果机制。

研究结果的普遍性

研究数据表明，两种文化的学生样本和非学生样本得出的大多数结果都非常相似。两种性质样本的趋同现象很大程度上强化了研究结果的普遍性。需注意的是，中国非学生受试者样本的所有三个人口统计变量都与美国非学生样本不同，但是，这两个样本中发现的文化差异与人口统计特征更加相似的两个学生样本中发现的文化差异保持一致。结合集体主义在拟议因果机制中的中心地位以及集体主义与三个人口统计学变量之间并无显著相关性，这一发现也就并不令人讶异了。

参考文献

Atkinson, J. W. (1964). *An Introduction to Motivation*. Princeton, NJ: Van Nostrand.

Benjamin, R. W. (1975). Images of conflict resolutionand social control: American and Japanese attitudes to the adversary system. *Journal of Conflict Resolution*, 19, 123-137.

Berger, P., Berber, B., & Kellner, H. (1973). *The Homeless Mind*. New York: Random House.

Bond, M. H., & Wang, S. H. (1983). Aggressive behavior in Chinese society: The problem of maintaining order and harmony. In A. P. Goldstein & M. Segall (Eds.), *Global Perspective on Aggression* (pp. 58-74). New York: Pergamon Press.

Brislin, R. W., Lonner, W. J., & Thoradike, R. M. (1973). *Cross-cultural Research Models*. New York: Wiley.

Chinese Culture Connection (in press). Chinese values and the search for culture-free dimensions of culture. *Journal of Cross-Cultural Psychology*.

Cohen, J., & Cohen, P. (1975). *Applied Multiple Regression/Correlation for the Behavioral Sciences*. Hillsdale, NJ: Erlbaum.

Doo, L. (1973). Dispute settlement in Chinese-American communities. *American Journal of Comparative Law*, 21, 627-663.

Douglas, M., & Isherwood, B. (1978). *The World of Goods*. New York: Basic Books.

Folger, R. (1977). Distributive and procedural justice: Combined impact of "voice" and improvement on experienced inequity. *Journal of Personality and Social Psychology*, 35, 108-119.

Greenberg, J., & Folger, R. (1983). Procedural justice, participation, and the fair process effect in groups and organizations. In P. B. Paulus (Eds.), *Basic Group Processes* (pp. 235-256). New York: Springer-Verlag.

Greenhouse, S. W., & Geisser, S. (1959). On methods in the analysis of profile data. *Psychometrica*, 24, 95-112.

Gulliver, P. H. (1979). *Disputes and Negotiations: A Cross-cultural Perspective*. New York: Academic Press.

Hayden, R. M., & Anderson, J. K. (1979). On the evaluation of procedural systems in laboratory experiments: A critique of Thibaut and Walker. *Law and Human Behavior*, 3, 21-38.

Henderson, D. F. (1975). *Foreign Enterprise in Japan*. Chapel Hill: University of North Carolina Press.

Hofstede, G. (1980). *Culture's Consequences: International Differences in Work-related Values*. Beverly Hills, CA: Sage.

Hofstede, G. (1983). Dimensions of national cultures in fifty countries and three regions. In B. Deregowski, S. Dzmrawiec, & R. C. Annis (Eds.), *Expiscations in Cross-cultural Psychology* (pp. 335-355). Lisse, the Netherlands: Swets and Zeitlinger.

Houlden, P., LaTour, S., Walker, L., & Thibaut, J. (1978). Preference for modes of dispute resolution as a function of process and decision control. *Journal of Experimental Social Psychology*, 14, 13-30.

Hsu, F. L. K. (1970). *Americans and Chinese*. New York: Natural History Press.

Hui, H. C. C. (1984). *Individualism-collectivism: Theory, Measurement, and Its Relation to Reward Allocation*. Unpublished doctoral dissertation, University of Illinois at Urbana-Champaign.

Kawashima, T. (1963). Dispute resolution in contemporary Japan. In A. T. von Mehren (Ed.), *Law in Japan: The Legal Order in a Changing Society* (pp. 41-72). Cambridge: Harvard University Press.

Kluckhohn, C. (1952). Values and value-orientation in the theory of action: An exploration in definition and classification. In T. Parsons & E. A. Shils (Eds.), *Toward a General Theory of Action* (pp. 388-433). Cambridge: Harvard University Press.

LaTour, S. (1978). Determinants of participant and observer satisfaction with adversary and inquisitorial modes of adjudication. *Journal of Personality and Social Psychology*, 36, 1531-1545.

LaTour, S., Houlden, P., Walker, L., & Thibaut, J. (1976). Some determinants of preference for modes of conflict resolution. *Journal of Conflict Resolution*, 20, 319-356.

Leung, K. (1983). *The Impact of Cultural Collectivism on Reward Allocation*. Unpublished master's thesis, University of Illinois at Urbana-Champaign.

Leung, K. (1985). *Cross-cultural Study of Procedural Fairness and Disputing Behavior*. Unpublished doctoral dissertation, University of Illinois at Urbana-Champaign.

Leung, K., & Bond, M. H. (1984). The impact of cultural collectivism on reward allocation. *Journal of Personality and Social Psychology*, 43, 793-804.

Leung, K., & Lind, E. A. (1986). Procedure and culture: Effects of culture, gender, and investigator status on procedural preferences. *Journal of Personality and Social Psychology*, 50, 1134-1140.

Lind, E. A., Erickson, B. E., Friedland, N., & Dickenberger, M. (1978). Reactions to procedural models for adjudicative conflict resolution. *Journal of Conflict Resolution*, 2, 318-341.

Lind, E. A., Kurtz, S., Musante, L., Walker, L., & Thibaut, J. (1980). Procedure and outcome effects on reactions to adjudicated resolution of conflicts of interests. *Journal of Personality and Social Psychology*, 39, 643-653.

Lind, E. A., Lissak, R. I., & Conlon, D. E. (1983). Decision control and process control effects on procedural fairness judgments. *Journal of Applied Social Psychology*, 13, 338-350.

Lissak, R. I., & Sheppard, B. H. (1983). Beyond fairness: The criterion problem in research on dispute intervention. *Journal of Applied Social Psychology*, 13, 45-65.

Lubman, L. (1967). Mao and mediation: Politics of dispute resolution in Communist China. *California Law Review*, 55, 1284-1359.

Nader, L. (1969). Styles of court procedure: To make the balance. In L. Nader (Ed.), *Law in Culture and Society* (pp. 69-91). Chicago: Aldine.

Nader, L., & Todd, H. F. (1978). *The Disputing Process: Law in Ten Societies*. New York: Columbia University Press.

Parsons, T. (1977). *The Evolution of Societies*. Englewood Clifis, NJ: Prentice-Hall.

Peterson, R. B., & Shimada, J. Y. (1978). Sources of management problems in Japanese-American joint ventures. *Academy of Management Review*, 3, 796-804.

Pruitt, D. G. (1982). *Negotiation Behavior*. New York: Academic Press.

Reischauer, E. Q. (1977). *The Japanese*. Cambridge, MA: Belknap.

Rubin, J. Z., & Brown, B. R. (1975). *The Social Psychology of Bargaining and Negotiation*. New York: Academic Press.

Sullivan, J., Peterson, R. B., Kameda, N., & Shimada, J. (1981). The relationship between conflict resolution approaches and trust: A cross-cultural study. *Academy of Management Journal*, 24, 803-815.

Tanabe, K. (1963). The process of litigation: An experiment with the adversary system. In A. T. von Mehren (Ed.), *Law in Japan: The Legal Order in a Changing Society* (pp. 73-110). Cambridge: Harvard University Press.

Thibaut, J., & Walker, L. (1975). *Procedural Justice: A Psychological Analysis*. Hillsdale, NJ: Erlbaum.

Thibaut, J., & Walker, L. (1978). A theory of procedure. *California Law Review*, 66, 541-566.

Triandis, H. C. (Ed.). (1972). *The Analysis of Subjective Culture*. New York: Wiley.

Triandis, H. C. (1980). Introduction to *Handbook of Cross-Cultural Psychology*. In H. C. Triandis & W. W. Lambert (Eds.), *Handbook of Cross-Cultural Psychology* (Vol. 1, pp. 1-14). Boston: Allyn & Bacon.

Triandis, H. C. (1986). Collectivism vs. individualism: A reconceptualization of a basic concept in cross-cultural psychology. In C. Bagley & G. K. Verma (Eds.), *Personality, Cognition, and Values: Cross-cultural Perspectives of Childhood and Adolescence*. London: Macmillan.

Tyler, T. R., & Caine, A. (1981). The influence of outcomes and procedures on satisfaction with formal leaders. *Journal of Personality and Social Psychology*, 41, 642-655.

Vroom, V. H. (1964). *Work and Motivation*. New York: Wiley.

Walker, L., & Lind, E. A. (1984). Psychological studies of procedural models. In G. Stephenson & J. Davis (Eds.), *Progress in Applied Social Psychology* (Vol. 2, pp. 293-313). Chichester, England: Wiley.

Winer, B. J. (1971). *Statistical Principles in Experimental Design*. New York: McGraw-Hill.

第 5 章

冲突回避的决定因素*

梁　觉

翻译：雷　玮

校对：张志学

摘要：大多数关于冲突解决的研究都忽略了这样一个事实：冲突回避本身就是一种冲突解决的策略。为填补这一空白，本研究探索了两种文化群体中发生冲突回避的决定因素。我们分别让来自美国和中国香港的大学生及社区居民阅读一个冲突情境，并让他们回答自己有多大的可能性会与人发生冲突。当涉及重大利益或是潜在的冲突对象来自外群体时，冲突更有可能发生。与美国组相比，中国组的受试者与内群体争议对象发生冲突的可能性更小，而与外群体争议对象发生冲突的可能性更大。研究所发现的文化差异与已有文化集体主义的概念是一致的。

目前大部分关于冲突解决的研究都含有一个隐含假定，即当人们遇到争议时会采取最合意的方式来解决问题（Druckman，1977；Rubin & Brown，1975；Thibaut & Walker，1975）。一些研究因此探讨了影响人们偏好的因素。然而，

---

* Leung, K. (1988). Some determinants of conflict avoidance. *Journal of Cross-Cultural Psychology*, 19(1), 125-136.

一个更为基础性的问题却少有探索：哪些因素会促使人们主动挑起一场冲突？这个问题本身就很重要，正如 Best 和 Andreasen（1977）所指出的，避免冲突事实上就是一种解决冲突的常见办法。本研究从跨文化的视角回应了这个问题。

冲突严重性是影响冲突是否发生的主要因素。冲突严重性可以用涉及的利益或损失的大小来衡量。比如，如果某项争议涉及大量钱财，那么争议涉及方很有可能会积极寻求解决冲突的办法。相反，如果所涉金额较小，那么引发冲突带来的成本（例如，时间和专业咨询费用）可能会超过冲突解决所能获得的潜在收益。Glandwin 和 Walter（1980）也提出了类似的论断，利益涉入会影响跨国公司的冲突管理策略。因此我们假设，争议涉及的利益越大，冲突越有可能发生。

影响冲突发生的另一个因素是潜在争议方之间的关系。对于朋友和其他内群体成员，维持关系的重要性远大于任何可能发生的冲突。以较小的代价容忍或适应冲突可能比冒着破坏关系的风险引发冲突更为有利，破坏关系带来的长期损失可能超过一时容忍的代价。

此外，内群体成员彼此间的疑中留情也降低了发生冲突的可能性。冲突有时是非常模棱两可的，对于冲突的定义也因人而异。内群体成员之间的信任有助于减少正面冲突和（或）其他高成本解决冲突的方式。Austin（1980）的一项研究间接支持了这一分析，他发现大学室友在分配共同获得的奖励时会采取平均原则。与之形成对比的是，陌生人之间在分配共同获得的奖励时会采取公正原则（例如，Leung & Bond，1984）。室友间采用平均原则均分奖励有利于促进他们之间的和睦关系。而对于陌生人而言，情感性因素并不在考虑范围之内，他们更可能公事公办，采用公正原则按贡献比例分配收益（Leung & Park，1986）。

文化集体主义的概念

众多学科都讨论了个人主义和集体主义的概念（例如，Berger, Berger, & Kellner, 1973; Douglas & Isherwood, 1978; Hsu, 1970; Kluckhohn, 1952;

Parsons，1977）。简言之，个人主义指更为关注个体行为对自身需求、利益和目标影响的取向，而集体主义指更加关注个体行为对集体成员的影响，以及更乐于为集体利益牺牲个人利益的取向（文献综述可参见 Hui，1984；Leung，1983；Triandis，1986）。

大量证据支持了将集体主义作为文化维度的有效性。Hofstede（1980，1983）在50个国家或地区开展了一项大型问卷调查，并从中归纳出文化的四个维度，其中一个维度即为个人主义－集体主义。英语国家的个人主义最为突出，比如美国和英国；亚洲和南美国家或地区的集体主义更为突出，比如中国台湾、中国香港、新加坡、日本、墨西哥、秘鲁、哥伦比亚。值得注意的是，美国在量表中的个人主义一端得分最高，华人国家或地区（新加坡、中国台湾和中国香港）在集体主义一端得分最高。

文化集体主义和冲突解决

很多学者认为，集体主义与鲜明的内群体、外群体划分有关（例如，Hus，1970；Leung & Bond，1984；Triandis，1986）。具体来说，集体主义强调内群体成员之间的人际关系和谐，但集体主义者对外群体成员更可能公事公办甚至带有敌意。举例来说，根据 Hofstede（1980）的划分，希腊是一个温和的集体主义国家，Triandis 和 Vassiliou（1972）发现，在希腊，内群体成员之间的关系更为亲密，但对外群体成员则更倾向于猜疑和竞争。在中国和日本社会，人们对内群体成员往往和气友善，对外群体成员则带有强烈的敌视情绪和不受抑制的暴力（Kawashima，1963）。

此前关于集体主义的分析表明，对于集体主义者而言，与个人主义者相比，潜在冲突方的群体身份对于是否发生冲突具有更大的影响。因此我们认为，相较于个人主义者，集体主义者对朋友等内群体成员表现出更强的冲突回避倾向，对陌生人等外群体成员显示出更强的发生冲突的倾向。

综上所述，本研究检验了三条主要假设：第一，争议所涉及的利益越大，越有可能发生冲突；第二，相比于和朋友，人们更可能和陌生人发生冲突；第三，与个人主义者相比，第二条假设的效应在集体主义者身上更为明显。

研究方法

受试者

一般来说，中国香港人的集体主义倾向更强，而美国人更倾向于个人主义。两地的法律体系都基于英国法建立，但在本质上差别却很大。为了增强结果的代表性，我们在每个文化群体中都调查了学生样本和非学生样本。每个文化群体的学生样本都包括96名大学生，他们是分别来自香港中文大学和厄巴纳-香槟伊利诺伊大学的本科生。我们在大学宿舍区寻找中国学生参与调查，其中95%的学生同意参加。每位受试者获得1.3美元的实验报酬。美国的受试者中有一部分是应心理学入门课程的要求而参与调查的。

非学生样本从两地的社区招募。中国香港的样本包括住在一个中产阶级公寓里的72个住户，公寓的租客协会协助我们找到了这些受试者。每位受试者获得4.5美元的报酬。美国的样本是来自伊利诺伊厄巴纳-香槟地区数个社交俱乐部的72位会员，他们的参与得到了俱乐部委员会成员的协助。每位受试者获得5美元的报酬。

我们测量了非学生受试者的三项人口特征：年龄、学历和工作类型。与中国样本相比，美国样本的年龄更大，受教育程度更高，退休人员更多，蓝领工人更少。这些人口差异的影响我们之后将会讨论。

受试者首先对一个不相干研究的一些材料作了回答[①]，之后他们继续回答本研究的材料。实验材料最初用英文写成，然后由作者译成中文。为提高翻译的准确性，材料中不便翻译之处由作者重写。最后再由两位熟练的双语人员检

---

① 关于这些材料的描述见 Leung（in press）。尽管这些材料也与冲突解决有关，但受试者对这些材料的回答并不会影响他们对本研究材料的回答。

查材料并进一步完善。我们根据受试者的母语发放材料。

实验设计和程序

受试者阅读一份有关两人陷入争议情境的材料。一方指责对方卖给自己有质量缺陷的家用电器。在交易过程中，卖家当着买家的一个朋友的面，向买家保证如果购买后一周内电器出现故障，卖家会全额退款。结果买家购买一天后电器就出现故障，但卖家却以买家操作不当为由拒绝退款。

我们把争议双方的关系设定为在同一家企业工作的好朋友或是陌生人。受试者被告知家用电器的价格为 40 美元、160 美元或 640 美元。① 然后我们让受试者想象自己是买家，并在一个九级量表中决定自己有多大的可能性将争议提交法庭，向卖家索取赔偿金。

我们要求受试者填写 Hui（1984）制作的集体主义量表中的朋友和同事子量表。量表中的项目测量了主观感知的与朋友和同事的相似度、帮助他们的意愿、与他们相互依赖的意愿以及对他们的关心。Hui（1984）发现这个量表具有可靠的信度和效度。

我们操纵了争议方的两种关系（朋友或陌生人）和电器的三种价格（40 美元、160 美元或 640 美元），从而形成六种不同的情境。所有变量在受试者间进行操纵，每个文化组中有 168 人参加实验。

研究结果

集体主义量表

集体主义量表中 21 个问题的信度检验值（Cronbach's alpha）为 0.68，与

---

① 展示给中国研究者的价格根据中国香港地区人均 GNP 和美国人均 GNP 的比值（大致为 0.55）进行了下调。

Hui（1984）得到的结果相似。我们将21个问题的得分计算出的平均值作为集体主义指数，并对其进行文化×性别×样本的方差分析。我们发现了两个结果：其一，中国受试者和美国受试者相比，表现出更为强烈的集体主义倾向，$F(1, 328) = 81.5$，$p<0.01$（$Ms = 4.51$ vs. 4.07）。其二，文化×样本的交互项，$F(1, 328) = 12.4$，$p<0.01$，表明中国的学生样本和非学生样本在集体主义指数上并无差异（$Ms=4.51$ vs. 4.50），而美国的学生样本比非学生样本的集体主义倾向更强（$Ms=4.22$ vs. 3.88）。

我们检验了两种文化的非学生样本中集体主义和三项人口变量的相关性。在中国样本中，所有的相关性都在0.05的水平下不显著。在美国样本中，只有年龄和集体主义之间的相关性是显著的，$r=-0.30$，$p<0.01$，表明年龄更大的人集体主义倾向更弱。而受教育程度、工作类型的相关性并不显著。

我们还对受试者起诉卖家的可能性进行了五因素方差分析（文化×样本×性别×关系×损失程度）。分析展现了三个结果：其一，学生比非学生更有可能发生冲突，$F(1, 288) = 19.3$，$p<0.01$（$Ms=5.17$ vs. 3.90）。其二，与朋友相比，受试者更有可能和陌生人发生冲突，$F(1, 288) = 9.30$，$p<0.01$（$Ms=5.10$ vs. 4.17）。其三，涉及利益损失越大，受试者越有可能发生冲突，$F(2, 288) = 10.3$，$p<0.01$（$Ms=5.49$ vs. 4.46 vs. 3.92）。

我们还发现了文化×关系的交互项边际显著，$F(1, 288) = 3.45$，$p<0.07$。表1展现了这一结果。

表1 文化和关系对发起诉讼可能性的影响

	关系	
	朋友	陌生人
中国人	3.96	5.39
美国人	4.37	4.79

注：数值越大，表明越有可能发起诉讼。

单纯主效应①的分析表明，中国受试者比美国受试者更有可能起诉陌生人，$F(1, 288)=4.2$，$p<0.05$。与美国受试者相比，中国受试者更不可能起诉朋友，但这一结果在统计上并不显著，$F<2$，n.s.。

值得注意的是，关于样本（学生或非学生）的交互作用并不存在，这表明研究结果具有更大的普遍性。

集体主义和起诉的可能性

为探究集体主义和引发冲突之间的关系，我们检验了集体主义指数和冲突方在两种关系下起诉可能性的相关性。当争议发生在朋友之间时，相关性并不显著（$r=0.07$，n.s.）。相反，当争议发生在陌生人之间时，更高的集体主义倾向与更大的诉讼可能性相关（$r=0.19$，$p<0.01$）。

讨 论

分析结果有力地支持了我们的研究假设，争议双方的关系和争议涉及的利益对冲突发生的可能性具有显著影响。发生冲突会引发时间、金钱、精力等成本，而人们会考虑发生冲突的成本与预期收益。如果预期收益比较大，那么冲突就会发生。因此，当情境中的家用电器价格较高时，人们预期从诉讼中获得的补偿金也相应较高。这种考虑使人们更有可能发生冲突。同理，如果发生冲突的成本较高，那么人们更有可能避免冲突。如前所述，从长期来看，容忍与朋友之间的冲突比与朋友发生冲突的成本更低，因为朋友关系会带来持续的好处。换言之，忍让一时的损失能够换取长期收益的最大化。

另一个有趣的研究问题是，当冲突发生在群体间或组织间时，这两种变量

---

① 虽然交互作用只是边际显著，但进行先验检验是合理的。Keppel 建议"无论混合 F 检验是否显著，都可以进行计划比较"（1973：90）。我们检验的两个效应在假设中提出，应视为计划比较。因此，文中的检验是合理的。

对冲突忍让是否依然有影响？举例来说，Rahim（1985）研究了冲突总量——类似于本研究中冲突严重性的概念——对冲突应对策略选择的影响。但他的研究并没有考虑两个冲突群体或组织间的关系带来的影响。根据我们的研究结果，我们预计拥有或潜在拥有互赖关系的群体或组织更有可能回避冲突。

文化集体主义和冲突回避

研究结果部分支持了与美国研究对象相比，中国研究对象更容易避免与朋友之间发生冲突而与陌生人发生冲突。关于朋友的结果与假设方向一致，但并不显著。这或许是因为朋友并非内群体最核心的成员，因此没有出现假设期待的内群体效应。即便如此，我们发现的总体模式与 Leung 和 Bond（1984）的研究结论相近，Leung 和 Bond（1984）发现，与美国人相比，中国人对陌生人更多地采用公正原则（效率导向），对朋友更多地采用平均原则（和谐导向）。集体主义与鲜明的内群体、外群体区分相关这一观点得到了一定的支持。

我们对于集体主义指数和发生冲突可能性之间的相关性的发现，在一定意义上揭示了集体主义的动态过程。在所有受试者中，集体主义取向越强，越有可能与有争议的陌生人发生冲突，但在争议方是朋友时相关性则不显著。研究结果部分支持了集体主义和鲜明的内群体、外群体划分之间的相关性，因为我们并未发现集体主义与和朋友发生冲突之间存在显著的负相关。如前所述，朋友可能只是较为边缘的内群体成员，这也许解释了为什么相关性并不显著。内群体中的核心成员，比如最好的朋友或是家人，可能会产生更强的结果，未来的研究可以考虑这一点。总体而言，我们的研究结果表明，这样构念集体主义的方式是有效的，并对指引未来的研究具有重要意义。

参考文献

Austin, W. (1980). Friendship and fairness: Effects of type of relationship and task performance on choice of distributive rules. *Personality and Social Psychology Bulletin*, 6, 402-408.

Berger, P., Berger, B., & Kellner, H. (1973). *The Homeless Mind*. New York: Random House.

Best, A., & Andreasen, A. (1977). Consumer response to unsatisfactory purchases: A survey of perceiving defects, voicing complaints, and obtaining results. *Law and Society Review*, 11, 701-742.

Bond, M. H., & Wang, S. H. (1983). Aggressive behavior in Chinese society: The problem of maintaining order and harmony. In A. P. Goldstein & M. Segall (Eds.), *Global Perspectives on Aggression* (pp. 57-74). New York: Pergamon.

Douglas, M., & Isherwood, B. (1978). *The World of Goods*. New York: Basic Books.

Druckman, D. (1977) (Ed.). *Negotiation: Social Psychological Perspectives*. Beverly Hills, CA: Sage.

Gladwin, T. N., & Walter, I. (1980). *Multinationals Under Fire: Lessons in the Management of Conflict*. New York: John Wiley.

Hofstede, G. (1980). *Culture's Consequences: International Differences in Work-related Values*. Beverly Hills, CA: Sage.

Hofstede, G. (1983). Dimensions of national cultures in fifty countries and three regions. In J. B. Deregowaki, S. Dziurawiec, & R. C. Annis (Eds.), *Expiscations in Cross-cultural Psychology* (pp. 335-355). Lisse: Swets & Zeitlinger B. V.

Hsu, F. L. K. (1970). *Americans and Chinese*. New York: Natural History Press.

Hui, H. C. C. (1984). Individualism-collectivism: Theory, measurement, and its relation to reward allocation. Unpublished doctoral dissertation, University of Illinois at Urbana-Champaign.

Kawashima, T. (1963). Dispute resolution in contemporary Japan. In A. T. von Mehren (Ed.), *Law in Japan: The Legal Order in a Changing Society* (pp. 41-72). Cambridge, MA: Harvard University Press.

Keppel, K. (1973). *Design and Analysis: A Researcher's Handbook*. Englewood Cliffs, NJ: Prentice-Hall.

Kluckhohn, C. (1952). Values and value-orientation in the theory of action: An exploration in definition and classification. In T. Parsons & E. A. Shils (Eds.), *Toward a General Theory of Action* (pp. 388-433). Cambridge, MA: Harvard University Press.

Leung, K. (1983). The impact of cultural collectivism on reward allocation. Un-published master's thesis, University of Illinois at Urbana-Champaign.

Leung, K. (in press). Some determinants of reactions to procedural models of conflict resolution: A cross-national study. *Journal of Personality and Social Psychology.*

Leung, K., & Bond, M. H. (1984). The impact of cultural collectivism on reward allocation. *Journal of Personality and Social Psychology*, 43, 793-804.

Leung, K., & Park, H. J. (1986). The effects of interactional goal on reward allocation: A cross-national study. *Organizational Behavior and Human Decision Processes*, 37, 111-120.

Parsons, T. (1977). *The Evolution of Societies.* Englewood Cliffs, NJ: Prentice-Hall.

Rahim, M. A. (1985). A strategy for managing conflict in complex organizations. *Human Relations*, 38, 81-89.

Rubin, J. Z., & Brown, B. R. (1975). *The Social Psychology of Bargaining and Negotiation.* New York: Academic Press.

Thibaut, J., & Walker, L. (1975). *Procedural Justice: A Psychological Analysis.* Hillsdale, NJ: Lawrence Erlbaum.

Triandis, H. C. (1986). Collectivism vs. individualism: A reconceptualization of a basic concept in cross-cultural psychology. In C. Bagley & G. K. Verma (Eds.), *Personality, Cognition, and Values: Cross-cultural Perspectives of Childhood and Adolescence.* London: Macmillan.

Triandis, H. C., & Vassiliou, V. (1972). A comparative analysis of subjective culture. In H. C. Triandis (Ed.), *The Analysis of Subjective Culture* (pp. 299-338). New York: John Wiley.

第6章

和谐的二元模型及其对亚洲冲突管理的启示*

梁 觉　路 琳　Pamela Tremain Koch

翻译：雷 玮

校对：张志学

摘要：回避冲突在东亚十分常见，儒家学说关于"和谐"的概念常被用来解释这种倾向。本研究回顾了儒家经典学说，发现其中并没有主张回避冲突。恰好相反，儒家学说的和谐观中包含了意见不一和公开辩论。据此，我们认为冲突回避并非经典儒家学说的主要特征，而是文化集体主义视角下的世俗解读。我们回顾了基于"和谐"概念的一些理论，发现它们与和谐的二元结构相兼容，在寻求和谐的行为中既有工具性动机也有价值性动机。从工具性视角看，和谐是为了达到物质目的的手段；而从价值视角看，和谐本身就是目的。冲突回避主要出于工具性动机。将两类动机交叉分类可以形成四种寻求和谐的行为。最后我们探讨了这种划分对未来研究的启示及在冲突管理中的应用。

---

* Leung, K., Koch, T.P., & Lu, L.(2002).A dualistic model of harmony and its implications for conflict management in Asia. *Asia Pacific Journal of Management*, 19, 201-220.

> 儒家学说强调和谐的价值。当一个人与其社会网络中的人发生冲突时，首先要学会"忍让"……这意味着优先考虑维持和谐的关系而放弃个人目标。（Hwang，1997-1998：28-29）

如果要说出一个对东亚冲突管理最重要的本土概念，儒家学说关于和谐的概念肯定名列榜首（Boisot and Child，1996；Chen，2001，2002；Chen and Chung，1994；Chen and Starosta，1997；Hwang，1988，1997，1998；Kirkbride，Tang and Westwood，1991；Knutson，Hwang and Deng，2000；Triandis，McCusker and Hui，1990）。其基本观点认为，和谐——大约两千五百多年前由孔子提出的文化价值，指引东亚社会的成员采取冲突回避的策略，以维持良好的人际关系。比如，Chen 和 Chung（1994）在关于儒家学说对东亚管理实践的影响的研究中，得出结论"非对抗性的交流方式以儒家学说的'和'理念为基础"（p.100）。Chen 和 Pan（1993：135）注意到，"儒家学说的首要目标是追求和谐，相比之下其他目标都是居于从属地位的"。此外，Hwang（1997-1998）也同意上述观点，他认为儒家学说对和谐的强调导致人们忍让和克制个人目标以维持和谐的关系。综上，这些观点将和谐等同于冲突回避，比如为了他人而牺牲个人目标，并把这种倾向归因于儒家学说。

在本研究中，我们认为尽管上述观点的一些方面是有道理的，但核心观点的哲学根源却是错误的。儒家学说确实强调和谐，东亚人也确实比西方人更重视冲突回避，但将和谐等同于冲突回避是对儒家学说的误读。我们进而主张，以往文献中对和谐的单向度假定不足以说明和谐理念如何影响冲突行为。最后，本研究提出了和谐的二元模型，并讨论了它对东亚冲突管理以及发展冲突理论的意义。

和谐与冲突：东亚的模式

东亚对和谐的重视主要来源于孔子的教义。孔孟典籍中出现最多的汉字之一就是"和"。儒家学说起源于中国，并传播到大部分东亚地区。在日语中，

"wa"一方面意味着平衡与和谐感，另一方面也指实现目标的得体方式：尽管和谐非常重要，但和谐以及其他目标都必须以得体的方式实现。在另一个东亚国家——韩国，"inhwa"结合了"人"和"和谐"的含义，也代表了重要的社会价值。而在三国的书写体系中，都使用汉字"和"来代表和谐的概念。尽管在不同的语言分类中含义具有些微差别，但核心理念是相似的。"Harmony"是对汉字"和"最近似的英文翻译，但是汉字"和"还有"与人为善""温和""和平"等更为丰富的含义（外语教学与研究出版社，1988）。此外，和谐也是很多中国传统格言的主题，包括"和为贵""心平气和""家和万事兴"。

和谐的概念以及冲突回避的传统在受儒家文化影响的国家中具有悠久的历史。很多习惯强化了人们将和谐的团体视为回避冲突的团体。举例来说，在中国人的日常生活中，我们发现很多谚语提出了回避、妥协、容忍以避免与冲突有关的麻烦的"智慧"。比如，"小不忍则乱大谋""枪打出头鸟""出头的椽子先烂""以退为进"。

冲突回避在其他东亚国家或地区中也十分普遍。比如在日本，商业谈判通常是仪式化的，根据地位和角色对互动方有严格的指导原则。正式会谈中要保持和谐一致，受试者之间的协议通常是通过间接的非正式谈判达成的。甚至日本的国家法律体系，也与西方国家不同，并不鼓励在法庭上公开发生冲突（Ohbuchi，1998）。日本人通常把社会秩序或社会和谐作为公平（justice）的原则，认为这种价值比公平（fairness）更为重要（Ohbuchi，1998）。在韩国，类似的价值观同样占主导地位。例如，Cho 和 Park（1998）提出，团队和谐是韩国企业中最为重要的管理价值。

东亚的本土冲突理论

鉴于这样的儒家学说背景，许多理论家在冲突管理理论中包含了和谐的理念。一些理论成果弥补了西方主流冲突理论对东亚文化中冲突行为解释的缺陷。

Hwang 的模型

从 Hall（1969）提出"实现个人目标"和"人际考虑"的两维度，到 Thomas（1976）提出"独断性"和"合作性"，再到 Rahim（1983，1986）提出"为自己考虑"和"为别人考虑"，冲突管理的双重考虑模型主导了冲突研究。Rahim（1986）提出的五种冲突管理一般模式（合作、包容、妥协、支配或竞争、回避）已经在单一文化以及多元文化的冲突管理研究中被广泛采用。

但是，Hwang（1997-1998）批评这些西方模型不足以从东亚文化视角描述冲突。Hwang 认为，由于道教、儒家学说和传统农业社会结构的影响，东亚人相信应该维持阴阳平衡。这种对和谐的重视意味着，西方模型中"为他人考虑"和"为自己考虑"的维度将关系的影响作为个人考虑的对立面是片面的。因此，他提出了两个新维度："忽视和谐/维护和谐"，以及"追求目标/放弃目标"，并据此提出了五种冲突管理策略：对抗、阳奉阴违、妥协、容忍和决裂。Hwang 提出的"阳奉阴违"策略与西方的"合作"策略存在重要的不同。Hwang 写道，中国人不会公开产生分歧，特别是在关系非常重要的情境中。因此，合作策略并不可能出现。相反，他们会在公开场合表达对他人的同意以维持和谐关系，但私下里却追求自己的目标。

Huang 的模型

Huang（1999）基于她在中国台湾做的定性研究，揭示出和谐的两种主要类型："真实的"和"表面的"。前者指全面、真诚的和谐关系，而后者指尽管关系表面上良好，但表象之下却存在冲突。在此意义上，表面和谐仅仅是掩饰或支持隐藏冲突的工具：可能采取策略性容忍，以等待时机实现个人目标。Huang 进一步将真实和谐与表面和谐各自再分出三种类型。她认为，实质和谐较难建立，人们一般满足于表面和谐。Leung 和 Wu（1998）赞同这一发现，尽管表面和谐并非是最优的，但中国人还是更青睐于表面和谐而不是直接对抗。

Chen 的模型

Chen（2001，2002）提出，和谐以及关系、面子、资历、权威等是中国文化的基本价值，指引着中国的冲突管理。因此，中国人交流的主要关注点是建立和谐的关系。这里，Chen 强调和谐是中国人努力实现的目标，和谐交往的能力是衡量交流能力的主要标准。"真诚表达全心全意的关心"激发了冲突管理。此外，Chen 还认为，对和谐的追求包括了对平衡的追求和对等级关系的维持。这些关系依赖于真诚、诚实以及避免陷入冲突的努力。

和谐和冲突管理的非亚洲视角

学者们还从非亚洲视角提出了关于和谐是不可或缺的一部分的理论。尽管有些理论还是从东亚文化和冲突管理实践中提出的，但其他理论对和谐提出了更为多样化的观点。

Kozan 的模型

Kozan（1997）提出了一个重视东亚文化中的和谐的冲突管理模型。Kozan 认为，冲突模式通常分为三类：对抗、和谐、调整。在对抗模型中，冲突概念化为由次一级的问题构成。当这些次一级的问题是分离的时，合理的妥协有可能发生，直接的互动和讨论能够解决冲突。这和将冲突定义为整体的模型是不同的。把冲突作为一个整体的观点更不容易发生妥协，冲突往往通过回避和包容得以解决。从而，冲突管理通过强调遵守相互之间的义务和地位等级的规范，先将冲突最小化。这时更为强调的是自己和对方的面子，而非程序公平。第三方可能出面作为调解人。最后，在调整模型中，通过官方手段来最小化或者避免冲突。将角色和互动正式化，以作为解决冲突问题的指引。

Earley 的模型

借鉴东亚的和谐概念，Earley（1997）发展出一个关于所有文化中组织行为的一般模型。他强调面容，既包括脸面（道德层面的面容）也包括面子（物质层面的面容），是人们互动中最核心的关注点。他把和谐定义为将社会成员连接到社会中的黏合剂。Earley 对和谐概念的使用，不同于东亚的典型定义。和谐被视为在社会关系中维持脸面和面子的过程，是一种可能导致自己与他人的脸面和面子或增或减的社会交换。因此，此处的和谐并不一定与其他理论中探讨的冲突回避行为必然相关。

Nadar 的模型

第三位将和谐视为理解人类交流关键的西方学者是人类学家 Laura Nadar。Nadar（1990）对和谐概念的使用与源自儒家价值观的传统东亚视角的差别更为明显。Nadar 提出，"和谐意识形态"源自基督教价值观在世界范围内的广泛传播。其著作的核心，是对墨西哥一个萨波特克印第安人村庄的长期民族志研究，当地居民认为"坏的妥协尤胜于好的斗争"。"和谐意识形态"的基本观点是，解决冲突是好的，要避免发生冲突；要寻求共识、和解、和平。尽管这种对和谐的文化表达与东亚的普遍实践一致，Nadar 还是提供了不一样的解释。Nadar 假定，和谐通常被用作一种和权力与控制问题紧密相连的意识形态。在萨波特克村庄中，自我施加的和谐是阻止墨西哥以外的人员干涉村庄事务的手段。但在其他情形中，Nadar 将对和谐的强调视为精英控制大众的工具——强调和谐、平衡的关系有利于当权者，因为这能通过创造出"一个与个人、阶层利益一致的共同体幻象"使当权者合法化（p. 296）。Nadar 还强调对产生和谐的行为进行结构性解释。关系网络、地理区位和政治体系共同促成了和谐行为的出现。

重新概念化和谐

以上理论都对东亚解决冲突的典型方式提供了一定的解释。Hwang（1997-1998）和 Chen（2001，2002）对源于儒家的和谐行为进行了文化解释。Kozan（1997）和 Earley（1997）将东亚的和谐概念吸纳到更一般的理论中。而 Nadar（1990）则提出了一种完全不同的解释。这些理论的一个共同的不足之处在于，和谐的概念非常模糊，而且在不同的模型中实际含义也不一样。简言之，Chen 把和谐视为全心全意的关心，而 Hwang 和 Nadar 则更倾向于把和谐视为实现目的的手段。Kozan 用和谐来指冲突的整体视角，Earley 把和谐视为维持脸面和面子的社会过程。接下来，我们将首先追溯经典儒家学说中的和谐起源，以及和谐在中国社会生活中的体现。进而我们将提出和谐的二元模型，并探讨其对冲突管理的意义。

儒家的和谐观

在解释东亚国家或地区对冲突回避的重视时，学者们通常指向儒家学说对和谐的强调。但是对儒家经典学说的仔细审视表明，很多作者所指的儒家观点和实际的儒家经典学说具有很大的差异。我们称前面一类为对儒家学说的世俗解读，以区别于学说中所阐述的内容。在我们解释针对和谐的世俗观点为何以及如何兴起之前，我们首先对儒家经典学说进行简要总结。

尽管孔子强调和谐，但与世俗观点相反，孔子还鼓励不同的见解：

> 子曰：君子和而不同，小人同而不和。（《论语·子路篇第十三》）

这句话的意思是，君子即便观点不同也能维持和谐的关系；而小人哪怕内心反对也会附和别人的观点，这并不是真正的和谐。孔子在一生中以身作则，他对和谐的看法，表现在他积极倡导自己的学说，与当权者公开辩论，而并没有回避对抗。

其他儒家典籍反对表面赞同，认为听不到反对的意见就无法治理好国家：

> 士止于千里之外，则谗谄面谀之人至矣。与谗谄面谀之人居，国欲治，可得乎？（《孟子·告天下》）

引用的这句话来自孟子，指出明智的君主应听取和采纳不同意见，对阿谀奉承者应保持警惕。事实上，孟子以乐于同君主辩论、挑战君主而著称。他视好辩为教育人民的正确方式：

> 予岂好辩哉？予不得已也。……吾为此惧，闲先圣之道，……我亦欲正人心，息邪说，距诐行，放淫辞，以承三圣者。……能言距杨墨者，圣人之徒也。（《孟子·滕文公下》）

其他的儒家学说典章也支持了这一观点，和谐并不等同于冲突回避和无原则的附和。和谐必须从属于更高等级的"仁"和"义"的目标。孔子的学生有子清晰地说明了这一点：

> 有子曰："礼之用，和为贵。先王之道斯为美，小大由之。有所不行，知和而和，不以礼节之，亦不可行也。"（《论语·学而篇第一》）

在儒家观点中，坚持礼不是为了自利，而是为了实现仁和义。事实上，孔子非常不赞同自私和物质动机：

> 子曰："君子喻于义，小人喻于利。"（《论语·里仁篇第四》）

总体而言，对儒家学说的批判性综述清晰地表明，儒家学说对和谐的强调，应该理解为对维持相互尊重的关系的要求，以及对人性和道德的普遍关注，而不是为了回避争议和对抗以统一意见。和谐实际上从属于更高等级的仁义目标。儒家哲学鼓励为了仁义而对抗、辩论和持有异议，并多次鄙视以牺牲仁义为代价的服从和一致。因此，我们的结论是，儒家经典学说并非东亚国家或地区冲突回避的根源。我们认为，宗教和政治意识形态是导致冲突回避的原因。下面我们提出一个和儒家学说基本无关，但和文化集体主义紧密相关的对冲突回避的文化解释。

冲突回避的文化解释：集体主义的影响

为什么东亚人偏离儒家经典的影响，表现出明显的冲突回避倾向，并对这种背离如此宽容？中国的政治史和文化、结构的集体主义的影响提供了一种解释，这有助于说明和谐或冲突管理策略的影响。首先，精英利用儒家的和谐理想维持他们的权力。Redding 评论道，在古代中国，"对儒家伦理的深度社会化维持了和平"（1983：124）。在对儒家思想的这种应用中，也强调理想的和谐关系可能会损害仁义的实现。末任港督彭定康（Chris Patten）的一段话就是对这种观点的最近期的阐释：

> ……秩序与和谐，在实践中有时表现为镇压异议，在亚洲的宗教、哲学和文化传统中根深蒂固。人们常把孔子当作亚洲国家或地区厌恶和漠视自由价值的来源，认为孔子强调秩序、等级、自律和服从……Leys 指出，"官方的儒家学说只鼓吹当权者的主张，比如服从现有的权威，而社会公平、政治异议以及知识分子批判当权者滥用权力或压迫人民（甚至冒生命危险）的道德责任等其他更重要的主张则被选择性地遗忘了"（Patten，1998：161-162）。

这种分析类似于 Nadar（1990）所提出的"和谐意识形态"，尽管表面上与儒家学说很像，但充其量只是孔子倡导的和谐观念的世俗理解。其目的不是与他人建立良好的关系，而是维持权力。

但是，我们认为，这种封建统治者强调秩序、和谐核心作用的政治解释应视为冲突回避的促进因素而非主要原因。理由有二：其一，纵观历史，统治者宣扬了很多意识形态，但大多数已经随着朝代的更替而消失了；其二，尽管封建统治在东亚早已成为历史，但冲突回避倾向仍十分普遍，甚至常见于当今大学生的行为之中，并没有迹象表明冲突回避倾向正在衰微。显然，政治分析并不能解释冲突回避倾向为何经久不衰，文化解释则更合乎情理。

大多数冲突研究者，包括那些把儒家学说与冲突回避关联在一起的学者，都认同集体主义和冲突回避之间的关系。比如，Hwang（1997-1998）为论证他提出的儒家影响解释，也谈到中国社会的农业和集体主义结构有助于和谐。这一文化论断的核心观点是集体主义文化对团队重要性的强调使得人们重视促进正直和组织良好运作的价值与规范。冲突显然不利于团队团结，某些情况下还会引起团队解体。因此，集体主义文化常把冲突视为消极的，并加以避免乃至压制（Brett，2001；Carnevale and Leung，2001；Leung，1997；Morris et al.，1999）。事实上，这种分析表明，不论文化差异，只要非常重要团队团结，冲突就有可能被压制。Janis（1972）著名的"团体迷思"分析生动地说明了对团队团结的重视如何导致理应为个人主义的美国政客在决策中压制冲突和异议。

Yamagishi、Jin和Miller（1998）提出了另一种探讨集体主义社会中关系的有趣视角。这一视角并不基于社会成员具有的价值观，而是建立在社会成员关系结构的基础之上。在集体主义社会中，非正式的相互监控和制裁体系确保了社会成员间的合作与和谐（Yamagishi，Cook and Watabe，1998）。当社会成员离开这种体系时，其行为并不比西方个人主义社会中的行为更和谐或富于合作性（Yamagishi，1988）。因此，我们可以说，这些行为是工具性的，而非价值导向的。

基于集体主义的冲突回避解释为今后的研究至少开辟了两条道路：第一，这一框架可以解释那些未受儒家学说思想影响的亚洲社会中，比如印度尼西亚和菲律宾，为何也有明显的冲突回避倾向（Benton and Setiadi，1998；Echauz，1998）。这类亚洲社会中，社会关系密集且复杂，也属于集体主义社会。冲突回避之所以常见，是因为对这些关系的破坏将是长久而危险的——不论是否受儒家学说的影响，类似社会中都是同样的后果。事实上，这种文化的解释框架具有文化普遍性，可以适用于其他大陆。比如，Nadar（1990）也提到，文化集体主义是前述萨波特克村庄中冲突回避的主要原因。十分有趣的是，东亚学者把冲突回避归因于儒家学说，而Nadar却将其归因于基督教及其对和解的重视。

第二，对于文化集体主义和冲突回避之间的复杂关系可以进行系统性的研究。例如，对内群体的强烈感情和对外群体的清晰划分是集体主义文化中人际网络的鲜明特征。在家庭、工作团队等内群体中，冲突通过多种方式最小化。以日本为例，著名的禀议式决策过程，就是把决策影响的各方人员聚到一起达成决议（Brake，Walker and Walker，1995）。这样可以更好地实现群体内团结，进而减少冲突。此外，其他研究表明，为了增强和谐的关系，日本管理人员会花费大量时间在工作中和下班后进行非正式的交流（Brannen，1994；转引自 Salk and Brannen，2000）。

然而对于外群体人员，冲突回避较少受到重视，而更多采用攻击性策略。例如研究发现，与美国人相比，中国人更有可能起诉陌生人，而更少起诉朋友（Leung，1988）。Hwang（1997-1998）同样注意到，中国人可能对外群体人员表现得非常具有攻击性。因此，集体主义成员比个人主义成员更有可能对外群体人员采取对抗策略。

和谐的二元模型

和谐作为目的或手段

通过经典儒家学说和文化集体主义的对比，我们可以明确和谐的概念，并拓宽集体主义和冲突回避之间关系的讨论。接下来，我们以二元模型的形式重新概念化和谐，提出冲突管理行为的一个新视角。

基于个人主义-集体主义框架，和谐长期以来被视为是单维度的，并与缺乏对抗和冲突相等同。然而，儒家经典学说认为，不应以自利目的或者以牺牲仁义为代价追求和谐关系。显然，儒家经典学说把和谐视为目标而非手段，我们可以称之为价值视角。相反，儒家学说的世俗版本或者文化集体主义之下的行为模式，更多是工具性视角的。人际和谐的作用在于保证团队团结和正常运作，而和谐本身是否崇高或具有道德意义就处于次要地位了。值得注意的是，工具性视角和价值观视角的区分常见于社会科学中。比如，Thibaut 和 Walker（1975）认为，公平的概念包括终极价值和工具性价值。Ohbuchi、Fukushima 和 Tedeschi（1999）认为，人们将公平视为目的或实现其他目标的手段，能为一些跨文化的发现提供内在一贯的解释。

我们之前的分析表明，和谐的概念最好构造为二元的，既包括强调和谐内在价值的价值观视角，也包括强调实践重要性的工具性视角。Leung（1996，1997）在理论化冲突回避的动机时，发现了两类伴生行为。一类行为反映了价值取向，称为"和谐提升"。人们为了提升人际和谐而发生冲突，因为和谐被视为一种美德并且是目的本身。如 Chen（2001，2002）在他的中国人交流能力模型中强调，他们的行为是由信任、建立人际关系和真诚驱动的。另一类行为反映了工具取向，称为"解体避免"，即避免任何可能损伤或终止关系的行为。"和谐提升"行为并不受重视，因为其主要关注点是潜在的争议对人际和谐的破坏。

二元模型和其他冲突模型的关系

和谐的二元模型与其他冲突模型有什么不同呢？要回答这个问题首先要回到本土模型上。Hwang（1997-1998）关于中国冲突管理的理论，尽管包含了儒家的解释，并认同关系兼具表达性和工具性，也仍将和谐主要视为一种手段。他对和谐的定义本质上是工具性的，将和谐等同于冲突回避，可以归入工具性视角下。例如，他提出的"阳奉阴违"这种冲突管理行为明显属于工具性范畴，因为人际和谐只是表面上的，各方将冲突隐藏或暂时搁置起来。

而 Chen（2001，2002）的理论看上去更多地将和谐提升作为主要解释。他明确指出，"中国视角研究人类交流与西方视角不同的是……和谐是人类交流的目的而非手段"（Chen，2001：55）。尽管这种对和谐的论述可以归为价值观视角，但 Chen 有时又倾向于工具性，聚焦于通过和谐消除对差异的公开讨论，而这与儒家的世俗解读以及解体避免行为一致。

Huang（1999）的模型与我们的二元模型类似，同时探讨了和谐的价值性维度和工具性维度。她的研究提出了不同类型和谐的复杂分类，但二元概念是清晰的。我们的模型和她的模型的主要差别在于，我们在更为积极的立场上将和谐的两个层面视为相互独立的，并对冲突行为产生因果影响。她的概念化更多采取了扎根理论的传统，将和谐视为社会情境的一部分而非冲突行为的前因。

现在我们再看看西方以和谐为基础的冲突模型。如前文所述，Kozan、Earley 和 Nadar 的模型提出了不同的问题，与我们的模型并不相关，尽管和谐概念也是他们框架的基础。双重考虑模型，比如 Rahim（1983）的模型，更接近我们的探讨。双重考虑模型的一个不足之处是，它仅仅关注了工具性，冲突行为完全出于对结果的考虑，不论是为自己还是为他人（Sorenson，Morse and Savage，1995）。我们的二元模型通过将价值观视角引入冲突文献，克服了这种不足，和谐作为一种价值并不是关注他人的需求，而是关注自己和他人之间的关系。和谐的另外一个突出特征在于，不同于双重考虑模型的概念化，它是一个群体层面的概念，因为它并不是描述单一个体，而是描述人际层面的质量。以工具性和谐为例，尽管一眼看上去类似于为自己考虑，但关注点完全不同。为自己考虑关注个人利益的最大化，而工具性和谐关注如何通过没有冲突的关系实现某种目标。因此，我们的和谐概念不同于二重考虑模型中个体层面、结果导向的概念。然而我们需要指出，我们的模型并不是要取代二重考虑模型，而是对它进行改进和补充。

价值观视角和工具性视角的交互作用

在二元模型中，工具和谐与价值和谐并不是同一测量的两个极端，而是两个不同的概念。一个重要的结果是，我们可以探索两个维度的交互作用。根据前述的冲突的二维模型，我们可以在 2×2 的框架下分布冲突行为的类型。图 1 展现了四种冲突类型的示意。

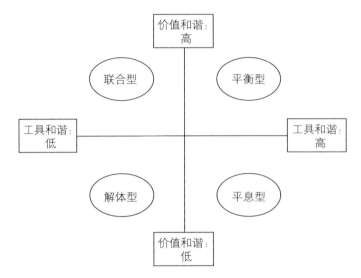

图 1　工具和谐、价值和谐的模型

第一种类型中，人们的价值和谐高但工具和谐低，愿意为和谐理想牺牲个人目标。这种类型的人以儒家经典学说为准则，追求和谐是出于对和谐价值的尊重，而非为了实现和谐关系能够促进的其他目标。我们将这种冲突方式称为"联合型"，因为它强调了和谐价值与表现行为的一致性。

第二种类型中，人们的工具和谐高但价值和谐低，代表了东亚学者常描述的世俗的儒家学说，比如人们表面上表示赞同但私下里却进行对抗（Hwang，1997-1998）。这种情况下寻求的和谐不是价值性的或终极的和谐，而是为了其他的目标。借用西方术语，我们可以称其为马基雅维利主义，即为了达到个人目的可以毫不愧疚地欺骗他人和利用关系。我们将这种追求表面和平的冲突方式称为"平息型"。

第三种类型中，人们的价值和谐与工具和谐都高。这类人不仅懂得和谐对实现目标的重要性，还将和谐视为崇高的理想。有趣的是，一些自认为是新儒家学说者的当代学者在重新阐释儒家经典学说时，加入了实用主义的杜撰。比如，Tu 是这场运动的主要人物，他认为"在《论语》或《孟子》中都表达了，仓廪实而知礼节，衣食足而知荣辱"（Tu, Hejtmanek and Wachman，1992：74）。无论如何，这类人和西方冲突理论中的合作型很像。他们努力实现目标，在必要时也愿意直面分歧。但一个重要的不同之处是，第三种类型的人对和谐关系怀有诚意，而合作型的人只关心双赢方案，对关系的关心居于次要。我们将这种冲突方式称为"平衡型"，因为它强调了在追求和谐的过程中保持道德理想和目标实现的平衡。

第四种类型中，人们的工具和谐与价值和谐都低。这类人很像科学管理中最差的模式所针对的对象，并且完全没有关系导向性。尽管他们也追求目标，也建立关系，但他们并不认同、寻求或利用自己与他人之间的关系。我们将这种冲突方式称为"解体型"，因为它完全忽略了关系的问题。表1详细描述了四种冲突类型中的冲突行为。

表1 与四种冲突类型有关的行为

冲突类型	联合型	平息型	平衡型	解体型
哲学依据	儒家经典学说	儒家学说的世俗解读	新儒家学说	极端形式的科学管理
利益	为己为人考虑	仅为己考虑	为己为人考虑	不明确
行为类型	和谐提升	解体避免	和谐提升和解体避免	完全忽视关系问题
具体的冲突行为	解决问题；建设性的对抗；直接的、有礼貌的沟通；建立亲密关系感；融洽的、互利的行为	强烈的冲突避免偏好；阳奉阴违；断绝；避免交流；隐藏竞争行为；间接的沟通忍让、调解；给面子或维护面子	解决问题；建设性的对抗；直接和间接的沟通；建立亲密关系感；融洽的、互利的行为；妥协；忍让、调解；给面子或保护脸面	并不试图促进积极的人际关系

对冲突理论和未来研究的启示

本研究对和谐的重新诠释既有理论价值，又有实践意义。下面，我们将探讨和谐二元模型的几个重要意义，为之后的研究指明方向。

和谐和其他有关概念

和谐与面子、关系等东亚国家或地区特有的概念相关。与西方社会相比，东亚社会中的商业和社会交往都非常重视面子（Lindsay and Dempsey，1985；Redding and Ng，1982；Ting-Toomey，1988）。我们认为，冲突回避可以让人在公共场合留面子，毕竟公开冲突往往令人尴尬，也让人丢面子。因此，在重视面子的文化中，工具和谐是一种重要的动机，因为损伤面子会有长远的影响，并阻碍其他目标的实现。尽管如此，脸面，即道德层面的面子，可能与价值和谐而不是工具和谐更为相关。脸面需要相互尊重和诚信交换，这符合价值和谐的范畴。面子与和谐是如何关联的？这似乎是一个多维度的问题，为未来的研究提供了广阔的空间。

关系（guanxi）指的是社会联系的网络，基于关系"两个或更多人有了共享的身份这一共同点"（Jacobs，1979：243）。关系也与价值观和面子有关（Chen，2002；Huang，1988，1997-1998；Knutson，Hwang and Deng，2000；Kirkbride，Tang and Westwood，1991）。虽然关系在英文中可简单翻译为"connection"或"relationship ties"，但关系还有额外的含义，包括权力、社会地位、资源传递（Hackley and Dong，2001），以及对互惠义务的强调（Tsui and Farh，1997）。这些含义表明，相比于价值和谐，关系与工具和谐具有更强的关联性，但二者的概念并不完全一致。关系包括积极建立社会网络，而工具和谐则是指维持缓和的关系。Hwang（1987）也指出，最强的关系兼具情感性和工具性因素。因此，尽管建立关系更有可能与工具和谐有关，但它的内涵可能并非仅限于纯粹的工具和谐动机。

探索和谐行为中的文化差异

尽管传统观点认为和谐在东方文化中更为重要，但从二元模型来看，这一点仍值得商榷。Ohbuchi、Fukushima 和 Tedeschi（1999）在关于公平的研究中发现了与以往结论不一致的现象，他们认为美国人和日本人对于追求公平的终极价值可能并无差异，但将公平作为工具价值的导向却有所不同。以同样的方式，我们可以推测东亚人和西方人所认为的终极和谐具有的价值并没有太大的差异，其差别主要体现在利用和谐实现工具性目标上。无论如何，他们在利用和谐的方式上的显著差别能够体现这一领域中的文化相似性和差异性。

这种差别还有利于寻求更好的方式解决东亚文化中和多元文化间的冲突。我们承认，我们和美国人处理冲突的方式存在明显的不同，美国人更愿意在冲突中处于支配地位，中国人则更可能回避冲突。而在我们的模型中，这两种都不是理想的方式，因为它们会破坏价值和谐。前者会公开损害关系，而后者以虚假的表面和谐替代问题的真正解决。有关冲突问题的文献中对支配性、攻击性行为的损害有很多讨论，而冲突回避造成的损害更为微妙，需要在研究中得到重视。Lebra（1984：84）指出，在日本"和谐的文化价值可能会加剧而不是缓解冲突"，因为它强化了潜伏的敌意。Krauss、Rholen 和 Steinhoff（1984：11）补充道，"和谐景象之下，可能是对抗的暗流涌动"。工具和谐及相关的冲突回避行为在东方文化和西方文化中都会带来破坏性后果。不论在哪种文化中，长期来看，回避和压制冲突，同在冲突中处于支配和强加地位一样，都是功能失调的。

然而，我们认为东亚传统价值观为建设性地化解冲突留有余地，类似于西方社会中的压制攻击性并致力于真正解决问题。Tjosvold 及其合作者（Tjosvold, Hui and Law, 1998; Tjosvold, Nibler and Wan, 2001）关于"建设性争议"的研究表明，在冲突情境中，东亚人不一定要选择冲突回避。公开讨论和合作能够更好地解决问题，带来更积极的结果。比如，在面向中国人开展的实验室实验中，如果在合作的情境中讨论冲突的意见，就能够促进思想开明和观点整合，从而形成更好的决策。田野调查也表明，在中国的组织中，合作型的冲突机制有利于高效的团队合作、领导力和优质的客户服务（文献综述参见 Tjosvold, Leung and Johnson, 2000）。让人意外的是，开诚布公在中国人中也得到了重视，并在冲突中发挥了有效的作用。此外，作为冲突回避的对立面，公开争议通过提出疑问、探讨不同观点、论证知识以及整合不同意见，能够增强关系并诱发认知好奇心（Tjosvold and Sun，2000）。尽管很难做到公开讨论冲突，但中国的管理人员和员工事实上都愿意参与公开讨论，只要他们有信心把控住局面（Tjosvold，Nibler and Wan，2001）。

值得注意的是，中国香港的管理人员在实现合作性目标上表现得更为高效，但他们通常并不期待合作性目标和公开讨论，这跟典型的美国情况相似（Tjosvold，Hui and Law，1998）。我们的二元模型表明，如果和谐的价值性得到认同，则更有可能通过合作性目标之下的辩论和争议获益，这实际上与经典儒家思想的中心观点是一致的。因此，尽管现有的一些研究和理论（比如，Chen，2001，2002）声称和谐等同于冲突回避，是中国人沟通的理想方式，我们却必须对其合理性提出质疑。相反，我们认为东亚人知道公开辩论和意见不一带来的益处，只要他们出于对和谐的真诚追求参与其中，就会产生积极的效果。积极的冲突能够带来统一和真正的和谐，儒家经典和这种现代观念是一致的（Leung and Tjosvold，1998）。

人际层面的概念

由于目前多数冲突研究在西方开展，因此冲突领域的概念大多由个人主义术语定义。关系的、团队层面的概念有待开发（Kwan，Bond and Singelis，1997；Ohbuchi，Suzuki and Hayashi，2001）。为了填补这块空白，我们提出了价值和谐与工具和谐的概念。今后研究的一个重要方向是对比这些人际层面的概念与人们熟知的个体层面的概念，以发现人际层面的概念能够提出以往所忽视的视角。如果人际层面的概念被证实在个人主义文化中依然有效，那将是非常有趣的发现。事实上，在性格评估领域已经有了一些证据（Cheung et al.，2002）。

冲突方式的动态观点

在我们的模型中，工具和谐与价值和谐构成了和谐的二元结构，解体避免与和谐提升是体现这两个维度的伴生行为。在日常生活中，寻求和谐的动机既包括价值性因素，也包括工具性因素，具体哪种因素更为凸显则取决于情境的影响。这种动态视角表明，在一些情境中，和谐被珍视为文化或社会价值，而在另一些情境中，和谐主要作为工具。如何区分寻求和谐是为了价值还是为了工具性，以及如何根据情境实现二者的平衡，是进一步研究的重要主题。

通向一个普遍性的模型

和谐的二元模型不仅仅试图总结东亚的冲突管理行为。从儒家学说中分离出和谐的概念，能使我们拓展理论去解释世界其他地方的冲突行为。冲突回避不仅是东亚独有的现象，在亚洲的其他地区和世界的其他大洲也同样存在。Asch（1956）关于服从和社会影响的著名实验在很多西方文化中得到重复证明，表明服从和冲突回避是普遍的社会现象，而不只是出现在东亚社会。文化确实深刻影响着我们的行为和我们对他人行为的诠释方式，但我们也不能过分强调这种影响（Leung，Su and Morris，2001）。从这一角度看，我们的和谐二元模型可能成为一个具有普遍性的模型，其在世界其他地区的有效性有待今后的研究加以评估。

参考文献

Asch, S. (1956).Studies of independence and conformity: A minority of one against unanimous majority. *Psychological Monographs*, 70, 1-70.

Balatbat-Echauz, L. (1998).Conflict management in the philippines. In K. Leung and D. Tjosvold (Eds.), *Conflict Management in the Asia Pacific: Assumptions and Approaches in Diverse Cultures*. John Wiley & Sons: Singapore.

Benton S. and B. Setiadi (1998). Mediation and conflict management in indonesia. In K. Leung and D. Tjosvold (Eds.), *Conflict Management in the Asia Pacific: Assumptions and Approaches in Diverse Cultures*. Singapore: John Wiley & Sons Pvt. Ltd.

Blake, R. R. and J. S. Mouton (1964). *The Managerial Grid*, Houston, TX: Gulf.

Blake, R. R. and J. S. Mouton (1970).The fifth achievement. *Journal of Applied Behavioral Sci-*

ence, 6, 413-426.

Boisot, M. and J. Child (1988). The iron law of fiefs: Bureaucratic failure and the problem of governance in the Chinese economic reforms. *Administrative Science Quarterly*, 33, 507-527.

Brake T., D. M. Walker, and T. Walker (1995). *Doing Business Internationally: The Guide to Cross-Cultural Success*. New York: Irwin.

Brett, J. M. (2001).*Negotiating Globally*. San Francisco, CA: Jossey-Bass.

Brunner, J. A. and A. C. Koh (1988).Negotiations in the People's Republic of China: An empirical study of American and Chinese negotiators' perceptions and practices. *Journal of Global Marketing*, 2(1), 33-56.

Came vale, P. J. and K. Leung (2001).Cultural Dimensions of Negotiation. In M. A. Hogg and R. S. Tindale (Eds.), *Blackwell Handbook of Social Psychology: Group Processes*, Massachusetts: Blackwell.

Chen, G. M. (2001).Towards transcultural understanding: A harmony theory of Chinese communication. In V. H. Milhouse, M. K. Asante, and P. O. Nwosu (Eds.), *Trans-culture: Interdisciplinary Perspectives on Cross-cultural Relations*, Thousand Oaks, CA: Sage, 55-70.

Chen, G. M. (2002).The impact of harmony on chinese conflict management. In G. M. Chen and R. Ma (Eds.), *Chinese Conflict Management and Resolution*, Westport, CONN: Ablex.

Chen, G. M. and J. Chung (1994).The impact of confucianism on organizational communication. *Communication Quarterly*, 42, 93-105.

Chen, G. M. and W. J. Starosta (1996).Intercultural communication competence: A synthesis. *Communication Yearbook*, 19, 353-383.

Cheung, F. M., S. F. Cheung, K. Leung, C. Ward, and F. Leong (2002). The english version of the Chinese personality assessment inventory. Manuscript submitted for publication.

Cho, Y. H. and H. H. Park (1998).Conflict management in Korea: The wisdom of dynamic collectivism. In K. Leung and D. Tjosvold (Eds.), *Conflict Management in the Asia Pacific: Assumptions and Approaches in Diverse Cultures*. Singapore: John Wiley & Sons.

Confucius (1983). The Analects (Lun Yu), Translated by D. C. Lau, Hong Kong: The Chinese University Press.

Early, P. C. (1997). *Face, Harmony, and Social Structure: An Analysis of Organizational Behavior Across Cultures*. New York: Oxford University Press.

现代英汉字典[M].北京:外语教学与研究出版社.1988.

Hackley, C. A. and Q. Dong. (2001). American public relations networking encounters China's guanxi. *Public Relations Quarterly*, 46(2), 16-19.

Hall, J. (1969). *Conflict Management Survey*. Rochester, NY: Technometrics.

黄丽莉(1999).人际协调与冲突:本土化的理论与研究[M].台北:桂冠图书股份有限公司.

Hwang, K. K. (1987).Face and favor: The Chinese power game. *American Journal of Sociology*, 92, 944-974.

Hwang, K. K. (1997-1998).Guanxi and mientze: Conflict resolution in Chinese society. *Intercultural Communication Studies*, 7, 17-42.

Jacobs, B. J. (1979).A preliminary model of particularistics in Chinese political alliances: "Renqing" and "Guanxi", in a rural Taiwanese township. *Chinese Quarterly*, 78, 237-273.

Janis, I. (1972). *Victims of Groupthink*. Boston: Houghton Mifflin.

Kirkbride, P., S. Tang, and R. Westwood (1991).Chinese conflict preferences and negotiating behavior: Cultural and psychological influences. *Organization Studies*, 12, 365-386.

Kozan, M. K. (1997).Culture and conflict management: A theoretical framework. *The International Journal of Conflict Management*, 8, 338-360.

Krauss, E. S., T. P. Rholen, and P. G. Steinhoff (1984).Conflict: An Approach to the Study of Japan. In E. Krasuu, T. Rohlen, and P. Steinhoff (Eds.), *Conflict in Japan*. Honolulu: University of Hawaii Press.

Kwan, V. S. Y., M. H. Bond, and T. M. Singelis (1997).Pancultural explanations for life satisfaction: Adding relationship harmony to self-esteem. *Journal of Personality and Social Psychology*, 73, 1038-1051.

Lebra, T. S. (1984).Nonconfrontational strategies for management of interpersonal conflicts. In E. Krasuu, T. Rohlen, and P. Steinhoff (Eds.), *Conflict in Japan*. Honolulu: University of Hawaii Press.

Lee, H. O. and R. G. Rogan (1991).A cross-cultural comparison of organizational conflict management behaviors. *The International Journal of Conflict Management*, 2, 181-199.

Legge, J. (1991). *The Chinese Classics: With a Translation, Critical and Exegetical Notes, Prelegomena, and Copious Indexes by James Legge*. Taipei: SMC Pub.

Leung, K. (1988).Some determinants of conflict avoidance. *Journal of Cross-Cultural Psychology*, 19, 125-136.

Leung, K. (1996).The role of harmony in conflict avoidance. Paper presented at 50th Anniversary

Conference of the Korean Psychological Association, Seoul.

Leung, K. (1997).Negotiation and reward allocations across cultures. In P. C. Earley and M. Erez (Eds.), *New Perspectives on International Industrial-Organizational Psychology*. San Francisco: Jossey-Bass.

Leung, K., S. K. Su, and M. W. Morris (2001). Justice in the culturally diverse workplace: The problems of over and under emphasis of cultural differences. In S. Gilliland, D. Steiner, and D. Skarlicki (Eds.), *Research in Social Issues in Management*, 1, Information Age Publishing.

Leung, K. and D. W. Tjosvold (1998).Introduction: Conflict management in the Asia Pacific. In K. Leung and D. W. Tjosvold (Eds.), *Conflict Management in the Asia Pacific*. Wiley: Singapore.

Leung, K. and P. G. Wu (1990).Dispute processing: A cross-cultural analysis. In R. W. Brislin (Ed.), *Applied Cross-cultural Psychology*. Newbury Park, CA: Sage.

Lindsay, C. P. and B. L. Dempsey (1985).Experiences in training Chinese business people to use U. S. management techniques. *Journal of Applied Behavioral Science*, 21, 65-78.

Monis, M. W. and K. Leung (2000).Justice for all? Progress in research on cultural variation in the psychology of distributive and procedural justice. *Applied Psychology: An International Review*, 49, 100-132.

Morris, M. W., K. Y. Williams, K. Leung, D. Bhatnagai; J. F. Li, M. Kondo, J. L. Luo, and J. C. Hu (1999).Culture, conflict management style, and underlying values: Accounting for cross-national differences in styles of handling conflicts among US, Chinese, Indian and Filipino Managers. *Journal of International Business Studies*, 29, 729-748.

Nadar, L. (1990). *Harmony Ideology: Justice and Control in a Zapotec Mountain Village*. Stanford, CA: Stanford University Press.

Patten, C. (1998). *East and West: The Last Governor of Hong Kong on Power, Freedom and the Future*. London: Mcmillan.

Pearce, J. L. (1998).Face, harmony, and social structure: An analysis of organizational behavior across cultures. *Personnel Psychology*, 51, 1029-1032.

Ohbuchi K. (1998).Conflict management in Japan: Cultural values and efficacy. In K. Leung and D. Tjosvold (Eds.), *Conflict Management in the Asia Pacific: Assumptions and Approaches in Diverse Cultures*. Singapore: John Wiley & Sons.

Ohbuchi, K., O. Fukushima, and J. Tedeschi (1999).Cultural values in conflict management:

Goal orientation, goal attainment, and tactical decision. *Journal of Cross-Cultural Psychology*, 30, 51-71.

Ohbuchi, K., M. Suzuki, and Y. Hayashi (2001). Conflict management and organizational attitudes among Japanese: Individual and group goals and justice. *Asian Journal of Social Psychology*, 4, 93-101.

Rahim, M. A. (1983). A Measurement of styles of handling interpersonal conflict. *Academy of Management Journal*, 26, 368-376.

Rahim, M. A. (1986). *Managing Conflict in Organizations*. New York: Praeger.

Redding, S. G. (1983). *The Spirit of Chinese Capitalism*. New York: Walter de Gruyter.

Redding, S. G. and M. Ng. (1982). The role of face in organizational perceptions of Chinese managers. *Organization Studies*, 3, 201-219.

Salk, J. E. and M. Y. Brannen (2000). National culture, networks, and individual influence in a multinational management team. *Academy of Management Journal*, 43, 191-203.

Schwartz, S. H. (1992). Toward a psychological structure of human values. *Journal of Personality and Social Psychology*, 53, 878-891.

Shwartz, S. H. (1992). Universals in the content and structure of values: Theoretical advances and empirical tests in two countries. In M. P. Zanna (Ed.), *Advances in Experimental and Social Psychology*, 25, New York: Academic Press.

Smith, P. B. and M. H. Bond (1994). *Social Psychology Across Cultures*. Boston: Allyn and Bacon.

Sorenson, R. L., E. A. Morse, and G. T. Savage (1995). What are the key dimensions underlying choice of conflict management strategies? Paper Presented at the Annual Convention of the Academy of Management.

Thomas, K. (1976). Conflict and conflict management. In M. Dunnette (Ed.), *Handbook of Industrial and Organization Psychology*. Chicago, IL: Rand McNally.

Ting-Toomey S. (1988). Intercultural conflict styles: A face-negotiation theory. In Y. Kim and W. Gudykunst (Eds.), *Theories in Intercultural Communication*. Newbury Park, CA: Sage.

Tjosvold, D., C. Hui, and K. S. Law (1998). Empowerment in the manager-employee relationship in Hong Kong: Interdependence and controversy. *Journal of Social Psychology*, 138, 624-636.

Tjosvold, D., K. Leung, and D. W. Johnson (2000). Cooperative and competitive conflict in China. In M. Deutsch and P. T. Coleman (Eds.), *The Handbook of Conflict Resolution*. San Francisco: Jossey-Bass.

Tjosvold, D., R. Nibler, and P. Wan (2001). Motivation for conflict among Chinese university students: Effects of others' expertise and one's own confidence on engaging in conflict. *Journal of Social Psychology*, 141, 353-365.

Tjosvold, D. and H. Sun (2000). Social face in conflict: Effects of affronts to person and position in China. *Group Dynamics*, 4, 259-271.

Tsui, A. S. and J. L. Farh (1997). Where guanxi matters: Relational demography and gunaxi in the Chinese context. *Work and Occupations*, 24, 56-79.

Yamagishi, T. (1988). The provision of a sanctioning system in the United States and Japan. *Social Psychology Quarterly*, 51, 265-271.

Yamagishi, T., K. S. Cook, and M. Watabe (1998). Uncertainty, trust, and commitment formation in the United States and Japan. *American Journal of Sociology*, 104, 165-194.

Yamagishi, T., N. Jin, and A. S. Miller (1998). In-group bias and culture of collectivism. *Asian Journal of Social Psychology*, 1, 315-328.

Yamagishi, T. and M. Yamagishi (1994). Trust and commitment in the United States and Japan. *Motivation and Emotion*, 18, 9-66.

Yang, M. M. (1986). *The Art of Social Relationships and Exchange in China*. Berkerly, CA: University of California Press.

第 7 章

和谐与冲突：中国与澳大利亚的跨文化研究[*]

梁　觉　Frances P. Brew　张志学　张　燕

翻译：杨时羽

校对：张志学

摘要：研究1发现香港文化情境下存在三个不同的和谐因子：避免分裂、促进和谐以及和谐的阻碍性。此外，研究还发现避免分裂与冲突回避正相关，与冲突情境下的谈判负相关。研究2分别在中国和澳大利亚的文化情境下检验了和谐因子与不同冲突类型的关系。研究发现，在澳大利亚文化情境下，和谐的三个因子依然成立，但中国文化情境下避免分裂和促进和谐更为显著。来自两国的两组数据显示，避免分裂与回避行为、支配行为正相关，但与整合行为负相关；促进和谐与妥协行为、整合行为正相关。妥协行为与促进和谐的关系强于它与避免分裂的关系。最后，在中国文化情境下，避免分裂与妥协行为、礼让行为正相关，但上述关系在澳大利亚文化情境下不成立。通过引入和谐这一概念，本研究拓展了现有的冲突管理研究。

---

[*] Leung, K., Brew, F.P., Zhang, Z.X., & Zhang, Y. (2011). Harmony and conflict: A cross-cultural investigation in China and Australia. *Journal of Cross-Cultural Psychology*, 42(5), 795-816.

在日常生活中，人际关系中的分歧和争执很常见；西方学界通常使用冲突的研究框架来分析上述现象（例如，Deutsch & Coleman，2000）。然而，在东亚，由于儒家文化的广泛影响，在处理分歧时人们往往以人际和谐为指导原则，而避免采用对抗性的处理方式（例如，Gabrenya & Hwang，1996；Huang，1999）。从表面上看，以上两种视角是彼此矛盾的，但我们认为冲突与和谐实际上是一枚硬币的两面。在任何文化情境下，如果双方在追求某种目标的过程中遭遇冲突，那么冲突之后目标的达成可能是以关系的破坏为代价的。另一种可能性是，双方的关系在冲突之后仍然能够维持。上述对冲突的探讨对任何在生活中遭遇冲突的个体都具有普适意义。然而，我们认为不同文化对维护人际关系的注重程度不同，而这种跨文化差异将导致人们处理冲突的不同风格。

Leung（1997）认为，在中国社会中，人们在处理冲突时之所以强调维护和谐是出于以下两种动机：避免关系破裂以及关系强化。研究 1 的目的是验证中国文化情境下（中国香港）人们对冲突的处理确实受到这两种动机的影响。研究 2 的目的是用另一个中国样本（中国北京）验证研究 1 的发现，并分析这两种和谐动机和具体的冲突处理方式的关系，同时也探索在不同的文化情境下（即澳大利亚）和谐的动机是否成立。

和谐的二元视角

人们处理分歧的手段和方法受到文化情境的影响。许多可靠的证据表明，东亚人相比西方人更倾向于回避冲突。例如，Trubisky、Ting-Toomey 和 Lin（1991）以及 Morris 等（1998）发现，中国受试者相比美国受试者汇报了更高水平的冲突回避。Ohbuchi 和 Takahashi（1994）发现，日本受试者相比美国受试者也汇报了更高水平的冲突回避。一般而言，东亚文化中这种冲突回避倾向背后的原因可以追溯到儒家所强调的和谐价值观。这种价值观鼓励人们在面对分歧和纷争时采取宽容的态度（比如，Gabrenya & Hwang，1996；Hwang，1987）。已有研究发现，相比美国人，中国人对人际冲突中的另一方更为关注，而且更倾向于认为较为直接的冲突处理风格不利于人际关系。这些发现与上文提到的儒家的和谐思想一致。因此，在东方文化情境下，回避冲突被认为有助于维护分歧双方的关系并避免事后的报复行为（Friedman，Chi，& Liu，2006；Tjosvold & Sun，2002）。

虽然和谐这个概念经常被用于解释中国人的冲突回避倾向，但二者之间的关系背后的原因尚未得到系统化的研究和分析。唯一的例外是 Leung（1997）的研究。他提出，如果我们将和谐定义为一种长期的、互惠的关系，那么和谐应该促使人们积极处理冲突以达成双方都能接受的解决方案，而非一味采取回避的态度，因为回避冲突并不能提供有效的解决方案，也无法让双方的利益最大化。因此，中国文化中普遍存在的冲突回避倾向似乎并不能简单地用"追求和谐"来解释。相反，这种倾向很可能来源于一种担忧——直截了当的冲突处理方式可能会导致双方关系的破裂。

根据 Leung（1997）以上的分析，我们可以自然地引出一种二元视角来区别两种不同的和谐动机。**避免分裂**指的是"回避那些有可能导致关系的削弱和破裂的行为"，而**促进和谐**指的是"参与那些有可能增强双方关系的行为"（Leung，1977：644）。换言之，避免分裂是一种防守性的消极应对策略，它强调通过避免不良事件来维持双方之间的关系。相反，促进和谐是一种积极应对策略，它鼓励人们参与各种有助于进一步提升关系的行为和事件。通过在中国台湾进行一系列的深度质性研究，黄丽莉（1999）独立提出了两种不同的和谐：真和谐和表面和谐。这两种和谐分别很好地对应了促进和谐和避免分裂。黄丽莉指出，在真和谐情境下，人们倾向于以积极的态度看待他人，且在人际互动中表现出真诚、信任和支持。在表面和谐情境下，人们倾向于以消极的眼光看待他人，且表现出搪塞、敷衍的态度，并试图脱离这样的人际互动情境。Leung、Koch 和 Lu（2002）整合了文献内容，并提出避免分裂或表面和谐与工具性动机有关，因为它所强调的是破裂的关系将带来的种种不良结果。换言之，维持关系是为了保护自身的利益不受损失（也即，维持关系是手段，保护自身利益是目的）。此外，Leung 等（2002）提出，这种工具性的和谐视角在层级化结构明显、社会网络密集、注重团队凝聚力的集体主义社会环境中最为适用。在这样的情境下，人们的行为并不是由价值选择驱动，而是出于对人际间复杂交错、相互依赖的关系的一种工具性考虑。相反，促进和谐或者说真和谐反映的是一种出于对和谐本身的真实追求，而非将和谐视为达成某种目的的手段。因此，真和谐的实现需要人们付出努力，主动采取一些积极的行动，例如建立默契以及结为盟友。Leung 等人提出，促进和谐更为接近儒家经典学说所提倡的和谐的本义，但这一点却为许多学者所忽视。基于上文对和谐的双重性的讨论，我们提出如下假设：

假设 1：避免分裂和促进和谐组成了两个不同的和谐因子。

和谐与冲突解决

为了验证两种和谐动机的含义及其区别于彼此的特性，我们初步检验了它们和两种冲突处理策略的关系：冲突回避和谈判。前者是一种消极的回应，而后者则要求对纷争进行积极处理，这两种策略的鲜明对比具有重要意义。尽管冲突回避不能解决争端，但这种策略至少在短期内能够产生类似于"休战"的效果，起到一定的缓和作用，避免双方的争端进一步升级。正如许多学者（例如，Friedman et al, 2006; Tjosvold & Sun, 2002）已经注意到的，中国人熟知冲突回避对维持人际关系的益处。因此，如果我们对避免分裂作为一种工具性动机的定义是成立的，那么我们预测，避免分裂倾向高的中国人将表现出较强的冲突回避行为。基于以上观点，我们提出如下假设：

假设 2：在冲突情境下，避免分裂倾向将正向地预测冲突回避行为。

正如此前提到的，在典型的中国文化情境下，人们更偏好于采取冲突回避策略，而非直接地通过谈判处理分歧。在谈判活动中，双方将不可避免地基于自己的立场和对方争论，因此中国人担心谈判会对人际关系产生不利影响。在谈判中，人们为了使自己的利益最大化而讨价还价、彼此争执的现象十分常见（McGinn & Keros, 2002），这很可能破坏谈判双方的关系。然而，McGinn 和

Keros（2002）也提出，谈判中也可能出现合作性交换从而达成双方都满意的结果。因此，谈判似乎是一把双刃剑。如果我们对避免分裂的定义是正确的，那么具有高避免分裂倾向的中国人将把谈判视为对人际关系的威胁，从而避免采取谈判的方式来解决分歧。相反，我们把促进和谐定义为一种本身就具有价值的、值得追求的目标。基于这个定义，我们认为具有高促进和谐动机的人更看重建立长期互利的人际关系，因而他们应该较少担心谈判行为在当下和短期内对人际关系的潜在破坏力，而更为关注谈判行为潜在的积极效果——创造整合性利益从而产生让双方都满意的结果。因此，我们提出以下假设：

假设 3：避免分裂与采取谈判方式负相关，促进和谐与采取谈判方式正相关。

研究 1

方　法

受试者。我们向香港的公司雇员随机发放了关于冲突解决的问卷，并向每人提供了价值 4 美元的礼物作为答谢。我们最终采集了 275 个样本，问卷回收率为约 65%。样本中有 129 名男性和 144 名女性，其中，年龄为 20—30 岁的占 51.3%，31—40 岁的占 30.2%，41—50 岁的占 12.4%，50 岁以上的占 5.9%。在受试者中，45.8% 的人为高中学历，45.6% 的人为大学及以上学历。52.4% 的人为基层员工，22.2% 的人为低层管理人员，16.9% 的人为中高级管理人员。大部分受试者来自服务业（35.3%），其余的来自专业领域（20.4%）、制造业（9.8%）、政府部门（6.5%）和交通运输业（4.0%）。

和谐量表。我们采用归纳法采集了多个数据源以开发测量和谐这一构念的量表（Burisch，1984）。与 Wiggins（1973）的建议一致，我们认为，在对和谐动机仅有初步理解的情况下，采取理论驱动的方法来产生具体测量条目是不恰当的。相反，条目的产生是以受试者现象学为基础的。具体而言，量表的开发采取了本土化研究的两种常见策略（例如，Cheung et al.，1996）——对背景各异的成人就所关心的概念和现象进行采访，分析本土文化中与和谐有关的俗语和谚语。我们在香港的公共场所采访了42位成年的工作者，他们受邀参与大约10分钟的半结构化采访，并在事后得到了一份作为答谢的小礼物。尽管采访样本量较小，不足以代表香港的工作人群，但这一方法就探索香港华人对和谐的看法并产生相应的测量条目而言十分有效。在采访中，受访者被要求回忆一个最近发生的分歧事件，描述他们是回避了纷争还是采用了直接解决的方式，对选择这两种策略之一的原因进行解释，并描述事件的结果。27位受访者提及了与和谐有关的概念，我们勘校了这些答案，并以此作为开发测量条目的基础。为了保证研究的全面性，本研究的第一作者和一位来自内地的研究生收集并分析了与和谐有关的中国谚语及俗语。基于以上数据，我们一共建构了42个条目，其中8个是源于广为人知的谚语或俗语。条目采用李克特5点量表测量。

程序。275位受试者受邀填答了基于采访和谚语而开发的和谐量表。除了填答量表之外，他们还被要求回忆一个最近与他人产生冲突的事件，冲突的对方最好不是家人或正在约会的对象。由于不同受试者所汇报的冲突的特征可能不同，为了验证我们的假设，我们需要控制受试者间的上述差别。首先，在回忆任务中，我们要求受试者要么在七种常见的冲突原因中选择一种，要么在开放式问题中简要描述冲突产生的原因。其次，我们要求受试者就四项冲突的特征进行评分（这四项的性质是专门为此研究开发的，使用5点同意-不同意量表测量）：(a) 冲突对受试者的重要性，此项用两个条目测量（例如，冲突中争执不下的东西对我而言十分重要）；(b) 冲突双方的关系，此项用两个条目测量（例如，在冲突之前我们的关系十分亲密）；(c) 冲突的激烈程度，此项用两个条目测量（例如，冲突很快就得到了解决）；(d) 冲突双方的实力差距，此项用两个条目测量（例如，对方比我的地位更高）。为减少冲突特征的不同对结果的影响，以上四项特征在随后的分析中作为控制变量加入模型。最后，受试者使用5点量表汇报了他们分别在多大程度上倾向于采取冲突回避或谈判方式来解决人际争端（1＝从不，5＝处理冲突的重要方式）。回避被描述为"忽视该事件并避免接触对方",谈判被描述为"和对方谈判以寻求某种双方都能接受的共识"。

结　果

之前设定的几个类别很好地捕捉了冲突产生的主要原因:意见分歧(32.7%),不合理的要求(19.3%),受到干涉(14.9%),粗鲁(13.1%),未能达到对方的要求(9.8%),自身利益受损(4.7%),不道德行为(1.5%),以及其他原因(2.9%)。分析的第一步是用方差最大化旋转的探索性因子分析来确定和谐量表的几个维度。碎石图呈现了一个三因子模型。为了使维度间的重合最小化,我们仅保留了首要因子荷载超过0.35且次级因子荷载小于0.35的条目,共35个。由于取样偏差可能导致某些条目荷载到不相关的维度,我们仔细检查了每个条目以保证荷载到每个维度上的条目含义都是连贯一致的。其中,荷载到第一个因子的三个条目和该因子的其余条目含义明显不同,因此我们删除了这三个条目:"有耐心、愿意妥协有助于避免关系破裂""如果一个人无法与他人和谐共处,那么他就很容易会冒犯别人,最终损害自己的利益",以及"有耐心、愿意妥协有助于避免问题恶化或使情况更为棘手"。表1显示了共有32个条目的三因子模型。三因子分别解释了19.5%、11.3%和7.1%的方差。

和假设1的预测一致,因子1是关于和谐的价值和重要性,同时也反映了强化人际和谐的需求,条目如"与他人和谐共处的能力对取得个人成就很重要""作出让步是成熟和宽容大度的表现",等等。这一因子的内容和我们对促进和谐的定义非常接近。因子3主要反映人际和谐受到破坏的种种后果,条目如"当对方比你更有权力时,你应该尽量迎合他们""如果你的损失不大,就没有必要争执到底",等等。这一因子的内容和我们对避免分裂的定义非常接近。出乎我们意料的是,数据呈现出第三个因子,它反映了人们对和谐的一种消极看法,认为和谐会引发种种问题。我们将这一因子命名为"和谐的阻碍性"。这一因子暗示,中国人并非总是全心全意地追求和谐,而是将和谐视为一把双刃剑，有利有弊。尽管有预期之外的第三个因子，上述结果仍然支持了我们在假设 1 中提出的避免分裂与促进和谐这两个不同的概念。

表 1 和谐量表的因子结构——研究 1

	促进和谐	和谐的阻碍性	避免分裂
懂得与人和谐共处才能成大事。	0.69		
"家和万事兴"，维持家庭成员间的和谐是很重要的。	0.67		
让人三分，可表示自己成熟及有度量。[a]	0.65		
凡事忍让，可表示自己有涵养，不与别人一般见识。	0.62		
和谐共处，兼容并包，可令自己的看法更全面。	0.61		
人人观点不同，不必勉强看法一致，所以彼此之间都要忍让。	0.60		
与别人相处应该体谅对方的难处，"得饶人处且饶人"。	0.59		
与别人和谐相处是人生的一个重要目标。	0.59		
"和气生财"是至理名言。	0.57		
对别人忍让，代表的是对他们的一种尊重。[a]	0.57		
与人和谐相处很重要，因为世事难料，难保日后不有求于对方。[a]	0.54		
凡事忍让，是一种美德。	0.53		
凡事忍让，可表示自己宽宏大量、不与人计较。	0.47		
只顾和谐，问题会得不到恰当的解决，也会惹来更多的是非及背后的诋毁。[b]		0.70	
只顾和谐，问题可能得不到公平的解决，容易使人感到愤怒、不平、失望，甚至充满敌意。[b]		0.68	
为求和谐往往会使错误得不到改正，造成一错再错。[c]		0.67	
和谐容易使人变得虚伪客套，表里不一。		0.64	
为了维持和谐，可能会导致不能据理力争，不能伸张正义，不能讲公道话。[c]		0.63	
回避争执会使人对工作缺乏动力及投入感。		0.58	
为了维持和谐，可能要做违背良心的事。		0.45	
为求和谐会降低效率。		0.44	
和谐使人与人之间的关系疏离拘谨。		0.40	
害怕冲突，使人只顾自己的分内事，而对别人的事情漠不关心。		0.39	
为了保持和谐，可能会把问题掩盖住，不能真正解决。		0.38	
别人比自己有权势时，就要对他们忍让。			0.69

续表

	促进和谐	和谐的阻碍性	避免分裂
为了保持和谐，可能要放弃办事的公平原则。			0.59
不应该与别人伤和气，以免日后见面时尴尬。[d]			0.54
人在江湖，身不由己，对一些不公平或自己看不顺眼的事，还是看开点好。			0.53
不应多生事端，但求息事宁人。[d]			0.49
如果自己的损失有限，就没有必要力争到底。			0.48
如果别人能给自己好处，就要对他们忍让，以免自己的利益受损。			0.46
与人和谐相处，可避免他们日后找你的麻烦。			0.44

注：标有同一字母的条目在研究 2 中有独特的相关性。上标为 * 的条目在研究 2 中删去。

表 2　研究 1 变量的均值、标准差以及变量之间的相关系数

变量	均值	标准差	1	2	3	4	5	6	7	8	9
冲突管理											
1. 回避	2.99	1.31	—								
2. 谈判	3.45	1.33	−0.21**	—							
冲突特征											
3. 亲密度	2.80	1.25	−0.04*	0.12*	0.72						
4. 力量差距	2.48	1.31	0.08	−0.06	0.06	0.78					
5. 重要性	2.98	1.11	−0.03	0.21**	0.20**	0.24**	0.51				
6. 激烈程度	2.47	1.09	0.17**	−0.02	−0.06	0.04	0.31**	0.61			
和谐变量											
7. 促进和谐	3.67	0.58	0.07	−0.01	0.03	−0.02	−0.04	0.09	0.86		
8. 和谐的阻碍性	3.19	0.58	0.04	−0.05	0.04	0.01	0.08	0.17**	0.10	0.78	
9. 避免分裂	3.01	0.63	0.15*	−0.11	−0.06	0.06	0.01	−0.00	0.48**	0.18**	0.74

注：对角线上的数值为 α 系数。*$p<0.05$，**$p<0.01$。

为了进一步证实和谐动机的意义，我们采用回归分析分别检验了避免分裂和促进和谐与冲突回避和谈判两种冲突处理策略的关系。为减少冲突特征的干扰，我们控制了冲突的四个特征：冲突的重要程度，冲突的激烈冲突，冲突双方的权力差异，关系。表2中列出了变量的均值、标准差和相关系数。变量的内部一致性均达到可接受的范围（$\alpha \geq 0.7$），"冲突的重要性"的两个条目的相关性达到可接受的范围（$r = 0.34$）。

第一步，我们放入了受试者年龄、性别、受教育程度以及冲突的四个特征作为控制变量。第二步，我们加入了和谐的三个因子量表。第一步分析的结果显示，冲突越激烈，人们越倾向于采取冲突回避策略。第二步分析的结果显示，避免分裂倾向与冲突回避正相关，这支持了假设2。因此，人们之所以选择回避冲突，确实是出于对人际关系受损的担忧。冲突的重要性与谈判策略正相关。避免分裂倾向与采取谈判策略的负向关系达到边缘显著，而冲突强化与谈判方式的采取无显著关系，假设3得到部分支持（结果详见表3）。分析结果表明，对人际关系受损的担忧某种程度上使人们不倾向于采取谈判方式来解决冲突。然而，与我们预期相反的是，促进和谐的动机并未使人们更多地采取谈判方式。

表3 研究1的回归分析结果

	结果变量	
	冲突回避	谈判
控制变量		
1. 性别	0.07	−0.08
2. 年龄	−0.08	−0.01
3. 受教育程度	−0.08	−0.10
ΔR^2	0.016	0.008
4. 亲密度	−0.01	0.07
5. 力量差距	0.09	−0.12
6. 重要性	−0.11$^+$	0.26**
7. 激烈程度	0.21	−0.08
ΔR^2	0.045*	0.071**

续表

	结果变量	
	冲突回避	谈判
解释变量		
8. 促进和谐	−0.04	0.07
9. 和谐的阻碍性	0.01	−0.04
10. 避免分裂	0.17*	−0.13
ΔR^2	0.024	0.016
调整后的 R^2	0.085（0.049）	0.095（0.060）

注：这里是包含所有变量的模型的回归系数。+$p<0.10$，*$p<0.05$，**$p<0.01$。

讨 论

因子分析的结果证实了和谐的双重性视角，也即，存在避免分裂和促进和谐这两种不同的和谐动机。出乎意料的是，我们发现了"和谐的妨碍"这个因子。这表明，人们意识到了"和谐"的负面影响，即克制和宽容有时并不利于问题的解决和目标的达成。目前我们并不清楚这会对人们处理冲突的行为产生何种影响。

与我们的预期一致的是，避免分裂因子正向预测了冲突回避行为，它与谈判行为的负向关系达到了边缘显著。然而，与我们的预期相反，促进和谐因子并未显著预测谈判行为。一个可能的解释是，由于谈判包含整合性和分配性因素，谈判中所隐含的非此即彼的竞争性冲突可能被赋予了超出我们预期的较大权重，因此，具有促进和谐动机的人在作出是否谈判的决策时会较为谨慎。类似地，我们认为谈判作为一种复杂多面的冲突解决策略可能无法精确地反映促进和谐的作用。在研究2中，我们采取了性质和定义更为清晰的冲突解决方式，以进一步检验两种和谐动机——尤其是促进和谐动机——的含义和作用。

研究 2

研究 2 的目的是：（a）使用来自中国内地的样本重复验证和谐的三因子；（b）使用来自澳大利亚的样本探索上述三因子结构在不同文化情境下是否依然成立；（c）基于 Rahim（1983）著名的双重利益模型，探索和谐因子与不同的冲突解决方式的关系，以验证三因子结构并挑战现有的西方研究中和谐的双重利益模型假设。

和谐的二元视角及其广泛的适用性

尽管本研究中的和谐因子是基于中国本土概念产生的，但人际和谐在全球语境下都具有重要意义，无论在何种文化中人们都需要在团队情境下有效地开展工作。因此，本研究提出的和谐因子也可以应用于西方文化环境下。然而，不同的和谐因子在不同文化环境下的重要程度可能不同，例如在以个体主义为主导的文化中（以澳大利亚为例），和谐因子的影响可能不同于以集体主义为主导的文化。澳大利亚属于强调个体主义的盎克鲁文化集群的一部分（Hofstede，1991），在有关冲突的研究中，澳大利亚常常被用于与中国以及其他东亚国家进行比较。如果上文提出的和谐因子的结构能够在个体主义主导的文化情境下得到再次验证，那就说明和谐具有普适性和文化客位性。Schwartz（1992）的跨文化价值观研究表明，和谐作为更大的"普遍主义"概念的一部分，无论是在个体主义国家如澳大利亚，还是在东亚的集体主义国家，都是同样成立的。这一发现支持了我们的观点。此外，Feather（1986）发现，相比中国人，澳大利亚人对世界和平、安全、宽容、乐于助人以及内在和谐的重要性给出了更高的评分。Uleman、Rhee、Bardoliwalla、Semin 和 Toyama（2000）关于团队内部密切关系的研究发现，欧洲裔的美国受试者将和谐评为密切程度第二高的类型，而荷兰受试者将和谐评为最为密切的类型，而这两个国家都属于个体主义较高的文化类型（Hofstede，1991）。因此，和谐似乎在西方国家中也是可识别的概念。显然，在没有实证研究证据的情况下，我们无法断言和谐三因子结构在澳大利亚文化情境下的可复制性。虽然我们以研究假设的方式提出了本研究的观点，但我们承认自己的假设在某种程度上具有探索性。

假设 4：研究 1 的三因子结构在中国内地同样成立，基于和谐这个概念的普适性，此结构在澳大利亚也成立。

尽管西方文化中也有和谐的概念，但在西方人眼中，此概念的含义可能较为模糊，并且在日常生活中作用有限。此外，相比证明和谐在中国文化中具有核心地位的种种证据，表明和谐对西方文化也具有同等重要意义的证据则无疑要少得多。研究者们已经反复证明了西方人对辩论的偏好（例如，Brew & Cairns，2004；Morris et al.，1998；Tinsley & Brett，2001；Wang，Lin，Chan，& Shi，2005），因此，避免分裂这种消极避退的处理方式可能尤其少见于西方文化中。基于此，我们提出以下假设。

假设 5：相比澳大利亚人，中国人在避免分裂和冲突强化上得分更高，尤其是避免分裂一项。

和谐与冲突管理风格

在和谐这枚硬币的另一面，是西方文献中的双重关注的冲突模型（Pruitt & Carnevale，1993；Rahim，1983；Thomas & Kenneth，1976）。该模型为分析冲突管理的风格提供了系统化的框架。根据双重关注模型，冲突行为是结果导向的。因此，人们采取哪种方式处理冲突不仅取决于对己方利益的重视程度，也取决于对对方利益的重视程度。冲突处理风格有以下五种：回避（对己方和对方所得结果都不关心），礼让（对己方结果的关心程度低，对对方结果的关心程度高），妥协（对己方和对方结果都有中等程度的关心），整合（对己方和对方结果的关心程度都较高），支配（对己方结果的关心程度高，对对方结果的关心程度低）。已有许多研究对比了该模型在东亚文化和西方文化中的应用，结果总体上表明在中国和其他东亚文化下人们更倾向于采取冲突回避策略，而在个体主义主导的西方文化，尤其是盎克鲁文化中，人们更倾向于采取直接的处理方式（例如，Brew & Cairns，2004；Morris et al.，1998；Tinsley & Brett，2001；Wang et al.，2005）。我们预期本研究的结果应该与此前的研究相一致。因此，我们提出如下假设，中国人将更倾向于采取表面上看来较为消极、不具攻击性的处理方式，而澳大利亚人将更倾向于采取充分表达自身利益诉求的直接争论的方式。

假设6：中国人将在回避、礼让、妥协上得分更高，澳大利亚人将在支配和整合上得分更高。

包括广泛使用的冲突模型的原因有以下三点。首先，我们希望双重关注模型所提出的五种结果导向的冲突管理风格能更精准、更系统化地验证研究1所提出的和谐动机。其次，我们同时使用了西方和非西方测量工具（例如，冲突管理风格与和谐动机），以及西方和非西方受试者，这在研究设计上取得了一种跨文化的平衡。最后，我们希望借此挑战现有的、正统的结果导向的冲突理论。Tinsley（1998；Tinsley & Brodt，2004）细致地分析了美国的文化特点，并提出美国人的谈判行为主要受到"利益"框架的指导，谈判者行为受利益最大化这一动机的驱动。利益驱动是所有西方冲突模型的基本假设，包括双重关注模型。相反，东亚文化下人们的谈判行为主要受"关系"框架的指导，而和谐是这一框架中的重要元素。因此，我们有理由相信，广受欢迎的、结果导向的双重关注模型可能需要修正。如果我们的预测在两种文化下都成立，那么这将对西方已有的冲突理论框架构成强有力的挑战。例如，根据双重关注模型，人们之所以选择冲突回避是因为谈判者对己方和对方的利益都漠不关心。显然，如果研究1中的结果在两种文化下都得到重复验证，冲突回避实际上可能源于个体对己方和对方的一种工具性关系下的高度关切，这种关系需要不惜一切代价加以维护，防止任何破裂的可能。

作为双重关注模型中的一种冲突管理风格，"礼让"在满足对方利益需求的同时，也会给己方带来损失。因此，这种风格有助于维持和谐。礼让行为要么是基于胁迫（屈服于另一方），要么是出于善意的一种主动行为（作出让步）；因此，两种和谐动机都能预测礼让行为。然而，避免分裂相比促进和谐应该对礼让有更强的预测力，因为礼让行为是维持关系的有效手段，而这一点对于避免分裂倾向性强的人尤为重要。"妥协"也有助于改善双方之间的关系，因为这种行为能够鼓励人们通过让步达到双方都可接受的结果。对妥协行为而言，零和博弈中人们为了利益最大化争执不下的情况较为少见，相反，一种有来有往、相互让步的态度更为常见（Kelley & Thibaut, 1978; Rusbult & Van Lange, 1996）。这种行为应该与两种和谐动机都有关。然而，相比避免分裂动机，促进和谐动机应该对妥协行为的预测能力更强，因为促进和谐倾向高的人更愿意通过谈判来维护双方之间的关系，从而避免分裂倾向性强的人由于担心关系破裂而对通过和谐达成和解缺乏信心。在"整合"行为中，焦点是通过找到解决问题的共同利益基础而使双方利益达到最大化。在此过程中，人们之间常有开诚布公的讨论、诚挚的意见交换（Bazerman & Carroll, 1987）。然而，讨论在情绪激动的情况下也有可能变为争吵和对峙（Pruitt & Carnevale, 1993），因此避免分裂倾向性强的人并不乐于采用这种风格。此外，促进和谐倾向性强的人更可能看重整合行为使双方都受益的潜在可能，认为这种风格有助于维护长期互惠关系。"支配"行为显然对双方的关系是有害的，这种风格应该与两种和谐动机都有负向关系。

正如前文所述，如果和谐的三因子结构在澳大利亚样本中也得到验证——并无证据表明上述关系会产生跨文化差异——我们预期以下的假设将在两种文化下都成立。

假设7a：避免分裂与冲突回避正相关。

假设7b：避免分裂和促进和谐都与礼让正相关，但避免分裂与礼让的正向关系更强。

假设7c：避免分裂和促进和谐都与妥协正相关，但促进和谐与妥协的正向关系更强。

假设7d：避免分裂与整合行为负相关，促进和谐与整合行为正相关。

假设7e：避免分裂和促进和谐都与支配行为负相关。

如果上述假设得到验证，那么本研究所提出的和谐框架的效度将得到有力的支持。但是,我们需要指出,目前澳大利亚的样本结果仍是探索性的。

方 法

受试者、程序和测量。悉尼和北京的大学生参与了研究。他们被要求列出10个受雇于某个组织的朋友或亲属,并邀请他们在方便的情况下填答一份问卷。最终样本包括301个中国受试者和283个澳大利亚受试者。为了排除悉尼大量中国人口的影响,要求仅仅从英裔澳大利亚人那里收集信息,以保证数据反映的是主流的澳大利亚文化。两组受试者的人口学变量大体是相似的(详见表4)。

表4 中国受试者和澳大利亚受试者的人口学特征

	中国	澳大利亚
性别		
男性	50.5%	51.9%
女性	47.8%	48.1%
年龄		
21岁以下	1.0%	2.8%
21—30岁	42.9%	30.4%
31—40岁	31.6%	26.5%
41—50岁	20.3%	30.0%
50岁以上	4.3%	10.2%
受教育程度		
高中及以下	11.0%	22.6%
本科及同等学力	64.8%	55.8%
硕士	24.3%	21.6%

研究2使用了研究1所开发的32个条目的和谐量表,以及Rahim(1983)开发的冲突处理风格量表。每种风格由5个条目测量,也即回避、妥协、支配、整合、礼让。所有变量使用"同意-不同意"5点量表进行测量。

结　果

两组样本测量的可比性。和谐量表的三因子结构在研究 1 中得到了验证。我们使用 LISREL 8.53 进行了两组验证性因子分析,以检测和谐三因子结构跨文化的稳定性。由于 χ^2 和 $\Delta\chi^2$ 对大样本较为敏感,我们在对比不同嵌套模型时也考虑了 CFI 的变化值。Cheung 和 Rensvold(2002)提出,CFI 的变化值相较于 χ^2 是更可靠的测量指数,CFI 的变化值达到 0.01 就说明两个嵌套模型显著不同。

第一步,我们检验了三因子模型的结构稳定性,也即,在中国和澳大利亚两个样本中,每个条目都应该荷载到相同的因子之上。模型并未达到理想的拟合度,多个指标表明,模型应该放松四对条目的协方差,也即,在两个样本中,我们应该允许每对条目都两两相关(四对条目详见表 1)。经过对上述条目的仔细检查,我们发现四对条目都荷载到了相同的因子上,并且在含义上也是一致的。因此,我们允许它们的独特性彼此相关,这一操作是可接受的(例如,Byrne,1989;Ghorpade,Hattrup,& Lackritz,1999)。此外,因子荷载的修正指标(modification index)表明有一个条目在不相关的因子上荷载值较大,所以我们删除了这个条目(详见表 1)。因此,后续分析是基于 31 个条目的量表完成的。经过上述调整后,模型对数据的拟合度良好,支持了研究 1 发现的三因子结构,证明了该结构具有跨文化的稳定性。$\chi^2 = 1\,572.5$,$df = 854$,$\chi^2/df = 1.841$,CFI $= 0.905$,IFI $= 0.906$,RMSEA $= 0.055$。

第二步,我们检测了测量不变性,看每个条目的因子荷载是否在两个样本中一致。模型对数据的拟合度良好,$\chi^2 = 1\,662.2$,$\Delta\chi^2 = 89.67$,$df = 885$,$\chi^2/df = 1.878$,CFI $= 0.897$,ΔCFI $= 0.008$,IFI $= 0.898$,RMSEA $= 0.056$。尽管 χ^2 的变化显著,但 ΔCFI(0.008)的值小于 0.01 的标准。此外,多个拟合度指标表明模型对数据的拟合度良好,因此,我们认为满足测量不变性所要求的条件之后,模型的拟合度并未显著下降。

为了验证和谐动机的区分效度,我们在加入了冲突风格变量之后,再次重复了上述验证性因子分析。我们检测了 8 因子模型，其中 3 个因子是和谐动机，另外 5 个是冲突处理方式。与之前类似，我们首先检测了结构的跨文化稳定性，也即，在中、澳两个样本中，每个条目应该荷载到相同的因子。模型的拟合度良好，$\chi^2 = 4\,844.43$，$df = 2\,796$，$\chi^2/df = 1.726$，CFI = 0.888，IFI = 0.889，RMSEA = 0.050。然后我们限制了两个样本中每个条目的荷载，模型对数据的拟合度良好，$\chi^2 = 5\,016.70$，$\Delta\chi^2 = 172.27$，$df = 2\,851$，$\chi^2/df = 1.760$，CFI = 0.880，ΔCFI = 0.008，IFI = 0.881，RMSEA = 0.051。尽管两个模型的 χ^2 的变化显著，但 ΔCFI（0.008）的值小于 0.01 的标准。因此我们认为，满足测量不变性所要求的条件之后，模型的拟合度并未显著下降。鉴于所检测的因子模型结构复杂，以上结果支持了五种冲突解决方式以及三种和谐动机的区分效度，并验证了它们的跨文化不变性。

总之，研究 1 发现的三因子模型在中国和澳大利亚两个样本中得到了再次验证，假设 4 得到支持。

和谐动机和冲突处理风格的跨文化差异

表 5 展示了变量的描述统计、内部一致性以及相关系数。除了澳大利亚样本中的避免分裂内部一致性较低（$\alpha = 0.62$）之外，其余测量和谐动机的变量内部一致性均达到较高水平。在冲突处理风格的测量中，为了提高"礼让"的信度，我们删除了其中一个题目（"我屈从于同事的需求"）。删除此条目并未使数据分析结果产生变化。除了澳大利亚样本中的"妥协"（$\alpha = 0.63$）和"礼让"（$\alpha = 0.61$）之外，其余测量冲突处理风格的变量内部一致性均达到较高水平。

我们对两种和谐动机进行了单因素方差分析，性别、受教育程度和年龄作为协变量加入模型。和假设 5 的预测相一致，中国受试者相比澳大利亚受试者在促进和谐（$Ms = 3.67$ vs. 3.48，$F(1, 574) = 18.8$，$p < 0.01$，partial $\eta^2 = 0.03$）和避免分裂（$Ms = 2.89$ vs. 2.69，$F(1, 574) = 14.9$，$p < 0.01$，partial $\eta^2 = 0.03$）上得分都更高。如果两种文化在五种冲突处理风格的均值上存在差

表 5 研究 2 变量的均值、标准差和相关系数

变量	均值	标准差	1	2	3	4	5	6	7	8	9
1. 促进和谐	3.66 (3.48)	0.56 (0.52)	0.80 (0.74)								
2. 和谐的阻碍性	3.09 (3.05)	0.62 (0.55)	0.01 (-0.17**)	0.79 (0.72)							
3. 避免分裂	2.89 (2.70)	0.66 (0.59)	0.55* (0.45**)	0.23** (0.10)	0.78 (0.62)						
4. 回避	3.26 (2.98)	0.64 (0.80)	0.32** (0.28**)	0.12* (-0.03)	0.47** (0.40**)	0.64 (0.76)					
5. 妥协	3.50 (3.82)	0.58 (0.49)	0.38** (0.30**)	0.07 (-0.08)	0.31** (0.12*)	0.38** (0.23**)	0.69 (0.63)				
6. 支配	3.16 (3.05)	0.67 (0.80)	0.21** (0.07)	0.30** (0.09)	0.39** (0.14*)	0.28** (-0.9)	0.22** (-0.08)	0.68 (0.78)			
7. 整合	3.98 (4.23)	0.51 (0.47)	0.28** (0.19**)	0.05 (-0.09)	0.04 (-0.11)	0.07 (-0.03)	0.38** (0.40**)	0.17** (0.04)	0.65 (0.71)		
8. 礼让	3.12 (3.83)	0.65 (0.53)	0.32** (0.29**)	0.15* (-0.01)	0.42** (0.14*)	0.45** (0.29**)	0.30** (0.38**)	0.38** (0.01)	0.18** (0.32**)	0.68 (0.61)	

注：对角线上的数值为 α 系数。括号内数值为澳大利亚受试者的，上面的数值是相应的中国受试者的。* $p<0.05$，** $p<0.01$。

异,那么为了减少反应方式这一混淆因素的影响,分析中应该使用每种文化下的标准化得分(例如,Morris et al.,1998)。在本研究中,五种冲突处理风格的均值在两组中很接近,因此我们在分析中直接使用了原始数据。我们进行了单因素方差分析,控制了三个人口学因素作为协变量。和假设 6 的预测相一致,相比澳大利亚受试者,中国受试者在回避行为上得分更高,$Ms=3.26$ vs. 2.97,$F(1,574)=22.1$,$p<0.01$,partial $\eta^2=0.04$,但在整合行为上得分更低,$Ms=3.98$ vs. 4.23,$F(1,574)=36.0$,$p<0.01$,partial $\eta^2=0.06$。出乎意料的是,中国受试者在礼让行为上得分也更低,$Ms=3.13$ vs. 3.83,$F(1,574)=93.3$,$p<0.01$,partial $\eta^2=0.14$,在妥协行为上得分也更低,$Ms=3.50$ vs. 3.82,$F(1,574)=51.6$,$p<0.01$,partial $\eta^2=0.08$,但在支配行为上得分更高,$Ms=3.17$ vs. 3.05,$F(1,574)=3.85$,$p<0.05$,partial $\eta^2=0.01$。我们在讨论部分对此结果进行了分析。

我们发现数据违背了协方差分析的某些前提假设。因此,为了检测跨文化差异的稳健性,我们使用了匹配策略,删除了某些样本以保证两组受试者在三个人口学变量上是相似的。最终的样本包括两个国家的各 201 位受试者。在这个样本中,54.7% 的是男性,45.3% 的是女性。就年龄分布而言,1.5% 的为 20 岁或以下,30.8% 的为 21—30 岁,32.3% 的为 31—40 岁,28.9% 的为 41—50 岁,6.5% 的为 51 岁及以上。就受教育程度而言,13.5% 的为高中学历,62.7% 的为本科学历或同等学力,23.9% 的为硕士学历。我们对样本进行了一系列的单因素方差分析,结果发现了和此前样本一致的跨文化差异。唯一的例外是支配风格。在新的样本中,尽管中国受试者在支配风格上的得分仍略高于澳大利亚受试者(澳大利亚受试者和中国受试者的得分分别为 $M=3.08$ vs. 3.16,$F=0.84$,ns),但差异并不显著。我们认为,数据虽然未能满足协方差分析的所有前提假设,但并不影响分析结果所显示的跨文化差异。

和谐动机与冲突管理风格之间的关系。我们分别用两种和谐动机对不同的冲突管理风格进行预测。我们并未在分析中加入"和谐的妨碍"这一因子,因为本研究所关心的假设并不包含这一维度。第一步,模型中加入了性别、年龄、受教育程度作为控制变量。第二步，模型中加入了两种和谐动机和文化类别。最后一步，模型中加入了文化类别（中国和澳大利亚）与两种和谐动机的交互项。如果交互项显著，则说明和谐动机对不同冲突管理风格的预测力在不同文化情境下是不同的。

和假设 7a 的预测相一致，避免分裂和冲突回避行为正相关。$\beta=0.36$，$t(570)=6.14$，$p<0.01$。避免分裂与促进和谐这两种和谐动机都正向预测了礼让这一冲突处理风格，但这一结果应该在文化×避免分裂的交互项显著的条件下进行分析，$\beta=-0.20$，$t(570)=-3.96$，$p<0.01$。我们按照 Aiken 和 West（1991）的方法绘制了图形。结果显示，在中国情境下，避免分裂和礼让行为正相关，但在澳大利亚情境下并未发现上述正向关系（详见图 1a）。此外，结果显示文化与促进和谐之间的交互项达到边缘显著，这表明促进和谐与礼让行为的正向关系在澳大利亚情境下比中国情境下更强。为了检验以上发现是否支持假设 7b 的预测，我们对两组样本中避免分裂与促进和谐的 β 权重进行了 t 检验。单尾 t 检验结果表明，在中国情境下，相比促进和谐而言，避免分裂与礼让风格的正向关系更强，$t(295)=2.80$，$p<0.01$，$=0.36$ vs. 0.11。这与我们的预测是一致的。然而，与我们预期相反的是，在澳大利亚情境下，相比避免分裂，促进和谐与礼让风格的正向关系更强，$t(277)=-2.93$，$p<0.01$，$=0.30$ vs. 0.02。我们在本研究的讨论部分探讨了以上违反原有预测的结果。

和假设 7c 的预测相一致，避免分裂和促进和谐都与妥协行为正相关（避免分裂：$\beta=0.15$，$t(570)=2.52$，$p<0.05$；促进和谐：$\beta=0.31$，$t(570)=5.17$，$p<0.01$）。单尾 t 检验表明促进和谐对妥协行为的预测力相较避免分裂而言更强，$t(578)=2.56$，$p<0.05$。同时我们也发现文化×避免分裂的交互项达到显著，$\beta=-0.11$，$t(570)=-1.97$，$p<0.05$，这表明在中国情境下，避免分裂与妥协行为有显著的正向关系，但这一关系在澳大利亚情境下并不成立（详见图 1b）。

和假设 7d 的预测相一致，促进和谐正向预测整合行为，$\beta=0.35$，

$t(570) = 5.62$,$p<0.01$,但分裂避免负向预测整合行为,$\beta = -0.17$,$t(570) = -2.72$,$p<0.01$。然而,和假设 7e 的预测相反,结果表明在两个文化中避免分裂倾向都与支配行为正相关(避免分裂:$\beta = 0.35$,$t(570) = 5.45$,$p < 0.01$),尽管我们也发现文化×避免分裂的交互项达到显著,也即,避免分裂与支配行为之间的正向关系在中国情境下更强(详见图 1c)。最后,我们发现促进和谐和支配行为无关。具体分析结果详见表 6。

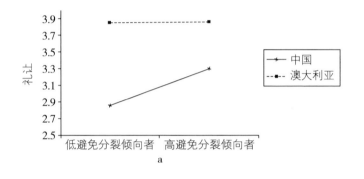

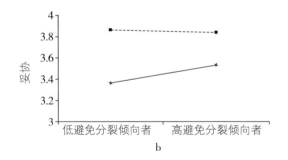

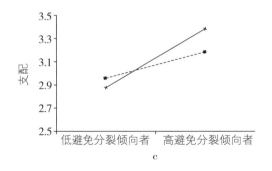

图 1　避免分裂在不同文化情境下的交互作用效果示意

表6 和谐动机和冲突处理风格的回归分析结果

	回避	礼让	妥协	整合	支配
第一步：控制变量					
性别	0.07*	0.10**	0.12**	0.09*	0.15**
年龄	−0.00	0.00	−0.07+	0.03	0.05
受教育程度	−0.07	−0.03	0.01	0.02	0.05
ΔR^2	0.008	0.029	0.019	0.020**	0.029**
第二步：和谐动机					
促进和谐	0.06	0.10+	0.31**	0.35**	0.00
避免分裂	0.36**	0.32**	0.15*	−0.17**	0.35**
文化	−0.12**	0.56**	0.36**	0.27**	−0.04
ΔR^2	0.224**	0.335**	0.199*	0.136**	0.075**
第三步：交互项					
促进和谐×文化	0.06	0.10+	−0.01	−0.04	−0.00
避免分裂×文化	0.03	−0.20**	−0.11	−0.04	−0.12*
ΔR^2	0.003	0.017**	0.008+	0.003	0.008+
调整后的 R^2	0.235 (0.224)	0.381 (0.373)	0.225 (0.215)	0.159 (0.148)	0.113 (0.100)

注：这里汇报的是最终模型的标准化回归系数。$+p<0.10$，$*p<0.05$，$**p<0.01$。

如果读者对"和谐的阻碍性"这一因子感兴趣，本研究提供了一个简要的分析结果。当模型中加入和谐的阻碍性作为不同冲突处理风格的预测变量时，结果显示它在两种文化中都与支配行为有正向关系。此外，该变量的均值在中国和澳大利亚两个文化情境下并无显著不同（分别为 $Ms=3.09$ vs. 3.05）。

讨 论

和谐的三因子结构在中国和澳大利亚的样本中都得到了验证，这支持了和谐作为一种多维度概念的视角，也证明了在澳大利亚文化情境下避免分裂与促进和谐作为两种不同的和谐动机同样成立。与预期一致，相比澳大利亚受试者，中国受试者在两种和谐动机上的得分都更高，这表明和谐的概念在中国社会相比西方社会更具有重要意义。通过检验两个和谐动机在两种文化中与不同冲突处理风格之间的关系，我们验证了避免分裂与促进和谐的构念效度，这也支持了对避免分裂的工具性解读，以及对促进和谐的价值性解读。正如我们所预测的，避免分裂与冲突回避、礼让行为正相关，与整合行为负相关，与妥协行为的关系较弱。这支持了我们的观点，也即，避免分裂作为一种维护自己利益的工具，反映了一种调和冲突和避免卷入的倾向；促进和谐则注重达成双方都满意的结果，它反映了对开放式交流以及分歧的一种接受的态度，并希望以此为基础强化双方之间的关系。

本研究有两项与预期不符的发现需要进一步讨论。首先，文化和避免分裂的交互项显著。数据显示，在中国情境下，避免分裂与礼让行为、妥协行为正相关，但同样的关系在澳大利亚文化中并不成立。一个可能的解释是，在澳大利亚文化中，人们将礼让和妥协视为增进双方关系的促进和谐的手段，而非避免分裂的手段（例如，"我通常都会向同事作出让步"）。我们也发现，相比中国文化情境，在澳大利亚文化中，促进和谐与礼让行为的正向关系更强，文化与促进和谐的这一交互作用达到了边缘显著；这一发现和上文提出的解释是一致的。其次，出乎我们意料的是，避免分裂在两种文化中都与支配风格正相关，尽管这一正向关系在澳大利亚文化中只达到了边缘显著。在此前的讨论中，避免分裂被认为体现了一种甘愿忍受所有人际冲突的倾向，而它与支配行为的正向关系和这种解读产生了矛盾，使得避免分裂这一概念变得更为复杂。原因可能是，那些采取支配和竞争策略而非温和驯顺态度的高避免分裂倾向者通过采取一种笑里藏刀、口蜜腹剑的方式来争取自己的利益最大化，而不会采取直接的口头上的争执或攻击（Friedman et al., 2006）。Gelfand、Major、Raver、Nishii 和 O'Brien（2006）发现，当那些具有较强的关系型自我构念的人在人际关系中遭受挫败并感到沮丧和生气时，他们更可能表现出一种隐蔽的攻击行为。Gelfand 及其同事的这一发现和我们给出的上述解释是一致的。此外，Hwang（1997-1998）提出，中国人会采取一种"阳奉阴违"的冲突处理方式，从而在表面上避免直接冲突，但私下里却悄悄地达成了自己的目标。

总体而言，研究结果表明，两种不同的和谐动机在两种文化情境下都适用，但它们在不同文化中很可能指向不同的行为模式，这需要未来的研究进一步探讨。当前，本研究表明，在中国情境下，避免分裂会导致冲突回避、礼让、妥协或是支配行为，而在澳大利亚情境下，它只会导致冲突回避和支配行为。相反，促进和谐与几种冲突解决方式的关系在两种文化中都是相似的。

至于对不同冲突解决方式的偏好，与此前的研究结论相一致，我们也发现中国人相比澳大利亚人更多地采取回避方式，更少地采取整合方式。然而，和我们的预期相反的是，中国人在谈判中更少地采取礼让和妥协方式，更多地采取支配方式。原因可能是，中国的改革开放政策鼓励人们参与竞争（Chen，1995），从而削弱了人们传统上对妥协和礼让的偏好，强化了支配行为以保证自身利益最大化。这种有趣的行为模式表现为更多的回避和支配、更少的妥协和礼让，它让人联想到消极性进攻，也即，一种消极的或间接的进攻策略（例如，Baron & Neuman，1996）；同时，这种行为模式也体现了某种防御行为，也即，采取消极的行为策略来保护自身利益（Ashforth & Lee，1990）。除了以上这种解释，原因还可能在于澳大利亚文化强调平等主义和个人主义，在工作环境中提倡一种合作性而非竞争性的行为策略，因此人们在解决冲突时更多地采取礼让和妥协方式。

在讨论研究结果的意义之前，我们应该着重解释一下"和谐的阻碍性"这一预期之外的第三因素。虽然在因子分析中，这一因子含义清晰、结构稳定，但它在任何文化情境下都没有对任何冲突解决方式产生预测作用。因此，目前我们认为它对于我们所提出的双重和谐动机模型起不到任何有意义的补充作用。尽管如此，未来的研究还是应该探索这一有趣的和谐维度究竟与何种行为有关。

贡献和意义

和谐作为一个双重维度概念。本研究的重要贡献之一是纠正了以下简单的观点：中国人习惯于避免冲突是因为他们重视人际和谐。本研究的结果支持一种双重性视角,也即,有两种不同的和谐动机,其一是强调避免人际关系受损,其二是强调和谐本身的价值。真正能解释中国人冲突回避行为的,是破裂回避,而非促进和谐这一动机。我们的发现表明,当人们为和谐本身的价值(而非其工具性价值)而追求和谐时,他们更倾向于采取妥协或整合行为以达到双赢的效果。和这一观点相一致,Tjosvold、Hui、Ding和Hu(2003)发现,如果中国人对冲突采取一种富有建设性的态度,那么他们会更倾向于采取合作策略以期受益于对分歧的开诚布公的讨论。

和谐作为一个普适的构念。本研究的另一重大贡献是,本研究的大部分发现在两种文化情境下都成立,这证明和谐这一概念具有文化普适性。这一点具有重要意义,以和谐的文化普适性为基础,学者们有可能对不同文化情境下有关和谐的不同理论框架进行整合,这种整合有利于促进理论研究的创新(例如,Morris, Leung, Ames, & Lickel, 1999; van de Vijver & Leung, 1997)。我们应当注意,上文所讨论的文化普适性,并非是指和谐动机、冲突处理风格的跨文化差异,而是指向和谐与冲突处理风格之间关系的广泛性和稳定性。

理论整合。从理论角度出发,将我们的双重性模型与西方的冲突理论建立联系是十分重要的。本研究至少为冲突理论在三个方面的发展作出了贡献。第一,Rahim(1983)的双重利益模型是基于对己方和对对方利益不同关心程度的分析,但我们的研究结果表明,这两种考虑并非是影响人们冲突解决方式的唯一条件。我们的观点在冲突回避的相关分析中得到了最为清晰的验证。根据冲突的双重利益模型,人们之所以采取回避方式,是因为对己方和对方的结果都不甚关心。然而,我们的分析表明,人们采取冲突回避方式还可能是为了避免双方关系的破裂。根据这个观点,回避冲突并非标志着某人对己方的谈判结果漠不关心;恰恰相反,回避冲突代表了一种通过维持关系不至于破裂从而保护自身利益的积极行动策略。此外,冲突的双重利益模型很难对研究2中避免分裂与支配风格的正向关系作出合理解释。总体来看,本研究的发现表明,对结果的关心仅仅是影响人们对不同冲突解决方式的偏好的一种因素。正如我们所展示的,和谐的两种动机为解释人们的冲突处理方式提供了超越双重利益模型的有益的、新的补充。

第二，相比不同的冲突处理方式，和谐动机对本质上反映人际关系的被解释变量，例如社会资本的增加或减少，或未来合作等，能有更强的预测力。正如前文所述，西方的冲突模型是基于一种反映自身利益的分析框架（Tinsley & Brodt，2004）。因此，研究的焦点是冲突的结果，例如共赢或者僵局（例如，Adair, Okumura, & Brett, 2001; Leung, Tong, & Ho, 2004），而不重视在冲突之后人们关于继续还是终结人际关系的决策。通过引入和谐的视角，我们拓展和丰富了冲突相关研究对结果变量的探讨——研究者所关注的不再仅仅是简单的经济利益得失，而是人际关系的相关结果。面对谈判领域的逻辑/理性/竞争导向占据主导的局面，Gelfand 等（2006）提出了一种新的分析视角，也即用五种不同的关系型自我构念来预测不同的谈判技巧以捕捉谈判中的人际关系联结。在拓展谈判相关研究的结果变量这个意义上，我们的研究与 Gelfand 等（2006）形成了呼应。事实上，Curhan、Elfenbein 和 Xu（2006）发现，人们的主观价值观，包括对关系的评价，相比经济利益得失而言能更好地预测未来的谈判决策。因此，如果我们将和谐动机纳入冲突研究的理论框架，那么未来的研究应该分析利益驱动目标和关系驱动目标，我们相信这一研究方向将产生丰富的成果。

第三，分析和谐这枚硬币的另一面有助于建立新的理论模型。因此，Leung 等（2002）对和谐的两种维度同时进行分析，提出了四种和谐风格。将和谐视角融入现有的冲突研究为未来的研究指出了种种令人激动的新方向，其中之一就是结合冲突的双重利益模型与和谐视角以产生新的、更全面连贯的理论框架。在此，我们也顺带指出，Brew（2007）以及 Leung 和 Brew（2009）已经就建立一个整合性的冲突管理理论模型做了有益的初步尝试。

局限和未来的研究方向

虽然本研究的两个研究结论总体上是一致的，但不可否认它们也有种种局限。我们将对这些局限进行讨论,以期为未来的研究指出可能的方向。第一,测量和谐的量表条目可能不够全面,未来的研究可以发掘本研究所忽略的关于和谐的其他重要内容。在研究 1 中,三个因子所解释的所有条目的方差不到 50%,这暗示了我们需要开发更合适的条目对和谐进行测量。值得注意的是,条目的产生是基于我们对受访者的访谈,以及他们对最近的一项人际冲突的回顾。因此,本研究所开发的条目可能受限于我们所采取的特定研究方法。未来的研究可以采取别的方式收集数据以开发测量条目。此外,本研究的测量条目是在中国文化情境下产生的。因此,虽然这一测量也适用于澳大利亚,但未来的研究应该采取一种更好的、跨文化平衡的方式,例如 Schwartz(1992)的泛文化价值观调查,以期产生一系列更优化的、适用于不同文化的条目。其次,我们采取了双重利益模型中的五种冲突处理方式来验证和谐量表的效度。虽然结果支持了和谐动机的效度,但是需要未来的研究采用更多的变量来验证和谐动机的区分效度、聚合效度,并且为它们建立起可靠的学说框架网。再次,本研究的一些结果仅达到了边缘显著($p<0.10$)。我们仍然把这些结果纳入研究中,是因为对和谐与冲突的相关研究尚在起步阶段。我们对这些边缘显著的效应应该作出较为审慎的解读,未来的研究应该对这些效应进行重复验证,以提高结果的稳健性。最后,本研究的两项子研究所采用的变量都是基于受试者的自我评价,因此研究结果可能受到共同方法偏差的影响。然而,我们应当注意,本研究不同的研究结果绝不是由共同方法偏差产生的。此外,我们关于文化效应的讨论是建立在交互作用的基础上的,但正如我们所熟知的,共同方法偏差并不能导致交互作用增强(Evans,1985)。无论如何,未来的研究如果能在和谐的分析框架中引入非自评的测量,研究结论将得到更有力的验证。

我们从文化本位视角出发,探讨了中国社会十分注重的"维护人际和谐"的概念,并且在西方文化情境下深入发展和研究了这一概念,发现和谐具有普适性。正如几个世纪前丝绸之路为欧洲带来了许多新颖的商品和观念一样,我们希望本研究及其对和谐的概念化讨论能够帮助学界开辟新的研究方向,在冲突管理模型中同时纳入对经济利益和人际关系的考虑。

参考文献

Adair, W. L., Okumura, T., & Brett, J. M. (2001). Negotiation behavior when cultures collide: The United States and Japan. *Journal of Applied Psychology*, 86, 371-385.

Aiken, L. S., & West, S. G. (1991). *Multiple Regression: Testing and Interpreting Interactions*. Newbury Park, CA: Sage.

Ashforth, B. E., & Lee, R. T. (1990). Defensive behavior in organizations: A preliminary model. *Human Relations*, 43, 621-648.

Baron, R. A., & Neuman, J. H. (1996). Workplace violence and workplace aggression: Evidence on their relative frequency and potential causes. *Aggressive Behavior*, 22, 161-173.

Bazerman, M. H., & Carroll, J. S. (1987). Negotiator cognition. In L. L. Cummings & B. M. Staw (Eds.), *Research in Organizational Behavior* (Vol. 9, pp. 247-288). Greenwich, CT: JAI Press.

Brew, F. P. (2007). Harmony and controversy: The Yin and Yang of conflict in East Asian and Western cultures. In J. H. Liu, C. Ward, A. Bernardo, M. Karasawa, & R. Fischer (Eds.), *Casting the Individual in Societal and Cultural Contexts: Social and Societal Psychology for Asia and the Pacific* (pp. 39-59). Seoul, South Korea: Kyoyook-Kwahak-Sa Publishing Company.

Brew, F. P., & Cairns, D. R. (2004). Styles of managing interpersonal workplace conflict in relation to status and face concerns: A study with Anglos and Chinese. *International Journal of Conflict Management*, 15, 27-56.

Burisch, M. (1984). Approaches to personality inventory constructions: A comparison of merits. *American Psychologist*, 39, 214-227.

Byrne, B. M. (1989). Multigroup comparisons and the assumption of equivalent construct validity across groups: Methodological and substantive issues. *Multivariate Behavioral Research*, 24, 503-523.

Chen, C. C. (1995). New trends in rewards allocation preferences: Asino-U. S. comparison. *Academy of Management Journal*, 38, 408-429.

Cheung, F. M., Leung, K., Fan, R. M., Song, W. Z., Zhang, J. X., & Zhang, J. P. (1996). Development of the Chinese Personality Assessment Inventory (CPAI). *Journal of Cross-Cultural*

Psychology, 27, 181-199.

Cheung, G. W., & Rensvold, R. B. (2002). Evaluating goodness-of-fit indexes for testing measurement invariance. *Structural Equation Model*, 9, 233-255.

Curhan, J. R., Elfenbein, H. A., & Xu, H. (2006). What do people value when they negotiate? Mapping the domain of subjective value in negotiation. *Journal of Personality and Social Psychology*, 91, 493-512.

Deutsch, M., & Coleman, P. T. (2000). *The Handbook of Conflict Resolution: Theory and Practice*. San Francisco: Jossey-Bass.

Evans, M. G. (1985). A Monte Carlo study of the effects of correlated method variance in moderated multiple regression analysis. *Organizational Behavior and Human Decision Processes*, 36, 305-323.

Feather, N. T. (1986). Value systems across cultures: Australia and China. *International Journal of Psychology*, 21, 697-715.

Friedman, R., Chi, S. C., & Liu, L. A. (2006). An expectancy model of Chinese-American differences in conflict-avoiding. *Journal of International Business Studies*, 37, 76-97.

Gabrenya, W. K., & Hwang, K. K. (1996). Chinese social interaction: Harmony and hierarchy on the good earth. In M. H. Bond (Ed.), *Handbook of Chinese Psychology* (pp. 309-321). Hong Kong: Oxford University Press.

Gelfand, M. J., Major, V. S., Raver, J. L., Nishii, L. H., & O'Brien, K. (2006). Negotiating relationally: The dynamics of the relational self in negotiations. *Academy of Management Review*, 31, 427-451.

Ghorpade, J., Hattrup, K., & Lackritz, J. (1999). The use of personality measures in cross-cultural research: A test of three personality scales across two countries. *Journal of Applied Psychology*, 84, 670-679.

Hofstede, G. (1991). *Software of the Mind*. Berkshire, UK: McGraw-Hill.

黄丽莉(1999).人际协调与冲突:本土化的理论与研究[M].台北.桂冠图书股份有限公司.

Hwang, K. K. (1987). Face and favor: The Chinese power game. *American Journal of Sociology*, 92, 944-974.

Hwang, K. K. (1997-1998). Guanxi and mientze: Conflict resolution in Chinese society. *Intercultural Communication Studies*, VII(1), 17-42.

Kelley, H. H., & Thibaut, J. W. (1978). *Interpersonal Relations: A Theory of Interdependence*.

New York: Wiley.

Leung, K. (1997). Negotiation and reward allocations across cultures. In P. C. Earley & M. Erez (Eds.), *New Perspectives on International Industrial Organizational Psychology* (pp. 640-675). San Francisco: New Lexington.

Leung, K., & Brew, F. P. (2009). A cultural analysis of harmony and conflict: Toward an integrative model of conflict styles. In R. S. Wyer, C. -Y. Chiu, & Y. -Y. Hong (Eds.), *Understanding Culture: Theory, Research and Application* (pp. 411-428). New York: Psychology Press.

Leung, K., Tong, K. K., & Ho, S. S. Y. (2004). Effects of interactional justice on egocentric bias in resource allocation decisions. *Journal of Applied Psychology*, 89, 405-415.

Leung, K., Tremain-Koch, P., & Lu, L. (2002). A dualistic model of harmony and its implications for conflict management in Asia. *Asia Pacific Journal of Management*, 19, 201-220.

McGinn, K. L., & Keros, A. T. (2002). Improvisation and the logic of exchange in socially embedded transactions. *Administrative Science Quarterly*, 47, 442-473.

Morris, M. W., Leung, K., Ames, D., & Lickel, B. (1999). Views from the inside and outside: Integrating emic and etic insights about culture and justice judgment. *Academy of Management Review*, 24, 781-796.

Morris, M. W., Williams, K. Y., Leung, K., Bhatnagar, D., Li, J. F., Kondo, M., et al. (1998). Culture, con-flict management style, and underlying values: Accounting for cross-national differences in styles of handling conflicts among US, Chinese, Indian and Filipina managers. *Journal of International Business Studies*, 29, 729-748.

Ohbuchi, K., & Takahashi, Y. (1994). Cultural styles of conflict management in Japanese and Americans: Passivity, covertness, and effectiveness of strategies. *Journal of Applied Social Psychology*, 24, 1345-1366.

Pruitt, D. G., & Carnevale, P. J. (1993). *Negotiation in Social Conflict*. Belmont, CA: Brooks/Cole.

Rahim, M. A. (1983). A measure of styles of handling interpersonal conflict. *Academy of Management Journal*, 26, 368-376.

Renwick, G. W. (1991). *A Fair Go For All: Australian /American Interactions*. Yarmouth, ME: Intercultural Press Inc.

Rusbult, C. E., & Van Lange, P. A. M. (1996). Interdependence process. In E. T. Higgins & A. W. Kruglanski (Eds.), *Social Psychology: Handbook of Basic Principles* (pp. 564-596). New

York: Guilford.

Schwartz, S. H. (1992). Universals in the content and structure of values: Theoretical advances andempirical tests in 20 countries. In M. P. Zanna (Ed.), *Advances in Experimental Social Psychology* (pp. 1-65). San Diego, CA: Academic Press.

Thomas, R. L., & Kenneth, T. W. (1976). Support for a two-dimensional model of conflict behavior. *Organizational Behavior and Human Performance*, 16, 142-155.

Tinsley, C. (1998). Models of conflict resolution in Japanese, German, and American cultures. *Journal of Applied Psychology*, 83, 316-323.

Tinsley, C. H., & Brodt, S. E. (2004). Conflict management in Asia: A dynamic framework and future directions. In K. Leung & S. White (Eds.), *Handbook of Asian Management* (pp. 439-458). Boston: Kluwer.

Tjosvold, D., Hui, C., Ding, D. Z., & Hu, J. (2003). Conflict values and team relationships: Conflict's contribution to team effectiveness and citizenship in China. *Journal of Organizational Behavior*, 24, 69-88.

Tjosvold, D., & Sun, H. F. (2002). Understanding conflict avoidance: Relationship, motivations, actions and consequences. *International Journal of Conflict Management*, 13, 142-164.

Trubisky, P., Ting-Toomey, S., & Lin, S. L. (1991). The influence of individualism-collectivism and self-monitoring on conflict styles. *International Journal of Intercultural Relations*, 15, 65-84.

Uleman, J. S., Rhee, E., Bardoliwalla, N., Semin, G., & Toyama, M. (2000). The relational self: Closeness to ingroups depends on who they are, culture, and the type of closeness. *Asian Journal of Social Psychology*, 3, 1-17.

Van de Vijver, F. J. R., & Leung, K. (1997). *Methods and Data Analysis for Cross-cultural Research*. Thousand Oaks, CA: Sage.

Wang, C. L., Lin, X. H., Chan, A. K., & Shi, Y. (2005). Conflict handling styles in international joint ventures: A cross-cultural and cross-national comparison. *Management International Review*, 45, 3-22.

Wiggins, J. S. (1973). *Personality and Prediction: Principles of Personality Assessment*. Reading, MA: Addison-Wesley.

第3篇　跨文化理论与文化差异

第8章

内部视角与外部视角：整合文化与公平判断的主客位观点*

Michael W. Morros　梁　觉　Daniel Ames　Brian Lickel

翻译：郭　理

校对：陈昭全

摘要：首先，我们分析了文化与认知研究中潜在的主位研究方法和客位研究方法的协同效应。其次，我们引述了公平判断文献，来描述两种方法如何相互激发对方过程的动态。之后，我们阐述了该主位/客位整合框架如何克服以往较为狭窄的文化与认知框架的局限。最后，我们列举了整合性框架如何更有利于应对国际组织中多种公平敏感性问题。

在组织环境下的认知研究，甚至更为广泛的社会学领域，有两种形成已久的方法用以研究文化的作用：（1）民族志学者采用的内部视角法，力求用某种特定文化自身的术语进行自我描述；（2）比较研究学家采用的外部视角法，试图从文化通用和外部标准的方面来描述跨文化差异。Pike（1967）用语言研究的两种方法来进行类比，分别称为主位视角（emic）与客位视角（etic）。在语言研究中，含义单位的音素（phonemic）分析展现了一种语言的特殊结

---

* Morris, M. W., Leung, K., Ames, D., & Lickel, B. (1999). Views from inside and outside: Integrating emic and etic insights about culture and justice judgment. *Academy of Management Review*, 24 (4), 781-796.

构，而发音单位的语音（phonetic）分析提供了语言之间的比较基础。主位和客位两个角度通常被看作相互对立不可兼容的范式。我们在本研究中会论证两种文化研究方法间的互补性。基于公平判断的已有研究，我们阐释了两个研究视角的协同效应，从而对之前的定义范围进行了拓展（例如，Berry，1990；Brett，Tinsley，Janssens，Barsness，& Lytle，1997）。首先，我们分析主位和客位研究相互激发其过程的方式。然后，我们通过研究主位和客位的整合框架的优势，使其作为文化与认知的中层理论，用以应对国际组织中多样的公平问题。

主位视角与客位视角

主位视角与客位视角在社会科学中有着同样悠久的学术背景。主位视角遵循了民众信仰心理学研究的传统（Wundt，1888），以及文化人类学家追求"从当地人视角"解释文化（Malinowski，1922）的传统。客位视角遵循了行为心理学（Skinner，1938）的传统，以及民族志将文化行为与经济、生态条件相联系的传统。但从内部视角来看，诸如经济或生态条件等属于并不重要的外部偶然性因素（Harris，1979）。

这两种方法的分歧存在于对文化的当代学术研究中：民族志中分别有解释主义（Geertz，1976，1983）和比较主义（Munroe & Munroe，1991），心理学分为文化心理学（Shweder，1991）和跨文化心理学（Smith & Bond，1998），有关组织研究中国家差异的影响也可分为传统的单一文化研究（Rohlen，1974）和跨文化研究（Hofstede，1980）。类似地，在研究组织文化的大量文献中，有些研究采用民族志方法（Gregory，1983；Van Maanen，1988），另一些则偏好对比研究（Schneider，1990），两者也存在分歧。表1概括了Pike所定义的主位与客位的概念性假设。主位描述的是行为人自身所理解的行为与思想，往往受到历史与文化条件的限制。例如，北美公平观的主位研究可能会聚焦于年龄歧视和非歧视等概念，而对日本工作环境的研究则针对相互对立的概念，如责任和义务（参见Kashima & Callan，1998）。与之对照，客位模型描述概念中的跨文化现象，例如一国在个人主义与集体主义维度上的水平，可能对管者是否采用公正原则(例如按贡献给予奖励)来解释公平产生影响。

表1 主位视角与客位视角的假设及相关方法

特征	主位/内部视角	客位/外部视角
确定假设与目标	运用文化内成员自己理解的概念,从文化内成员的角度描述行为 把文化系统作为一个运行的整体来描述	运用适用于各种文化的概念,从文化的外部视角来描述行为 描述文化变量如何嵌入针对特定行为的因果模型
与此视角相关方法的典型特征	避免使用研究者自己的概念,用丰富的定性形式记录观察 对某个或一些情境作长期的、大范围的观察	重点关注外部的、可衡量的特征,这些特征能用适用于不同文化的相似程序进行评估 对一个以上、通常是大量的情境作简单的少量观察
典型研究类型举例	民族志领域的研究;观察受试者、进行采访 对情境的内容分析提供了了解公平的本土化想法的渠道	多重研究;对衡量公平观及相关变量的测量工具所显示的结果进行跨领域对比 用把文化当成准实验性操作的对比实验来评估特定要素在不同文化中的影响是否不同

由于概念上的分歧,主位研究者与客位研究者对文化的假设往往也有所不同。主位研究者认为把文化看作一个整体或系统来假设能得到最好的解释,而客位研究者更倾向于将文化的各组成部分孤立开来,并就各部分的前因和后果作出假设。虽然内部与外部的对比实际上只是同一延续维度上的程度差异,但这种对立在许多社会科学学科的方法论争论中有着重大影响(参见 Headland, Pike, & Harris, 1990)。[1]

---

[1] 一些学者对主位与客位术语的运用与 Pike 的定义有所不同(参见 Headland et al., 1990)。狭义的用法是指文化的具体概念与文化的一般概念之间的对照。这并没有表现出差异的核心,因为文化的具体概念不一定与文化内部人们的自我理解相符。广义的用法指的是理解与控制潜在的利益(Habermas, 1971)。尽管在一些研究领域中主、客位视角和控制倾向是有关联的(例如,对于"组织文化"的研究,Martin & Frost, 1996),但在有关民族文化(我们所关注的)的文献中这两者不一定相关且不存在强相关性。

一般地,与客位和主位研究相关联的研究方法是不同的。如表 1 所示,主位研究的方法多数是持久地、大范围地对单一文化集群进行观察。例如,在实地调查中,民族志学者会将自己放入情境中,与有信息价值的人交往并承担社会角色(例如,Geertz,1983;Kondo,1990)。但是,主位研究也可通过更多的结构性采访和观察进行(例如,Goodenough,1970)。

客位研究方法更有可能对几个文化集群进行简要的结构化的观察。客位研究方法的一个关键特点就是在不同的情境中进行平行的观察。例如,同时研究几个不同国家匹配的员工样本来揭示价值观和态度的跨文化差异(例如,Hofstede,1980),或是让这些员工身处实验环境中以测试文化情境对其他变量间关系的调节作用(例如,Earley,1989)。总而言之,尽管主、客位两个视角被定义为理论而非方法差异,但它们的确被应用于不同的方法之中。①

鉴于主位文化研究法与客位文化研究法之间的不同,采取其中一种视角的研究者会质疑另一种视角的观点是否有价值便不足为奇了。通常而言,一种视角会基于另一种视角在概念或方法上的缺点而否定该视角(对这一研究领域趋势的回顾可参见 Harris,1979,Martin & Frost,1998)。一方面,基于民族志观察的主位描述往往由于研究报告的不一致和沿袭文化内群体的错误想法而不受重视。另一方面,基于研究数据的客位描述中,研究者往往没有深入研究对象,可能对研究对象如何被调研问题影响不够敏感,故客位描述也常常得不到认可。

反对整合主位与客位研究的观点并不都是建立在对某一视角的批评之上。有人主张分离是为了保护尚未制度化的传统,使之不被主流传统同化。在写到组织文化时,Martin 说道,"来自同化的压力将削弱观点内在的反对立场……威胁其概念和政治上的完整性"(1992:187)。总之,分离主义和保护主义使

---

① 研究视角与研究方法之间的关系不是绝对的。有时,对内生概念的主位调查也会用研究方法来收集数据,并用数量分析法分析数据(Farh, Earley, & Lin, 1997;Yang, 1986);同样,民族志观察与定性数据有时也用于支持客位视角的论点(Nelsen & Barley, 1997;Sutton, 1994)。

得学者们在支持主位视角与客位视角的问题上保持了某种程度的独立性。

但是，也有些学者认为主位研究方法与客位研究方法不应一直对立。一些人建议研究人员根据研究阶段选择采用哪种研究方法。例如，主位研究方法更适于探索性研究，而客位研究方法更适于假设检验（例如，Greenfield，1996）。

Berry（1990）在一份关于选择主义的研究报告中明确地提倡一种三阶段序列。第一阶段，初始的探索性研究依靠"外部强加"构念——出口研究者本国文化的理论定义和测量方法。第二阶段，采用其他文化的内部视角来解读最初的发现，注意到原始概念可能的缺陷，例如在研究者本国文化以外并不为人熟悉或适用的细节。在此基础上，模型中的构念就过滤掉了无法在跨文化情境中适用的细节。经过过滤留下来的便是"外部衍生"构念，即泛文化维度，例如人的价值取向或经济与生态的环境因素。在最后一个阶段，研究者仅需检测由提炼的泛文化构念形成的解释。

Brett 及其合作者（Brett，1997；Lytle，Brett，Barsness，Tinsley，& Janssens，1995）基于三阶段序列法，提出了另一个建议。这些学者不赞同 Berry 在分析各国间差异时严格区分文化因素与经济、生态因素的做法。同时，他们认为泛文化构念并不总是需要进行对应的测量。然而，与 Berry 的模型一样，他们最后的陈述也是基于泛文化构念形成的解释；主位视角虽然引导了初始步骤但并没有被保留在最后的解释中。[1]

Berry（1990）以及 Brett 等（1997）的序列选择模型大大影响了心理学和组织学研究者对文化的研究方法。但是这些分析仅仅是两种视角整合进程的一个开始。尽管他们描述了主位视角对于客位视角解释说明的改善作用，但是他们几乎没有提到客位视角如何激发主位视角研究。尽管他们描述了在给定研究

---

[1] Brett 等（1997）在一项由跨国研究团队所进行的研究中，提出了第二种主客位研究的互动模型。研究团队中的成员基于各自的主位观点发展测量工具，但在合作过程中利用客位框架与来自不同文化的团队成员进行交流。相比于第一种序列选择模型，虽然该互动模型并不明确，但作者们认为最后的陈述还是体现了针对这一现象的客位观点。

情境中两种视角的相互作用,但他们没有分析在一般研究领域两者长期的相互作用。为了给长期分析打好基础,我们现在引入对公平判断的研究。

公平判断

每当群体中的权威者在成员中分配资源或进行奖励时,公平判断都会存在。例如,管理者给一个精力旺盛的年轻销售员的奖金高于她年长且有经验的同事,这时观察者就会基于奖励与员工的贡献是否相符来对这位管理者作出正面或负面的评价。管理者和其他想得到正面评价的人都需要了解观察者是如何得出公平判断的结论的。可是判断并非易事,因为人们并非总是清楚地知道什么是公平:公平与其说是对现实的见证,不如说是一种概念性的解释。

幸运的是,在公平心理学研究中,有关观察者如何解释公平的研究框架已经建立了起来(Sheppard, Lewicki, & Minton, 1992)。这一研究的主要传统是针对分配公平的判断,即对特定的分配或分配模式的反应(Adams, 1965; Deutsch, 1985)。尽管越来越多的证据显示公平在很大程度上取决于分配的程序(Lind & Tyler, 1988; Thibaut & Walker, 1975; Tyler & Bies, 1990),但为简明起见,我们仍将研究限定在分配结果的公平上。

判断组织中资源分配公平与否有两个要件:(1)选择一个原则作为公平的原则或"天平";(2)解释相关人员的行为。两者的区别可借用传统的隐喻:公平由天平来衡量(见图1)。这幅图告诉我们有哪些因素会激发公平判断(左边的),哪些因素与观察者的主观解释有关(右边的)。在资源分配时,观察者会采用与情境匹配的衡量标准(即观察者会从很多公平原则中选取一个作为规则)。与此同时,观察者决定在天平两边放置什么。一方面,观察者需要分析管理者所分配的奖励有何意义;另一方面,观察者需要分析员工是否应获得这样的奖励。这样就可以衡量管理者与员工的行为,以检验天平是否平衡(公平)。尽管在公平的概念里也有其他认知步骤,但这一框架仅讨论核心要素。

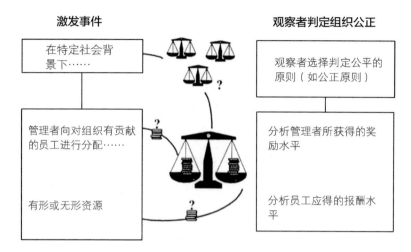

图 1　分配公平判定的要件*

* 原则运用就像选择衡量公正的天平；分析人类行为就像判定天平上该放哪些东西。

在回到文化差异之前，我们首先回顾一下在主流研究中有关公平认知的每个组成部分的要点。主流研究指的是在北美和欧洲背景下绝大多数的心理学研究与组织研究。有关人们如何选择公平原则的研究起源于一项对规范的测验：公平感一般来自按贡献进行奖励的公正原则（Adams，1965）。例如，如果人们认为计件薪酬系统是公平的，那是因为观察者采用了公正原则，并且认为管理者对奖励的分配与员工的贡献是平衡的。

此后纳入了其他各项原则的研究也开始进行。Deutsch（1975）认为，对原则的选择取决于情境中的主要目标：工作中生产目标最重要，因此采用公正原则；友谊中人际和谐最重要，这就要求采用平均原则；家庭中个人福利最重要，因此采用的是按需分配原则。总的来说，西方研究者认为组织中的公正原则是主要的，而其他原则仅在需要利用资源培养员工关系（例如办公室聚会的邀请）或保障福利（例如健康保障计划）等情形下才会用到。

除了对原则的选择，公平判断也需要解释相关的贡献和奖励。在解释员工的贡献时，观察者要判断某个员工有什么贡献和绩效。销售为零的销售人员可能没有业绩最好的人贡献大，但是他的贡献可能不仅仅在于销售及其他量化绩效上。要解释全部的贡献可能需要对情境进行详细的了解。由于当地的规范和惯例，诸如努力、态度或资历等因素在评估贡献时就会显得很重要。

另外，在解释管理者提供给员工的奖励时，观察者必须首先解释管理者的行为是如何让员工受益的。这需要有大量具体的知识，例如文化脚本、角色和象征性因素。另外，一些资源分配可能受到其他分配情境的影响。例如，Martin 和 Harder（1994）发现，美国员工更能容忍金钱（如薪酬）方面的差异化分配，只要管理者同时在无形的、社会情感（如友好）资源方面的分配是平均的。评估管理者的行为有何意义需要复杂的解释过程，而不是简单地对有形资源进行计算。

总之，近二十年来西方对公平心理学的主流研究发现了情境、资源分配与观察者反应之间越来越多的微妙关系，因此也出现了大量的证据来帮助管理者预见有关公平的敏感性问题（Sheppard et al., 1992）。同时，非西方背景的研究人员也开始拿出更多强有力的证据论证在公平判断过程中的文化影响。一些研究发现揭示了在选择公平原则时的差异（例如，Leung & Bond, 1984）。还有一些研究则发现对权威者与员工行为的解释也存在差异（例如，Redding & Wong, 1986）。现在我们来看看这种研究是如何进行的。

对文化影响力的研究

为了阐明文化差异如何在组织中出现，并为分析内部视角研究与外部视角研究的协同形式奠定基础，我们来简要地从各项研究中看看东亚文化与西方文化在公平判断的形成中有何差异。尽管东亚各地区的文化也有很大的不同，但几乎都传承了儒家文化的价值观和制度，这样也可以进行综合比较和对照。我们选择分析分配公平观的两个关键要素的研究结果：选择原则和解释行为。

选择原则

东亚背景中的主位研究指出了一个主题：不同的文化会以不同的原则判断一件事是否公平。例如，东亚民族志学者提出在儒家文化背景下和谐原则是非常重要的（Hsu，1953）。中国的群体观念认为和谐是社会组织和生产力的核心（Hsu，1971），而西方的常识与理论（Deutsch，1985）都将和谐与生产力割裂开来。儒家文化的代表孟子有言："天时不如地利，地利不如人和"，说明和谐并非是生产力的对立目标，而是创造生产力的一种方式。总之，早期的主位研究和文本研究揭示了一个强烈的和谐主题，反映在有关群体、人际关系和公平方面的文化著述中。然而，研究公平的学者在这方面受到的影响却很小。首先，民族志对和谐的描述还很模糊。其次，一些民族志资料（例如，中国与其他国家谈判的历史研究）似乎也有意地忽略了和谐（Pye，1982），这使我们对之前的结论产生了怀疑。

客位视角也很早就开始研究与公平原则有关的普遍价值观中存在的文化差异。最初的研究主要运用量表对比的形式来衡量西方环境中的工作价值观，例如个人的自由、平等和群体福利。一些研究发现中国人比北美人更重视群体导向的价值观（例如，Singh，Huang，& Thompson，1962）。

尽管这些研究发现了定义明确的、可复制的差异，但在方法上仍存在局限性，即在其他文化中使用西方概念未必恰当。Hofstede（1980）推进了该领域的发展。他基于40个国家的研究总结出了价值观的维度，包括通过国家层面的因子分析总结出的个人主义－集体主义维度。个人主义－集体主义维度并不是对他人的一般态度，而是个人感觉自己依存于特定群体的程度以及个人在多大程度上能为集体利益牺牲自身利益。基于经济与生态条件和社会行为的后果，Hofstede（1980）将这40个国家分类到了有关价值观取向的不同维度。

Triandis、Hui和其他学者建立了客位研究的测量工具，在个人层面上测量个人主义和集体主义。这些研究同样发现，在中国及其他受儒家文化影响的文化中，人们比西方人更注重集体主义价值观与信念，而且更强调内群体与外群体的不同（参见Triandis，1995的综述）。

尽管主位研究与客位研究都表明中国文化中公平可能有不同的概念，但并没能质疑主流公平心理学研究的显著发现。将以和谐为中心的主位观点与更注重群体内外差异的客位观点相结合,可以说是中国文化研究第一次对主流公平研究产生了重大影响。Leung 和 Bond(1984)检验了以下假设:在中国人中,对和谐的重视形成了群体内部成员互动时所采用的公平原则。这些实验区分了受试者是与内群体还是外群体成员共同完成任务的,并区分了成员的贡献程度。结果表明,在对待外群体成员时,中国人同美国人一样采用了公正原则,但在对待内群体成员时却不同于美国人,而是采用了一种更为复杂的原则。中国人对待内群体成员非常慷慨:当别人的贡献少于自己时,采用平均分配的原则;当别人的贡献比自己多时,则采用公平原则。这些发现的价值在于,相比以往的研究结果,它们通过说明文化与其他环境变量(例如,内群体与外群体)如何相互作用,揭示了文化影响的动态过程。同样的情况也发生在东亚背景下(Kim, Park, & Suzuki, 1990; Leung & Iwawaki, 1988),这些有力的结果为未来的研究延伸出了更多的情境因素(Chen, 1995)。

近年来,将公平原则的选择与更广义的文化价值观维度联系起来的做法受到了批评。客位传统里一些异常的发现引起了主位研究者的共鸣,因为长期以来主位研究者在概念上便持有异议(参见 Earley 和 Gibson, 1998 的综述)。这种争议激发了更看重内生概念的主位研究。例如,Chiu(1991)对有关不公平的中国谚语作了细致详尽的内容分析,Ho 和 Chiu(1994)通过相似的内容分析解释了个人主义-集体主义概念间的关系。

比起早期探索性研究或采用客位衍生概念的研究,最新的主位研究则在更大程度上揭示了中国社会关于具体公平原则关系间的细微差别。这些最新的主位区分可以用于客位衍生概念。例如,Leung(1997)运用了有关和谐动因的主位观点,并有区别地强调了采用平均原则是为了维持与次要群体内部成员的联系,而采用慷慨原则是为了增进紧密关系的和谐。尽管这项关于各种关系中和谐目标的研究报告来自中国文化的主位研究,Leung 还是认为其可能成为高度集体主义社会的客位假设。

总的来说,有关公平判断原则选取因素的研究实现了主位观点和客位观点的积极互动。尽管绝大部分有关这一因素的研究源自客位视角,但是主位视角也提供了一些观点。主位研究提出了创新性的概念（如和谐的一种途径是慷慨），挑战了一些客位概念（用单一维度解释个体的个人主义与集体主义表现），并找出了新的解决方式（如区分群体内部关系的种类）。在描述主位与客位的互动形式之前，我们先来看看对公平判断其他因素的研究。

解释行为

有关文化影响公平判断的观点主要来自主位研究。东亚情境中的实地研究和组织民族志（例如，Redding & Wong, 1986; Rohlen, 1974）常常关注一个主题：与西方相比，员工贡献度的评估与其任务绩效并非紧密相关。研究者在分析企业的政策和文化差异时发现了相关的一些趋势，比如，日本和韩国的组织在进行贡献度评估时会很重视员工的资历（Pascale & Athos, 1981），中国很注重人的社会关系（Redding & Wong, 1986），等等。这类主位研究说明即使在不同文化中选择了同样的公平原则（例如公正原则），在观察者如何定义贡献时仍可能有分歧（如绩效与资历）。

关于文化如何影响贡献度评估主位分析在中国本土概念的研究中应用得最广。尽管许多西方情境下员工的社会关系也是评估的要素，但在观察者评估员工贡献时，社会关系的作用是含糊和不明确的。而在中国文化中，却有许多描述个人关系网价值的概念（Hsu, 1971）。关系（书面语译为"connections"，但含有褒义）就是这样的一个概念，拥有丰富社交关系的人更有优势。在传统的中国商业情境中，关系对"面子"很重要（Hu, 1944）。关系很受关注，但研究者也会分析其他概念，比如"人情"（在关系中一个人帮助了另一个人）（Gabreyena & Hwang, 1996）。Hwang（1987）建立了一个通用模型，分析中国的社会和组织行为如何受到这些关系概念的影响。

尽管大部分解释行为的主位研究都涉及来自民族志观察和文本研究的定性数据，但一些主位分析也同时采用定量方法。例如，Hwang（1987）的模型对公平行为的预测就曾经交由实验检验。同时，对关系的主位预测也使用了定量研究工具。例如，关系的人口统计学方法便对"关系"进行了建模（Tsui &

Fahr，1995）。

一些学者提出了关于如何解释员工应得分配的客位假设。例如，Hofstede 认为集体主义社会"在决定谁获得晋升时要考虑员工是否属于小集团"，然而在个人主义社会"应只考虑技能和原则"（Hofstede，1991：67）。但并没有直接证据支撑这一客位假设，即分配受约于集体主义和内群体。

在最新的研究中，研究者试图通过对比不同文化间个人的社会网络是如何被评估的，来找出在其他集体主义文化中与"关系"类似的概念。例如，在某些拉美文化中，一种叫做**友人**（compadres）的关系在商业交往中非常重要（Stephens & Greer，1995）。基于客位分析，Xin 和 Pearce（1994）认为对关系的强调能防止欺诈的产生，因此，关系在缺乏制度保障（如强有力的法院）的环境中会应运而生。尽管这些学者提供了关系功能在中国的证据，但在其他不同文化中的证据还有待产生。Morris、Podolny 和 Ariel（1998）曾用问卷调查比较国际组织中员工的社会网络如何赢得他人的帮助。他们并没有观测到集体主义社会更重视社会关系的一般趋势，而是发现不同的社会关系在不同的集体主义情境下产生价值（例如，西班牙的友谊关系和中国香港的依赖关系）。总之，尽管客位视角在对关系如何影响员工应得分配的分析中发现了一些有趣的问题，但有些重要的细节还是没有得到研究。

总的来说，对主位与客位相互作用的研究帮助观察者进一步解释了与公平相关的结果。但有趣的是，与这一因素有关的文化研究大部分都来自主位视角——与我们在原则选取这一抽象因素中采用的视角恰恰相反。这也许反映出，在更加具体、基于知识的认知中，与客位相关的概念（即在不同文化中有着相同含义的概念）会更少。其原因可能在于，不同文化在应得报酬问题上的解释存在不同，而客位概念（如内群体）无法区分这些不同。

在了解了有关公平的文化研究成果之后，我们现在将总结主位与客位观点是如何相互补充的。

协同形式

基于前面公平判断研究文献的例子，我们现在来分析某研究领域中主位与客位研究协同的一般形式。我们从主位与客位研究如何激发彼此的过程开始，然后说明在描述文化时主位与客位研究方法可以弥补彼此的一些理论缺陷，最后论证只有将主位与客位观点相结合才可能得到有意义的公平判断的心理学模型。

相互激发

协同的主要形式即主位观点与客位观点对彼此的激发。不同的视角意味着一种视角的研究应向另一种视角学习。当最初从某一视角开始进行探索性研究时，文化可能对判断产生影响，这往往会激励在第二阶段对另一视角中的问题的研究，从而批评或质疑最初的结论。在质疑的过程中，第二阶段的研究常能激发初始结论与批评之间新的协同形式。图2展示了这种持续的、相互丰富的关系。两种研究方法有不同的长处，它们将相互补充。现在我们来描述两种视角之间具体的影响方式。

首先，我们来研究基于主位传统与客位传统的探索性研究有何不同特点。主位探索是通过开放的、长期的、置身于具体文化之中的民族志观察来进行的。这种方法的好处在于能描述细节（Geertz, 1983）。民族志学者希望不要完全按照以前的理论而是从文化本身的角度对其进行解释，这样新特点才能够被发现。然而，这种方法的缺陷在于主观性太强。研究者注意到哪些现象，又选择哪些现象进行归纳很容易扭曲原型。但是，有缺陷且矛盾的民族志能大大影响之后的研究。例如，Hsu（1953）对于和谐的描述以及对于其他有争议的概念的描述，为Leung and Bond（1984）在社会情境下对公平原则的文化差异的客位研究提供了灵感。

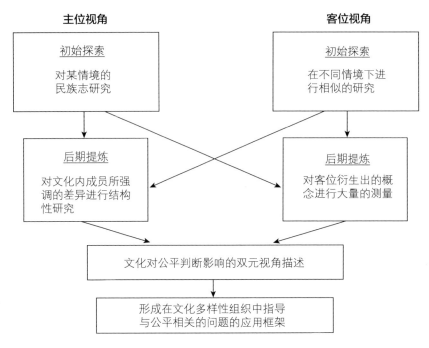

图 2　主客位研究方法间的互动 *

* 两种研究视角相互影响,从而得出一个综合性解释框架的路径。

客位视角的探索性研究往往采用已有的强加客位式问卷形式。测量工具的低对应性和缺乏通过持续的观察获取一手资料使得构念意义的细微差别在翻译中可能被忽视。然而,探索性研究还是能够在大量的杂乱信息中找出一些可靠的东西,也能理出文化差异与其他变量(例如,生态因素和经济因素)间关系的大体框架。探索性客位研究所定义的文化就像几个世纪前根据航海家的描述所制作的世界地图一样,非常粗糙。这种地图只是简单描绘了地形,却也能为更进一步的地理发现提供指导。

比如,Hofstede(1980)发现,即使是东亚工业化最发达的社会也与西方有很大的不同,这就是基于客位视角的探索性研究引发的进一步研究。在这项研究之前,许多社会科学家都认为不管传统文化如何,富裕的工业化社会的社会价值观都是快速趋同的(Inkeles,1960)。主位研究一般更关注工业化不发达的社会。Hofstede 的发现也使主位研究开始对东亚的日本、韩国、中国香港等工业化社会产生兴趣。

现在我们来看看主位视角与客位视角第二阶段的研究是如何互动的。在主位视角第二阶段的研究中，我们看到，研究者仍然从文化内成员的视角去解释某种文化，但比起主位视角的探索性研究者，他们更集中地关注该文化中的某个部分。通常，主位视角第二阶段的研究都是受到过客位视角第二阶段研究的影响的，因为它们的研究方向是找出客位研究漏掉的情境变量。例如，单一维度的个人主义价值观和集体主义价值观的客位研究促进了针对中国文化中价值观结构的主位研究（Chiu，1991；Ho & Chiu，1994）。这些主位研究给基于系统的数据收集和定量分析的客位研究带来了挑战，但同时也被融入新的客位研究中（例如，Leung，1997）。总之，主位研究对客位研究的批判使得曾不够受重视的方面得到了关注，并为后来迸发的客位描述提供了工具。

文化模型的丰富性

我们首先关注的是两种视角如何相互质疑并激发新的问题，接下来我们将关注主位研究与客位研究如何相互补充使得对文化的描述更加丰富。文化研究领域间有一条严格的分界线。分界线的一侧根植于历史逻辑，旨在于给定的环境中找到当地的规律，例如历史或民族志等领域。分界线的另一侧遵循功能逻辑，旨在寻找超越历史的一般规律，例如经济学领域。组织行为学与两种逻辑都有关系（例如，Burrell & Morgan，1979）。但是主位视角或客位视角都只能让我们处于一知半解的状态。因为主位研究挖掘文化内成员的解释，这就使主位研究者不由自主地注重文化或组织中造成某种现象的内部的、当地的原因。而客位视角关注的是外部结构性变量与行为的各种关系，因而更可能阐述功能性故事。

但是，有了整合性解释框架就能得到对文化更丰富的描述。其中一种方式是主位视角通过对几种文化的研究揭示一般性规律，使客位研究者产生共鸣。因为客位研究者通常会尝试描述相似的概念或测量方法中的一般性因素。例如，对中国社会及其他社会中员工关系的主位研究导致一般性的功能主义观点，即关系在何种情境下才显得重要（例如，Xin & Pearce，1994）。客位研究者的尝试很少取得全面成功，但他们提出了一个很有价值的问题：为什么某种历史范畴的行为会延续其现在的样子？客位研究者的这种描述转而又使得主位研究者开始注意效能主义者在其归纳中没有表现出来的独特细节。通过这一例子我们可以看到，从两种视角来看待同一现象能使解释框架更丰富、更有深度。对"关系"的主位描述使我们注意到，中国人对待分配公平的观念被嵌入在中国文化的方方面面。客位描述则表明，这些概念和这种文化都印证了，集体主义的综合症状虽然分散，但却是能够识别的，受到特殊的生态与经济前因变量的影响。

对文化的描述既要承认历史逻辑又要承认功能逻辑，这在组织行为学的研究当中是非常重要的，因为知识和实践要相互结合。例如，许多组织学研究者都对揭示权力的关系情有独钟，这就不仅需要从研究对象本身的角度进行解释，还要能超越研究对象本身，去描述研究对象所处的经济条件及其他环境（Jermier，1998）。文化描述需要客位视角与主位视角的整合。

判断模型的完整性

主客位研究的整合性框架比起单一视角的框架的另一优势在于，它能捕捉到在公平和其他判断中的多样性认知。我们回顾对文化与公平的研究可以发现，客位研究大多集中在公平原则的抽象因素上，相反，主位研究则大多集中在分析相关人员应得分配这样更具体的因素上。这种对主客位研究的偏好很可能是各自逻辑的内生。

实际上，客位视角只注意认知过程中的抽象因素而忽略其他因素的倾向，是源于识别客位衍生概念的过程。客位衍生概念（Berry，1990）指的是不同文化心理过程中变量所具有的相同特性。如果对行为与含义进行抽象化，就能更容易地识别出不同文化中具有相同含义的行为。结果就是，所有在不同文化中含义有差别的具体细节都被省略了。换言之，对跨文化普适概念的热衷使得研究者更追求抽象描述。而具体细节之间的差异很大，因此很难用类似的方法进行比较。

让我们来思考一下为何客位研究方法能描述公平原则运用的抽象因素而不能描述解释行为的具体因素。不同文化中的基本公平原则是有限的，从而可以运用客位衍生模型。然而，对行为的分析和解释却涉及大量交叉概念，包括社会角色、关系、象征标志，等等。不仅有诸多的概念，还有这些概念的定性内容，这就意味着可能有无穷多个变量。我们已经看到，关于分析应得分配的客位假设还没有得到实验支持。总之，客位研究方法得出的关于文化与认知的观点是高度抽象且不够完整的，很难对具体的案例作出预测。

现在来看问题的另一面。我们看到纯主位的研究方法也有很大的局限性。研究者仅凭借单一的主位研究很难提炼出关键的原则，如对中国人和谐观的早期民族志研究。可能观察两种不同文化中的行为能更容易地找出将其联系起来的抽象概念。总之，尽管两种视角常常使研究者注意到同一种现象，但它们也确实是互补的，因为两种视角能使研究者注意到不同的公平判断因素，从而更可能全面地认识到认知的各个重要方面。

整合性框架在应用中的优点

整合性框架不仅在基础理论中有优势，在实际应用中也有很多好处。管理者在处理公平判断的文化差异时对框架性指导的需求空前高涨。因为各国工作人员的多样性和组织全球化，组织的文化跨度越来越大。在跨文化管理的某些方面运用主客位综合性框架有许多好处：（1）预见到其他文化中的员工有关公平的敏感问题；（2）识别并选择政策；（3）成功地执行所选的政策。

预见到公平问题中的文化差异

客位研究在组织研究中享有很好的声誉，一部分原因在于它是实际且有效的。国际组织中多样的文化可以被简化为一些简单的文化维度。但有趣的是，有关管理者文化训练的经典内容几乎没有受到管理学期刊中客位研究的影响。

管理者还是倾向于逐个了解各国的文化来掌握文化敏感问题（例如，Cushner & Brislin，1996）。

通过参照常见的角色与情境，训练员给出了一些有潜在价值的指导。这些指导很少有客位归纳的影子，比如在群体内部互动中，是集体主义促进了维持和谐的分配原则。尽管客位归纳能让管理者对许多文化群体作出一般性预测，却不能使之对任何一种文化作出精准的预测，也即，要在诸如内群体等情况下运用客位预测方法，就必须补充清楚或举例说明当地文化情境的具体细节。如果没有通过主位分析所明确下来的文化细节，客位方法所得出的抽象原则很可能不足以制定组织政策。

识别与选择政策

之前的讨论表明，如果管理者预测到了公平问题的文化差异，那么他们可能要按照不同的国家来调整政策，从而使政策能够满足公平问题的多样性要求。然而，这种本土化政策是与很多组织的另一个目标——在全球范围内采用标准化政策——背道而驰的。越来越多的组织采用花旗（Citicorp）、飞利浦（Philips）、索尼（Sony）及其他跨国公司的模式，通过来自各个国家的管理者的轮换来保持协调。标准化和全球化政策有助于员工跨部门任职。因此，企业需要在本土化和标准化中间作出权衡。

要权衡与公平相关的政策，就需要一个文化影响公平判断的多因素整合分析框架。也就是，企业既要考虑到员工所偏好的原则有何差异，还要考虑到员工在解释管理者与同事的行为上的细节差异。图3展示了四种可能的组合方式。就目前而言，虽然研究何时以及如何采用全球组织标准（特别是怎样实施标准化）取得了进展（Shenkar & Zeira，1987；Sullivan，1992；Taylor, Beechler, & Napier，1996），但对该问题的理解仍然有限。鉴于此，我们来看看关于文化影响的概念化整合框架是如何有助于澄清各种可能的。

我们的框架可以将公平认知（以及组织的其他领域）中的差异分为三个类别：（1）解释事件的具体认识中存在的差异；（2）采取抽象原则过程中产

生的差异；（3）两者兼具的差异。想要采用标准化策略的企业会面临不同的问题，这取决于其差异属于哪一类。当然，如果没有差异，企业就可以采取全球通行的政策。

仅仅存在解释性认识差异可能是实施全球政策时最好处理的情形，因为员工对原则框架有着相同的解释。例如，两种不同文化的员工可能都秉持公正原则，但其中一种文化的人认为资历是很重要的贡献，而另一种文化的人认为绩效才是贡献。企业应该强调共同原则的相似性，将其作为公平的基础，并对贡献或投入作出清晰的定义。总之，在组织分配的公平原则方面，企业可以运用"全球化思维"，而在对具体行为的解释上要"入乡随俗"。

在原则上存在的差异使得采取全球标准化的政策并取得对公平观念的统一认识非常困难。例如，在薪水问题上，一个国家可能偏好公正原则，而另一个国家则偏好平均原则。如果发生这种情况，就可能需要采取一种策略：强调其他资源的分配是按照该文化偏好的原则进行的。如果全球薪资政策趋向于以公正为基础，那么在平均导向的文化中就要强调其他资源，例如尊重和津贴福利仍将平均分配。

	应得判断	
选择原则	文化间相似	文化间相异
文化间相似	•容易采取标准化政策	例如权衡长期绩效与短期绩效 •难以标准化 •强调原则的相似性并解释定义
文化间相异	例如公正原则与公平原则 •很难标准化 •强调用该文化偏好的原则分配某些资源	•极难标准化 •标准化需要明确的项目 •只有当某政策对企业很关键时才值得标准化

图3 跨文化标准化的决策框架 *

*区分文化对公平判断影响的类型能够说明企业在权衡全球化标准和本土化政策后会如何决策。

如果在解释和原则选择上都有重大差异，那么可能就需要有充足的投入来成功地实施标准化。例如，日本汽车制造商在北美工厂实施了许多日本组织政策，包括很少的职位分类、大量的跨职能培训（非个人定制）、持续提高的绩效标准（而不是按照合同规定的标准），以及终身雇佣关系（Florida & Kenney，1991；Fucini & Fucini，1990；Wilms, Hardcastle, & Zell，1994；Young，1992）。但是，北美员工与日本员工偏好的原则有很大的不同，对工作中事务的解释也很不相同，这就使得在北美很难实施日本企业的规定。日本汽车制造商的经验表明，这种情况下标准化需要更多的文化训练，以及对组织政策作出清晰的解释（Florida & Kenney，1991；Wilms et al.，1994），以避免使员工感觉到不公平（Fucini & Fucini，1990）。设计这样的训练项目需要企业研读对当地文化信念的主位分析，以开发出对观念的解释能让当地员工接受的训练项目。

成功地实施所选的政策

决定了是选用全球化薪酬政策还是本土化薪酬政策后，企业还需要去实施。实施政策中的关键就是要确认相关的员工和负责监管的管理者是否对政策信服。如果方案能反映出利益相关方的想法，就很有可能取得成功。如果是由上级强加的、反映外部视角的政策，就往往会遭到反对（Drazin & Sandelands，1992；Dunbar & Ahlstrom，1995）。因此，只运用客位视角的管理者就很可能遭到主位文化群体中下级的反对。然而，只运用主位视角的当地管理者则可能遭到上级的反对。也就是说，仅运用主位视角描述自身问题的文化群体，可能遭到外部群体的否认或排斥，因为外人不理解内部视角对于公平问题的解释。因此，只有应用主位与客位双重语言表述的方案，才可能同时满足针对公平敏感问题的文化差异政策所涉及的利益各方的需求。

结　论

在这篇文章里我们扩展了此前有关文化主客位互补性的论点。与以前 Berry（1990）以及 Brett 等（1997）的提议相比，我们集中探讨了一个研究领

第8章
内部视角与外部视角：整合文化与公平判断的主客位观点

域中的长期协同效应。我们描述了几种激发形式，即两种研究传统如何相互启发、相互挑战对方的发展。另外，我们还论证了整合性分析框架如何结合两种传统的视角，从而避免了单一主位或单一客位研究在描述文化及其对认知的多重影响上的局限性。最后，我们论述了这种整合框架在指导解决国际组织公平观念的管理应用问题中有哪些优势，即整合性框架能更好地预见到员工的公平敏感问题，更好地帮助企业制定政策、选择决策，进而更好地实施政策。

参考文献

Adams, J. S. (1965). Inequity in social exchange. In L. Berkowitz (Ed.), *Advances in Experimental Social Psychology* (pp. 267-299). New York: Academic Press.

Berry, J. W. (1990). Imposed etics, emics, derived etics: Their conceptual and operational status in cross-cultural psychology. In T. N. Headland, K. L. Pike, & M. Harris (Eds.), *Emics and Etics: The Insider/Outsider Debate* (pp. 28-47). Newbury Park, CA: Sage.

Brett, J. M., Tinsley, C. H., Janssens, M., Barsness, Z. I., & Lytle, A. L. (1997). New approaches to the study of culture in industrial/organizational psychology. In P. C. Earley & M. Erez (Eds.), *New Perspectives on International Industrial/Organizational Psychology* (pp. 75-129). San Francisco: New Lexington Press.

Burrell, G., & Morgan, G. (1979). *Sociological Paradigms and Organizational Analysis*. London: Heinemann.

Chen, C. C. (1995). New trends in reward allocation preferences: A Sino-U.S. comparison. *Academy of Management Journal*, 38, 408-428.

Chiu, C. Y. (1991). Responses to injustice in popular Chinese sayings among Hong Kong Chinese students. *Journal of Social Psychology*, 131, 655-665.

Cushner, K., & Brislin, R. W. (1996). *Intercultural Interactions: A Practical Guide*. Thousand Oaks, CA: Sage.

Deutsch, M. (1975). Equity, equality, and need: What determines which value will be used as the basis of distributive justice? *Journal of Social Issues*, 31, 137-149.

Deutsch, M. (1985). *Distributive Justice*. New Haven, CT: Yale University Press.

Drazin, R., & Sandelands, L. (1992). Autogenesis: A perspective on the process of organizing. *Organization Science*, 3, 230-249.

Dunbar, R. L., & Ahlstrom, D. (1995). Seeking the institutional balance of power: Avoiding the power of a balanced view. *Academy of Management Review*, 20, 171-192.

Earley, P. C. (1989). Social loafing and collectivism: A comparison of United States and People's Republic of China. *Administrative Science Quarterly*, 34, 565-581.

Earley, P. C., & Gibson, C. B. (1998). Taking stock in our progress on individualism-collectivism: 100 years of solidarity and community. *Journal of Management*, 24, 265-304.

Farh, J. L., Earley, P. C., & Lin, S. C. (1997). Impetus for actions: A cultural analysis of justice and organizational citizenship behavior in Chinese society. *Administrative Science Quarterly*, 42, 421-444.

Florida, R., & Kenney, M. (1991). Transplanted organizations: The transfer of Japanese industrial organization into the U. S. *American Sociological Review*, 56, 381-398.

Fucini, J. J., & Fucini, S. (1990). *Working for the Japanese–inside Mazda's American Auto Plant*. New York: Free Press.

Gabrenya, W. K., & Hwang, K. K. (1996). Chinese social interaction: Harmony and hierarchy on the good earth. In M. H. Bond (Ed.), *Handbook of Chinese Psychology* (pp. 309-321). Hong Kong: Oxford University Press.

Geertz, C. (1976). From the native's point of view: On the nature of anthropological understanding. In K. Basso & H. Selby (Eds.), *Meaning in Anthropology* (pp. 221-237). Albuquerque: University of New Mexico Press.

Geertz, C. (1983). *Local Knowledge: Further Essays in Interpretive Anthropology*. New York: Basic Books.

Goodenough, W. (1970). *Description and Comparison in Cultural Anthropology*. Chicago: Aldine.

Greenfield, P. (1996). Culture as process: Empirical methodology for cultural psychology. In J. W. Berry, Y. H. Poortinga, & J. Pandey (Eds.), *Handbook of Cross-Cultural Psychology*, 1 (Revised Ed.), 301-346. Needham Heights, MA: Allyn and Bacon.

Gregory, K. (1983). Native-view paradigms: Multiple cultures and culture conflicts in organizations. *Administrative Science Quarterly*, 28, 359-376.

Habermas, J. (1971). *Knowledge and Human Interests*. Boston: Beacon.

Harris, M. (1979). *Cultural Materialism: The Struggle for a Science of Culture*. New York: Vintage.

Headland, T., Pike, K., & Harris, M. (1990). *Emics and Etics: The Insider/Outsider Debate.* Newbury Park, CA: Sage.

Ho, D. Y., & Chiu, C.-Y. (1994). Component ideas of individualism, collectivism, and social organization: An application in the study of Chinese culture. In U. Kim, H. C. Triandis, C. Kagitcibasi, S.-C. Choi, & G. Yoon (Eds.), *Individualism and Collectivism: Theory, Method, and Applications* (pp. 200-212). Newbury Park, CA: Sage.

Hofstede, G. (1980). *Culture's Consequences: International Differences in Work-related Values.* Beverly Hills, CA: Sage.

Hofstede, G. (1991). *Culture and Organizations.* Beverly Hills, CA: Sage.

Hsu, F. (1953). *Americans and Chinese: Two Ways of Life.* New York: Abelard-Schuman.

Hsu, F. (1971). Psychological homeostasis and jen: Conceptual tools for advancing psychological anthropology. *American Anthropologist*, 73(1), 23-44.

Hu, H. C. (1944). The Chinese concepts of face. *American Anthropologist*, 46(2), 45-64.

Hwang, K. K. (1987). Face and favor: The Chinese power game. *American Journal of Sociology*, 92, 944-974.

Inkeles, A. (1960). Industrial man: The relation of status to experience, perception, and value. *American Journal of Sociology*, 66(1), 1-31.

Jermier, J. M. (1998). Introduction: Critical perspectives on organizational control. *Administrative Science Quarterly*, 43, 235-256.

Kashima, Y., & Callan, V. J. (1998). The Japanese work group. In M. Dunnett (Ed.), *Handbook of Industrial and Organizational Psychology* (Vol. 4, pp. 609-646). Palo Alto, CA: Consulting Psychologists Press.

Kim, K. I., Park, H. J., & Suzuki, N. (1990). Reward allocations in the United States, Japan, and Korea: A comparison of individualistic and collectivistic cultures. *Academy of Management Journal*, 33, 188-198.

King, A. Y. C. (1991). Kuan-hsi and network building: A sociological interpretation. *Daedalus*, 120(2), 63-84.

Kloos, P. (1988). *Door Het Oog van Anthropoloog (Through the Eyes of the Anthropologist).* Muiderberg, the Netherlands: Coutinho.

Kondo, D. K. (1990). *Crafting Selves: Power, Gender, and Discourses of Identity in Japanese*

Workplace. Chicago: University of Chicago Press.

Leung, K. (1997). Negotiation and reward allocations across cultures. In P. C. Earley & M. Erez (Eds.), *New Perspectives on International Industrial/Organizational Psychology* (pp. 640-675). San Francisco: Jossey-Bass.

Leung, K., & Bond, M. H. (1984). The impact of cultural collectivism on reward allocation. *Journal of Personality and Social Psychology*, 47, 793-804.

Leung, K., & Iwawaki, S. (1988). Cultural collectivism and distributive behavior: A cross-national study. *Journal of Cross-Cultural Psychology*, 19(1), 35-49.

Lind, E. A., & Tyler, T. R. (1988). *The Social Psychology of Procedural Justice*. New York: Plenum.

Lytle, A. L., Brett, J. M., Barsness, Z. I., Tinsley, C. H., & Janssens, M. (1995). A paradigm for confirmatory crosscultural research in organizational behavior. In L. L. Cummings & B. M. Staw (Eds.), *Research in Organizational Behavior* (Vol. 17, pp. 167-214). Greenwich, CT: JAI Press.

Malinowski, B. (1922). Argonauts of the western Pacific. London: Routledge.

Marano, L. (1982). Windigo psychosis: The anatomy of an emic-etic confusion. *Current Anthropology*, 23, 385-412.

Martin, J. (1992). *Cultures in Organizations: Three Perspectives*. New York: Oxford University Press.

Martin, J., & Frost, P. (1996). The organizational culture war games: A struggle for intellectual dominance. In S. R. Clegg, C. Hardy, & W. R. Nord (Eds.), *Handbook of Organization Studies* (pp. 598-621). Thousand Oaks, CA: Sage.

Martin, J., & Harder, J. W. (1994). Bread and roses: Justice and the distribution of financial and socio-emotional rewards in organizations. *Social Justice Research*, 7, 241-264.

Morris, M. W., Podolny, J., & Ariel, S. (1998). Missing relations: Incorporating network analysis into models of cultural influence on behavior. Research Paper 1527, Stanford, CA: Stanford Graduate School of Business.

Nelsen, B. J., & Barley, S. R. (1997). For love or money? Commodification and the construction of an occupational mandate. *Administrative Science Quarterly*, 42, 619-653.

Pascale, R. T., & Athos, A. G. (1981). *The Art of Japanese Management*. New York: Simon and Schuster.

Pike, K. L. (1967). *Language in Relation to a Unified Theory of the Structure of Human Behavior*. The Hague: Mouton.

Pye, L. (1982). *Chinese Commercial Negotiation Style*. Cambridge, MA: Oelgeschlager, Gunn & Hain.

Redding, G., & Wong, G. Y. (1986). The psychology of Chinese organizational behavior. In M. H. Bond (Ed.), *The Psychology of the Chinese People*. New York: Oxford University Press.

Rohlen, T. (1974). *For Harmony and Strength: Japanese Whitecollar Organization in Anthropological perspective*. Berkeley: University of California Press.

Schneider, B. (1990). *Organizational Climate and Culture*. San Francisco: Jossey-Bass.

Shenkar, O., & Zeira, Y. (1987). Human resource management in international joint ventures: Directions for research. *Academy of Management Review*, 12, 546-557.

Sheppard, B. H., Lewicki, R. J., & Minton, J. W. (1992). *Organizational Justice: The Search for Fairness in the Workplace*. New York: Macmillan.

Shweder, R. A. (1991). *Thinking Through Cultures: Expeditions in Cultural Psychology*. Cambridge, MA: Harvard University Press.

Singh, P. N., Huang, S. C., & Thompson, G. G. (1962). A comparative study of selected attitudes, values, and personality characteristics of American, Chinese, and Indian students. *Journal of Social Psychology*, 57(1), 123-132.

Skinner, B. F. (1938). The behavior of organisms: An experimental analysis. Englewood Cliffs, NJ: Prentice-Hall

Smith, P. B., & Bond, M. H. (1998). *Social Psychology: Across Cultures* (2nd Ed.). Boston: Allyn and Bacon.

Stephens, G. K., & Greer, C. R. (1995). Doing business in Mexico: Understanding cultural differences. *Organizational Dynamics*, 24, 39-55.

Sullivan, D. (1992). Organization in American MNCs: The perspective of the European regional headquarters. *Management International Review*, 32, 237-250.

Sutton, R. (1994). The virtues of closet qualitative research. Unpublished manuscript, Stanford University, Stanford, CA.

Taylor, S., Beechler, S., & Napier, N. (1996). Towards an integrative model of strategic international human resource management. *Academy of Management Review*, 21, 959-985.

Thibaut, J., & Walker, L. (1975). *Procedural Justice: A Psychological Analysis*. Hillsdale, NJ:

Lawrence Erlbaum Associates.

Triandis, H. C. (1995). *Individualism and Collectivism.* Boulder, CO: Westview Press.

Tsui, A., & Fahr, L. (1995). A relational demography analysis of guanxi. Paper presented at the annual meeting of the Academy of Management, Vancouver, British Columbia.

Tyler, T. R., & Bies, R. J. (1990). Beyond formal procedures: The interpersonal context of procedural justice. In J. S. Carroll (Ed.), *Applied Social Psychology and Organizational Settings.* Hillsdale, NJ: Lawrence Erlbaum Associates.

Wilms, W. W., Hardcastle, A. J., & Zell, D. M. (1994). Cultural transformation at NUMMI. *Sloan Management Review*, 36(1), 99-113.

Wundt, W. (1888). Uber Ziele und Wege der Volkerpsychologie. *Philosphische Studien*, 4, 1-27.

Xin, K., & Pearce, J. L. (1994). Guanxi: Good connections as substitutes for institutional support. Paper presented at the annual meeting of the Academy of Management, Dallas, TX.

Yang, K.-S. (1986). Chinese personality and change. In M. H. Bond (Ed.), *The Psychology of the Chinese People* (pp. 106-170). Hong Kong: Oxford University Press.

Young, S. M. (1992). A framework for successful adoption and performance of Japanese manufacturing practices in the United States. *Academy of Management Review*, 17, 677-700.

第9章

社会通则：一个多元文化视角的社会信念模型*

梁 觉　Michael H. Bond

翻译：郭 理

校对：陈晓萍

摘要： Leung 等（2002）提出了五种文化背景下的社会通则五因素模型。为评估这一框架的普遍性与内涵，本研究设计了一项全球性的研究计划。我们收集了来自40种文化背景的学生和13种文化背景的成人提供的数据，发现这两类数据都为这一五因素结构的通用性提供了强有力的支撑。在五因素模型中，"愤世嫉俗"是指人们在其日常生活中，尤其是与比他们更有权势的人相处时，期望得到积极或消极结果的程度；"社会复杂性"是指人们对于个体行为的变化和影响社会结果之因素的判断（而这两者都反映了社会因果关系的灵活性）；"付出获得回报"是指一个人对于持续的努力（如相关的知识、付出的努力或者周密的计划）最终将克服艰难险阻的信念的强度；"宗教信仰"是指对于信仰宗教而产生的积极的、个人的和社会性的后果的评估，以及对于

---

* Kwok Leung, Michael H. Bond, Mark P. Zanna (Ed.) (2004). Social axioms: A model for social beliefs in multicultural perspective. *Advances in Experimental Social Psychology* (Vol. 36, pp. 119-197). San Diego, CA, US: Elsevier Academic Press, x, 438.

神灵的存在的信念;"命运控制"则是指人们相信人生中的重大事项既是命中注定,又能被预测和改造的程度。这五类通则的效度和有用程度通过每种文化中公民特征与社会特征之间的联系加以呈现。此外,这些通则的意义也得到了文化内的研究和跨文化研究的支持。最后,我们讨论了我们研究结果的理论贡献以及未来的研究方向。

> 虽然从生理的角度人类未能获得排序机制,但却更促使他们将根据自身经验得来的秩序强加于社会。
> ——Peter L. Berger, *The Sacred Canopy: Elements of a Sociological Theory of Religion*

我们每个人都面对着一个物质的、社会的、精神的世界,这个世界必须结构化,只有这样我们才能找到走出生命迷宫的道路。这一结构化过程是指在各种不同的情境中,我们都需要先设定目标,然后利用我们已有的知识技能去实现我们的目标。通过用一生的时间与这个世界打交道,我们会知道应该做什么,不应该做什么。

社会心理学家已经对这一层面的评价体系进行过深入的研究(例如,Rokeach,1973)。这类研究在文化层面上持续发酵,一些社会学家试图将一些不同的文化价值观运用到他们的研究测量中(例如,Kluchohn & Stridtbeck,1961),他们提出不同文化背景下人们的价值观概念(例如,Schwartz,1992),然后运用相应的方法对来自不同文化背景的样本进行测试(例如,Bond,1988)。

这些研究成果为价值观的研究提供了思路,后人在这一价值观框架下对沿袭不同文化传统的代表人物进行了类似的研究(例如,Echter et al.,1998)。其中最著名的对于价值观的探讨当属 Schwartz(1992)的研究,他运用已有的研究思路和方法发现了价值观的泛文化类型。如果价值观这个概念对于所有人都是可理解且有意义的,那么跨文化研究就可以把价值观和人的社会行为联系起来。而不同文化背景下人们的行为模式之间的区别也可以分离开来(Bond,

1988），这种分离可以通过以价值观的视角去解释这些人的行为意图与实际行为之间的区别来完成（例如，Bond，Leung & Schwartz，1992；Sagiv & Schwartz，1995）。

但是跨文化研究在某些情况下也不能达到分离的效果。Ip 和 Bond（1995）发现，中国香港人和美国人在对个人特质或社会角色等进行自我归类时，不论在文化内还是文化间，均与 Schwartz（1992）提出的价值观无关，也即价值观对归类行为并无影响作用。但是，哪怕我们无法通过一个心理学概念来找出不同文化之间的区别，其实也还有很多东西可以证明它们的存在。比如，"行为结果"可能被限定在一种或多种文化群体中，并且这些"行为结果"并不由内在的心理中介机制（如价值观）控制（Smith & Bond，2004）。另一个可能性，与本研究更相关，就是心理结构的其他类型或许能够在文化群体内部推动行为的后果，比如预期（Leung，1987；Leung，Bond，& Schwartz，1995）。直到最近才有跨文化心理学家开始提出及验证关于文化对心理过程的中介机制的假设（例如，Brockner，2003），而理论的发展和对中介作用机制的研究还处于初期。

本研究设计了一项研究来定义这样一个概念，我们把它叫做"通用信念"或"社会通则"。"社会通则调查"集合了源自欧美的信念心理学内涵及来自中国和委内瑞拉两种不同文化传统的输入，本研究计划通过改进这一调查问卷，提出关于人们信念的泛文化维度的内容。社会通则的五因素框架最先在中国香港和委内瑞拉被定义，并逐渐在美国、德国、日本被重复定义（Leung et al.，2002）。紧接着，这一社会通则框架的普遍性在一项全球化的研究中得到了评估，评估结果将在后文中进行说明。评估这一框架有效性和实用性的方法有两种。其一，我们先为每一组文化群体的公民拟定出他们在不同维度上可能的表现，然后将这些表现特征和维度得分与（不同文化背景下的）社会特征联系起来，去探究个体"意识"如何追踪一般的行为，又如何被这一"貌似可信的框架"维系。

其二，无论公民的表现特征如何，任何一种文化体系下的人都会在不同程度上使用这些通则去预期、指导自己的行为并使其合理化。社会通则的功能与描述个体差异的其他概念一样，会通过自身拥有的规则网络，与其他概念比如价值观产生联系，并与其他心理学概念共同作用催生行为。但这些通则的内在联系及其对行为的作用模式可能因文化差异而有所不同。另外，外在的社会因素会有助于预测行为，而这些情境因素可能很难概念化或加以测量（例如，Seeman，1997；Wicker，1992）。然而，要找出这些事实，就需要进行文化内的和跨文化的研究，这些研究须将信念或者其他中介变量当作个体差异变量，再研究它们和其他内在的因素及理论上相关的、外部的社会因素的影响作用。本研究基于这一角度回顾了社会通则研究的相关实证数据，希望能够激发自身在其他行为研究领域的拓展和延伸。与第一种方法不一样的是，这种方法的研究成果只着眼于个体层次（Leung & Bond，1989）。

社会心理学中的信念

在主要的社会学科（包括心理学、社会学、人类学、政治学）中，信念是一个关键的概念。Bar-Tal（2000，ch. 2）对社会心理学研究中的共享信念进行了一个历史性的回顾，其中最早可追溯到 Wundt 和 Duckheim 的研究。根据我们的研究目的，按照他们的知识传统将社会心理学研究中的信念粗略地划分为四类。

共享信念

这一观点认为信念的存在是社会性的，并且在如某一个社区或者国家之类的社会群体范围内被广泛共享。这一领域最著名的当属 Moscovisi 在约 50 年前基于 Duckheim 的集体表征论提出的社会表征理论（social representations theory）。这一研究的主要观点是社会表征普遍存在于群体之中，且有助于群体理解现实。根据 Moscovisi 的研究，社会表征是"从已有的研究中挑选出来的用于对人、事、物进行分类的大家都有的特点"（2001：18）。社会表征使得人们可以了解自身所处的社会，让他们产生交际、进行有效的沟通，以及指导自己的行为。社会表征不仅存在于人的意识中，还存在于凝聚了人类劳动的产品当中，如书本、建筑物、电影等。

在 Moscovisi 的构想中，社会表征自身是动态的，会随着人与人之间的交往或交流而发生变化。人们在很多领域发展了社会表征的内涵，这些内涵的复杂性和抽象性均有所不同。Duveen（2001）的研究为我们了解社会表征对人类认知的影响机制提供了一个简单的例子，它就像布拉格与布达佩斯之于维也纳的地理位置关系一样。大部分人都认为布拉格和布达佩斯都在维也纳的东边，因为这两座城市都隶属于前东欧国家。而事实上，布拉格在维也纳的西边，且更靠近西欧而非东欧。Wagner 和 Kronberger（2001）在他们的研究中为我们理解社会表征提供了一个较为复杂的例子，他们研究了欧洲的粮食基因工程这一事件的社会表征。他们对其中的关键信念作出了定义，比如这样一个信念：在生物中引进别的基因将导致这些生物生长得巨大且畸形。这些信念的出现可以追溯到早期广为流传的关于细菌如何引发疾病、伪科学如何制造出会毁灭人类的怪兽的信念。简单来说，人们对于未知事物的理解和认知是受到与这些未知事物相关的事物的社会表征影响的。

社会表征理论的主要不足是它本身的模糊性，尤其是它的概念解释非常不明确（Jahoda，1988）。Markus 和 Plaut 戏称"社会表征理论就像忘了做课程作业还试图掩饰一样，这下麻烦可大了"（2001：183）。在最近出版的一本书中，Bar-Tal（2000）描述了一种特殊的社会表征，他将其称为社会通则，这种社会通则的基本功能就是为群体身份的划分提供依据。Bar-Tal 为这一框架提供了完善的定义，并附有清晰的概念解释和假设。社会通则被定义为"社会成员长期拥有的一种信念，这种信念的内容被这些社会成员用来描述其所在的社会"（Bar-Tal，2000：39）。社会通则往往围绕着某个主题展开，Bar-Tal 描述了几种类型的社会通则：爱国主义、安全性、危机感和合法性。以安全性为例，这一主题下的信念涉及对感知到的不安全因素、潜在的威胁、获得安全的方法及维护安全所需的必要条件进行的测量评估。Bar-Tal 进一步提出了民族精神的内涵，这一内涵包括一系列社会通则的集合，并为一个社会提供了更加核心的描述。比如，在 McClosky 和 Zaller（1984）的研究的基础上，Bar-Tal 将美利坚民族精神描述为由资本主义和民主主导的信念。

因此，共同的信念反映了人们通过建构社会来寻求对现实社会的理解和认知的过程。这个建构过程是大家共同拥有的，人们可以相互交往和交流，通过相互交往，人们对于社会的特点有了共同的认知，进而也就有了相似的行为模式。在这类研究中，社会表征只在一种特定的情境下进行探讨，那么其中的社会通则也就只适用于特定的情境。

信念及其通俗理论

人活于世，总想知道自己所处的社会是怎样运作的。这些对社会的理解（通常被称为信念）一般是内隐的或者约定俗成的。这方面的研究最早可追溯到 Heider（1958）对于人类行为的简单分析，在这一研究中，人类被视作可以发展、测试、修正日常生活中的信念的天生的科学家。Kelly（1963）是这一领域的另一位先驱者，他引入了个体框架的概念，人们运用这一框架去认知和解释所遇到的事件，并产生相应的行为。Furnham（1988）对不同领域内的通俗理论（lay theory）进行了综述，这些领域包括药学、精神病学、心理学、经济学、教育学、统计学和法学。虽然学者们对其感兴趣的不同领域内的潜在信念的结构进行了大量的研究，但是，目前还没有关于信念适用于不同文化背景的基础结构的研究。

在 Furnham（1988）的研究之后，社会心理学领域的通俗理论研究逐渐增多。然而，目前对于通俗理论的研究，如在心理学领域，就提出了更便于认知的框架。比如说，在群体认知领域，集体性认知概念成为一个非常有影响力的话题，并形成了许多研究分支。其核心含义是指，人们倾向于将个体的集合看作以某种形式结合在一起的社会团体。研究表明一群人的认知集体性程度会对认知者对于这些个体的判断和行为产生重大的影响（Brewer & Harasty, 1996; Hamilton & Sherman, 1996）。Lickel 等（2000）发现，认知集体性因群体类型的不同而存在差异，亲密的群体（如朋友）的认知集体性水平最高，接下来依次是任务群体（如工作团队）、社会群体（如女性）以及不甚紧密的群体（如古典音乐爱好者）。Dasgupta、Banaji 和 Abelson（1999）发现，人们会对由有相似身体特征的人组成的群体怀有敌意。这些研究结果表明，身体特征是形成认知集体性的一个基础。

第二个例子来自对归因的跨文化研究。Morris 及其同事（例如，Morris, Menon, & Ames, 2001; Morris & Peng, 1994）提出了机构的潜在理论的概念，这一概念可以用于在大体上了解社会认知，尤其是在归因方面不同文化之间的差异。代理隐性理论（implicit theory of agency）是指"不同种类的人与团体有意识或无意识的行为表现的概念"（Morris et al., p. 169）。这种理论被用来解释归因在中国和美国两种不同文化背景下的差异，一般来说，中国人更喜欢把行为归因于环境原因，而美国人则更喜欢将其归因于个人原因。这种文化差异模式也表明中国人更倾向于认同集体主义（如家庭和群体），而美国人则更倾向于认同个体主义。比如，Menon、Morris、Chiu 和 Hong（1999）更可能说"每个人都拥有自由的意志"以及"听从内心的方向"，而新加坡人则更可能说出关于组织的这一类言论。

总的来说，在过去的 30 年里，研究者们在很多领域对基础信念进行了研究，并得到了可观的研究成果。然而，还没有尝试寻求一种在各个领域内通用的基础信念的结构。

信念的过程模型

与基础信念研究平行的还有关于信念的形成和变化过程的探讨。社会心理学领域对信念的过程模型的研究一般与已有的对于态度的研究有关，其中，态度包括认知、情感和行为三大要素。鉴于信念是态度的关键组成部分，所以信念的过程模型与态度的过程模型一同出现。Festinger（1957）对认知失调的研究为信念过程理论（process models of beliefs）开创了先河。当人们面对两种矛盾的认知时，认知失调也就产生了，矛盾的认知还会导致认知、情感、行为的变化。后来，社会心理学领域对于信念的研究中最广为人知的当属对自我实现预言的探究，它为信念能够创造社会现实提供了充足的理论依据（Snyder，1984）。

与信念过程理论在时间上更接近的研究是 Kruglanski（1989）提出的基础认识学，这一研究介绍了人类知识是在提出假设—验证假设的过程中得以形成和修正的。与其他模型一样，这一模型也聚焦于认知过程的动态性，所以信念和认知的内涵仅仅是次要的意图。另一类著名的信念过程模型研究则与知识结构的成文（如计划书和手记）有关（例如，Abelson，1981；Rumelhart，1984）。Abelson（1988）对这一研究进行了补充，强调了强烈信念的重要性。Roseman（1994）的研究中举了这样的一个例子——对于裁军这一事件的信念。一般来说，这类研究倾向于聚焦某一特定领域，也并未意在提出通用的信念框架。

个体差异层面的信念

信念被广泛用作个体差异变量来解释和预测社会行为。信念的维度得以发展，其有效性和实用性也通过许多不同的变量之间的显著关系得以说明。控制定位（locus of control）是指一个人对于发生在自己身上的事情能否受自身控制的信念（Rotter，1966），这大抵是这一系列研究中最著名的一个例子。研究表明，控制定位与人的行为有着广泛的联系（例如，Lau & Leung，1992；Spector，1982）。

这类研究中还有 Wrightsman（1992）对于人类本身信念的研究，他定义了这一信念的六个因素：可信赖性、利他主义、意志力与合理性、独立性、灵活性、差异性。研究表明个体的内在信念与许多人际行为相关。比如说，那些被认为拥有较强意志力和合理性的人更容易受到同辈的喜欢（Wrightsman，Richard，& Noble，1966）。

值得注意的一点是，虽然信念的内容经常作为衡量个体差异的依据，但是它们经常是跟其他影响价值观和行为的内容混合在一起的。这种混合导致理论上的模糊和模型改进上的不严密。完全基于价值观的量表很少见，而控制定位和对于人类本身的信念则是其中不可多得的两种。

小 结

通过对信念相关的主要研究进行回顾，我们可以发现，信念是社会心理学范畴里的一个关键概念，且不少研究者对不同领域内信念的内涵及其潜在的心理过程进行了大量的研究。虽然对于信念的研究已经有很多，然而很明显可以看出，这些不同领域内的研究成果都受限于某一特定的背景且都十分细致。但正因为信念的广义和多样性，在社会表征、通俗理论和信念量表方面去探讨它都将会很模糊。在生物学中，植物和动物的范畴差异可能更大，但是进化论中提出的分类理论可以将数量庞大的生物划分成清晰而又有序的类别。而信念这一概念缺乏这样的分类机制，这一领域内也还没有一个理论可以将信念很好地组织起来形成一个清晰的结构。在我们看来，这一分类机制缺失的原因有二。首先，抽象层面上对于信念的研究往往与整体密不可分。比如说，关于共享信念的大部分研究都与某一特定文化背景联系在一起，那么信念的定义也只对应那一个特定的背景。其次，就算研究者研究与通俗理论、信念量表一样更为抽象、更为普适的信念，他们也经常只聚焦于一种特定的信念，如控制定位或集体主义。在这一领域中，对更广范围内的通用信念的研究尚未出现。为填补这一空缺，本研究将专注于社会通则来定义一种泛文化的、宽泛的、普适的信念框架，并探究这一框架与一系列社会行为之间的联系。

基本的心理学概念：社会通则

> 自然界的整个脸上都戴着理论的面具。
> ——William Whewell, *The Philosophy of the Inductive Sciences*

普适信念的重要性

人们在单纯地坚持从繁杂中理出头绪来时，都要经历 James 所说的"巨大的迷茫"。我们关于这个过程的最早的经历,应该是在顺利的或糟糕的情境之下找出开心或痛苦的经历的顺序。此后则包括更高层次的情境——生理的及心理的激励因子的复合体。之后我们便从显著的因果关系中提取专业领域的知识,这样一来我们就可以更有效地应对我们所处的特定文化背景下的微观世界了(Super & Harkness,1986)。许多有用的概念也因此得以提出、评估和详细阐述。知道了我们所处的世界的运作方式,我们就可以提高生活效率,更好地追求我们的目标及避免我们害怕的惩罚。

正如康德(Kant)所说,这种普遍的排序机制也许是人类先天就有的且无法抵抗的。Voegelin认为我们对秩序的渴望源于对混乱的恐惧:

> 历史上任何一个社会都是混乱中对价值(意义)的排序和保护。没有规矩,不成方圆。如果没有这样一种秩序,群体和个人都将受到来自对混乱的恐惧的威胁,Emile Durkheim将其称为社会混乱,即一种"失序"的状态。(1956:9)

在任何一个社会中,个体都在不同程度上参与了这种排序过程,程度的高低部分取决于他们对认知的需求强度(Cacioppo, Petty, Feinstein, & Jarvis, 1996)。另外,一个社会中公民对现实的建构也会产生变化。对世界的认知建构的变化来源于人类在其成长进程中的社会化。我们认为父母在信息、态度上对孩子的影响及一些强化的偶然事件起到了尤为重要的作用(Harkness & Super, 1996),此外,导致个体产生"妄想症"的基因上的缺陷(Oltmanns & Maher, 1988)以及个体一生中遇到的特殊事件也会导致这种变化(Bandura, 1982)。

对世界的不断积累的认识主要来自我们在学校学习过程中对信息的内在吸收和大量的训练。然而与此同时,人类还在默默地学习社会运行机制,人际的、制度的定位,塑造自我的能力,以及一些社会的、精神上的外部因素在一系列事件(个人的、人际的、社会的、经济的、政治的)中扮演的角色。这些信念中,很多都是一些概括性的定义,有的是从一系列背景中的直接经验中

第 9 章
社会通则：一个多元文化视角的社会信念模型

提取出来的或由导师间接提出的，有的是从媒体、文学作品、神话传说的间接经验中推断出来的，还有的则是社会论述中保留下来的。这些信念的产生大都与不同的物理、社会环境相关，因而能体现文化差异（Triandis，1964）。如前所述，已经有很多心理学家利用不用的量表来理解这些概念的含义，例如通俗理论（Furnham，1988）和共享信念（Bar-Tal，2000；Garfield，1988）。

社会通则：文化普适的信念

这些对于世界是如何运行的理解综合起来就是我们所说的"社会通则"。各种信念的特征不同。一些信念锚定于一种背景，即被限定于某个特定时期内的特定背景。比如说，我们可以提出一个关于我们到过的城市的信念（比如，对于日本人来说四月里去京都看樱花会很开心），或者一个关于我们认识的人的信念（比如，John 工作很忙的时候经常忘事）。特定的信念有很多，但每一种都只适用于某些特定的场景、某些特定的人。然而，这些信念的专一性对于理解特定行为发生的原因有很大的帮助，比如一些依靠特定背景下的信念来预测特定行为的态度模型的例子（Fishbein & Ajzen，1975）。

此外，有一些信念是通用的，且可以被看成一种一般化的期望，即最先由 Rotter（1966）提出的类似于"控制定位"的概念。因为这些通用的信念是高度抽象化的，所以它们具有背景普适性，且与不同的背景、人物、目标、时代下的社会行为相关，正如"控制定位"所讨论的情形一样。我们选择将这些通用的信念定义为"社会通则"是因为，正如数学公理一样，这些信念也是人们实施或者理解自身行为的基本前提。这些信念是公认的，因为它们通常是经实际经验及社会化结果验证的。

信念被赋予了多重定义，以下是其中颇具代表性的两种：

> 如果一个人可以感知到两个事物之间的关系，或者可以感知到事物及其特征之间的关系，那么他就是一个有信念的人。（Bem，1970：4）

> 信念指的是一个人能够有信心对事物作出归因，即对事物的属性

或者事物之间以及属性之间的关系进行陈述。（Bar-Tal，1990：14）

基于这些定义，我们把社会通则正式定义为：

> 关于某人对自己、对社会和物理环境或对精神世界的通用信念。这些信念通常表现为对两个主体之间或者两个概念之间关系的表述。（Leung et al.，2002：289）

这一定义表明社会通则有这样一个结构，即 A 与 B 存在而且有关联，它们之间可能有因果关系。举例来说，对于某一信念的陈述——"辛勤工作会有回报"就表明了劳动和成果之间存在因果关系。这一陈述是通用的，因为存在不同形式的"辛勤工作"以及不同形式的"回报"。信念不是态度或者价值观，因为回答者不是在评估对"辛勤工作"或"回报"的渴望程度。通则是指事实而非渴望达成的目标。

然而价值观表明的逻辑是这样的，即如果 A 是好的/被渴望的/重要的，那么 A 就具有一种价值，且其重要性由人们对其渴望的程度决定。由于价值观的内涵与信念的内涵十分相似，因此许多研究者就将价值观看成了一种被评估的信念。我们不否认大部分的信念都包含"可评估"的维度，因为所有的语义学词汇都是"可评估的"（Osgood，Suci，& Tannenbaum，1957），然而，我们认为信念与价值观是有区别的，因为价值观的可评估成分是普遍存在的，而对于信念来说却并非如此。换句话说，社会通则是指可评估信念的渴望程度特殊化的结果。比如说，"战争都是不好的"与"人人都渴望权力"都是可评估的信念，但它们都属于价值观而不是社会通则。相反，"战争会导致文明的毁灭"以及"绝对的权力滋生绝对的腐败"就可以被看作社会通则，因为它描述了两个实体之间的一种特殊关系。

社会通则的标准不同，它通常被认为是正规化的信念，一般采取这样的形式——A 应该做 X，在这里 A 是一个人而 X 是一种行为。"我们应该保护环境"就是一种标准化的信念，但不是一种社会通则，因为它描述了一种行为的合理原因而不是两个实体之间的关系。我们曾经提到，以前对于信念的研究通常涵盖了大量的社会通则、价值观和标准化信念，这些概念没有被精确地区分（例如，可参见 Robinson，Shaver，& Wrightsman 设计的信念量表，1991）。最著名的信念量表应该是控制定位的量表（Rotter，1966），它其实包含了一些标准化的陈述。比如说，"一个人应该勇于承认错误"就是一种标准化的陈述而非一种通用的信念。Nowwicki-Strickland 的内、外控量表中就包含标准化的陈述，比如："你认同家长应该让孩子们自己作大部分决定吗？"（Nowwicki & Duke，1983）如前文所提到的，只包含信念的信念量表很少见。后文描述了更多的关于社会通则的例子。

社会通则的作用

第二节开头部分谈到，社会表征、通俗理论和态度研究的一个共同点在于，它们都是从信念的功能出发的。这一观点认为信念及其他的态度性概念至少对人类的生存和运行起到了四点作用（Katz，1960；Kruglanski，1989）。基于这种观点，本研究认为社会通则"有助于坚守重要的目标（**有帮助的**）、能帮助人们维护他们的自我价值（**自我保护的**），并表现人们的价值观（**描述价值观**）及帮助人们理解这个世界（**知识**）"（Leung et al.，2002：288）。有了这些功能，社会通则就可以被看作基本的心理学概念。我们期望建立它们与价值观等更宽泛心理学概念之间的联系，并预测更为具体的心理学概念，比如领域效能感（Bandura，2002）或关于心理问题的成因与医治的信念（Luk & Bond，1992）。期望值理论（Feather，1982）认为公理能引导人的行为，并为解释个人成就、人际交换和环境事件（社会的和物理的）提供一套机制。

这场实用主义讨论为 Schwartz（1992）的跨文化价值观项目奠定了理论基础。本质上，Schwartz 认为人类为了生存必须面对一系列的问题。用他的话来说，"价值观以一种意念目标的形式存在，它代表着三种个人生存的需求（所有个体和社会都必须对此作出反应）：生理需求、社交需求、群体的生存和福利需求"（Schwartz，1992：4）。因此，来自不同生态、文化环境的人应该用一种通用的价值观来指导其为满足这些需求所需采取的行动。与这一观点一致，他的多民族研究解释了 10 种高度不同的文化族群的价值观的普遍性，这些族群有着不同的社会经济和政治背景。然而，特定的文化背景会对每一个文化族群采用他们自己通用的价值观类型产生影响。研读 Schwartz 的成果可以发现，其研究与本研究对于社会通则的研究一样（不像 Hofstede（1992）著名的文化维度研究），都是建立在个体层次上的。因为个体是分析的一个单元，而理论研究是偏向心理层面的而非社会层面的。

遵循态度研究的实用主义传统以及 Schwartz（1992）有关文化的普适结构的逻辑，我们提出，社会通则与价值观一样，都有助于个体处理生存和有效运行所遭遇的一系列问题，因此这些通则的潜在结构也应当适应有着多样背景的不同文化族群。换句话说，人类共同面临的基本问题应该促使社会通则泛文化结构的产生。显然，这些社会通则为来自不同文化背景的人所广泛认知且有着相似结构的事实，并不意味着文化背景就不会对他们的价值观选择产生影响。相反，社会通则本身作为社会化过程中文化、性别、受教育程度、宗教信仰、年龄和社会等级的结晶，其被认可的程度会有所区别。

社会通则的维度

> ……我们也认为某些概念比其他概念能更好地帮助我们深入预期并解释身边正在发生的事情。当然，这里有一个大问题，那就是这些概念究竟是什么，我们又怎么知道它们是什么。
>
> ——George A. Kelly, *The Psychology of the Unknown*
> In D. Bannister (Ed.), *New Perspectives in Personal Construct Theory*

关于社会通则最早的五文化研究

特定文化传统下的规范知识和操作性的信念已经有很多，更遑论全球主要的文化系统下的研究了。然而，其中的许多概念都无法表达人们对世界运行规律的共同认知。简化并将这些社会通则进行分类需要对所有的信念进行精选，这样最终的分类结果才能详尽。Leung 等（2002）最早定义了五种文化群体的社会通则结构。他们从心理学中有关信念的文献出发，这些文献最初主要是与欧美有关的。这些有关信念的心理学文献是从三卷册、包含 300 份调查量表的调查文书中提取出来的（Miller，1991；Robinson et al.，1991；Stewart, Hetherington, & Smith，1984）。我们从中选择了那些与我们对社会通则的定义相一致的条目。

为丰富社会通则的文化内涵，除欧美文化之外我们还需要引入其他的文化，Leung 等（2001，Study 1）通过谚语、报纸报道、文化故事和对大量公民进行结构化访谈收集了一系列中国香港的文化因素。要确保社会通则的全面性还需要保证表面不同的文化有着相同的程序，这样一来这些文化背景下的人所持的可能不同的通则就可以补充到香港人的社会通则中。为此，Sharon Reimel De Carrasquel 和她的同事在委内瑞拉这个南美典型的天主教国家进行了一项类似的关于信念的定义的研究。这种开放性的、多渠道的调研导致信念的定义在中国香港文化背景下有 2 000 个条目，而在委内瑞拉只有 1 000 条。

最后，信念的定义条目得以收集，而其中明显的重复条目被删除。具体领域的信念也同样被删除或改写以便更为通用或抽象。为了验证这些收集到的信念的全面性，出现了如下四类相关研究：

第一，心理归因——人们对于特征或倾向的通则；

第二，社会定位——对群体、组织、社会的社会特征的共同认知；

第三，社会交换——关于人与人之间交往的通则；

第四，情境——对于会影响社会行为的环境因素的共同认知。

接着，基于我们的主观判断，又把这些条目划分为这四个领域的 33 个子类。这种分类不是为了限定而是为了考察这些条目是否详尽。对于那些表征不充足的子类，我们会添加另外的条目。这样一来这些子类才有机会作为一个耦合的整体以进行后续的分析。最后，我们定义了 182 种通则，而每一个条目都以简单的文字进行描述。对这些条目的评估采用 5 点量表，分别是"非常认同""认同""既不认同也不反对""反对""非常反对"。这些量表有中文、英文和西班牙文三个版本，其中，英文版本作为标准。之后我们在中国香港和委内瑞拉对市民及大学生进行了调查。

我们首先对这两种文化背景下收集的数据进行了聚类分析，以对这些条目进行分组并为接下来的因子分析中的因子解释做好准备（Gorsuch，1983：211）。每种文化背景下我们都运用极大方差法和斜交转轴法考察了三因素至九因素的模型。我们根据碎石图和因子解释比率来确定最佳的因子数量，最终发现两种文化背景下都以五因素为最佳。我们采用了正交方法，因为其与斜交方法相近且更便于解释。

我们将两种文化背景下收集到的数据混合起来作为一个样本并对其进行因子分析，以期获得一种通用的最佳方法。为了避免两种语言背景下语意的差别造成的影响（可能影响因子分析的结果），我们采用了 Becker（1996）推荐的因子结构的元分析方法。每种文化群体的相关矩阵都通过费雪转换式转换而来，再平均化后生成一个混合的矩阵，这一矩阵再转换为因子分析的相关矩阵。每种文化背景下的数据处理过程都是一样的，并且我们假设每个样本都代表了其全部人口相关性的最佳近似值。正如我们预期的那样，这 60 个条目划分为五个因素是最佳的。为了考察每个文化群体下的因子结构的拟合性，我们对这 60 个条目进行了 Procrustes 旋转（将各文化背景下的因素模型转化成一种通用的模型）（参见 Van De Vigver & Leung，1997），并计算出最终的因子模型和通用模型之间的一致性系数。对于中国香港人来说，系数范围为 0.88—0.98，而在委内瑞拉背景下，系数范围为 0.90—0.97。这些数字表明，一些因子无法完全匹配，但是 Leung 等（2002）得出结论说，这个通用模型对这两种文化背景来说已经足够好了，他们对这五个因素分别作出如下的定义：

1. "愤世嫉俗"：代表了人性的消极面，尤其容易被权力腐蚀。它指对部分人抱有偏见，不相信社会规则以及为达目的不择手段。

2. "社会复杂性"：表明社会上的规则都不是僵化不变的，获得成功有很多方法，人们的行为前后不一致也很平常。

3. "付出获得回报"：代表着对于努力、知识、谨慎计划和其他投入

(Foa, 1971) 终将帮助人获得成功的信念。

4. "灵性"（后文中有些部分将其更名为"宗教信仰"）：主张存在神灵及拥有宗教信仰的好处。

5. "命运控制"：代表着一种"很多事情都是命中注定的，但是人们也有一些改写结果的办法"的信念。有趣的是，世人接受了"命中注定"和"人定胜天"这一逻辑矛盾。事实上，很多地方都有避开厄运的传统，而一方面相信神灵一方面又认为自己可以改变命运的矛盾也普遍存在于我们的日常生活中。

我们在相对较低的因素中加入了几个条目，因为在研究的最初阶段，内容多一点更好。定义五个因素的条目如表1所示。

建立更为广泛的社会通则的五因素模型的一个重要步骤就是将它们复制到其他文化背景中。Leung 等（2002，Study 2）评估了五个通则在美国、日本、德国这三种文化中的共同之处。美国和德国这两个通常意义上的个体主义国家（Hofstede，1980），与社会通则最初的研究地——中国和委内瑞拉这两个集体主义国家的表现相反。这两个主要信奉新教的国家还拓展了宗教信仰的范围，因为委内瑞拉主要信奉天主教，而中国香港则有信仰佛教的传统。最后，与中国香港人一样，日本人倾向于集体主义且信奉佛教，但是日本比中国香港有着更高的不确定性规避以及男权主义倾向（Hofstede，1980）。如果这三个文化群体中也存在相同的五因素社会通则，那么它们的普遍性就更有保障了。

在第一项研究的基础上，我们设计了一个包含60个问题（见表1）的社会通则问卷，并对这三种文化群体的大学生进行了调查。我们对数据进行了验证性因子分析，以便判断前文提出的结构是否成立。从美国人中收集的样本显示该结构成立，其中匹配系数达0.93。而从日本人中收集的样本显示匹配效果处于临界水平，其中匹配指数为0.88。德国人的数据中，匹配效果非常好，指数达0.95。

表 1 基于 Leung 等（2002）研究的五因素模型

条目描述	1 愤世嫉俗	2 社会复杂性	3 付出获得回报	4 灵性	5 命运控制
当权者倾向于剥削别人	0.59				
权力和地位使人傲慢	0.54				
人善被人欺	0.50	0.31			
重要的成就不用靠努力得来	0.48				0.28
善良的人容易蒙受损失	0.48				
年纪大的人通常固执己见	0.48				
年轻人冲动且不可靠	0.47				
走捷径更容易成功	0.44				
女性比男性更需要好的外貌	0.44				
现实中很少有好的结局	0.43				
人有了舒适的生活就会懒惰	0.42				
恋爱中的人都是盲目的	0.41				
关心社会事务只会带来麻烦	0.40	−0.30			
大部分人都希望好人有好报	0.37				
法律越严苛，遵守的人越多	0.36				
老人是社会的负担	0.35	−0.32			
社会规则对富人有偏见	0.34				
人都是不诚实的	0.25	−0.31			
人有可能表里不一		0.58			
不同情境下人的行为不一致		0.57			
具体问题具体解决		0.54			
问题一般只有一种解决方式		0.49			−0.26
人的行为是随社会情境而变化的		0.45			
世界上有些现象科学无法解释		0.45		0.35	
长远来看目前的损失未必不好		0.42			
灵活地处理问题更容易成功		0.41			
做好计划能减少阻碍		0.39			
用不同方式生活也是享受生活		0.35			

续表

条目描述	1 愤世嫉俗	2 社会复杂性	3 付出获得回报	4 灵性	5 命运控制
努力也无法改变结果		0.26			−0.32
人不可貌相		0.14			−0.25
真的努力就会获得成功			0.60		
努力可以克服逆境		0.29	0.60		
任何问题都有解决的办法			0.51		
善有善报，恶有恶报			0.51		0.32
越努力的人最终得到的也越多			0.51		
对将来没有打算的人注定要失败			0.50		
要想成功必须拥有学识			0.50		
正义终将战胜邪恶			0.48		0.26
有竞争才有进步		0.31	0.45		
人人在意政治则正义得以维护			0.37		
失败乃成功之母			0.34		
谦虚的人能给人好印象			0.32		
小心驶得万年船			0.30		
相互忍让能获得好的人际关系		0.46	0.29		
信仰宗教有助于理解人生的意义				0.69	
信仰宗教使人向善				0.65	
信仰宗教使人心理健康				0.63	
世事皆由神灵操控		0.26		0.63	
信仰宗教的人更可能有底线				0.53	
信仰宗教让人逃避现实	−0.33			0.47	
鬼神或者意念都是人们的臆想		0.25	−0.26	0.44	
信仰宗教使人迷信	−0.30				0.66
个体特征如外貌或生日会影响命运					0.55
大难不死，必有后福					0.55
有办法可以提升运气或者避免厄运					0.54
人可以预测未来					0.43

续表

条目描述	1 愤世嫉俗	2 社会复杂性	3 付出获得回报	4 灵性	5 命运控制
世上一切事物都是注定的					0.42
一个人的才能是天生的					0.42
大部分灾难都是可预测的					0.24

注：一些条目被改写了，以便无论实际语义如何，初始值都是正值。五因素的解释方差值分别为 8.89%（愤世嫉俗）、7.94%（社会复杂性）、5.22%（付出获得回报）、4.09%（灵性）与 3.28%（命运控制）。

本研究还采取了 Procrustes 旋转来考察五因素模型的普适性。因为德国的数据中存在缺失值，因而只考察了日本和美国两个国家的数据。通过将因子模型旋转成之前定义的通用结构，五因素模型被涵盖在各文化背景中。计算出相关因子间的一致性系数来评估它们的相似性，大部分结果显示一致性处于可接受的水平。然而，对日本来说，灵性（宗教信仰）和命运控制两个维度体现出较低的一致性（信度系数都是 0.68），而对于美国来说，社会复杂性（0.70）和命运控制（0.52）体现出较低的一致性。命运控制这一维度似乎对于两种文化而言都很棘手，而其他的维度都很一致。Leung 等（2002）总结认为，这五个因素在这两种新的文化群体中是有区别的，但是对因素一致性的要求应当放松。为了操作性的目的，只要不同文化中因素间有着较高水平的相似性，它们就可以被看作通用的。这一矛盾点将在下一部分进行论述。

社会通则的全球化研究

> 生活中总是悲剧多于喜剧，而我们也是其中的扮演者。
> ——莎士比亚，《皆大欢喜》

Leung 等（2002）提出的社会通则结构模型最早来源于对两种文化背景的研究，后来这一研究又被复制到另外的三种文化背景之中。然而，一个基本的问题仍旧没有得到解答：这一源自中国香港和委内瑞拉的模型是否存在文化偏见？其普适性是否受到限制？换句话说，个体信念探索出的这五个因素是否适用于其他的文化群体？或者说，我们的社会认知模式中共同的维度是更少还是更多？不考虑维度数量的话，社会通则的组成是怎样的？每个维度能否用同样的条目描述？这种对等结构（Van De Vijver & Leung，1997）理念是影响跨文化心理比较的前提，但是要考量来自不同文化背景的大量个体就变得很难了。比如，Bosland（1985）就没能从 Hofstede（1980）的价值观调查中提取出心理学上等值的测量工具，这样一来，个体层面的心理价值观也就无法在不同人、不同性别或民族之间进行对比了。

为了解决这一问题，我们编写了一项关于社会通则的全球性的研究计划，通过与全球范围内的 50 多位同事合作，我们收集了来自 40 个国家或文化族群的数据。我们的研究目标是找出社会通则对所有文化都适用的最佳结构模型，并考察这一模型是否与原先在中国香港和委内瑞拉研究出的模型一致。

研究方法与受试者

我们将 Lueng 等（2002）改进的社会通则调查问卷（包含 60 个条目）运用到这次全球范围的调查之中。我们采用这一较短的量表是因为其他条目并没有在之前的研究中产生另外的因子，因此在这次全球性研究中也同样不可能。而之前的研究中在德国文化中加入的条目因为没有对后续的研究结果造成影响，故而本次的研究中就删除了这些条目。我们收集了来自 40 种文化背景的大学生提供的数据和 13 种文化背景的成人提供的数据。成人的数据都是通过随机抽样采集的，对他们的代表性并没有作出说明。受试者的文化背景如表 2 所示。

表 2　样本信息

国家（地区）	样本容量（学生）	样本容量（成人）	问卷的语言形式
阿根廷		152	西班牙语
比利时	284	106	荷兰语、法语
巴西	200		葡萄牙语
加拿大	146		英语
中国内地	160		中文
捷克共和国	100		捷克语
爱沙尼亚	124		爱沙尼亚语
芬兰	100		芬兰语、瑞典语
法国	120		法语
格鲁吉亚	118		格鲁吉亚语
德国	272	86	德语
希腊	136	680	希腊语
中国香港	162	162	中文
匈牙利	258	68	匈牙利语
印度	710	110	英语、孟加拉语
印度尼西亚	178		印度尼西亚语
伊朗	84		波斯语
以色列	150	96	希伯来语
意大利	138		意大利语
日本	180		日语
韩国	222		韩语
拉脱维亚	142		拉脱维亚语
黎巴嫩	110		英语
马来西亚	324		马来语、英语
荷兰	252		荷兰语
新西兰	200		英语
尼日利亚（约鲁巴人）	94	62	英语
挪威	104		挪威语

续表

国家（地区）	样本容量（学生）	样本容量（成人）	问卷的语言形式
巴基斯坦	142		乌尔都语
秘鲁	122		西班牙语
菲律宾	172		英语
葡萄牙	304		葡萄牙语
罗马尼亚	128		罗马尼亚语
俄罗斯	116	76	俄语
新加坡	138		英语
西班牙	104	62	西班牙语
中国台湾	246		中文
泰国	90		英语
土耳其	198		土耳其语
英国	80		英语
美国（白种人）	682	616	英语
委内瑞拉		62	西班牙语
总计	7590	2338	

注：学生和成人样本都是性别相当的。

数据分析及结果

数据分析的第一步就是删除含缺失值的个例。学生数据中有 18 份问卷数据被删除，因为它们有 40%的缺失值，但是成人数据中没有需要删除的个例。我们选取了性别相当的样本，这样一来这些条目的选择就不会因为性别差异而造成偏见。具体地，来自各文化背景的数据中，该性别受试者较多的问卷被随机删除了一部分，以确保 1∶1 的性别比例。最终的样本包含来自 40 种文化背景的 7 590 名学生与 13 种文化背景的 2 338 个成人。每种文化群体的样本容量各不相同，其中最少的有 80 名男、女学生，而低于这个样本容量的文化群体数据则被删除了。对于成人组，因为文化群体的数目较少，因而将最小样本量设置为 62，这样就可以覆盖更多的群组。在最终的数据组中，不同的文化背景下的样本容量各不相同。

建立通用的社会通则因素模型的最佳方式就是 Leung 等（2002）采用的因子分析的元分析方法。采用这种方法能够建构一个可以适应所有文化群体的模型。具体的做法是，对学生组和成人组两组数据分别进行因素分析。计算出每一组数据中各文化群体下的社会通则 60×60 相关系数矩阵，并将其转化为 Fisher z 值矩阵。每组数据中的缺失值则通过采用两两相关的方式进行处理。然后计算每个文化群体的矩阵平均值，并将矩阵中的 Fisher z 值转化为相关系数。最后的矩阵就从属于因素分析了。

这种处理方法平等地看待每一个文化群体（无论他们的人数是多还是少），因此最终的泛文化因素分析中每一种文化的分量都是相当的。没有一个国家（地区）的社会通则结构拥有特权，就像许多对于性格特质的跨文化研究一样（例如，可参见 McCrae, 2002）。通过这一转换方法，具体文化的影响关系就"被平均掉了"。最后的矩阵表明，这些文化背景下的变量大部分两两强相关（这一方法的变式可参见 Bond, 1988）。注意，这一分析是建立在个体层次上的，Hofstede 价值观类型在文化层次上的分析则可以在别处看到（Bond, Leung, Au, Tong, Reimel De Carrasquel et al., in press）。

进行探索性因子分析最主要的目的就是确定提取因子的数量。尽管我们之前在五种基础文化背景下的研究显示是五个因素，我们仍然通过正交旋转方法提取了 3—9 个因子，希望借此找出因子载荷较高的条目的组合。这一方法为最后提取出的因子在各类文化/民族背景下的适用性和具有意义提供了可能。

在这些考量及相应的碎石图（图1）中都显示学生数据组和成人数据组都以五因素为最佳。为了找出因子中的突出条目，我们决定采取更严格的标准以增加这些组成因子的条目更加通用的可能性。我们将一个较高的标准——0.35 作为因子载荷的最小值及较高的二级因子载荷（>0.30）。

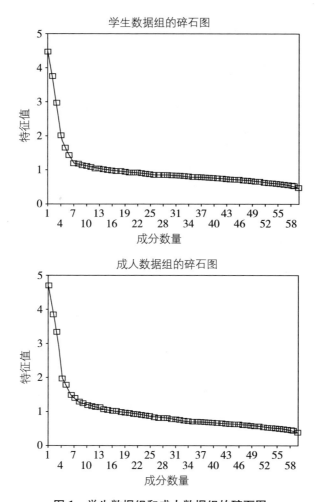

图1　学生数据组和成人数据组的碎石图

在学生数据组中，基于基础载荷和二级因子载荷的标准筛选出了 39 个条目，如表 3 所示。在成人数据组中，这 39 个条目的因子载荷值如表 4 所示。我们还尝试了斜交转轴法，其分析结果与正交转轴法相近。为了更便于解释，我们这里展示的是基于正交旋转的结论。

从表 3 和表 4 可以很明显地看出，学生和成人数据中的因子结构很相似，而这两种结构又与之前的五种文化背景下研究出来的结构高度相似。为了确认这一点，我们采用了 Procrustes 旋转法来评估学生数据和成人数据显示的结构之间的相似性，以及这两种结构分别与 Leung 等（2002）之前提出的模型的相似性。所有 60 个条目都在其中，这样就可以将现在得出的结构与之前 Leung 等（2002）提出的结构进行对比。学生数据与成人数据显示的结构之间的一致性系数在 0.92 到 0.98 之间，其中平均值为 0.96，表明它们之间有非常高的一致性（Chan，Ho，Leung，Chan，& Yung，1999）。同样令人印象深刻的是，学生结构与 Leung 等（2002）提出的结构之间的一致性在 0.86 到 0.97 之间，平均值为 0.93；成人结构与 Leung 等（2002）提出的结构之间的一致性则在 0.79 到 0.96 之间，平均值为 0.90。换句话说，目前从多文化中提取出的社会通则结构与之前在中国香港和委内瑞拉提取出的结构高度相似。"命运控制"这一维度在两组数据间的一致性较低，这也印证了之前的研究中所说的"它的跨文化一致性较低"（Leung et al.，2002）。然而，即使如此，除了对"宗教信仰"这一维度有所改变外，我们还是使用同样的名称来定义这些因子，因为这一因子的大部分条目都是指宗教的社会功能以及宗教信仰带来的结果。

表3 40种文化背景下学生数据的因子分析结果

条目描述	1 愤世嫉俗	2 社会复杂性	3 付出获得回报	4 宗教信仰	5 命运控制
当权者倾向于剥削别人	0.60				
权力和地位使人傲慢	0.59				
善良的人容易蒙受损失	0.57				
人善被人欺	0.53				
人有了舒适的生活就会懈怠	0.45				
年纪大的人通常固执己见	0.45				
社会规则对富人有偏见	0.44				
现实中很少有好的结局	0.44				
关心社会事务只会带来麻烦	0.42				
恋爱中的人都是盲目的	0.39				
年轻人冲动且不可靠	0.38				
不同情境下人的行为不一致		0.60			
人的行为是随社会情境而变化的		0.54			

续表

条目描述	1 愤世嫉俗	2 社会复杂性	3 付出获得回报	4 宗教信仰	5 命运控制
人有可能表里不一		0.54			
具体问题具体解决		0.48			
长远来看目前的损失未必不好		0.40			
解决问题的方法一般只有一种		0.39			
真的努力就会获得成功			0.63		
努力工作的人最终会得到更多			0.59		
努力可以克服逆境			0.56		
任何问题都有解决办法			0.50		
要想成功必须拥有学识			0.49		
对将来没有打算的人注定要失败			0.45		
有竞争才有进步			0.42		
失败乃成功之母			0.40		
小心驶得万年船			0.36		
宗教信仰有助于理解人生的意义				0.75	
宗教信仰使人心理健康				0.72	
世事皆由神灵操控				0.62	
信仰宗教使人遵纪守法				0.61	
信仰宗教让人逃避现实				0.59	
信仰宗教使人迷信				0.54	
信仰宗教的人更可能有底线				0.51	
个体特征如外貌或生日会影响命运					0.60
人可以预测未来					0.60
有办法可以提升运气或者避免厄运					0.52
大部分灾难都是可预测的					0.51
命运决定了一个人的成败					0.48
大难不死，必有后福					0.48

注：一些条目被改写了，这样一来所有的值都是正的。所有的二次载荷值都小于0.3。这五个因素的解释性方差分别为7.49%（愤世嫉俗）、4.73%（社会复杂性）、6.48%（付出获得回报）、7.25%（宗教信仰）、5.06%（命运控制）。

表4 成人样本因子分析结果——基于学生数据处理中的条目

条目描述	1 愤世嫉俗	2 社会复杂性	3 付出获得回报	4 宗教信仰	5 命运控制
当权者倾向于剥削别人	0.61				
权力和地位使人傲慢	0.62				
善良的人容易蒙受损失	0.62				
人善被人欺	0.60				
人有了舒适的生活就会懒怠	0.47				
年纪大的人通常固执己见	0.28				0.26
社会规则对富人有偏见	0.39				
现实中很少有好的结局	0.47				
关心社会事务只会带来麻烦	0.42				
恋爱中的人都是盲目的	0.32				
年轻人冲动且不可靠	0.31				0.39
不同情境下人的行为不一致		0.59			
人的行为是随社会情境而变化的		0.50			
人有可能表里不一		0.54			
具体问题具体解决		0.38			
长远来看目前的损失未必不好		0.50			
问题一般只有一种解决方式		0.38			−0.29
努力之后就会获得成功			0.61		
努力工作的人最终会得到更多			0.49		
努力可以克服逆境			0.62		
任何问题都有解决办法			0.49		
要想获得成功必须拥有学识			0.47		
对将来没有打算的人注定要失败			0.55		
有竞争才有进步			0.47		
失败乃成功之母			0.25		0.27
小心驶得万年船			0.29		
宗教信仰有助于理解人生的意义				0.75	
宗教信仰使人心理健康				0.71	

续表

条目描述	1 愤世嫉俗	2 社会复杂性	3 付出获得回报	4 宗教信仰	5 命运控制
世事皆由神灵操控				0.62	
信仰宗教使人遵纪守法				0.67	
信仰宗教让人逃避现实				0.58	
信仰宗教使人迷信				0.54	
信仰宗教的人更可能有底线	-0.26			0.56	
个体特征如外貌或生日会影响命运					0.54
人可以预测未来					0.62
有方法可以提升运气或者避免厄运					0.50
大部分灾难都是可预测的					0.43
命运决定了一个人的成败	0.34				0.44
大难不死，必有后福					0.50

注：一些条目被改写了，这样一来所有的值都是正的。表中只展示了载荷大于0.25的值。这五个因素的解释方差值分别为7.66%（愤世嫉俗）、4.74%（社会复杂性）、6.32%（付出获得回报）、7.84%（宗教信仰）、5.53%（命运控制）。

由于学生结构源于一个较大的样本，其可靠性相对较高，因此我们把它当作后续讨论的一个标准结构。"愤世嫉俗"这一因素包含11个条目，其全条目总相关系数平均为0.33，其中最高为伊朗人的（0.46），最低为俄罗斯人的（0.15）。注意，计算全条目相关系数时要排除该条目来计算总的分数。只有一种文化背景下的一个条目有负的全条目相关系数（-0.02）。看这11个条目的相关系数，最高的是"善良的人容易蒙受损失"（0.42），最低的是"年轻人冲动且不可靠"（0.26）。

7个条目定义了"宗教信仰"，40种文化背景下这7个条目的平均全条目相关系数是0.44，其中最高为土耳其人的（0.68），最低为泰国人的（0.13）。只有2个条目有负的全条目相关系数，分别为-0.003与-0.09。看这7个条目的平均全条目相关系数，最高的是"信仰宗教有助于理解人生的意义"（0.57），最低的是"信仰宗教使人迷信"（0.35）。

9个条目定义了"付出获得回报",40种文化背景下这9个条目的平均全条目相关系数是0.31,其中最高为伊朗人的(0.49),最低为格鲁吉亚人的(0.18)。没有条目有负的全条目相关系数。看这9个条目的平均全条目相关系数,最高的是"真的努力就会获得成功"(0.42),最低的是"小心驶得万年船"(0.23)。

6个条目定义了"命运控制",40种文化背景下这6个条目的平均全条目相关系数是0.29,其中最高为罗马尼亚人的(0.41),最低为巴基斯坦人的(0.12)。只有2个条目有负的全条目相关系数,分别为-0.003与-0.04。看这6个条目的平均全条目相关系数,最高的是"个体特征如外貌或生日会影响命运"(0.34),最低的是"大部分灾难都是可预测的"(0.26)。

6个条目定义了"社会复杂性",40种文化背景下这6个条目的平均全条目相关系数是0.23,其中最高为新加坡人的(0.37),最低为伊朗人的(0.04)。有5个条目有负的全条目相关系数,但只有2个低于-0.10。看这6个条目的平均全条目相关系数,最高的是"不同情境下人的行为不一致"(0.30),最低的是"问题往往只有一种解决方式"(0.16)。这40种文化背景下社会通则各维度的值见表5。

表5 学生样本的社会通则得分

公民	愤世嫉俗	社会复杂性	付出获得回报	宗教信仰	命运控制
美国人(白人)	2.65	4.10	3.66	3.18	2.46
比利时人	2.97	4.03	3.36	2.58	2.58
巴西人	2.81	3.98	3.54	3.39	2.49
英国人	2.75	4.11	3.46	2.81	2.35
加拿大人	2.63	4.20	3.74	3.10	2.43
中国内地人	3.03	4.08	3.74	2.92	2.90
捷克人	2.77	4.10	3.29	3.10	2.62
荷兰人	2.62	4.18	3.18	2.73	2.56
爱沙尼亚人	3.16	4.11	3.81	2.70	2.81
菲律宾人	2.84	4.09	4.03	3.52	2.60

续表

公民	愤世嫉俗	社会复杂性	付出获得回报	宗教信仰	命运控制
芬兰人	2.76	4.08	3.59	3.07	2.54
法国人	3.05	4.08	3.56	2.60	2.62
格鲁吉亚人	3.37	3.88	3.69	3.65	3.00
德国人	3.32	4.33	3.76	2.93	2.77
希腊人	3.32	4.02	3.73	3.13	2.37
中国香港人	3.13	4.08	3.70	3.44	2.69
匈牙利人	2.96	4.13	3.40	2.99	2.67
印度人	3.04	3.92	4.19	3.37	2.97
印度尼西亚人	2.72	3.96	4.14	4.22	2.91
伊朗人	2.89	3.79	4.12	4.15	2.85
以色列人	2.76	4.16	3.60	2.60	2.53
意大利人	2.74	4.01	3.28	2.72	2.29
日本人	3.16	4.04	3.50	2.65	2.59
韩国人	3.16	3.98	3.85	3.10	2.98
拉脱维亚人	3.05	4.02	3.58	3.10	2.77
黎巴嫩人	3.05	4.11	3.77	3.10	2.47
马来西亚人	2.88	3.93	4.29	4.30	2.96
新西兰人	2.77	4.14	3.59	2.83	2.34
尼日利亚人	2.98	3.89	4.04	3.67	3.08
挪威人	2.66	4.37	3.53	2.55	2.01
巴基斯坦人	3.29	3.77	4.15	4.40	3.15
秘鲁人	3.29	3.67	3.88	3.21	2.48
葡萄牙人	2.87	3.90	3.61	3.09	2.43
罗马尼亚人	3.23	3.72	3.74	3.29	2.55
俄罗斯人	3.09	3.86	3.82	3.12	2.97
新加坡人	2.93	4.14	3.78	3.24	2.52
西班牙人	2.89	4.14	3.48	2.40	2.27
中国台湾人	3.30	4.22	3.87	3.22	3.01
泰国人	3.22	3.80	3.98	3.43	3.14
土耳其人	2.94	4.14	3.97	3.48	2.68

因素相似性与因素一致性

在研究社会通则各因素的内涵之前，必须先讨论计算因子相似性的方法论问题。一个因素模型只有在文化间具有一致性（统计学意义上）才能说明它的普适性。对于这 40 种文化群体而言，通过元分析得出的因素模型是最佳的。这一模型非常稳定，因为学生数据组的模型和成人数据组的模型之间及这两个模型与 Leung 等（2002）之前提出的模型之间都具有高度相似性。

元分析使得因子模型能够更好地拟合这些从大部分文化背景中提取出来的数据，但也有可能对于一小部分文化而言，一个修正过的模型的拟合效用更好。也许对于某些严格的统计学者来说，我们并没有找出一个在这 40 种文化背景中都一致的因子模型。从技术上来说，这种批判是有道理的，但是我们也认为，在进行包含多种文化的全球性研究中，要将"完全一致"作为寻找普适模型的标准是不切实际的。跨文化研究中很多的步骤都可能产生随机误差和系统误差，比如问卷的翻译和程序（Van de Vijver & Leung，1997），这些误差只要存在，都会导致不能建立一个一致的模型。比如说，Heine、Lehman、Peng 和 Greenholtz（2002）最近发现，人们倾向于将自己跟周围的人作比较，这种社会攀比倾向就可能导致跨文化对比的误差。最后，文化差异可能导致对观点轻微的扭曲及趋同，进而使现实世界的完全一致无法实现。

对社会通则这一多文化项目的研究目标在于，在一个较宽的文化范围内找出各项因素，并定义这五大因素的各个条目，但泛文化因素结构无法成为定义某些文化中的社会通则因子的条目。明显地，从当地文化中提取出的条目用于定义该文化背景下的社会通则会具有较高的信度和效度（例如，Cheung & Leung，1998）。然而，我们将在后续的几部分中向大家陈述本研究中的泛文化条目是适合用于定义社会通则的因素的。

许多研究者在他们的全球性研究中遵循了这一逻辑。Schwartz（1992）在他对普遍价值观类型的找寻当中也采用了相似性而不是一致性来评估具体的价值观作为价值观类型的普适标志的作用。Schwartz 发现，在 70% 甚至更多的样本中，有87%的价值观条目能正确描述某一价值观类型。换句话说，在某些文化背景下价值观类型与其描述是不匹配的。

我们的观点是，这种"足够好"的逻辑并不足以说明Schwartz的价值观类型的"接近普适"就不成立。事实上，Spini（2003）最近在21个国家运用验证性因子分析考察了Schwartz（1992）提出的价值观结构的测量方式不变性。在这样一种较为严格的统计学方法下，Spini的研究得出了这样的结论，即价值观类型体现出了测量方式的不变性。然而，完全的一致性仍没有实现，而Spini的研究得出的这种情形下的跨文化不变性就像判断杯子是空的还是满的一样。用他的话来说，"如果研究目标只是要在普遍共享的价值观基础上建立一个文化差异的理论模型，那么杯子可能是空的……而如果我们认为研究会逐渐趋向于现实，那么目前的研究应该代表杯子里装了大半杯水"（Spini，2003：20-21）。

另一个例子来自McCrae、Costa及其同事（参见McCrae，2001）对大五人格模型的普遍性的研究。这五种性格特质被认为是基础的且普遍存在的，它们分别是宜人性、外倾性、神经质、尽责性和开放性。这一运用NEO-PI-R方法的模型的跨文化通用性是通过面而非点来检测的（例如，McCrae，Zonderman，Costa，Bond，& Paunonen，1996）。换句话说，他们运用每个条目的平均值来定义面，进而将它们作为检验这一大五模型一致性的因子分析的基础单元。据我们所知，还没有对定义了这些面的条目的一致性研究。技术上来说很难实现在点的水平上定义一个因素模型。无论是否采用验证性因子分析或Procrustes旋转，要想维持240个条目在各类文化间（NEO-OI-R）的一致性几乎都不可能。尽管如此，我们仍认为大五人格模型深度体现了各类文化间性格特质的相似性。

泛文化维度的内容

现在我们对人类信念的五个因素进行单独的分析以及作为一个整体进行分析。这一讨论将建立在这些条目的内容及它们与之前的研究的联系上。此外，我们还将从文化内和文化间两个角度丰富信念维度的内涵。

愤世嫉俗

这些条目大部分都与来自财富、阅历的权力或权威的腐蚀性作用有关，它们让人们只专注于自己而疏远其周围的人。此外，还包括认为美好的祝愿是无用的，慈善和公德心也会面临不可避免的挫败。这种信念的症状展示了 Hobbesian 理论的世俗版本——"大自然是残酷无情的"，社会生活就好像一个危险的丛林，充满敌意、无情、懒惰而又愚蠢的人类需要时时保持警觉和怀疑才能求得生存。

概念上，这一信念是对马基雅维利主义（Christie & Geis，1970）、La Piere（1959）的弗洛伊德道德论以及 Wrightsman（1992）对人性的第一和第三假设——不值得信任与自私（相对于利他主义）的回顾。从两个方面来说这种重复的幅度不大。首先，先前的量表并不包含形容价值观（行为动机）与自我剖析的条目。愤世嫉俗作为一个信念概念也许可以很好地预测价值观或者人的行为的某些方面，并解释描述不同概念的条目之间的相关关系。然而，这些概念的合并会切断这一模型的发展和改进。其次，其他"愤世嫉俗"的量表（如 MMPI）的重点在于人类本身，且一般不包括影响人类生活的社会性的、物质的及精神因素的条目。无论社会通则调查中的愤世嫉俗是不是任职者个人的愤世嫉俗，它都是一个值得研究的概念性的和实证的问题。

宗教信仰

这一信念维度的 7 个条目中有 6 个条目都聚焦于宗教信仰的积极影响。第 7 个条目主张神灵的存在，而这也是世界一神论的中心观点。由于这一维度强调了宗教信仰的心理和社会结果，我们认为应该将其由原来的"灵性"更名为"宗教信仰"。

宗教信仰或实践是每一个文化群体的特征。社会心理学家认为它们提供了保守的社会推动力，并对社区施加了综合性的社会影响（Berger，1967），而心理学家则认为它们为信仰宗教的人提供了意义和一种共同的目的感（Solomon，Greenberg，& Pyszczinski，1991）。就像许多社会学家并不认同这些观点一样，任何特定国家的公民也未必认同，由此就产生了对这一信念特征的理解差异。

对宗教信仰的衡量（Argyle，2000）倾向于在具体的文化中进行，因为需要对某一地区的主流宗教信仰进行评估。除此之外，他们倾向于将对价值观和宗教信仰行为及某一地区的主流宗教信仰或特定宗教信仰的衡量结合起来。我们希望能够衡量所有这些相关的概念，但偏好于把它们分开——进行衡量，以保证结果的纯粹性和普遍性。

付出获得回报

这一维度的 9 个条目都描述了人类的努力可以战胜命运的挑战，而这一过程需要投入各式各样的个人资源。与此类似的还有评估应对方式的量表（Lazarus & Folkman，1984）、新教徒职业道德的量表（Furnham et al.，1993）、公平世界的信念（Lerner，1980）以及 Rotter（1966）对于内外部控制定位研究中曾引发激烈讨论的内控量表（例如，Phares，1965）。然而，社会通则调查量表不会让回答者去评估他们自己的内控水平、自我效能感水平（Bandura，2001）、适应水平（Yik & Bond，1993），而是会让他们评估自己对于人类动力之间的交互的理解，如它的来源及对环境的反应等。

在这一方面，Singelis、Hubbard、Her 和 An（2003）并未发现回报与应用及内部因素之间的显著关系（用 Rotter（1966）的方法进行测量），虽然它们是相关的。这一假设没有通过验证有几种可能的原因。Rotter 的量表本身就是多因子的，因此这些条目的单独得分也代表了很多概念的综合体（例如可参见 Bond & Tornatsky，1973）。另外，Rotter 的量表中的一些条目问到了对于自己内部因素的归因，而其他的条目则问到了世界上其他人的内部归因。很可能"付出获得回报"并没有与 Rotter 测量的内部因素有重复，而它们的差异也许就出于概念性的原因。它的具体含义还有待于进一步的文化内及跨文化研究。

命运控制

组成这一因子的各条目表明了两个主题：一个人生命中重要事件的可预测

性及事情的结果的"注定"程度。几个条目显示了人们对于重要事件的可预测性且作为个体可以采取措施去改造事件结果的信念。"命运"这一词语出现在6个条目中的2个中,而这些背景下的"命运"也是指一种普遍的影响一个人生命中的重要结果的力量。

在已有的研究中已经有很多与"命运"相关的量表,比如,Dake(1992)的命运论量表或Wrightsman(1992)的外控与不合理性量表。与其他观点相同的是,Pepitone和Saffiotti将命运定义为"用来解释那些被认为结果已经注定且全部由外力控制的事件的东西"(1997:25)。这一定义中的关键词是"全部",这完全排除了命运自身受到控制的可能性。但是在"命运控制"这一维度的条目中也对命运的控制进行了描述——"有办法可以提升运气或者避免厄运"。所以,在世人的世俗认识论中,哪怕命运也在某种程度上受到控制,也从属于人类机构的某些知识形式,而我们对于命运这一概念的科学性解释也许因为惯性而缺失了信念的一个重要组成部分——控制论层面的"结果"。为此,我们更偏向于认同被调查者对于命运的泛文化联结及其他的控制下的结果,并提出一个更具影响力的命运的概念来解释"命运控制"这一因素。命运控制结果,但其自身也受到控制。

社会复杂性

对于一些人来说社交非常复杂,个体的行为因时间和情境发生变化且与其情感、思想或性格特质有着明显的关系。不能根据现在的情况预测未来,个人也需要具体情况具体分析。潜藏在事件之下的逻辑很不明晰,日常生活也需要复杂的、世俗的理论来为某些人进行有效沟通提供支持。

另一些人认为上述不是对世界的准确描述,他们将世界看成是一个更为简单的、更容易预测的事件集合。这种截然不同的世界观让"社会的复杂性"有了它的内涵。与这一概念相关的,如NEO-PI-R(Costa & McCrae,1992)中的"体验开放性"、亲近需求(Kruglanski,1989)、认知灵活性(Applegate, Kline, & Delia,1991;Martin & Anderson,1998)。我们必须再次对这些量表保持警惕，除信念之外，它们还经常包括衡量价值观、态度、行为的动机及自我剖析的条目。也许与社会的复杂性最相近的研究要数 Wrightsman（1992）对于人们对世界的假设的复杂性与简单性的衡量。这些激发了对社会心理学中"归因"的一系列研究，尤其是围绕着归因的复杂性的概念的研究（Fletcher，Danilovics，Fernandez，Peterson，& Reeder，1986）。

有关社会通则各因素的意义与作用的证据

评估社会通则五个因素的意义和作用的方法有两种。第一种很少被应用于社会心理学研究当中，因为大部分的社会心理学研究都是单一文化的。然而，本研究收集了来自40种文化背景的可比的大学生提供的数据，每一种文化背景都可以看作一个"公民"通则框架，即男、女大学生五种社会通则的平均的分数。所以，通过用大学生的数据来替代这40个国家（地区）的样本，我们就可以创造出在每一个因素上的"公民"得分。将文化看作分析的一个单位，我们就可以将这些公民得分与一系列国家层面的指数相关联，从而建立一个真正意义上的国家层面上的规则网络来解释这些社会通则的含义。

这一方法单独对每一个社会通则进行分析，将公民得分与一个国家的社会特征联系起来。这种方法在价值观水平差异下的现代性的研究中得到了广泛应用，如后现代主义（Inglehart，1997）就与对社会现代化的测量相联系，这种测量包括 GNP 的计算或更宽泛的测量，如 Georgas、Van de Vijver 和 Berry（2004）对于富裕的原因的测量（经济发展层面的复合式测量）。与心理功能相关的社会层面的变量的选择通常基于理论基础。这些理论描绘了社会体系及其组成要素是如何推动心理适应过程的发展的，如 Durkheim（1893/1984）对工业化和精神错乱的研究、Fukuyama（1995）对资本主义与信任的研究，或者 Inglehart（1997）对现代化与后现代价值观的研究。举例来说，我们希望社会通则中的某些因素能为民主提供心理支撑（Sullivan & Transue，1999）。这一推断也许可以通过将社会通则的因素与对一个国家层面的自由或民主的测量相关联来进行评估。

与这一方法相关的两个问题必须加以说明。首先，众所周知，个体层面和文化层面的分析都不能与另一方有任何的逻辑关系（例如，Leung, 1989）。平均公民分数是基于个体层面的因子分析，在这里个体是分析的基本单位。然而，平均公民分数又是在文化层面上计算得出的，且当我们将平均公民分数与社会指数相关联时，这一分析明显就处于文化层面上了。这种方法可以被看作混合层面的分析，但是我们认为这种处理方法是合理的。尽管公民得分建立在个体水平的因素模型上，但是它们在文化层面上代表着有意义的概念。比如说，在一些文化背景下许多的公民在愤世嫉俗维度上得分很高，而在其他的文化背景下大部分人在愤世嫉俗维度上得分低。在直觉上，我们认为这两组文化在社会层面的某些方面存在差异，然而这只能通过将平均公民得分与相关的社会指数相关联才能揭晓。

其次，我们应该注意大学生并不能代表他们国家的全部人口。然而，我们假设将他们的平均得分作为真实的整个国家的公民在各社会通则维度上得分的近似值，并假设一个国家所有公民的相对位置，它们彼此之间的差异也许不会与这些得分相去甚远。为评估这一可能性，我们将11种文化背景下各通则因素的学生数据和成人数据相关联，最后计算得到的相关系数支持了我们的假设，其中平均相关系数为0.83，最高为"命运控制"（0.89），最低为"社会复杂性"（0.68）。

第二种方法就是评估各通则维度的意义，这在社会心理学研究当中普遍存在，它需要对个体间的前因后果进行研究。这方面相关的研究将在后文"社会通则对个体行为的影响"部分进行回顾。

和公民通则相关的社会变量

由社会建立的体制在主观上感觉如同态度、动机和生命进程一样真实。

——Peter Berger, *The Sacred Canopy: Elements of a Sociological/Theory of Religion*

Bandura 曾说，"社会结构由人类活动所创造，它可以通过特许规则和制裁标准在特定领域组织、引导和规范人类事务"（2002：278）。社会通则是个体对于组织、引导、规范的认知，有利于对特定文化环境的适应。那么，五类核心要素分别对应哪些社会特点？我们通过聚合国家层面的指标，将社会特点分为两大类：第一，社会经济-政治指标，其中一些忽略掉了个体层面的考察；第二，心理指标，主要来自个体心理层面数据的聚合。

在呈现研究结果之前，我们想首先提一下 Yang（1998）的观点。他认为现代化的力量，尤其是与现代化有关的制度和社会进程将影响到人们的心理适应水平（欲知其最近的立场，可参见 Chang, Wong, & Koh, 2003）。文化环境的一个主要标志是社会系统中经济产出的生产方式。更发达的现代经济系统的特征是多样化程度高、依赖性强、法规意识强，注重服务与知识的规则条款、科学主义以及劳动力专业化（Landes, 1999）。在此复杂环境下培训出一名高效率的工人，对其心理机能将产生广泛影响，包括公民意识、技能、情绪体验（Wong & Bond, 2003）、价值观（Inglehart, 1997）和信念。

Yang（1998）谈到现代化不只包括经济变革，因此我们认为将有额外的社会因素影响公民信念，包括：宗教传统，尤其是他们对人类本质和权威结构的设想；哲学教育，尤其是与认知论相关的内容；生态学特征，例如灾害倾向和资源禀赋；历史遗产，例如集群现象、移民潮、国内政治暴力、族群沟通方式。虽然目前对上述社会因素的测量方法还不完善，但随着相关方法的发展，我们就会发现这些因素与经济发展水平的测量相关。

一种区分这些组别的方式是在检验通则因素和国家层面指标的关系时控制富裕水平的影响。遵循以往的做法（例如，Van de Vliert, 2003），我们在计算偏相关关系时利用一国人均 GDP 替代富裕水平作为控制变量。

鉴于我们的研究还处于探索性阶段，以及复杂方法（如回归分析）将模糊化很多有益的关系，我们将采用相关系数方法进行数据分析。此外，由于因子分析法的原理解释起来比较复杂，我们对社会指标也没有进行聚合分类。总而言之，我们的分析方法旨在呈现最基本的相关关系，为未来更精确的研究以及理论发展奠定基础。我们的分析中包含了大量指标，但最终只汇报了其中关系显著的变量。其中一部分可能因计算问题呈现出了虚假关系，对于结果难以被解释的部分指标，我们也进行了剔除。

社会变量的相关关系

公民得分与社会经济-政治指标间的相关系数见表6（附录中有这些指标的来源的说明）。由人均GDP计算出的富裕水平与五类公民得分显著相关。这似乎是一个相悖的结果。因为公民得分来自通则因素，人均GDP与五类公民得分相关的结果本来应该证明五类通则之间存在相关关系，但通则的各个因素在统计上却是独立的。实际上，这种独立性来自对40个文化群体个体信念的因子分析。这种方法使得我们能够计算所有国家中个体的因子得分，然后对它们进行平均从而得到公民分数。事实上，基于公民得分的五类通则存在一定的相关性。这也就解释了在富裕水平这个例子中，为什么一个变量可以与多个通则维度显著相关。

表6 社会通则与社会经济-政治变量的相关关系

变量	数据来源	样本数量	愤世嫉俗	社会复杂性	付出获得回报	宗教信仰	命运控制
人均GDP（2000）（PPP US $）	联合国人类发展报告（2002）；世界资料手册（2002）	40	−0.39	0.62*	−0.62*	−0.62*	−0.60
平均昼温	世界各国行政地图（1990）（Van de Vilert, Schwartz, Husimans, Hofstede, and Daan, 1990）	37			0.45	0.41	
生育率	联合国人类发展报告（2001）	39			−0.39	−0.37	−0.42*
人口增长率（2000—2005）	联合国统计司	36			0.55*	0.49*	
2001年人均居住面积	联合国统计司	23		0.41	0.56*	0.50	

续表

变量	数据来源	样本数量	愤世嫉俗	社会复杂性	付出获得回报	宗教信仰	命运控制
城市化水平（2000）	联合国统计司	39					-0.40
教育消费在GDP中的比重	联合国人类发展报告（2001）	39				-0.33	
健康消费在GDP中的比重	联合国人类发展报告（2001）	32			-0.56*	-0.67*	-0.36
环境可持续发展指数（2002）	世界经济论坛（2002）	36					-0.37
人类发展指数（1999）	联合国人类发展报告（2001）	39			-0.47*	-0.48	-0.43*
人权	Humana（1992）	35			-0.56*	-0.43	-0.44*
政治权利和公民自由（1992/1993—2001/2002）	自由之家（2002）	39			-0.48*	-0.49*	
妇女地位	人口危机委员会（1988）	35			-0.50*	-0.53*	-0.42
最近一次选举的投票率	联合国人类发展报告（2000）	32		0.38			-0.45
每周工作时长	国际劳工组织（2002）	28			0.51*	-0.49*	
心脏病死亡率	世界卫生统计年鉴（1995—1998）	22					0.52
自杀率	世界卫生统计年鉴（1992—1995）	27					0.54*
饮酒量	联合国人类发展报告（2001）	36			-0.49*	-0.38	

注：所有的量表都以得分计算。得分越高代表越接近该变量概念。包含人均GDP的相关关系是简单相关，其余都是在控制人均GDP后的偏相关关系。表内的相关系数均在0.05的水平下显著，标*的相关关系在0.01的水平下显著。

经济发展水平（由国家富裕水平衡量）与五类社会通则（基于公民得分）存在相关关系标志着一系列对于现代经济的信念，包括低水平的愤世嫉俗、宗教信仰、付出获得回报、命运控制,以及高度的社会复杂性。付出获得回报与富裕水平间的负向关系是反常识的,因为通常而言,我们认为付出获得回报的信念将有利于经济发展。所以这个结果告诉我们,在一个富裕环境中,人们并不一定认为有付出就会有回报。事实上,在一个富裕水平高的社会中,类似为穷苦人民提供社会福利以及向富人征收高税收的举措,都可能受到付出不一定要有回报的信念的影响。而在富裕水平较低的社会中,人们认为必须自食其力,他们在付出获得回报上的信念较强,认为工作越多所获得的回报也将越多。

如前面所讨论的,富裕水平将对一系列社会现象产生显著影响,也会混淆社会通则和国家层面的指标间的关系。为了减少这种影响,我们控制人均 GDP 来测量偏相关关系。也就是说,分析结果中的显著关系都独立于国家富裕水平。

关于个体心理变量的跨文化研究正变得越来越多,其中最典型的包括 McGrae(2002)提出的 40 个国家的五因素得分,以及 Levine 和 Norenzayan(1999)对于 31 个国家生活节奏的分析。这些研究中的心理数据一般被用于搭建社会信念在格状的其他公民特征中的前因后果诺莫网络(nomological network)。表 7 显示了公民得分与心理、行为指标间的相关关系。我们在此同样控制了人均 GDP 对结果的影响。

表 7 社会通则与社会层面上的心理变量的相关关系

变量	数据来源	样本数量	愤世嫉俗	社会复杂性	付出获得回报	宗教信仰	命运控制
生活满意度	世界价值观调查(1990—1993)(Diener & Suh, 1999)	21	−69*				
工作满意度	国际调查研究(Van de Vliert & Janssen, 2002)	21					−0.55
组织满意度	国际调查研究(Van de Vliert & Janssen, 2002)	21	−0.51				−0.60*

续表

变量	数据来源	样本数量	愤世嫉俗	社会复杂性	付出获得回报	宗教信仰	命运控制
积极情感	世界价值观调查（1990—1993）（Diener & Suh, 1999）	24				0.64*	
消极情感	世界价值观调查（1990—1993）（Diener & Suh, 1999）	24				0.45	
快乐平衡：积极情感与消极情感的差值	世界价值观调查（1990—1993）（Diener & Suh, 1999）	24	−0.50			0.47	
生活节奏	Levine & Norenzayan (1999)	19	0.73*			−0.53	0.50
外倾性	McCrae (2002)	25					−0.52
宜人性	McCrae (2002)	25			0.49	0.59*	
尽责性	McCrae (2002)	25	−0.51				
工作伦理：对努力工作的享受	Lynn (1991)	22					−0.54
随大流获得的成就感	Lynn (1991)	22	−0.62*				
指导来源：垂直资源（主管）	Smith, Peterson & Schwartz (2002)	32			−0.49*		
指导来源：信念	Smith, Peterson & Schwartz (2002)	32			0.42		
指导来源：专家	Smith, Peterson & Schwartz (2002)	32			−0.45		
领导力观点：基于魅力或价值观	Den Hartog, House, Hanges & Ruiz-Quintanilla (1999)	28	−0.65*				−0.46
领导力观点：基于人性化	Den Hartog et al. (1999)	28			0.47	0.52*	
领导力观点：基于团队导向	Den Hartog et al. (1999)	28	−0.46				−0.72*

续表

变量	数据来源	样本数量	愤世嫉俗	社会复杂性	付出获得回报	宗教信仰	命运控制
择偶偏好：强调互相吸引；不看重财富、社会地位和抱负	Shackelford & Schmitt (2002)	23			−0.74*		−0.54*
择偶偏好：强调教育和智力水平；不看重对家庭和孩子的期望	Shackelford & Schmitt (2002)	23			−0.53		−0.64*
择偶偏好：强调社交和令人舒服；不看重宗教背景	Shackelford & Schmitt (2002)	23			−0.53		
离婚容忍度	世界价值观调查（1990—1993）(Diener & Suh, 1999)	25			−0.43		
认为科学有益于人类的人群比例	Inglehart, Bsaflez, and Moreno (1998)	23			0.44	0.53	
认为宗教对生命非常重要的人群比例	Inglehart et al. (1998)	24				0.69*	
在宗教活动之外"经常"或"偶尔"求告上帝的人群比例	Inglehart et al. (1998)	20				0.62*	
一周参加一次教堂礼拜的成人数量比例	世界价值观调查（1990—1993/1995—1997）(Swanbrow, 1999)	26	−0.44			0.43	
对政治感兴趣的人群比例	Inglehart et al. (1998)	23		0.55*			0.43

续表

变量	数据来源	样本数量	愤世嫉俗	社会复杂性	付出获得回报	宗教信仰	命运控制
不认同内群体的人群比例	Smith, Dugan, Peterson, and Leung (1998)	18	0.50				
参照他人表现的自我表现动机的人群比例	Lynn (1991), 同时也被 Van de Vilert & Janssen (2002) 引用	22		−0.60*	0.68*	0.67*	0.49

注：所有的量表都以得分计算。得分越高代表越接近该变量概念。包含人均 GDP 的相关关系是简单相关，其余都是在控制人均 GDP 后的偏相关关系。表内的相关系数均在 0.05 的水平下显著，标记 * 的相关关系在 0.01 的水平下显著。

愤世嫉俗

愤世嫉俗程度高对应着较少参加教堂礼拜，生活满意度较低，对企业存有偏见，缺乏快乐的感受（负面情感多于积极情感），以及生活节奏较快。愤世嫉俗的人之所以生活节奏较快可能是因为他们将生命当作一件公事、一场交易。愤世嫉俗程度高的人在大五人格中的责任心——与能力、秩序、责任感、纪律性、对成功的渴望相关的因素——维度上表现出较低的水平。愤世嫉俗的人在通过随大流获得成就感上得分较低，他们否认领导力是基于魅力和价值观产生的观点，不太认同以团队为中心的领导行为，且常与团队成员产生分歧。此外，愤世嫉俗程度较高的个体与他人和谐相处的需求较低，并且认为领导者没有义务向员工传递价值观和利用愿景与使命引导员工追求个人目标。

以上相关关系说明在"愤世嫉俗"维度上得分高的个体参加教堂礼拜的次数较少，不快乐，没有随大流产生的成就感，更容易产生人际关系问题，不信任领导者的魅力，责任感更弱，生活节奏更快。这些关系验证了我们最开始对愤世嫉俗的描述。愤世嫉俗的人相信人性本恶，对某些特定人群持有偏见，不信任社会机制，并且认同不择手段达到目的的处事原则。愤世嫉俗的人不能有效地处理人际关系，导致产生大量负面心理结果。

社会复杂性

高水平的社会复杂性标志着 GDP 中健康消费较高的比重，较高的投票率，较大的政治兴趣，与他人的表现进行比较的动机。在我们最开始的描述中，社会复杂性意味着在世界上没有僵化的法则，有多种实现目标的手段，并且认为人们的行为常常出现前后不一致的情况。但这些描述并没能清楚地解释其中的显著关系。考虑到社会复杂性与经济发展相关，这些相关关系可能暗示着一种现代化模式。我们可以认为对健康的高水平投资反映的是一种对于健康问题的复杂观点。对多样化处事方式的认同可能降低关注、操控他人的需求。而多样化的世界观可能使得一个人更倾向于参与复杂事务，例如政治事件。但很明显的是，对这些关系的解释都具有较高的推测性和试验性。

宗教信仰

与宗教信仰相关的一般包括较高的白昼温度，较低的生活期望，较高的人口增长率，较少的人均占地面积，健康和教育消费在 GDP 中较低的比重，不关心人类发展，人权、政治权利和公民自由得不到充分的保证，妇女较低的社会地位，较长的工作时间，以及较少的饮酒量。在心理层面，与宗教信仰相关的变量一般包括较高水平的积极和消极情感，快乐的感受，较慢的生活节奏，较高的宜人性（一种与友善、仁慈相关的大五人格）。在宗教信仰上得分高的个体非常认同人性化的领导，认为科学进步有助于人类发展，宗教对人类生活存在影响。他们向上帝祈祷，积极参与教堂礼拜，从他人身上获得工作动力。

虽然我们在这里对富裕水平进行了控制，但还是能明显地发现宗教信仰常常产生于一个艰苦的社会经济环境当中。原因可能是比较艰苦的生活使得人们更愿意信仰宗教的力量。我们的分析结果验证了我们对宗教信仰的解释，即宗教信仰得分高的人确实更积极地参与宗教活动，他们把宗教作为生活中非常重要的一部分，在生活中可以获得更丰富的情绪体验，拥有较慢的生活节奏，不爱饮酒，表现得更加宜人，并且认同人性化的领导方式。

部分相关关系存在解释难度，比如宗教信仰与温度、基于和他人进行比较

第 9 章
社会通则：一个多元文化视角的社会信念模型

的表现动机以及对科学的信仰之间的相关关系。其中可能的某些原因包括：高昼温造成了日常生活的不舒适（例如，Van de Vliert, 2003），导致较高的宗教信仰水平；宗教信仰水平高的人可能更关注他人，所以表现动机源于对他人的行为表现更加敏感；由于宗教信仰与艰苦的环境有关，所以人们更寄希望于科学来改善生活条件。当然，这些解释也只停留在推测的层面上，需要之后的研究进行验证。

付出获得回报

与付出获得回报相关的一般包括较高的白昼温度，较低的生活期望，较高的人口增长率，较少的人均占地面积，健康和教育消费在 GDP 中较低的比重，不关心人类发展，人权、政治权利和公民自由得不到充分的保证，妇女较低的社会地位，较长的工作时间，以及较少的饮酒量。在心理层面，与付出获得回报相关的变量一般包括对垂直资源（主管）的高度依赖，对传统文化的高度信仰，以及在工作上独立于专家的指导。在付出获得回报维度上得分高的人不看重人际间的融洽关系，但是看重教育和智力水平，他们爱社交，性格比较受欢迎，不能容忍离婚现象，认同人性化的领导，宜人性水平较高，喜欢通过与他人的比较激发自我表现动机，以及相信科学思维对人类有利。

与宗教信仰类似，付出获得回报维度也与艰苦的社会经济环境相关。事实上，上一段中提及的与付出获得回报相关的变量也都与宗教信仰相关。这可能是因为知识、努力、周密的计划是应对社会经济艰苦环境的另一种策略。

付出获得回报得分高的人对离婚的容忍度低，不看重人际间的融洽关系但看重智力水平，在与配偶相处的过程中比较受欢迎，认为成立家庭是对一段浪漫关系的良好补充。付出获得回报维度得分高的人强调自律性，因此不愿意依赖专家，并且会主动控制自己的饮酒量。他们对上级发放报酬的方式比较敏感，因为他们依赖上级和社会习俗指导自己的工作，并且会通过与他人进行比较来监控自己的绩效表现。这种对人际关系敏感的特点又与宜人性、认同人性化领导的特点一致。

命运控制

与命运控制相关的变量包括较低的生活期望、较低的城市化水平、健康消费在 GDP 中较低的比重、较低的环境可持续性，不关心人类发展，人权得不到充分保证，妇女较低的社会地位，较低的投票率，较高的心脏病死亡率，以及较高的自杀率。

在心理层面，与命运控制相关的变量包括较低的生活满意度和工作满意度，较快的生活节奏，较低的外倾性（一种与外向性和社会性相关的大五人格），以及较低的职业伦理（对努力工作的享受程度）。命运控制得分高的个体不认同团队导向和魅力型领导，不重视相互吸引，择偶时也不看重教育背景和智力水平。他们拥有浓厚的政治兴趣，并且喜欢通过与他人比较激发自我表现动机。

与宗教信仰和付出获得回报类似，命运控制也与艰苦的社会经济环境相关。其中的原因可能是，相信人生大事是预先注定的，并且能找到一些方法去影响结果的信念，可以帮助人们应对艰苦的环境。

在"命运控制"维度上得分高的个体对自身掌控事件的信念较为消极，因此带来了较高的自杀率，较高的心脏病死亡率，较低的投票率，较低的生活满意度，较低的工作满意度，以及较低的外倾性。与此同时，他们不认同团队导向和魅力型领导，不把教育背景和智力水平当成择偶标准，并且职业伦理较为消极。对于政治兴趣、快生活节奏、喜欢通过与他人比较激发自我表现动机这三个变量，它们与命运控制间的正向关系虽然较难解释，但是考虑到命运控制中的"宿命论"，这三个变量反映了个体在努力地塑造积极的命运结果。当然，关于命运控制还有未来的研究需要探索的主题，例如，命运控制得分高的人何时对事件表现得消极和逃避？以及在什么情境下愿意掌控事件？

如上所述，宗教信仰、付出获得回报、命运控制和许多相似的变量间都存在相关关系，那么这三个概念能否被区隔开来？首先，这三个概念都代表着应对不富裕、资源匮乏、不稳定的艰苦环境（Triandis，1973）的方式。其次，这三类社会通则都标志着高水平的忍受能力和人际关系的敏感性。

这三类社会通则的区分性主要体现在两个方面。第一，由于它们源自对个体回答结果的正交旋转，因此相互间的关系区分只体现在个体层面。而我们的结果都处于国家/文化层面，所以三个概念在高层次水平上存在相关性。例如，在控制富裕水平后，我们发现宗教信仰与付出获得回报间的相关系数达到了最高的 0.64。关于三类维度在个体层面的区分性，我们将在之后的论述中说明。第二，三类社会通则代表的意义的确不同。例如，宗教信仰与参加宗教活动相关，付出获得回报得分高的个体依赖主管对其工作的指导且不能容忍离婚现象，而命运控制则和自杀以及心脏病死亡相关。

总 结

社会通则的每个因素都展现了和不同社会指标间的相关关系，为我们解释各个概念的含义奠定了基础。但必须强调的是，我们的分析结果仍受限于有限数量的社会指标，因此未来还需要采取类似 Simonton（1976）的做法，尝试加入更多可供分析的指标来丰富此领域的研究。本研究以及最近在心理层面的跨文化研究（比如 Allik 和 McCrae（2004）提出的大五人格模型）将会推动该领域的发展。

基于公民信念对文化群组进行分类

利用五类社会通则的公民得分，我们可以从不同角度解释社会环境对信念的影响。对信念分数的聚类分析提供了"通则配对"的"心理图案"，我们基于在各通则因素上的相似性对公民进行了分组。

图 2 为多层聚类分析得到的结果，我们利用平均连接法对 40 个文化群组在五类信念上的 z 得分进行了聚类。

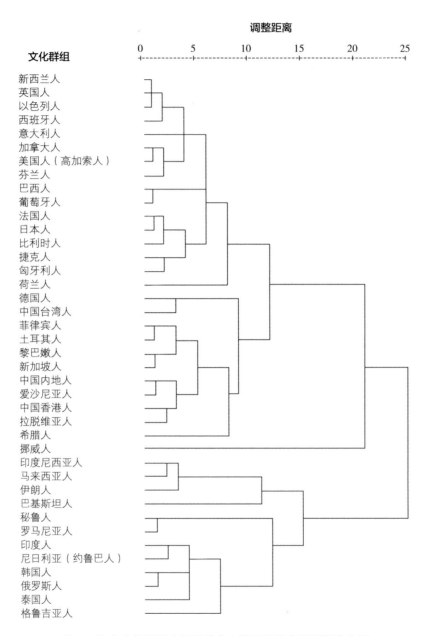

图2　40个文化群组在五类信念上的公民社会通则聚类分析

由于Hofstede（1980）的研究对我们阐述的通俗理论（关于文化如何分组）造成了长期和深刻的影响，因此大多数人对树状图的第一反应是感到陌生和困惑。在通则配对的心理图案中，我们只发现了少数明显的相关关系：伊朗人、马来西亚人、印度尼西亚人、巴基斯坦人组成的穆斯林群组；语言相近的巴西人、葡萄牙人；地理位置临近的捷克人和匈牙利人；语言和地理位置都相近的加拿大人和美国人；我们还发现了一个与中国有关的群组，但是该群组和穆斯林群组类似，与其他群组存在聚类重合。

更令人惊讶的是，我们发现了一些不同于之前划分标准的文化群组，这些群组包括：秘鲁人和罗马人，加拿大人、美国人和芬兰人，法国人和日本人，以色列人和新西兰人、英国人。其中最令人惊讶的是由印度人、尼日利亚人、韩国人、俄罗斯人和泰国人组成的群组。对这些群组的出现感到惊讶是相对于人们内在的隐性观念而言的，因为我们知道文化系统及其心理结果之间应该是怎么联系的：是按照地理位置、语言、宗教还是移民等。但事实上，我们研究的一个主要目的就是发现和之前的研究不同的结果。我们希望本研究划分的文化群组可以启发更多的人去发现新的文化划分方式以及文化的相关动态。

社会通则对个体行为的影响

> 在思想产生的效应得到检验之前，它们只是梦想。
> ——莎士比亚，《鲁克丽丝受辱记》

本部分将在社会心理学范畴内探讨个体层面上与社会通则相关的前因后果。人格和社会心理学研究的受试者通常主要来自单一文化群组，这种以个体（而非国家、不同文化群组）为研究对象的方法来源于心理学的研究范式，使得我们能够发展出关于个体的理论和研究成果。内文化研究偶尔也被拓展至不同文化群组以拓展结论的广度，这种方式在一般情况下具有"普遍性"，但在某些情境下也不适用（Smith & Bond，1998）。

具体到我们的研究情境，我们假设，一个人对五类社会通则的接受程度反映的是个体被经济和社会环境赋予的要求与该个体拥有的技能之间存在的冲突大小。它是一种个体基于五种准则对世界如何运行的经验判断。个体在通则中所处的位置标志着他们对现实世界制约程度的评价水平。一旦瞄定个体在五类通则上的信念水平，我们就可以预测个体的行为选择了。

基于国家文化内部的社会通则研究

信念和动机是预测个体行为的不同概念，它们对心理变量具有非常好的预测效果。来自中国香港的数据基于期望价值理论（expectancy-value theory）发现，社会通则与价值观存在中度相关关系（Feather，1982）。Keung 和 Bond（2002）的研究表明，来自 Schwartz（1992）研究中的两种价值观和五类社会通则间的重合程度很低，相关系数的最大值发生在"关心他人"和"付出获得回报"间，为 0.36。社会通则的预测效力来源于价值观，但其对持平等主义的政治态度也存在预测效果。消极的宗教信仰代表与法规（例如，安乐死、人工流产、枪械管制）无关的政治自由倾向，这种预测效力并非源于两种价值观，而是反映了宗教信仰与低水平的政治权利和公民自由在文化层面上的相关关系。

我们假设信念可以提供社会通则在价值观之外对于行为的预测效力。个体层面的信念代表个人对外部约束和功能可见性的评估，从而调整自己通过行动或策略达成目标的预期。为了证实假设，Bond、Leung、Au、Tong 和 Chemonges-Nielsen（in press）研究了中国香港大学生的职业倾向、偏好的处理方式以及冲突化解的风格。在对社会通则和因变量进行回归分析时，为了控制价值观对因变量的影响，来自 Schwartz（1992）的价值观变量在第一步进入回归方程，社会通则变量在第二步进入。这样，社会通则与因变量之间任何值得注意的关系，都是独立于价值观的。

结果显示，在控制价值观的影响作用后，付出获得回报与传统职业倾向（如信贷经理）存在显著的关系。原因可能是传统职业标志着"高付出，高回报"。付出获得回报对冲突解决风格也具有预测效力，在控制价值观后，付出获得回报能够预测采取迁就策略的冲突解决风格。宗教信仰和迁就或竞争的冲突解决风格存在正向关系。其中，宗教信仰和迁就风格的相关关系，与宗教信仰和宜人性（在个体层面和文化层面）的相关性表现一致（将在下一段中讨论）；宗教信仰与竞争风格间的显著关系令人费解，需要未来的研究重新检验。可能的原因是宗教信仰水平高的个体把冲突看成一件非对即错的事情，所以采取竞争的冲突解决风格是在争论中取得道德真理的有效方式。愤世嫉俗与低水平的合作、妥协（两者都需要双方互相配合）的冲突解决风格相关，证实了对于愤世嫉俗水平高的个体的消极观点。最后，社会复杂性对妥协、合作的冲突解决风格存在预测性。也即，如果个体接受人类行为的复杂本质，他们就会更愿意进行妥协或合作。

此外，我们发现社会复杂性对个体的问题处理方式存在预测效果，表明人类行为的多样性导致了个人困境。命运控制与个体回避（一种碰到难题就采取消极态度和逃避思考的倾向）以及停留于幻想阶段的处理方式显著相关，这与命运控制在文化层面和面对生活困境采取逃避行为（如自杀）的相关性表现一致。

社会通则还能够预测大五人格模型。Leung 和 Bond（1998）发现，中国香港人的愤世嫉俗水平与宜人性的 β 值为 -0.18，与尽责性的 β 值为 -0.21；宗教信仰与宜人性的 β 值为 0.26，与体验开放性的 β 值为 -0.21；付出获得回报与尽责性的 β 值为 0.23；命运控制与神经质的 β 值为 0.25；社会复杂性与体验开放性的 β 值为 0.40。以上相关关系的聚合效度和区分效度呈显著状态。但是，必须注意的是，与大五人格相关的 NEO-PI-R 测量方法包含一些（对个体自身和周围世界的）信念条目，所以社会通则和 NEO-PI-R 间存在的相关关系可能源于概念重合。

与此同时，我们还在文化层面检验了社会通则的影响作用。首先，相比于对个体的影响，社会通则对大五人格在文化层面的影响作用较小。其次，在个体层面存在的四组显著关系，有两组在文化层面也表现为显著：愤世嫉俗与尽责性间的负向关系，宗教信仰与宜人性间的正向关系。需要强调的是，对大五人格的测量部分是基于动机和信念的自评条目。我们可以按照 Keung 和 Bond（2002）的方法，将这些概念分离为动机和信念成分，然后检验它们对结果测量方法（例如行为自评）的共同作用。

Leung（in preparation）在中国香港进行的两项研究检验了愤世嫉俗和工作态度间的相关关系。在第一项研究中，605 名香港员工被抽中进行随机访谈，结果发现愤世嫉俗与工作满意度、组织承诺、感知的组织公平间存在负相关关系。在第二项研究中，对 427 名香港员工的电话访谈结果表明，愤世嫉俗与工作满意度、感知的组织公平以及组织承诺、主管评价、生活满意度间存在显著的负相关关系。在文化层面，愤世嫉俗与工作满意度、生活满意度间也存在显著的负相关关系。

以上的研究样本均来自中国香港，下面我们将讨论在其他文化背景下的相关研究。Singelis 等（2003）利用美国大学生群体检验了社会通则与个体差异间的相关关系。其中，个体差异变量包括内外控倾向、人际信任、社会期许、认知弹性（一种灵活和创新的问题解决方式）和迷信心理（对超自然现象的信念）。Singelis 等人发现，愤世嫉俗与外控倾向、迷信心理（例如黑猫带来霉运）存在正相关关系，与社会期许、人际信任、认知弹性存在负相关关系。宗教信仰与传统的基督信念（如对上帝、天堂和地狱、灵魂的信仰）存在正相关关系。付出获得回报与社会期许、认知弹性、传统的基督教信仰存在正相关关系。命运控制与外控倾向正相关，与认知弹性负相关。此外，命运控制还与传统的基督教信仰负相关，但是与宗教信仰、迷信心理以及预知能力的信念正相关。最后，社会复杂性与认知弹性的相关性为正，与人际信任间的相关性为负。

以上相关关系为五类社会通则间的聚合效度以及区分效度提供了有力的支撑。其中，聚合效度在下面几组变量关系中得到验证：愤世嫉俗与人际信任（负相关），宗教信仰与传统宗教信仰，付出获得回报与社会期许，命运控制与外控倾向，社会复杂性与认知弹性。区分效度则为社会通则与在概念上不相关的变量间的弱相关关系所验证。

在社会行为方面，Singelis 等（2003）发现，宗教信仰与寻求精神导师的建议、祈祷、诵读和教堂礼拜行为相关，证实了宗教信仰和宗教活动在文化层面的相关性。付出获得回报与失败后再努力、维持良好的人际关系行为相关，这种相关性在国家层面上，同付出获得回报与离婚低容忍度、不重视互相吸引的择偶偏好相关性表现一致。命运控制对幸运数字和占卜行为存在预测性，意味着命运控制确实和超自然信念、宗教信仰以及预知能力信念相关。社会复杂性既与不害怕同陌生人交谈的行为相关，也与不考虑他人感受的直言不讳行为相关。这为我们提供了一种多元解释路径，即社会复杂性得分高的个体可能不关心别人如何看待自己的行为，从而验证了社会复杂性与关注他人表现动机间的负相关关系。

Van 等（2002）在加拿大本科生中研究了社会通则和自评行为间的相关关系。他们发现，愤世嫉俗与组织公民行为负相关；社会复杂性和命运控制与占卜行为均存在相关关系；宗教信仰则与参加宗教活动以及祈祷行为相关。其中，社会复杂性与占卜行为间的关系看似复杂，但一个可能的解释是，环境的不确定性导致个体依赖多样化策略来引导行动。

Rupf 和 Boehnke（2002）在德国检验了社会通则与分级私利（人际关系的自利性和层级性），以及与右翼风格的行为（如听右翼风格的摇滚乐）间的关系。结果发现，右翼行为与愤世嫉俗正相关，与宗教信仰负相关。分级私利与愤世嫉俗、付出获得回报正相关，与宗教信仰负相关。其中，与愤世嫉俗有关的相关关系证实了对在愤世嫉俗维度上得分高的个体的消极观点，与宗教信仰有关的相关关系证实了宗教信仰和宜人性在文化层面的相关性。但是，关于付出获得回报为什么与分级私利相关目前还不明确，一个可能的解释是，持有付出获得回报信念的个体期望每个人都爱护自己。

Ward 和 Ramakrishnan（2003，Study 1）研究了新加坡大学生中社会通则和 Kiasu（害怕吃亏）间的关系。Kiasu 行为反映的是人的自私、粗鲁、贪婪、算计和好胜。在控制社会期许之后，付出获得回报与 Kiasu 间呈现显著的正相关关系。原因可能是强调努力和计划的付出及回报信念与害怕吃亏的行为存在相关性。这与之前的结论——付出获得回报在文化层面上与分级私利以及关注他人表现的动机相关——表现一致。

Safdar 等（2003）利用加拿大、美国、英国三个国家信仰三个不同宗教（伊斯兰教，犹太教，基督教）的大学生，研究了社会通则与"9·11"恐怖袭击应对策略间的相关关系。其中，主动策略是指积极地设定目标并能自律地达成目标；逃避策略是指面对难题时的拖延以及缺乏实际行动。结果发现，主动策略和付出获得回报以及社会复杂性间存在正相关关系。逃避策略与社会复杂性正相关，与之前社会复杂性得分高的人更相信占卜的结论一致，原因可能是社会复杂性带来的不确定性导致人们愿意采取间接的应对策略。Safdar 等（2003）还发现，正在从事宗教活动的受试者在采取主动和逃避的应对策略上均存在更大的倾向。此外，从事积极的（伊斯兰教，犹太教，基督教）宗教活动的受试者在付出获得回报、宗教信仰和社会复杂性上的得分更高。

以上我们讨论的都是与社会通则有关的相关关系，Kurman 和 Ronen-Eilen（2004）进行了一项关于社会通则功能价值的研究。研究样本来自位于以色列的两组移民群体——其中一个来自前苏联，另外一个来自埃塞俄比亚。两组移民受试者被要求填答社会通则问卷（Social Axiom Survey）来计算以色列通则的得分。与此同时，一组以色列本土受试者也被要求填答问卷来计算以色列通则的得分。为了描绘典型的以色列人的特点，研究者还随机挑选了另一组以色列本土受试者进行社会通则问卷的填答。研究结果表明，相对于移民受试者，以色列本土受试者的通则得分情况更接近于典型的以色列人。对以色列通则的了解程度与社会适应（心理和人际关系调整）以及功能适应（舒适地生活在以色列）正相关。唯一的例外发生在愤世嫉俗上，即对愤世嫉俗的了解程度越高，适应水平越低。一个可能的解释是，相比于以色列人的实际表现，移民群体感知到的以色列人的愤世嫉俗水平更高。

Schwartz（1992）的价值观研究也在 Kurman 和 Ronen-Eilen（2004）的研究中得以体现。Kurman 和 Ronen-Eilen（2004）比较了价值观和通则对适应水平的影响作用。结果发现，通则对适应水平的预测效果强于价值观。最后，Kurman 和 Ronen-Eilen（2004）还比较了以色列通则知识对移民适应水平的影响。结果发现，通则知识对移民的社会及功能适应水平存在预测效果，通则可以预测社会适应水平。以上结论为社会通则的功能主义观点提供了有力证据。

个体社会通则的跨文化研究

国家内部文化的研究也可以拓展至跨文化层次。相关研究者正在讨论：（1）相关的心理概念是否可以包含跨文化群体中结果变量的文化差异（Brockner，2003）。（2）某些心理概念和心理变量以及行为变量间的关系是否可以推演到不同的社会系统。（3）如何检验文化变量与某些相关关系强度间的相关性。比如Diener和Diener（1995）发现，自尊和生活满意度间的相关关系强度与国家文化中的个体主义正相关。这类跨文化的研究方法使文化研究领域朝着建构心理和行为模型的方向更进了一步。

最近，Fu等（in press）就用跨文化研究方法进行了一项研究。他们认为，对自己和他人的结果的观察，会导致对不同影响策略在自身的社会环境中有效程度的判断。而且，某种影响策略的有效性也可以从每种文化情境提供的多种社会给养中推导出来。因此，国家文化特点和影响策略有效性间应该存在相关性。社会通则反映的是事物在社会系统上如何运转的经验判断，因此它们可以用于评价不同的影响策略的有效性。

例如，Fu等（in press）认为愤世嫉俗的信念反映的是社会对于权威选择妥协的一种真实评价。基于此，他们发现12个国家中在愤世嫉俗维度上得分越高的人，对该国独断的影响策略的有效性的评价越高。与此同时，愤世嫉俗也可以解释12个国家独断的影响策略的差异性。关系型策略使得社会更加关注他人，进而倾向于采取影响策略，这种关系型策略在权威导向的社会中表现得更加有效。此外，Fu等人发现，12个国家中愤世嫉俗得分越高的人，对（国家间、国家内）关系型策略有效性的评价越高。愤世嫉俗得分高的个体认为人们是可以被操纵的，并且看重得失，因此采取强调社会压力和强制的影响策略更加有效。

相反，付出获得回报意味着对社会如何回报个人在知识、计划、竞争上的投入的经验判断。在付出获得回报信念得分低的环境中，辩论、推理、劝说相对来说更加有效。基于此，Fu 等（in press）发现，12 个国家中付出获得回报得分越高的个体，对（国家间、国家内）关系型影响策略的有效性的评价越高。

因此，三组社会通则和人际影响策略间的相关关系验证了它们在解释跨文化及文化内差异上的有效性。每类社会通则与结果变量间的关系假设，都源自对结果变量与基于信念的物理、社会或精神环境的相关关系推理。基于信念的社会通则包含个体层面（行动者对信念的学习经验）和文化层面（个体所处的文化传统）。这类概念研究方法可以被引入传统的社会心理学领域，例如责任归因和内群体偏袒；或者被引入新兴领域，例如道德脱离和人际公平。举例来说，付出获得回报得分高的人可能更加强调得失，而愤世嫉俗对公平感则起着调节作用。

总　结

以上讨论都集中于个体层面的研究，包括来自不同文化群体的受试者以及心理变量和行为变量。我们从中可以总结两点：第一，研究结果都是基于我们对五类社会通则的定义，相关的聚合效度和区分效度得到了大量验证；第二，不同的研究得出了几乎一致的结论，同时也验证了某些在文化层面产生的相关关系。总而言之，这些基于个体层面的研究很好地验证了五类社会通则的信度和效度。

结论和研究展望

> 在我们本应该把自己交给未知的恐惧时，我们却让自己藏身于似是而非的知识之中。
>
> ——莎士比亚，《终成眷属》

社会通则的理论重要性

因为信念这个构念由来已久,因此,弄清社会通则的理论重要性和"附加价值"是非常重要的。我们在本研究中提出的社会通则框架的重要性主要体现在以下三点。首先,以前的跨文化心理研究大多基于价值观模型,而社会通则框架提供了一种新的理解文化相似性和差异性的视角,解释了价值观难以解释的文化现象,并且将跨文化研究推向了新的领域。价值观一般涉及重要的和有利的事物,社会通则一般和变化的社会环境相关,因而产生了不同的理论框架。例如,"个体主义-集体主义"常常和一系列的社会行为相关(例如,Triandis,1995)。关注愤世嫉俗对社会行为的影响机制,以及愤世嫉俗的世界观的形成机制的研究,最终将会推动产生不同于价值观模型的认知框架(例如,个体主义-集体主义)。

其次,我们的研究在社会通则如何影响行为的议题上得到了一些有趣的发现。例如,基于国家层面的分析发现了不同变量间的多样化关系,例如愤世嫉俗与满意度,社会复杂性与政治关注度,付出获得回报与忽略互相吸引的择偶偏好,宗教信仰与宜人性,以及命运控制与自杀。虽然这些相关关系仍有待考证,但是未来的研究可以在这些重要领域作出理论突破。

最后,我们在研究中提出了关于纯粹信念的测量方法。以前常见的信念量表往往包含一系列的概念,混淆了信念中包含的规范性、激励性和引导性。虽然这种混淆还未得到大量实证检验,但很显然关于规范性的理论与激励性的理论相当不同,因此理论上的混淆确实存在。现在我们开发出来的测量纯粹认知"信念"的方法将给未来的研究带来新的发现。

五类社会通则的普遍性

愤世嫉俗、宗教信仰、付出获得回报、命运控制、社会复杂性具有普遍性,它们反映了人类面临的一些基本问题:社交生活是否会带来积极结果;精神信念和宗教活动是否真实及有用;个体企业是否能产生利益;命运是否可以预见未来；人际关系究竟是遵从简单还是复杂的规则。我们在整体水平上描述这些通则，综合了在不同领域中对世界的观察结果。考虑到它们和环境的交互性，我们认为，社会通则对个体如何处理日常事务、人际关系、社会和精神环境具有很强的预测效果。我们在前面已经讨论了相关的研究。

每个文化系统提供了持久的适应环境要求的生存技能训练。环境要求源自历史遗产、制度结构以及当下经济社会和地缘政治的挑战。社会系统中的个体在不同程度上使用自己对世界的认知表征，并通过自己与所处文化世界的互动建立认知结构，再根据生存目标设定未来的互动方式。他们对社会通则的认同在一定程度上反映了其文化定位。这个观点已经为社会通则和社会变量在文化层面的相关关系所证实。

有趣的是，在最近一项关于大五人格的跨文化研究综述中，Triamdis 和 Suh（2002）认为，社会通则具有普遍性的结论是由于缺乏文盲群体的数据所致。由于文化水平不是我们模型建立的基础，因此 Triamdis 和 Suh（2002）的论点向社会通则的普遍性提出了质疑，这一点局限性需要未来的研究针对文盲群体的社会通则进行实证解决。

社会通则的普遍模型

模型的建立一般采用归纳法或推演法。在本研究中，社会通则的五因素模型主要通过在不同文化背景下对学生和成人受试者的归纳研究建立。考虑到模型的稳定性和变量间（跨文化和文化内的）的相关关系，我们有足够的理由接受社会通则的概念基础，以及在未来的研究中提高模型使用的便利性。

关于社会环境的信念——人、人际互动、社会制度和非物质力量——是一种行动中的认识论，包含个体对世界的评价，以及行为事项和生命过程中的自我延伸（self-extension）。社会通则是人们通过与社会的互动提炼出的认知过滤馏分（cognitive distillate），反映了对其动力和约束条件的运作评估。接下来我们将建立一个框架来讨论五类社会通则的本质。

我们的研究框架属于功能主义导向的，并且假设其普遍性与人类生存及适应相关。儿童发展心理学家认为依恋代表一种幼稚的行为（例如，Bowlby，1969），但是随着时间的流逝，儿童开始出现探索行为，并在探索和依恋中达到平衡状态（例如，Anisworth, Blehar, Waters, & Wall, 1978）。儿童发展心理学认为，探索世界的过程中竞争需求将在两种背景下产生：社交和问题解决（Keller, 1997）。在社交背景下，生存和适应的一种关键技能就是欺骗别人及识别骗术，这在人类历史上都有记载（例如，Humphrey, 1983; Whiten & Byrne, 1997）。我们认为愤世嫉俗是对在社会中生存和适应社会的基本需求的一种响应，在这种社会环境下，被人欺骗是常见的和危险的。此逻辑同样适用于剥削、压制以及其他影响人类幸福的消极因素。简而言之，在社会中生存的过程中，人们需要判断世界是良性运转的还是自相残杀的，进而相应地调整自己的行动和处理方式。

在问题解决背景下，正如历史所记载的，获取知识和技能是生存（从抚养到繁殖）必需的条件。我们认为在有效解决问题方面至少存在三个基本议题。第一个基本议题是问题能否被解决，以及有效的解决方式由何组成。一个极端的情况是，所有问题都是棘手的，导致习得性无助状态。在这种情况下，无论问题能否被解决，不作为都将是一种主要的响应方式（Seligman, 1975）。另外一个不同的情况包括对于给人类造成影响的事件的原因进行评估，这种评估在内外控倾向中经常得到体现（Rotter, 1966）。我们认为，命运控制代表着个体判断所遭遇到的困难在多大程度上由命运决定。命运控制得分高的人更关注标记、符号和星象，因为他们相信这些事物可以帮助他们处理消极事件。命运控制得分低的人不相信命运和预见能力，他们不会分散注意力和资源去选择通过运气解决问题的方式，并且相信自己可以改变命运。

与问题解决背景有关的第二个议题是，付出能否获得成功——期望效价理论中的成本-收益分析（Vroom, 1964）。我们认为付出获得回报代表着对生活中的事件的"成本-收益"的评估。如果回报发生在付出之后，人们为了规避风险会较少地投入。

第三个基本议题是，为了寻求解决问题的方式，人们需要知道一种应对困难的方法能否一劳永逸。在我们的分类方法中，社会复杂性包含了环境和个体差异、承认不同领域的不一致性以及对于一个问题的多种解决方法。但是，在单一社会中，标准化的解决方式更有效，不一致性比较少见，大多数问题都有共同的解决办法。值得注意的是，有关创造力的研究对发散性和收敛性思维作了清晰的划分（例如，Brophy，2001；Torrance，1974）。发散性思维包括产生大量的想法和备选方案，收敛性思维的核心则是始终集中于搜寻一个最好的想法。显然，两种思维的相对有效性依赖于所处理的具体事件。我们认为社会复杂性包括对一系列问题的总体判断，比如，社会是否多元，"条条道路通罗马"是否成立，或者更宏观上的，真相是不是唯一的判断标准。这些判断对于采取哪种问题解决方式有着重要的影响。

最后，人类和动物的一个主要区别在于：人类会寻找生存的意义而动物不会（例如，Williams，1997）。在社会科学研究中，参与精神活动（例如宗教活动）被认为是一种寻找生存意义的重要方式。Pepitone 等（DeRidder, Hendriks, Zani, Pepitone, & Saffiotti，1999；Pepitone & Saffiotti，1997）用来自美国、新西兰、意大利和印度的受试者，验证了宗教信仰对于解释生活事件的重要性。在实践意义上，宗教提供了一种稳定的社会结构，同时也带来了心理平静和心理安全。我们认为宗教信仰是一种对于人的精神需求的响应（Berger，1967），也是解决社会难题的一种方式。事实上，由于宗教信仰来自对宗教活动的功能性感知，因此它更多地关注世俗而非精神上的事物。框架图如图 3 所示。

五类社会通则全面吗？

社会通则的五因素模型在不同文化背景下的样本中得到了实证检验，因此可以说，这五类社会通则很好地代表了人类信念系统中的核心客位维度。针对这一点，我们不能肯定我们提出的社会通则模型具有完全意义上的普遍性，未来还需要更多的研究发现其他的因素。但是，我们提出的模型为今后更多因素的发现提供了一种基础的整合性框架。通则来自人们与物理环境、个人世界、

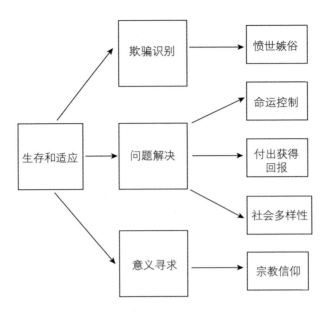

图3　社会通则的通用模型

社交环境和精神世界的日常互动。在我们的研究中，我们在对通则进行建模时尽力做到了全面性和代表性。虽然从关系矩阵中抽取多少个因子常常属于主观判断，但是我们尽量在用数据说话。考虑到题项包含了多个因子，我们基于题项的意义相似性以及因子载荷的大小选择了五个因子。

此外，我们未否认社会通则包含主位因素。在两种意义上，对信念的文化内部检验（例如，Wrightsman，1992）可以证实文化主位的存在。第一，区别于传统文化研究，特定的信念可以被融入泛文化对某一因子的定义，从而增加某一客位维度的本土丰富性。第二，本土化问题条目可以结合原来60道题中的某些条目而产生额外的新因子。当然，以上结论也只停留在假设阶段，只有当构念区分效度可以确立时，才能认为在五类社会通则之外存在新的因素。这一警告对纯粹使用从本土中提炼出来的信念，而非原来的60个问题条目同样适用：只有当区分效度被展示出来时，我们才可以说那些条目确实揭示了该文化的本位因素（参见 Cheung et al.（2001）在开发中国人性格测试量表中遵循的程序）。我们鼓励这种探索。

从泛文化客位中建立反映本土文化主位的社会通则

由于我们在开发原始量表时采用了大量的文化开放式程序，我们认为问卷中的题项代表了心理通则的"核心客位"，即这五类通则具有普遍性。对于任何一个文化群体，五类社会通则都应该包括这些题项，但是在核心部分之外也要有所延展。例如，原始的60道题的问卷在中国香港施测时对五类通则作了定义上的调整（Bond，Leung，Au，Tong & Chemonges-Nielsen，in press），同时，加入的主位（与香港文化有关的）题项提高了问卷信度。在一项针对美国不同民族的研究中，Singelis等（2003）也证实了主位题项的有用性。

我们呼吁在使用五类社会通则时进行更多的延展。研究者可以在60道题的问卷中选择特定的题项作为问卷的核心部分，然后再加入特定文化背景下的信念题项。这种以特定文化为中心的研究由于考虑了文化壁龛（cultural niche），将使得五类通则的内容更加丰富和全面。在这个意义上，核心客位因素将被作为文化研究的基础跳板，从而开发出更具文化敏感性并反映文化现实的通则题目。

与此相关的是，在五类通则中只有三类在不同文化群体内表现出了可靠的信度。在一个针对40个学生和13个成人的数据样本中，变量的Cronbach α 值如下：愤世嫉俗（学生：0.67；成人：0.68），付出获得回报（学生：0.61；成人：0.59），宗教信仰（学生：0.71；成人：0.75），命运控制（学生：0.53；成人：0.55），社会复杂性（学生：0.45；成人：0.41）。对于在文化内部的研究，主位题项的加入将会提高通则维度的信度。对于跨文化研究，在未发现更好的方法时，我们还是遵从以客位题项为主的文化比较方式。此外，或许利用隐性变量也是提高通则维度的信度的方式之一，因为当隐性变量被使用时，不可靠性便被校正了。

未来的研究展望

本研究为未来的研究提供了至少五个发展方向。考虑到相关领域的研究刚开始起步，我们只讨论概括性的议题，没有关注具体的研究假设。

第一，未来应该继续研究（文化内、文化间）五类社会通则的前因和后果。我们在本研究中已经进行了一些探索。例如，愤世嫉俗在工作场所中如何运行是一个很有趣的研究议题。先前的研究表明，与特定的组织事件（如裁员）相关的愤世嫉俗将会导致员工消极的工作态度和工作行为（例如，Anderson，1996）。那么，与特定的组织事件无关的愤世嫉俗会如何影响员工消极的工作态度和工作行为呢？其他有趣的议题包括社会通则在文化和社会认知领域如何发挥作用（例如，Kashima，2001），以及社会通则和社会行为间存在怎样的相关关系（Fiske，1992）。

探索社会通则与具体信念间的关系也是未来的一个研究方向。我们认为，社会通则是包含了员工信念的一个高阶概念。照此逻辑，关于心理问题起因和治愈的信念（Luk & Bond，1992）与社会通则，尤其是付出获得回报以及社会复杂性存在相关性。神经质的临床综合征（如抑郁和偏执）以及发泄行为在五类社会通则上的表现也有所不同。

在文化层面，我们也发现了五类通则和其他重要的社会变量间的关系。虽然大部分社会心理学研究和个体相关，但社会心理学的宏观视角将对社会政策和社会变革造成重要影响，比如命运控制和自杀率及心脏病的相关性。那么，导致这两种关系产生的心理机制是什么？Leung 和 Bond（1989）不区别个体与文化机制的客位方法可能是一种解释。命运控制得分高的人有更高的自杀倾向，更容易陷入不健康的生活方式中从而导致心脏病的发生。因此，一个命运控制得分高的个体比较多的社会，自杀率更高、心脏病发生率更高。个体机制和文化机制间不存在相关关系，在这个意义上，我们需要检验两个不同层面上相关关系的不同因果机制。在前面几部分，我们将较为简单的客位方法作为对我们的研究发现进行解释的出发点，但是对于某些变量，在两个层面上仍存在其他的解释机制。无论如何，回答这些议题对改善人类的生存状况非常重要。

第二，两类通则——命运控制和社会复杂性——的内部信度较低，不利于文化内部的研究。未来的研究应该开发出新的题项来提高这两类通则的内部信度。主位题项可以用于特定的文化背景，然后通过一系列跨文化研究检验它们的跨文化普遍性。但我们的长远目标是开发出更好、更多的客位题项，以得到更可信的通则测量。

第三，我们提出了一种有关社会通则普遍性的研究框架。基于 Schwartz（1992）的价值观理论，Lonner 和 Adamopolous 通过研究人类生存、行动的基本需求和 10 种价值观间的关系，发现了价值观理论中的不确定性，因为"对价值观模型的解释脱离了核心理论"（1997：74）。其他的心理学模型或许会提供对于这些价值观类型的解释，我们的研究框架同样存在类似的不确定性。解释价值观和通则模型的理论为"元理论"，就如进化理论（evolution theory）和大爆炸理论（big bang theory）一样，它们的效度需要领域内的学者进行长时间的研究才能验证。

第四，特定文化群体表现出的信念存在很大的差异性。这种差异性来自复杂文化系统中个体的多样性。在社会化的过程中，个体需要为满足规范、期望、价值观和信念扮演一系列的角色，承担一系列的工作。因此，我们需要像了解价值观那样（例如，Kohn, Slomczynski & Schoenbach, 1986）更多地了解内化于文化系统中的信念，同时，还要了解信念在家庭、学校、竞技场、工作场所中的社会化机制。

最后，我们提出社会通则的一个主要动机是对基于价值观的模型进行补充，比如，过去数十年来在跨文化心理研究领域占主导地位的 Schwartz（1992）的研究。由于社会通则的普遍性已经得到了验证，未来的研究应该关注如何通过整合这两种模型对社会行为、文化相似性和差异性进行深入的理解。例如，期望效价理论（Vroom, 1964）就很好地将效价和期望融入了统一的框架。考虑到价值观可以被视为广义的效价，社会通则可以被视为广义的期望，把价值观和通则当成效价与期望进行整合将是一种有益的尝试。另外一种可能的方法是依据具体的社会行为对价值观和通则进行整合。在我们看来，这一类型的研究问题对跨文化心理学的发展非常重要，也将推动该领域发展到一个新的理论高度。

第9章
社会通则：一个多元文化视角的社会信念模型

> 存在于比利牛斯山一侧的真理到了山的另一侧就是谬误。
>
> ——Pascal, *Pensees*, 60 (294), G. Hofstede, trans.

附　录

表6和表7参考的资料如下：

Central Intelligence Agency (2002). *The world factbook* 2002. Retrieved April, 1, 2003, from http：//www. odci. gov/cia/publications/factbook/index. html

Den Hartog, D. N., House, R. J, Hanges, P. J., & Ruiz-Quintanilla, S. A. (1999). Cultural specific and cross-culturally generalizable implicit leadership theories：Attributes of charismatic/transformational leadership universally endorsed? *Leadership Quarterly*, 10, 219-256.

Diener, E., Gohm, C. L., Suh, E., & Oishi, S. (2000). Similarity of the relations between martial status and subjective well-being cross cultures. *Journal of Cross-Cultural Psychology*, 31, 419-436.

Diener, E., & Au, E. M. (1999). National differences in subjective well-being. In D. Kahneman, E. Diener, & N. Schwarz (Eds.), *Well-being：The Foundations of Hedonic Psychology* (pp. 434-450). New York：Russell Sage Foundation.

Freedom House(2002). Freedom in the world country ratings 1972-1973 to 2001-2002[date file]. Available from Freedom House Web site, http：//www. freedomhouse. org. /research/freeworld/FHSCORES. xls

Humana, C. (1992). *World Human Rights Guide* (3rd Ed.), New York：Oxford University Press.

Inglehart, R., Basañez, M., & Moreno, A. 1998. *Human Values and Beliefs：A Cross-cultural Sourcebook*. Ann Arbor, MI：The University of Michiigan Press.

International Labour Organization 2002. LABORSTA, an International Labour Office database on labour statistics operated by the ILO Bureau of Statistics [data file]. Available from Laborsta Website, http：//laborsta. ilo. org

Levine, R. (1991). *The Secret of the Miracle Economy：Different National Attitudes to Competitive and Money*. Exeter, UK：Social Affairs Unit.

McCrae, R. R. (2002). NEO-PI-R data from 36 cultures：Further intercultural comparisons. In R.

R. McCrae & J. Allik(Eds.), *The Five Factor Model of Personalityacross Cultures* (pp. 105-125). New York: Kluwer Academic/Plenum Pubishers.

Population Crisis Committee(1988). Country rankings of the status of women: Poor, powerless and pregnant. Populayion Briefing Paper, No. 20, June. Washington, DC: Author.

Shackelford, T. K., & Schmitt, D. P. (2002). Universal dimensions of human mate preferences. Manuscript submitted for publication.

Smith, P. B., Dugan, S., Peterson, M. F., & Leung. K. (1998). Individualism: Collectivism and the handling of disagreement. A 23 country study. *International Journal of Intercultural Relations*, 22, 351-367.

Smith, P. B., Dugan, Peterson, M. F., & Schwartz. S. H. (2002). Cultural values, sources of guidance, and their relevance to manegerial behavior: A 47-nation study. *Journal of Cross-Cultural Psychology*, 33, 188-208.

Swanbrow, D. (1997, December 10). Study of worldwide rates religiosity, church attendance. News release, The University of Micigan. Retrieved 3, 2003, from http://www.umich.edu/~newsinfo/Releases/1997/Dec97/r121097a.html

United Nations (2002). Social indicators [data file]. Available from United Statistics Division Web site, http://unstats.un.org/unsd/demographic/social/default.html

United Nations Development Programme (2000). *Human Development Report* 2000. New York: Oxford University Press.

United Nations Development Programme (2001). *Human Development Report* 2001. New York: Oxford University Press.

United Nations Development Programme (2002). *Human Development Report* 2002. New York: Oxford University Press.

Van de Vliert, E., & Janssen, O. (2002). "Better than" performance motives as roots of satisfaction across more and less developed counties. *Journal of Cross-Cultural Psychology*, 33, 380-397.

Van de Vliert, E., Schwartz, S. H., Huismans, S. E., Hofstede, G., & Daan, S. (1999). Temperature, cultural masculinity, and domestic political violence: A cross-national study. *Journal of Cross-Cultural Psychology*, 30, 291-314.

World Economic Forum(2002). Environmental Sustainability Index 2002 Rankings. Retrieved July

20, 2003, from http: //www. ciesin. columbia. edu/indicators/ESI/rank. html

World Health Organization (2002). World health statistics annual (online edition) [data file]. Available from World Health Organization Website, http: //www3. who. int/whosis/menu. cfm

参考文献

Abelson, R. P. (1981). Psychological status of the script concept. *American Psychologist*, 36, 715-729.

Abelson, R. P. (1988). Conviction. *American Psychologist*, 43, 267-275.

Ainsworth, M. D. S., Blehar, M. C., Waters, E., & Wall, S. (1978). *Patterns of Attachment: A Psychological Study of the Strange Situation*. Hillsdale, NJ: Lawrence Eribaum.

Allik, J., & McCrae, R. R. (2004). Towards a geography of personality traits: Patterns of profiles across 36 cultures. *Journal of Cross-Cultural Psychology*, 35, 13-28.

Anderson, L. M. (1996). Employee cynicism: An examination using a contract violation framework. *Human Relations*, 49, 1395-1418.

Applegate, J. L., Kline, S. L., & Delia, J. G. (1991). Alterlative measures of cognitive complexity as predictors of communication performance. *International Journal of Construct Psychology*, 4, 193-213.

Argyle, M. (2000). *Psychology and Religion: An Indroduction*. London: Routledge.

Bandura, A. (1982). The psychology of chance encounters and life paths. *American Psychologists*, 37, 747-755.

Bandura, A. (2001). *Self-efficacy: The Exercise of Control*. New York: Freeman.

Bandura, A. (2002). Social cognitive theory in cultrual context. *Applied Psychology: An International Review*, 51, 269-290.

Bar-Tal, D. (1990). *Group Beliefs: A Conception for Analyzing Group Structure, Process, and Behavior*. New York: Springer-Verlag.

Bar-Tal, D. (2000). *Shared Beliefs in a Society*. Thousand Oaks, CA: Sage.

Becker, G. (1996). The meta-analysis of factor analysis: An illustration based on the cumulation of correlation matrices. *Psychological Methods*, 1, 341-353.

Bem, D. J. (1970). *Beliefs, Attitudes, and Human Affairs*. Belmont, CA: Brooks/Cole.

Berger, P. L. (1967). *The Sacred Canopy: Elements of a Sociological Theory of Religion*. New York: Doubleday.

Berger, P. L., & Luckmann, T. 1966. *The Social Constrction of Reality: A Treatise in the Sociaology of Knowledge*. New York: Doubleday.

Bond, M. H. (1988). Finding universal dimensions of individual variation in multi-cultural studies of value. *Journal of Personality and Social Psychology*, 55, 1009-1015.

Bond, M. H. (1998). Social psychology across cultures: Two ways forward. In J. G. Adair, D. Belanger, & K. L. Dion(Eds.), *Advances in Psychological Science: Social, Personal, and Cultural Aspects* (Vol. 1, pp. 137-150). Sussex, UK: Psychology Press Ltd.

Bond, M. H., Leung, K., Au, A., Tong, K. K., & Chemonges-Nielsen, Z. (in press). Combining social axioms with values in predicting social behaviors. *European Journal of Personality*.

Bond, M. H., Leung, K., Au, A., Tong, K. K., Reimel de Carrasquel, S., Murakami, F., et al. (in press). Culture-level dimensions of social axioms and their correlations across 41 cultures. *Journal of Cross-Cultural Psychology*.

Bond, M. H., Leung, K., & Schwartz, S. (1992). Explaining choices in procedural and distributive justice across cultures. *International Journal of Psychology*, 27, 211-225.

Bond, M. H., & Tornatsky, L. C. (1973). Locus of control in students from Japan and the United States: Dimensions and levels of response. *Psychologia*, 16, 209-213.

Bosland, N. (1985). The cross-cultural equivalence of the power distance-, uncertainty avoidance-, individualism-, and masculinity-measurement scales. The Netherlands: Working paper, Institute for Research on Intercultural Cooperation.

Bowlby, J. (1969). *Attachment and Loss* (Vol. 1), *Attachment*. New York: Basic Books.

Brewer, M. B., & Harasty, A. S. (1996). Seeing groups as entities: The role of perceiver motivation. In R. M. Sorrentino & E. T. Higgins (Eds.), *Handbook of Motivation and Cognition* (Vol. 3, pp. 347-370). New York: Guilford.

Brockner, J. (2003). Unpacking country effects: On the need to operationalize the psychological determinants of cross-national differences. In R. M. Kramer & B. M. Staw(Eds.), *Research in Organizational Behavior* (Vol. 25, pp. 333-367). Oxford, UK: Elsevier.

Brophy, D. R. (2001). Comparing the attributes, activities, and performance of divergent, convergent, and combination thinkers. *Creativity Research Journal*, 13, 439-455.

Cacioppo, J. T., Petty, R. E., Feinstein, J. A., & Jarvis, W. B. G. (1996). Dispositional differences in cognitive motivation: The life and times of individuals varying in need for for cognition. *Psychological Bulletin*, 119, 197-253.

Chan, W., Ho, R. M., Leung, K., Chan, D. K. S., & Yung, Y. F. (1999). An alternative method for evaluating congruence coefficients with Procrustes rotation: A bootstrap procedure. *Psychological Methods*, 4, 378-402.

Chang, W. C., Wong, W. K., & Koh, J. B. K. (2003). Chinese values in Singapore: Traditional and model. *Asian Journal of Social Psychology*, 6, 5-29.

Cheung, F. M., & Leung, K. (1998). Indigenous personality measures: Chinese examples. *Journal of Cross-Cultural Psychology*, 29, 233-248.

Cheung, F. M., Leung, K., Zhang, J. X., Sun, H. F., Gan, Y. Q., Song, W. Z., & Xie, D. (2001). Indigenous Chinese personality constructs: Is the five factor model complete? *Journal of Cross-Cultural Psychology*, 32, 407-433.

Christie, R., & Geis, F. L. (Eds.) (1970). *Studies in Machiavellianism*. New York: Academic Press.

Costa, P. T., Jr., & McCrae, R. R. (1992). Revised NEO Personality Inventory (NEO PI-R) and NEO Five-Factor Inventory (NEO-FFI). Odessa, FL: Psychological Assessment Resources.

Dake, K. (1992). Myths of nature: Culture and the social construction of risk, *Journal of Social Issues*, 48, 21-37.

Dasgupta, N., Banaji, M. R., & Abelson, R. P. (1999). Group entitavity and group perception: Association between physical features and psychologicaljudgement. *Journal of Personality and Social Psychology*, 77, 991-1003.

DeRidder, R., Hendriks, E., Zani, B., Pepitone, A., & Saffiotti, L. (1999). Additional cross-cultural evidence on the selective usage of nonmaterial beliefs in explaining life events. *European Journal of Social Psychology*, 29, 435-442.

Diener, E., & Diener, M. (1995). Cross-cultural correlates of life satisfaction and self-esteem. *Journal of Personality and Social Psychology*, 68, 653-663.

Durkheim, E. (1984). *The Division of Labor in Society* (W. D. Halls, Trans.). London: MacMillan (Original work published 1893).

Duveen, G. (2001). The power of ideas. In G. Duveen (Eds.), *Social Representations: Explorations in Social Psychology* (pp. 1-17). Washington Square, NY: New York University Press.

Feather, N. T. (1982). *Expectations and Actions: Expectancy-value Models in Psychology*. Hillsdale, NJ: Eribaum.

Festinger, L. (1957). *A Theory of Cognitive Dissonance*. Stanford University Press.

Fishbein, M., & Ajzen, I. (1975). *Belief, Attitude, Intention, and Behavior: An Introduction to Theory and Research*. Reading, MA: Addison-Wesley.

Fiske, A. P. (1992).The four elementary forms of sociability: Framework for a unified theory of social relations. *Psychological Review*, 99, 689-723.

Fletcher, G., Danilovics, P., Fernandez, G., Peterson, D., & Reeder, G. D. (1986). Attributional complexity: An individual differences measures. *Journal of Personality and Social Psychology*, 51, 875-884.

Foa, U. G. (1971). Interpersonal and economic resources. *Science*, 171, 345-351.

Fu, P. P., Kennedy, J., Yukl, G., Bond, M. H., Peng, T. K., Srinivas, E. S., et al. (in press). Exploring the effect of cultural values on the relationship between social beliefs and managerial influence strategies in 12 cultures: A meso approach using HLM. *Journal of International Business Studies*.

Fukuyama, F. (1995). *Trust: The Social Virtues and Creation of Prosperity*. New York: Free Press.

Furnham, A. (1988). *Lay Theories*. London: Pergamon Press.

Furnham, A., Bond, M. H., Heaven, P., Hilton, D., Lobel, T., Masters, J., et al. (1993). A comparison of Protestant work ethic beliefs in thirteen nations. *Journal of Social Psychology*, 133, 185-197.

Garfield, J. L. (1988). *Belief in Psychology: A Study in the Ontology of Mind*. Cambridge, MA: MIT Press.

Georgas, J., Van de Vijver, F. J. R., & Berry, J. (2004). The ecocultural framework, ecosocial indices and psychological variables in cross-cultural research. *Journal of Cross-Cultural Psychology*, 35, 74-96.

Gorsuch, R. L. (1983). *Factor Analysis*. Hillsdale, NJ: Lawrence Erlbaum.

Hamilton, D. L., & Sherman, S. J. (1996). Perceiving persons and groups. *Psychological Review*, 103, 336-355.

Harkness, S., & Super, C. (Eds.) (1996). *Parents' Cultural Belief Systems: Their Origins, Expressions, and Consequences*. New York: Guilford Press.

Heider, F. (1958). *The Psychology of Interpersonal Relations*. New York: Wiley.

Hein, S. J., Lehman, D. R., Peng, K., & Greenholtz, J. (2002). What's wrong with cross-cultural comparisons of subjective Likert scales? The reference group effect. *Journal of Personality and Social Psychology*, 82, 903-918.

Hofstede, G. (1980). *Culture's Consequences: International Differences in Work-related Values*. Beverly Hills, CA: Sage.

Humphrey, N. K. (1983). The adaptiveness of mentalism. *Behavioral and Brain Science*, 6, 343-390.

Inglehart, R. (1997). *Modernazation and Post-modernazation: Cultural, Economic, and Political Change in 43 Societies*. Princeton, NJ: Princeton University Press.

Ip, G. W. M., & Bond, M. H. (1995). Culture, values, and the spontaneous self-concept. *Asian Journal of Psychology*, 18, 195-209.

Kashima, Y. (2001). Culture and social cognition: Toward a social psychology of cultural dynamics. In D. Matsumoto(Eds.), *The Handbook of Culture and Psychology* (pp. 325-360). New York: Oxford University Press.

Katz, D. (1960). The functional approach to the study of attitudes. *Public Opinion Quarterly*, 24, 163-204.

Keller, H. (1997). Evolutional approach. In J. W. Berry, Y. H. Poortinger, & J. Pandey (Eds.), *Handbook of Cross-Cultural Psychology* (Vol. 1, pp. 215-255). Boston: Allyn and Bacon.

Kelly, G. (1963). *A Theory of Personal Constructs*. New York: W. W. Norton.

Keung, D. K. Y., & Bond, M. H. (2002). Dimensions of political attitudes and their relations with beliefs and values in Hong Kong. *Journal of Psychology in Chinese Societies*, 3. 133-154.

Kluckhohn, F. R., & Strodtbeck, F. L. (1961). *Variations in Value Orientations*. Evanston, IL: Row, Peterson.

Kohn, M. L., Slomczynski, K. M., & Schoenbach, C. (1986). Social stratfication and the transimission of values in the family. *Sociological Forum*, 1, 73-102.

Kruglanski, A. W. (1989). *Lay Epistemics and Human Knowledge: Cognitive and Motivational Basis*. New York: Plenum.

Kurman, J., & Ronen-Eilen, C. (2004). Lack of knowledge of a culture's social axioms and adaption difficulties among immigrants. *Journal of Cross-Cultural Psychology*, 35, 192-208.

La Piere, R. I. (1959). *The Freidian Ethic*. New York: Duell, Sloan, and Pierce.

Landes, D. S. (1999). *The Wealth and Poverty of Nations*. New York: Norton.

Lau, S., & Leung, K. (1992). Relations with parents and school and Chinese adolescents' self-concept, delinquency, and academic performance. *British Journal of Educational Psychology*, 62, 193-202.

Lazarus, R., & Folkman, S. (1984). Personal control and stress and coping processes: A theoretical analysis. *Journal of Personality and Social Psychology*, 46, 839-852.

Lerner, M. (1980). *The Belief in a Just World: A Fundamental Delusion*. New York: Plenum.

Leung, K. (in preparation). Social cynicism and job attitude and perception of superiors. City University of Hong Kong.

Leung, K. (1987). Some determinants of reactions to procedural models of conflict resolution: A cross-national study. *Journal of Personality and SocialPsychology*, 53, 898-908.

Leung, K. (1989). Cross-cultural differences: Individual-level vs. Culture-level analysis. *International Journal of Psychology*, 24, 703-719.

Leung, K., & Bond, M. H. (1998). Cultural beliefs about conflict and peace. Paper presented at the 24th International Congress of Applied Psychology, San Francisco, CA, Aug, 4-9.

Leung, K., Bond, M. H., Reimel de Carrasquel, S., Muñoz, C., Hernández, M., Murakami, F., et al. (2002). Social axioms: The search for universal of general beliefs about how the world function. *Journal of Cross-Cultural Psychology*, 33, 286-302.

Leung, K., Bond, M. H., & Schwartz, S. H. (1995). How to explain cross-cultural differences: Values, valences, and expectancies? *Asian Journal of Psychology*, 1, 70-75.

Levin, R. V., & Norenzayan, A. (1999). The pace of life in 31 countries. *Journal of Cross-Cultural Psychology*, 30, 178-205.

Lickel, B., Hamilton, D. L., Wieczorkowska, G., Lewis, A., Sherman, S. J., & Uhles, A. N. (2000). Varieties of groups and the perception of group entitativity. *Journal of Personality and Social Psychology*, 78, 223-246.

Lonner, W. J., & Adamopoulos, J. (1997). Culture as antecedent to behavior. In J. W. Berry, Y. H. Poortinger, & J. Pandey (Eds.) *Handbook of Cross-Cultural Psychology* (Vol. 1, pp. 43-

83). Boston: Allyn and Bacon.

Luk, C. L., & Bond, M. H. (1992). Chinese lay beliefs about the causes and cures of psychological problems. *Journal of Clinical and Social Psychology*, 11, 140-157.

Markus, H. R., & Plaut, V. C. (2001). Social representations: Catching a good idea. In K. Deaux & G. Philogène(Eds.), *Representations of the Social* (pp. 183-189). Oxford, UK: Blackwell.

Martin, M. M., & Anderson, C. M. (1998). The cognitive flexibility scale: Three validity studies Communication Reports, 11, 1-9.

McClosky, H., & Zaller, J. (1984). *The American Ethos: Public Attitudes Toward Capitalism and Democracy*. Cambridge, MA: Harvard University Press.

McCrae, R. R., Zonderman, A. B., Costa, P. T., Jr., Bond, M. H., & Paunonen, S. V. (1996). Evaluating replicability of factors in the revised NEO Personality Inventory. *Journal of Personality and Social Psychology*, 70, 552-566.

Menon, T., Morris, M. W., Chiu, C. Y., & Hong, Y. Y. (1999). Culture and the construal of agency: Attribution to individual versus group dispositions. *Journal of Personality and Social Psychology*, 76, 701-717.

Miller, D. (1991). *Handbook of Research Design and Social Measurement*. Newbury Park, CA: Sage.

Morris, M. W., & Peng, K. (1994). Culture and cause: American and Chinese attributions of social and physical events. *Journal of Personality and Social Psychology*, 67, 949-971.

Morris, M. W., Menon, T., & Ames, D. R. (2001). Culturally conferred conceptions of agency: A key to social perception of persons, groups, and other actors. *Personality and Social Psychology Review*, 5, 169-182.

Moscovici, S. (2001). Why a theory of social representations? In K. Deaux & G. Phipgene (Eds.), *Representations of the Social: Bridging Theoretical Traditions* (pp. 8-35). Oxford, UK: Blackwell Publishers.

Nowicki, S., & Duke, M. P. (1983). *The Nowicki-Strickland Life Span Locus of Control Construct* (Vol. 2, pp. 9-43). New York: Academic Press.

Oltmanns, T. F., & Maher, B. A. (Eds.) (1988). *Delusional Beliefs*. New York: Wiley.

Osfood, C. E., Suci, G. J., & Tannenbaum, P. H. (1957). *The Measurement of Meaning*. Urbann, IL: University of Illinois Press.

Pepitone. A., & Saffotti, L. (1997). The selectivity of nonmaterial beliefs in interpreting life events. *European Journal of Social Psychology*, 27, 23-35.

Phares, J. E. (1965). Internal-external locus of control as a determinant of personality and social influence. *Journal of Personality and Social Psychology*, 2, 642-647.

Robinson, J. P., Shaver, P. R., & Wrightsman, L. S. (1991). *Measures of Personality and Social Psychology Attitudes*. San Diego, CA: Academic Press.

Rokeach, M. (1973). *The Nature of Human Values*. Glencoe, IL: Free Press.

Roseman, I. J. (1994). The psychology of strongly held beliefs: Theories of ideological structure and individual attachment. In R. C. Schank & E. Langer(Eds.), *Beliefs, Reasoning, and Decision Making: Psychologic in Honor of Bob Abelson* (pp. 175-208). Hillsdale. NJ: Lawrence Eribaum.

Rotter, J. B. (1966). Generalized expectancies for internal versus external control of reinforcement. *Psychological Monographs*, 80, 1-28.

Rumelhart, D. E. (1984). Schemata and the cognitive system. In R. S. Wyer & T. K. Srull (Eds.), *Handbook of Social Cognition* (Vol. 1, pp. 161-188). Hillsdale, NJ Lawrence Erlbaum.

Rupf, M., & Boehnke, K. (2002). Hierachic self-interest and political delinquency: Do social axioms serve as moderators? Poster presented in the regional conference of International Association for Cross-Cultural Psychology, Winchester, England, July 7-11.

Safdar, S., Lewis, J. R., Greenglass, E., & Daneshpour, M. (2003, July). The relationship between religions affiliation, social beliefs, and copying. Paper presented at the VIII European Congress of Psychology, Vienna, Austria.

Sagiv, L., & Schwartz, S. H. (1995). Value priorities and readiness for out-group social contact. *Journal of Personality and Social Psychology*, 69, 437-448.

Schwartz, S. H. (1992). The universal content and structure of values: Theoretical advances and empirical tests in 20 countries. In M. Zanna (Ed.) *Advances in Experimental Social Psychology* (Vol. 25, pp. 1-65). New York: Academic Press.

Seeman, M. (1997). The neglected, elusive situation in social psychology. *Social Psychology Quarterly*, 60, 4-13.

Seligman, M. E. P. (1975). *Helplessness*. San Francisco: Freeman.

Simonton, D. K. (1976). The sociopolitical context of philosophical beliefs: A transhistorical causal analysis. *Social Forces*, 54, 513-523.

Singelis, T. M., Her, . P., Aaker, J., Bhawuk, D. P. S., Gabrenya, W., Gelfand, M., Harwood, J., Tanaka-Matsumi, J., & Vandello, J. (2003). Ethnic and regional differences in social axioms. Manuscript submitted for publication.

Singelis, T. M., Hubbard, C., Her, P., & An, S. (2003). Convergent validation of the Social Axioms Survey. *Personality and Individual Differences*, 34, 269-282.

Smith, P. B., & Bond, M. H. (1998). *Social Psychology Across Cultures* (2nd Ed.). London: Prentice Hall International (also 1000, Needham Heights, Ma: Allyn and Bacon).

Smith, P. B., & Bond, M. H. (2004). Honoring culture scientifically when doing social psychology. In M. A. Hogg & J. Cooper (Eds.), *Sage Handbook of Social Psychology* (pp. 43-61). London: Sage.

Snyder, M. (1984). When beliefs create reality. In L. Berkowitz (Ed.), *Advances in Experimental Social Psychology* (Vol. 18, pp. 247-305). Orland, FL: Academic Press.

Solomon, S., Greenberg, J., & Pyszczinski, T. (1991). A terror management theory of social behavior: The psychological functions of self-esteem and cultural worldviews. In M. P. Zanna (Ed.). *Advances in Experimental Social Psychology* (Vol. 24, pp. 93-159). New York: Academic Press.

Spector, P. E. (1982). Behavior in organizations as a functions of employee's locus of control. *Psychological Bulletin*, 91, 482-497.

Spini, D. (2003). Measurement equivalence of 10 value types from the Schwartz Value Survey across 21 countries. *Journal of Cross-Cultural Psychology*, 34, 3-23.

Stewart, B., Hetherington, G., & Smith, M. (1984). *Survey Item Banks* (Vol. 12). West Yorkshire, England: MCB University Press.

Sullivan, J. L., & Transue, J. E. (1999). The psychological underpinnings of democracy: A selective review of research on political tolerance, interpersonal trust, and social capital. *Annual Review of Psychology*, 50, 625-650.

Super, C. M., & Harkness, S. (1986). The developmental niche: A conceptualization at the interface of the society and the individual. *International Journal of Behavioral Development*, 9, 545-570.

Torrance, E. P. (1974). *Torrance Tests of Creative Thinking*. Lexington, MA: Personal Press.

Triandis, H. C. (1973). Work and non-work: Intercultural perspectives. In M. D. Dunnette (Ed.), *Work and Non-work in the Year* 2001 (pp. 29-52). Monterey, CA: Brooks/Cole.

Triandis, H. C. (1995). *Individualism and Collectivism*. Boulder, CO: Westview Press.

Triandis, H. C., & Suh, E. M. (2002). Cultural influence on personality. *Annual Review of Psychology*, 53, 133-160.

Van Bavel, J., Noels, K. A., & Williams, R. (2002). Examining the predictive validity of social axioms on behavioral outcomes: A cross-cultural perspective. Poster Session, 63rd Annual Canadian Psychological Association Convention, Vancouver, BC.

Van de Vliert, E. (2003). Thermoclimate, culture, and poverty as country-level roots of worers' wages. *Journal of International Business Studies*, 34, 40-52.

Voegelin, E. (1956). *Order and History* (Vol. 1). *Israel and Revelation*. Baton Rouge, LA: Louisiana State University Press.

Vroom, V. H. (1964). *Work and Motivation*. New York: Wiley.

Wagner, W., & Kronberger, N. (2001). Killer tomatoes: Collective symbolic coping with biotechnology. In K. Deaux & G. Philogène (Eds.), *Representations of the Social* (pp. 147-164). Oxford, UK: Blackwell.

Wad, C., & Ramakrishnan, M. (2003). Fear of losing out? The correlates, causes and cultural context of kiasu. Manuscript submitted for publication. New Zealand: Victoria University of Wellington.

Whiten, A., & Byrne, R. W. (Eds.) (1997). *Machiavellian Intelligence II: Extensions and Evaluations*. Cambridge, England: Cambridge University Press.

Wicker, A. W. (1992). Making sense of environments. In W. B. Walsh, K. H. Craik, & R. H. Price (Eds.), Person-environment psychology: Models and perspectives (pp. 157-192). Hillsdale, NJ: Lawrence Erlbaum.

Williams, K. D. (1997). Social ostracism. In R. M. Kowalski (Ed.), *Aversive Interpersonal Behaviors* (pp. 133-170). New York: Plenum Press.

Wong, S. W., & Bond, M. H. (2003). Socializing emotionality: A study of emotional length, recency and intensity across the citizens of 30 nations. Manuscript submitted for publication.

Wrightsman, L. S., Richard, W. C., & Noble, F. C. 1966. Attitudes and attitude change in guidance institute participants. *Counselor and Educator Supervision*, 5, 212-220.

Yang, K. S. (1988). Will societal modernization eventually eliminate cross-cultural psychological differences? In M. H. Bond(Ed.), *The Cross-cultural Challenge to Social Psychology*(pp. 67-85). Newbury Park, CA: Sage.

Yik, M. S. M., & Bond, M. H. (1993). Exploring the dimensions of Chinese personperception with indigenous and imported constructs: Creating a culturally balanced scale. *International Journal of Psychology*, 28, 75-95.

第 10 章

文化与国际商务：近期研究成果回顾和未来的研究方向*

梁 觉　Rabi S. Bhagat　Nancy R. Buchan
Miriam Erez　Christina B. Gibson

翻译：陈力凡　郭 理

校对：陈晓萍

摘要： 本研究回顾了在文化和国际商务领域中一系列创新性的前沿研究结果，以激发未来新的研究方向。我们首先回顾了围绕文化趋同与文化差异的相关议题，以及文化变革的过程。之后我们讨论了描述文化的新构念，以及如何通过发现文化影响的边界条件来提高文化模型的精度。最后，我们探讨了实验方法在国际商务研究中的用途，以及上述新理论和新方法对未来研究的启示。

在这个时代，几乎没有人可以对全球的商业机会视而不见。日本汽车行业的高管得仔细监测其欧洲和韩国竞争对手的举动，以求在中国获得更大的市场

---

* Kwok Leung, Rabi S. Bhagat, Nancy R. Buchan, Mirtam Erez and Cristina B. Gibson (2005). Culture and international business: Recent advances and their implications for future research. *Journal of International Business Studies*, 36 (4), 357-378.

份额。好莱坞电影公司的高管必须权衡美国电影在欧洲和亚洲市场的吸引力才能作出全面承诺。全球化的风潮拓宽了企业高管的视野,扩大了企业经营的地理范围,也推动了国际商务研究进入新的轨道。

其中一个新轨道就是对国家文化的关注。传统的国际商务研究一般只考虑经济/法律问题和组织的形式结构。而现在,国家文化——被广义地定义为价值观、信仰、准则等,在过去的 20 年里因为 Hofstede（1980）的经典研究,正受到越来越多的重视。国家文化确实对从资本结构（Chui et al., 2002）到团队绩效（Gibson, 1999）等商业行为有着显著影响。有关其研究结果的综述详见 Boyacigiller 和 Adler（1991）以及 Earley 和 Gibson（2002）。

本研究的目的在于回顾最新的文化和国际商务研究成果,进而激发学者在新的途径与方向上开展未来的研究。我们并不意欲穷尽所有的研究,而是选择几个我们认为特别有发展前途的领域以使未来的研究有所飞跃。我们首先讨论围绕文化趋同和差异的议题,以及文化变革的过程。之后我们讨论描述文化的新构念,以及如何用准确定位文化效应在何时重要来提高文化模型的精度。最后,我们探讨在国际商务和文化研究中很少用到的实验方法的用途。表 1 总结了本研究的涵盖范围,读者可以看到,本研究回顾的论题之间存在松散的联系,把它们放在一起讨论并不表明它们之间存在符合逻辑的联系,只是为了强调它们都非常重要而已。

表 1 本研究的主要脉络

每部分的焦点	主要的理论问题	对国际商务研究的启示
文化趋同与差异	全球化导致文化越来越相似了吗	标准化的商业实践是否会出现
文化变革	什么是文化变革的动态性	商业惯例如何随时间的改变而改变
新文化的概念	文化有哪些新内容	理解商业实践中的文化差异的新概念
文化实验方法的调节效应	文化在何时重要 如何利用实验的方法检测文化的影响效果	什么时候采取标准化的商业实践 文化如何影响标准化的商业实践

在局部全球化的时代下的文化变革、趋同和差异

一个具有相当重要的理论意义的问题涉及世界不同地区正在发生的文化变革和转型。实际上,自从 Haire 等(1966)里程碑式的研究和 Kerr 等(1960)出版《工业主义和工业人》(*Industrialism and Industrial Man*)以来,研究者们一直都在继续寻找特定文化中与工作有关的态度、行为和消费模式等的相似之处。如果世界各个地区的文化确实是在趋同的话(例如,Heuer et al. 1999),那么与国际商务相关的实践应该越来越趋同。标准化的、全球一致的商业实践终将出现,而且过去由于信念不一致所导致的低效和复杂的商业实践终将消失。但我们在回顾了与此问题相关的证据和结论之后,却发现我们的预测是过于乐观了。

局部全球化的演变

全球化指的是"国家间日益增长的经济互赖,表现在跨境流动的三种东西:商品和服务、资本、知识技能之上(Govindarajan and Gupta,2001:4)。25 年前很少有人谈到"世界经济",那时最常见的术语是"国际贸易"(Drucker,1995)。然而今天,国际贸易已经以全球经济的出现作为高潮,包括:信息技术、资金和人力资本的流动;政府间国际组织,如北美自由贸易协定(NAFTA)和欧洲共同体;全球组织,如标准化组织(ISO);跨国公司(MNCs);以及跨境联盟,采取合资企业、国际并购和收购的形式。这些相互联系增强了各国参与世界经济活动的程度,并且成为国内经济增长与繁荣的关键(Drucker,1995,153)。

然而,全球化并不完美(Sassan,1998)。正如电视和公开媒体所报道的,在八国集团峰会中讨论的一个典型话题就是世界上的许多地方开始反对全球化。对于全球化的强烈反对通常源自发展中国家受到全球化不稳定带来的负面

影响，但是最近我们也可以看到西方经济体因为将专业工作外包到低工资水平的国家而遭受了重大损失。事实上，在发达经济体中从事制造业和农业的工人们，由于收入明显地持续下降，越来越警惕全球化。与此同时，商品、服务、跨境投资在20世纪90年代快速增长后陷入了长期的下滑状态。此外，创建区域贸易集团，如北美自由贸易协定、欧洲联盟、东南亚国家联盟等，也引起了包括南亚、非洲等地区的讨论。虽然通常认为世界贸易组织（WTO）中的国家表示接受了全球化，但事实上世界最多也只是实现了部分的全球化（Schaeffer，2003）。中亚、东欧（包括前苏联）、拉丁美洲、非洲以及部分南亚国家，已经对全球化持怀疑态度（Greider，1997）。实际上，世界上只有不到10%的人口是完全全球化的（即积极参与全球产品和服务的消费）。因此，在部分全球化的背景下，研究文化趋同和文化差异问题就显得非常有必要。

"普适文化"通常指的是对于西方和部分非西方文化中的精英的一种假设、价值观和实践。Huntington（1996）认为，普适文化来源于每年都会参加瑞士达沃斯世界经济论坛的知识精英。这些人受过高等教育，擅长使用符号和数字，英语流利，广泛参与国际承诺以及频繁往返其他国家。他们分享个人主义的价值观，坚信市场经济和民主政治。尽管达沃斯群体控制了世界上几乎所有重要的国际机构，但是世界上的许多政府，大量的世界经济、军事行动，以及达沃斯群体传递的文化价值观只被世界上六十多亿人中的一小部分接受。

主要起源于欧洲和美国的流行文化也会导致世界各地的休闲活动及消费模式的趋同。然而，趋同可能只是表面上的，对诸如信仰、规范，以及个体、团体与机构的功能造成的影响也很小。事实上，Huntington（1996：58）强调，"西方文明的本质是大宪章（Magna Carta）而非巨无霸（Magna Mac）。非西方人可能接受后者，但这对于他们接受前者来说没有意义"。这种说法很容易理解，假设我们逆向思考一些典型情境，并考虑欧洲人和美国人受到的文化影响。举例而言，中国餐馆存在于很多西方国家中；在好莱坞电影例如《黑客帝国：重装上阵》中，中国功夫主导了里面的大多数武打场面。但我们并不能认为美国人和欧洲人因为喜欢中国功夫及食物而更加接受中国的价值观。

反对文化趋同的一个主要争论是传统主义和现代性可能互不相关（Smith and Bond，1998）。强大的传统价值观，如群体团结、人际关系和谐、家长作风和家庭主义，能够共存于以个人成就、竞争为主的现代价值观中。一个典型的例子就是在新加坡的中国人与在中国本土的中国人能够同时接受传统和现代的价值观（Chang et al.，2003；Zhang et al.，2003）。这是显而易见的，就像我们在讨论世界各地被西方化的文化价值观时，也可能关注全球化对西方化价值观中的现代化以及消费观的影响（Marsella and Choi，1993）。

虽然认为世界正在趋同为一种文化的观点有些站不住脚，但是某些地区确实展现出了这样的迹象。下文中我们将探索导致文化趋同或产生差异的因素，以此确定未来可以重点关注的研究方向。

国际贸易的角色

担任华盛顿特区经济战略研究所主席的 Clyde V. Prestowitz，Jr. 发现，大多数国际贸易谈判存在困境（Leonhardt，2003）。这些谈判在过去的十年中是成功的，但是新出现的复杂问题有可能会破坏国际贸易未来的发展。例如，许多以大型农业产业为代表的国家，如巴西和阿根廷，注意到在贸易出口的地区中几乎没有显著的进步。同样，东亚和东南亚专门从事复杂技术出口的国家，经历了严重的出口下降从而导致了财政危机。因此他们开始质疑全球化是否会比贸易区域化带来更大的好处。以近几年的日本为例，比起与西方开展贸易，它更多地扩大了与中国和其他东南亚国家间的贸易活动。我们的文献回顾表明，由于全球化趋向于非平均地重新分配经济回报，因此反对全球化的通常是那些经常面对因全球化而产生不可预测的不良后果的国家，使它们回归于契合自身文化特性的经济增长和发展模式（Guillen，2001）。这些趋势可能表明了全球化正在受到特定国家经济发展模式的阻碍，使得国际商务相关的价值观和实践难以实施。但是我们目前不是很了解这些动态，需要在今后的研究中进行探讨。

以电脑为媒介的沟通的角色

技术,特别是以电脑为媒介的沟通,被誉为创造世界各地文化趋同并促进国际商务发展的一支重要力量。全球自治的商业业务部门的连接,不一定只发生在实体结构中,也存在于全球电子网络中。部分学者甚至声称物理距离已经不是全球商务扩展的主要因素(Cairncross, 2001; Govindarajan and Gupta, 2001)。虽然以电脑为媒介的沟通使得用户能够访问全球范围内的大量的信息;然而,它却不一定能以信息的传播或扩散那样的速率提升其吸收信息的能力。此外,信息和知识是通过文化观念被理解的,因此组织知识的转移或扩散要想跨越文化界限并不容易(Bhagat et al., 2002)。

Hofstede(2001)指出,国家间的文化差异不仅持续存在,而且新的技术甚至可能加剧国家之间和国家内部的文化差异。正如前面所提到的,信息在世界不同地区的传播导致一些少数民族将自己的命运与其他有着更高生活标准的人相比较,从而影响了这些少数民族的生活。通过观察其他国家的人的生活方式和文化价值观,一些民族开始采取类似的生活方式和价值观,但另一些则会选择完全拒绝。新技术对提高跨国公司和全球企业效率的作用是众所周知的,但我们不清楚这些新技术,特别是以电脑为媒介的通信和互联网技术,是否会带来不同民族的文化模式的明显转变。

总之,以电脑为媒介的传播同时导致了文化趋同和差异的效果。我们还需要知道信息技术在世界不同地区的传播如何影响全球化的进展。在 Bhagat 等(2003)以及 Gibson 和 Cohen(2003)的研究中,他们就尝试引入文化综合特征、组织文化等进程来解释中间的发生机制。遗憾的是,目前相关的实证研究还非常少,在系统的理论构建之前,我们还需要进行更多的实证研究。

多元文化和文化身份的角色

一个综合国家、企业或情境的理论框架是人们在给定场所中获得文化认同最重要的决定因素(Triandis, 1994)。"大熔炉"的理论框架表明,各文化群体失去自己的一些主要特点才能成为主流，即同化，或是 Triandis（1994）提到的削减性多元文化。相反，当一个文化群体中的人加入适当的技能和其他群体的特点时，可称为整合，或叫附加性多元文化。

这两个过程是文化趋同必不可少的过程。但是，如果两种文化之间存在一个显著的历史冲突，就将很难启动这一进程，比如以色列和巴基斯坦。通常来说，尽管有一些关于仇恨其他国家的研究（例如，Jung et al., 2002），但是我们不知道在商业环境下不同文化群体间的情绪对立会如何影响跨文化的贸易模式。对于其他文化群体的文化认同和情感反应构成了我们在国际商务领域一个重大的研究空白点。

文化趋同与文化差异的影响

虽然文化趋同在国际商务活动的某些领域，特别是在消费价值观和生活方式上很容易看到，但是显著的文化差异仍然存在。事实上，Hofstede（2001）声称，世界各地的人们的心理程序不会快速改变，但是会随着时间的推移而趋向一致。他的研究结果表明，相对于绝对的变革，文化变革是相对的。尽管一些国家集群在特定的地理区域（例如，阿根廷、巴西、智利）可能会明显地向英国文化转移，但是这并不会减少它们与这些英国文化国家间绝对的差异（例如，加拿大、英国、美国）。Huntington 在他的《文明的冲突》（1996）一书中称：的确会有一个非西方文化在全球的复苏，它会引发在国际事务中国家力量的再分配。达沃斯组织对于统一国际商务和工作文化各方面的尝试，在维持全球化上是值得肯定的。然而，我们却无法证明这种趋同会很容易形成，或者不会受到长期的抵抗。

国际商务领域的学者需要明白的是，尽管一些国家（例如西方国家）可能会表现出对文化趋同的强烈偏好，但是有些国家却将拒绝全球化。拒绝的原因不仅包括全球化造成的不利的经济影响（Greider, 1997），还在于全球化会扭曲标志着国家特质的民族文化。此外，对全球化的反应还有其他的表现形式。Bhagat 等（2003）指出，适应是一些国家面对全球化压力的另一种方法。

其他的方式还包括拒绝、创造趋同和创新（Bhagat et al., 2003）。这些不同的方式再次强调了在一个部分全球化的世界里，文化趋同与文化差异背后的复杂动态。此外，在讨论趋同和差异的问题时，我们有必要认识到，价值观的转变并非总是从西方社会到非西方社会，这个过程可能同时也会导致西方文化价值观的变化。例如，西方对于质量和团队精神的强调，部分原因就在于日本管理经验20年来的普及。

国际商务的学者们应该认识到，趋同和差异将在部分全球化的时代成为一个持久而复杂的问题，研究此类问题只能基于对不同区域的评估。在世界不同地区采取跨学科的视角去理解文化趋同和文化差异也是明智的做法。例如，在对于全球化的理解方面，Schaeffer（2003）提供了一个基于政治、经济等变革所产生的社会结果的讨论框架，这将对国际商务研究产生重大的影响。全球化及其成果（特别是文化成果）间的因果关系，不仅互为双向影响，同时也嵌入复杂的网络当中。这些复杂的关系和流程如何在国际商务领域发挥作用还有待研究者们去发现。

文化变革的过程

在前面的部分我们指出，在全球化的过程中，文化相互影响和改变，但这些变化是否会带来文化趋同仍待观察。在本部分中，我们提出一个总体模型来解释文化变革的复杂过程。如上所述，国际商务既是文化变革的代理人也是接受人，国际业务的蓬勃发展需要我们理解国际商务与文化变革间复杂的相互关系。

与Hofstede（2001）文化变革非常缓慢的观点相一致，文化被视为一种相对稳定的特征，反映了一种共享知识结构的价值观、规范和行为变化的模式（Erez and Earley, 1993）。

文化的稳定性有助于减少模糊性，并加强对可预期行为结果的控制（Weick and Quinn, 1999; Leana and Barry, 2000）。例如，大多数有关文化和工作行为的模型假设文化是稳定的，并强调一种特定的文化与特定的管理和激励措施之间的匹配（Erez and Earley，1993）。高度的匹配意味着对特定文化高度适应的管理方法，高度匹配会带来更高的效率。只要不存在加剧适应和文化变革的环境变化，文化稳定性的假设就是有效的。然而，20 世纪末 21 世纪初动荡的政治和经济变化却鼓动了文化变革。本着这一论点，Lewin 和 Kim（2004）在描述企业战略与变革的适应及选择的综合性篇章中，区分了两类理论：一类理论由适应是应对变化的机制的基本假定所驱动，另一类理论则由适者生存的基本假定所驱动，认为无效的组织形式终将消失，而崭新的形式将会出现。尽管学者们已经对组织变革作为对环境变化的反应作了相当多的概念分析，但国家层面的文化变革课题还很少被研究。

现在关于文化动态性的理论较少。Berry 等（2002）提出了一个生态文化模型，他们认为文化是对生态和社会政治影响的演变适应，并认为个体心理特征是对文化背景、广泛的生态和社会政治影响的适应。同样，Kitayama（2002）提出了一种**系统观点**来理解文化的动态性。相对于把文化作为一个静态实体的**整体观点**，系统观点表明：每个人的心理过程发生于个人通过积极的努力来进行个人行为与文化系统间的协调之时。同时，心理系统的许多方面发展得比较灵活，因为它们适应了周围的社会文化环境，并有可能在不同的社会文化群体中以不同的方式组成。

这些文化适应的观点得到了实证研究数据的支持。例如，Van de Vliert 等（1999）的研究发现，在 53 个国家中，气温、男权主义和国内政治暴力之间存在曲线关系。他们的研究结果表明，男权主义和家庭暴力发生的比例在温度适中的国家比在极端温度的国家要高。Inglehart 和 Baker（2000）研究了由三次世界价值观调查中基本价值观的变化所反映的文化变革，这几次世界价值观调查涵盖 65 个经济体中 75% 的世界人口。他们的分析表明，经济发展与传统规范和价值观的转变有关，经济发展会提高理性、宽容、信任和参与这些价值观。然而，他们的数据也揭示出，一种社会文化遗产，即无论新教、天主教、东正教、儒教还是共产主义，即使它们受到现代化力量的影响，也都会在传统价值观上留下持久的印记。

第10章
文化与国际商务：近期研究成果回顾和未来的研究方向

在前面描述的全球化进程中，我们已经介绍了国际商务领域的显著变化及其对国家、组织、群体和个人的影响。当社会成员开始共享微观变化时，文化在微观层面的变化，会成为一种宏观现象，并且改变宏观层面的文化。鉴于缺少可以揭示这种复杂的文化变革过程的研究模型，Erez 和 Gati（2004）提出了一个多层次分析的模型（Klein and Kozlowski，2000），来解释文化动态性和文化变革。

文化动态性：一个多层级与多层面的概念

该模型由两块基石构成。一块是多层级方法，将文化视为一种互相嵌套的多层构念，从最宏观的全球文化开始，通过国家文化、组织文化、群体文化，一直到个体层面通过自我表现出来的文化价值取向，如图1所示。另一块基石类似于 Schein（1992）的模型，将文化视为一种多层面的概念，最外层包括可观察的事件和行为，中间的层次包括由社会共识测量的价值观，最里层则包括不可见的基本假设。多层模型将文化视为存在于从全球到个人的各个层级的概念，每个层级的变化首先发生于最外层的行为，之后当变化被属于相同文化背景的个体认同时，它们就变成了具有共同的价值观的集合单位（群体、组织或国家）。

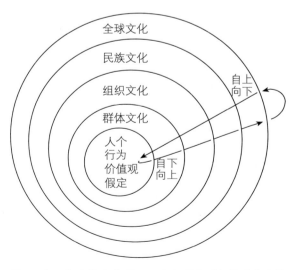

图1　各层级文化自上而下、自下而上过程的动态变化

在此模型中，最宏观的层面是全球网络和全球金融机构所创建的全球文化以及跨国机构超越国家和文化边界所构建的跨国文化。正如达沃斯论坛讨论的那样，全球组织机构需要采取共同的规则和程序，以一个共同的"语言"进行跨文化交流（Kostova，1999；Kostova and Roth，2003；Gupta and Govindarajan，2000）。鉴于西方跨国公司的主导地位，在全球范围内处于主导地位的价值观往往基于自由市场经济、民主、接受和包容多样性、尊重选择、保证个人权利以及接受并拥抱变革（Gupta and Govindarajan，2000）。

在全球层级之下的是处于国家层级的组织和网络，组织间的本土文化因国家或网络间的不同而不同。再往下是地方性的组织，尽管它们都共享其民族文化中一些共同的价值观，但它们的组织文化受到行业类型、所有制类型以及创始人价值观等的影响。虽然每一个组织中都存在共享国家和组织文化的子单元及群体，但因为所担负的职能（例如，研发 vs. 制造业）、领导者的价值观、专业水平和教育水平的差异，单位文化也有所不同。在这种结构的最里层，个体通过社会化过程从源于更高层级的文化传播中获得文化价值。属于同一群体的人拥有相同的价值观，从而能与其他群体进行区分，并通过自下而上的过程形成的共同价值观创造一个群体层次的文化。例如，员工选择进入研发部门，是因为他们具有相同的创造性认知风格和专业知识。他们的领导者通常也鼓励展示这些创造性的个人特征，因为这些特征是开发创新产品的关键。因此，这一部门的所有成员共享类似的核心价值观，使得他们与其他部门区分开来。文化是一个共享价值观聚集积累的过程，组织文化来自部门共享相似的价值观，共享相似价值观的组织又构成了区别于其他民族的国家文化。

自上而下和自下而上的过程都反映了文化的动态性，并解释了不同层级的文化是如何被塑造和重塑的。无论是自上而下还是自下而上，每一层级的变化都会通过自上而下的过程影响下一级，并且通过自下而上的趋同过程来影响上一级的水平。举例来说，Inglehart 和 Baker（2000）在关于国家文化变革的研究中指出，由全球化带来的经济增长，对价值观念从传统到现代化的转变产生了自上而下的影响。然而，按照 Schein（1992）的观点，最里层的基本假设仍然反映了由广泛的文化遗产塑造的传统价值观。

全球组织和网络正在由地方性的组织变为全球性的组织。这意味着在这两个层次上，组织塑造和重塑有一个持续的互动过程。例如，在全球市场经营的跨国公司制定了共同的规则和文化价值观，使它们能够在不同地区以及子公司间产生一个协同效应。这些全球性的规则和价值观渗透到地方性组织中，并随着时间的推移逐渐塑造地方性组织。同样，地方性组织参与全球化企业，可以为它在不同文化中进行有效的运营带来变革。

Erez-Rein 等（2004）的研究展示了一家跨国公司如何通过收购一家开发并生产医疗器械的以色列公司而改变被收购公司的组织文化。他们的研究定义了两家公司之间的文化差距，与收购公司相比，以色列公司的创新程度更高，但在对细节和规范的关注程度上，比收购公司要低。收购公司坚持派遣以色列管理者去学习六西格玛的课程，因为这是提高产品质量的先进方法。该强化课程包含了所有组织功能的管理理念。在返回到他们原来的公司后，这些管理者不仅介绍了质量改进工作的方法和程序，还引入了改变员工行为的以质量为本的价值观。因此，一个自上而下的培训和教育过程将导致员工工作行为及工作价值观的变化，所有员工共享的相似行为和价值观将通过自下而上的过程塑造组织文化。国际并购带来的文化变革印证了文化的动态性：文化的多层结构描绘了低层级文化如何为自上而下的过程所影响，以及变革首先发生于最外层的行为。但从长远来看，是自下而上的行为和规范的共享过程形成了当地的组织文化。

全球化和自我身份

从全球到个人层面的自上而下的文化变革可能会导致自我的变化，因为文化价值观通过自我进行反映。自我是一个多层次的结构，包括了自我和社会身份。每个人的自我身份是不同的，而社会身份则基于一个人参与的群体（Tajfel and Turner，1979）。社会身份理论通常在研究社会群体和国家文化关系中得到检验。然而,全球化的环境创建了一个新的实体影响人们的身份认同。全球化身份意味着人们通过采纳惯例、风格和信息等全球文化的组成部分而产生对世界文化的归属感(Arnett,2002)。同时,人们通过基于本地文化的社会化过程继续持有本地的身份。Arnett(2002)认为这两个方面的自我身份是一种二元文化,身份认同的一部分植根于当地文化,另一部分则来源于全球文化发展。因此,世界各地的人们都喜欢穿牛仔裤,吃炒饭和麦当劳,听便携式 CD 机,在网上冲浪;与此同时,他们也保持着自己的文化价值观、社会身份和国民身份,他们会根据每个特定情境展现出自己的身份。通过自上而下的过程,全球环境(宏观层面的概念)会影响个体,使之产生双文化身份,即本地身份和全球身份,并以此促进个体对全球化世界的适应。然而正如前面所讨论的,双文化身份的发展在一定程度上取决于多元文化主义是否得到鼓励。鉴于我们对复杂的自我身份如何影响国际商务中的行为和绩效了解甚少,这种双重性质的身份对跨国公司的运行提出了挑战。

促进文化变革的因素

文化本身会影响对变革的抵制或接受程度。Harzingand 和 Hofstede(1996)认为,一些文化价值观会促进变革,而另一些文化价值观则会阻碍变革。低权力距离、低不确定性规避和个体主义的价值观会促进变革。变革对稳定造成威胁并导致不确定性,因此对不确定性规避态度较强的文化对变革的抵制较强(Steensma et al., 2000)。变革也会威胁权力结构,因此高权力距离的文化倾向于抵制变革。最后,变革会打破集体主义文化重视的和谐氛围,因而变革不易于为集体主义者所接受(Levine and Norenzayan, 1999)。

Erezand 和 Gati(2004)在一项新的调查中,研究了变革过程中三个因素的影响及结果:

(1)个体主义和集体主义文化价值观;

(2)文化价值观及其奖励结构的一致性;

(3)奖励结构的模糊程度。

该调查所研究的变革过程是从**独立工作**向**团队工作转变**或**反过来**的行为变化选择。独立工作在个体主义文化中流行，而团队工作在集体主义文化中更普遍。参加调查的人员是来自以色列的两类群体：重视集体主义的以色列阿拉伯裔公民，以及不太重视集体主义、在大城市中长大的犹太裔公民。研究结果显示，在控制了奖励结构的一致性和模糊程度后，阿拉伯裔公民的行为选择基本不变，表明集体主义与抵制变革相关。另外，当奖励与文化价值观不一致、模糊程度越高时，他们对变革的抵制程度就越高。

该调查表明文化自上而下的变革受到文化自身及奖励体系的影响。当奖励结构明确、被奖励的行为与主流价值体系不冲突时，变革在个体主义文化中更易发生。正如 Erez 和 Gati（2004）的研究所表明的，变革首先体现在人们的行为上。长期而言，当新的行为规范被某个群体的全体成员接受时，行为规范会浸入深层的文化价值观。新的价值观可能促进形成更加集体主义或个体主义的社会。该调查通过将文化的多层级和多层面概念融入一个动态框架，检验了文化的动态性质。文化的跨层性质有助于我们理解文化是怎样通过自上而下和自下而上的过程不断形成的，在此过程中，某一层次的文化将对另一层次的文化造成影响。文化的多层次性提供了描述文化变革性质的框架。

综上所述，文化的多层级和多层面模型对关注文化变革过程的建模与研究的国际商务学者在两方面具有实用意义：从全球层面到个人层面，以及从最外层的行为到最里层的基本假设。理解这些过程对跨国公司开展有效运营具有至关重要的意义。

新的文化构念

除了重新思考我们对文化和文化过程的一般定义，我们还鼓励研究者重新检验理论和研究中所使用的特定文化构念。现有文献采取的一种主要研究方法是将国际商业现象与文化特征相联系；如果想改进这种研究方法，我们就需要扩展一般的文化构念。

在寻找新的文化构念时存在两种有趣但截然相反的方法：第一种方法步

Hofstede 的后尘，去寻找新的特征性的、静态的文化维度；第二种方法受认知心理学的启发，把人类的心理看作动态的、有弹性的，并且是情境化的。

新的文化维度

Hofstede（1980）的经典研究使文化和国际商务研究发生了全新的变化。此后，Hofstede（2001）在其研究框架中增加了一个新的维度，即基于 Chinese Culture Connection（1987）发展出来的儒家工作动力，或短期与长期导向。尽管对 Hofstede 所提出的文化特征的正确性一直存在争议（近期围绕个人主义－集体主义的争论，可参见 Oyserman et al.，2002a），但这些维度确实为促进国际商务研究提供了一个宽泛的框架。

在 Hofstede 的研究之后，有一些全球性研究项目试图发现新的文化维度。例如，Schwartz（1994）提出了七种文化价值观：保守主义、理性自治、情感自治、等级制度、平等承诺、掌控、和谐。这些维度被用来预测文化差异，包括内外控倾向（Smith et al.，1995）以及与工作相关的问题，诸如管理者所依赖的资源（Smith et al.，2002）和资本结构（Chui et al.，2002），等等。Smith 等（1996）在对管理价值观的分析中提出了两种文化特征：平等承诺与保守主义，以及功利型工作参与和忠诚型工作参与。Smith 和 Bond（1998，Chapter 3）认为以上不同的价值观研究得出了趋同的结果，证实了 Hofstede（1980）最初所提出的文化特征的正确性。

House 及其同事在关于全球领导行为的研究中发现了九个文化维度：业绩导向、自信导向、未来导向、人性化导向、制度性集体主义、家族性集体主义、性别平等、权力距离、不确定性规避（Gupta and House，2004；House et al.，2004）。从理论出发，GLOBE 项目综合了 Hofstede 的文化维度理论、Kluckhohn 和 Strodtbeck（1961）与 McClelland（1961）的价值取向理论，以及有关人际沟通的文献（Sarrosand and Woodman，1993），提出了这九个文化维度。因此，无论采用何种方法挖掘新的文化维度，其研究结果都与以往的发现基本无异，即所发现的多数文化维度均与 Hofstede 的维度在理论和实证上相关。自信导向和性别平等与 Hofstede 的男权主义-女权主义概念相关，制度性集体主义和家族性集体主义与个体主义-集体主义概念相关，权力距离和不确定性规避属于 Hofstede 的两个维度，未来导向则与 Hofstede 的长期导向相关。针对 Hofstede 的维度进行精细分类的有效性还有待证实。但我们也发现有两个维度不是由 Hofstede 提出的。其中，绩效导向在概念上与 McClelland（1961）的成就需要理念相关，而人性化导向在概念上与 Kluckhohn 和 Strodtbeck（1961）所提出的人性善恶理念相关。虽然这些维度并不新颖，但它们有利于理解某些国际商务现象。以领导力为例：领导者的任务导向因人而异，而业绩导向则可能与重视任务的导向有关；领导者的管理风格也会因人而异，人性化导向可能与严密监管负相关。显然，这些维度也存在与其他变量相关的可能性，希望未来的研究能够揭示各维度之间的理论相关性。

Leung 和 Bond 最近主持了一项关于社会通则的大型文化特征调查。社会通则是基于普遍经验的普适信念，Rotter（1966）曾以此概念描述内外控倾向。Leung 等（2002）通过对中国香港、委内瑞拉、美国、日本和德国的分析，发现了一个包含五因素的社会通则结构。此后，他们又通过对全球范围内 40 多个文化群体的调查研究，证实了该结构的可靠性（Leung and Bond，2004）。目前，这一社会通则结构已经应用于国际商务环境中的影响策略研究中（Fu et al.，2004）。但是，另一项基于 41 个文化群体的因素分析只产生了两个因素（Bond et al.，2004）：动态外部性和愤世嫉俗。**动态外部性**是指对命运、上帝、宗教的信念，也意味着对努力、知识和社会复杂性的认知，反映的是一种动态化的观念。**愤世嫉俗**反映的是对人性的消极态度和对社会制度的不信任。不同国家层面指数间的相关性支持了对这两个因素的定义。动态外部性与集体主义和高权力距离相关，但是愤世嫉俗与以往的文化特征表现不同。这两个特征对国际商务研究可能具有重要意义。例如，在很多不同的文化中，动态外部性与依赖上级的指导相关，而愤世嫉俗与低工作满意度相关。未来的研究需要揭示这两种文化特征与其他国际商务现象间更多有趣的联系。

总之，GLOBE 项目表明 Hofstede 所发现的维度是可靠的，而其后的一些研究对这些维度作出了重要的补充和说明。此外，我们至少又发现了三个新维度：绩效导向、人性化导向和愤世嫉俗。目前我们对于这些文化维度的了解还不多，它们将是未来国际商务研究的重要领域。

动态的文化观念

认知心理学研究表明，人类具有较强的心智适应能力，并且与环境进行着积极的互动。人类心智这一概念可以引出动态文化观。有关文化的传统观点认为，文化在某种程度上是稳定的和静态的。相反，动态文化观认为文化由认知结构和认知过程构成，很容易受到环境的影响。例如，Tinsley 和 Brodt（2004）对冲突行为中的文化差异进行了认知分析。**框架**让人们注意到环境的某些特定方面；**图示**是解释隐含信息的知识结构；**脚本**是按时间顺序形成的有关事件和行动的一种特殊图示。这些图示的内容和特点很容易受到环境的影响，从这个角度上讲，它们是动态的。Tinsley 和 Brodt 指出，这些认知图示有助于人们理解冲突行为中的跨文化差异。例如，强调自身利益和相互利益的冲突模式适合用于描述美国人，强调集体或共同利益的冲突模式适合用于描述亚洲人。另一个例子来自 Hanges 等（2000）提出的领导力和文化的联结主义框架。这个框架用图示的方式对领导行为进行了解释，包括脚本和某些观念。这些因素受到价值观、情感和自我形象等高层次因素的影响。Hanges 等人还指出，这种复杂且呈分布式的图示抓住了文化体系的本质。鉴于图示的各成分及其相关关系会随着时间的推移而受到经验和环境的影响，这种框架不假定文化的静态性，很适合研究文化的动态性。

动态文化观包含一个重要的含义，即文化变迁比人们从前认为的更加频繁。Hong 等（2000）的研究是个很好的例子。众所周知，与个体主义文化下的人相比，集体主义文化下的人更有可能将他人的行为归因于外部因素，如情境的需求（而不是人格特点等内部因素）（例如，Morris & Peng，1994）。Hong 等（2000）认为动态的文化观是合理的，因为启动方法（priming）能够改变人们的思维模式，因而改变他们对他人行为的归因。为了证实这一概念，

Hong 等（1997）把一些中国香港人随机地分配至两组实验情境中：一组包括超人等美国偶像图标，另一组包括孙悟空等中国偶像图标。实验结果与文化的动态观相符：当接触美国人物图标时，受试者能够把这些偶像图标的行为归结于内部因素，而接触中国偶像图标时则不能。换句话说，实验中的美国偶像图标能够让参与实验的中国人在进行行为归因时更像美国人。Peng 和 Knowles（2003）以亚裔美国人为受试者得出了同样的结论：当他们让这些人回忆一件强调他们美国人身份的经历时，他们在行为归因时更倾向于将其归因为内部因素，但让他们回忆一件强调他们亚洲人身份的经历时，结果则相反。事实上，Oyserman 等（2002a）在对有关个体主义和集体主义的文献进行汇总分析后发现，上述实验方法对检验文化的动态影响是一种很有效的实证工具。但是，未来的研究还需要探索这些启动效果在现实世界中是否稳定，以及这些启动方法如何发挥效应。

目前还没有人探究过动态文化观可能给国际商务带来的影响。其中一个可能性是，如果与民族文化相关的思维方式不是固定的，并且能够被合适的情境改变或维持，那么文化差异可能比以前认为的更容易克服。例如，Leung 等（1996，2001b）发现，在位于中国的国际合资公司中，当地员工在与西方管理者共事时比与海外华人或日本外派管理者共事时拥有更积极的态度。文化差异理论认为，与相似文化背景的人相比，来自不同文化背景的人在共事时会遇到更多的问题。Leung 等人的发现否认了上述观点。这种新的观点无疑会为未来的文化和国际商务领域的突破性工作奠定基础。

理解文化在何时重要：增强文化模式的精准性

除了探索新的文化构念和文化的动态性之外，我们也强调发现增强或减弱民族文化影响的边界因素的重要性。举例而言，某跨国公司的高级人力资源经理被要求在全球的几个子公司中推行标准化的培训方案。在她的整个职业生涯中，一直有人对她强调民族文化的差异，因而她对跨文化的机遇和挑战很敏感。同时，她也理解创建统一的全球方案的战略需要。这样的方案可以进一步地统一公司的基本流程,从而加强全球各个子公司的效率和协同效应。她在推行这一套培训方案时也有些担心。一个关键性的挑战在于,究竟是在各个子公司以同样的方式推行培训方案,还是根据当地的文化对方案进行相应的调整。换句话说,在这种复杂的条件下,文化因素还重要吗?

困 境

根据国际商务领域的研究和我们与跨国组织管理者共事的经验,我们认为文化很少存在根本不重要的情况。研究发现,民族文化可以对个人产生很多方面的影响,包括认知、信仰和行为(Harrison,Huntington,2000;Hofstede,2001;Kirkman et al.,in press)。例如,通过回顾1980—2002年间共181篇发表在顶级期刊上研究 Hofstede(1980)的五个文化价值维度的实证文章,Kirkman 等人发现共有61篇文章证明了文化对个体存在直接影响。文化价值观与以下10种个人结果存在相关关系:管理变革行为、冲突管理、谈判行为、报酬分配、决策、人力资源管理、领导力、群体中的个人行为、性格,以及工作态度和情绪。

然而,在研究和实践的很多例子中,独特的性格、强大的领导能力或一致性实践都会超过文化产生的影响(例如,Wetlaufer,1999;Maznevski and Chudoba,2000;Earley and Gibson,2002)。在很多研究中,文化与个人结果在统计上存在显著的相关关系。但在实践中,这种相关关系相对较弱(即相关系数较小),这表明文化并不能解释个人所受到的各种影响,事实上,我们也必须考虑文化之外的其他因素(即 Peterson et al.,1995;Brett and Okumura,1998;Gibson,1999;Clugston et al.,2000;Mitchell et al.,2000;Kirkman and Shapiro,2001)。尽管研究者能够发现文化对管理者的影响,却不能高度准确地得出文化的具体影响,以及文化什么时候起核心作用,什么时候不太重要

(Gibson et al., forthcoming)①。例如，一些研究发现了集体主义对团队合作的态度与个体主义对团队合作的态度之间的关系（例如，Bochner and Hesketh，1994；Casimir and Keats，1996；Eby and Dobbins，1997；Earley et al.，1999；Kirkman and Shapiro，2000；Gibson and Zellmer-Bruhn，2001）。但是，这些文化倾向在任何时候都会发挥作用吗？会不会存在这样一种情况，比如在危机时期，组织中的各个成员普遍都会积极地进行团队合作？

因此，跨国管理研究领域面临进退两难的困境。一方面，研究者和管理者需要理解世界各地不同的民族文化如何影响个人结果。另一方面，关于文化与个人结果间关系的研究还未完善，因此研究者没有把握为管理者们提供他们所需要的具体建议（Gibson et al.，forthcoming）。基于此，学者们近期提出，研究文化**如何**以及**何时**对个人造成影响比研究文化是否会产生影响的问题更加有益（Leung et al.，2001；Earley and Gibson，2002；Oyserman et al.，2002；Gibson et al.，forthcoming；Kirkman et al.，in press）。

判定文化效应何时产生

现在假设我们的关注点是协助跨国公司的人力资源经理（前面所提到的）来更好地理解文化功能的变化如何影响个人层面的变化。一个重要的问题就产生了："按照一定的文化规则，什么样的条件能提高个人的想法、感觉及行为方面的倾向性？"回答这个问题需要识别可能存在的调节状态。对未来的理论和研究来说，这本身就是一个关键性的任务，因为调节状态的影响越强，预测个人产出的文化成果就将越少。Gibson等（forthcoming）围绕三个不同的类别——个人、群体和情境特质——识别出一系列调节状态。这些要素调节了民族文化对个人的认知、信念和行为的影响。因此，了解在任何特定的情况下这些因素存在的程度，可以为民族文化在这些情况下是否重要提供线索。

---

① 本研究后来被引用时的作者顺序和来源不一，这里保持英文原文的引用。——编者注。

所以，尽管不是十分详尽，但在追求更精确的文化理论模型方面，他们的框架还是奠定了一个有用的基础。

例如，个人对文化的认同程度是民族文化影响个人信仰的一个重要反映（Gibson et al.，forthcoming）。根据社会身份认同理论（Turner，1987）和自我概念理论（Markus and Kitayama，1991），当一个人把自己视作民族文化的一员，而且民族文化是他自我概念的一大组成部分时，文化就可能会对这个人的信仰产生强烈而普遍的影响。在每种文化中，总有人的信仰与一般人不同。教育背景或职业关系等自我认知的来源在身份确定、自我激励和价值观取舍等方面可能会扮演重要的角色。所以，对于认同文化的人，文化可以发挥更重要的作用；而对于不认同文化的人，文化并不能很好地预测他们的价值观。除此之外，Van Dyne 等（2000）已经发现，集体主义与组织公民行为存在正相关关系，但是自尊等某些个人层面的因素会调节这种正相关关系。因此，自尊可以调节文化对一系列重要个人行为的影响。

除了个人层面的因素之外，群体层面的一个调节因素是群体所处的发展阶段。研究发现，群体所处的发展阶段可以有力地增强或削弱民族文化对群体成员行为的影响（Gibson et al.，forthcoming）。由于民族文化通常是一个比较容易发现的属性，因此在群体刚刚开始形成时，民族文化就开始产生强有力的影响了（Watson et al.，1993；Chatman and Flynn，2001）。一旦群体成员理解了其他属性的作用，文化的作用可能就会减弱。例如，在群体形成初期，群体成员尚未理解专业知识等属性对群体的影响程度，这时，民族文化可能会强有力地解释群体成员之间的沟通行为。事实上，ZellmerBruhn 等（2002）的研究为这一现象提供了一些证据。在由五家跨国公司组成的样本群中，群体成员之间的信息交流与民族文化异质性在新成立的团队中存在较强的相关性。同样，Eby 和 Dobbins（1997）发现，尽管集体主义与团队表现相关，但这种关系会被团队合作水平这个群体层面的重要因素弱化。因此，虽然文化对于团队表现来说很重要，但某些群体层面的特质有可能会增强或削弱文化的影响。

最后，除了个人和群体因素外，Gibson 等（forthcoming）也发现了几个可以削弱文化影响的情境因素。情境因素的一个例子是技术环境,更具体地说,技术的不确定性将作用于文化影响。研究发现,人们往往在不确定性和模糊性的情境下根据文化规范作出反应(Meglino et al.,1989;Ravlinet et al.,2000)。一般来说,这种不确定性会导致心理定势(Staw et al.,1981)。因此,技术的不确定性可能会增强文化对个人观念的影响。当完成一项任务的规则、程序或设备(如用于制造的工具和用于质量评估的设备或规则)非常具体时,民族文化的影响就会削弱。当完成任务所需的技术具有模糊性时,文化的影响就有可能消失。Gibson 和 Cohen(2003)研究的一个航天产品研发团队就发生过上述情况。这个团队的成员具有多种不同的文化背景,当团队面对新技术的使用时,文化冲突开始频繁产生。在这种情况下,团队成员都会坚守自己的文化规范和偏好,因而发生了冲突。一旦新技术被采纳,冲突通过试验和试错被解决了,文化就不是引发冲突的重要因素了。

启 示

不可否认的是,个人观念、信仰和行为在任何时候都会受到文化的影响,而调节这种影响的情境因素可能是协同地而不是独立地发挥作用。例如,上文所提到的社会认同、群体发展阶段和技术的不确定性这三种削弱文化影响的因素,可以同时对文化与个人结果间的因果关系发挥作用。回到开始那个高级人力资源经理在推行全球培训方案中受到挑战的例子。如果她意识到在某些条件下文化的影响力会增强,她就可能会对每一个子公司的情况进行更具体的分析。例如,在北美的子公司中,各个团队中可能会有很多外籍人士,他们不会像本地人那样认同当地的民族文化。另外,这些团队可能已经成熟运营了数年之久,比较熟悉培训的方案。这些因素意味着文化因素对这家子公司不会产生重要的影响。但对于印度的子公司,这位人力资源经理就会发现情况存在很大的不同:所有的团队成员都认同印度的民族文化,并且团队正处于早期发展阶段,技术也具有模糊性(即团队成员对培训方案不熟悉)。在这些情况下,文化因素可能会很重要。这位总监最好结合当地文化推行培训方案。在我们的经验中,大多数管理者都完全意识不到文化的影响作用。Adler(1997)以及 Earley 和 Erez(1997)提出的一般模式在帮助我们理解文化的重要性上是非常有效的。不过这里所提到的情境因素能够使那些建议更加精准。

此外,Leung 等(2001a,b)对管理者可能会犯的两种归因错误,即普遍归因和文化归因提出了警告。普遍归因错误认为,所有员工的信仰都是相同的,因而对管理工作的反应也是相似的。文化归因错误基于国籍对团队成员进行分类,认为团队中某个国家的所有成员都会按照所属国家的模式做事。Leung 等人认为这两种极端情况都不利于生产率的提高,他们建议管理者警惕每种类型的错误带来的消极后果。虽然对个人来说意识到双文化经历可能有助于消除误解这一点很重要,但与此同时也应该尽量从同文化的他人那里获得信息,以便更好地区分究竟是文化因素还是其他的因素,比如个人性格因素、群体现象或者情境因素在起作用。

为了提高我们的文化模型的精准度,未来的研究必须找出在管理分析、实施以及方案变革问题上最关键的调节因素,以及文化导向及结果。以上的例子表明,未来的研究必须在多个层面分析多个潜在的调节因素。尽管调节因素可能会以一种有趣的方式相互作用,但过去的研究很少涉及这方面。例如,与情境有关的调节因素(技术的不确定性)可能会与人的性格相互作用:在技术不确定性的情境下,某些人会以更加符合文化倾向的方式行事,其他人(由于性格特征的组合不同)的行事方式则不会与文化相符。未来的研究应该解决这一问题,从而为理论的发展和实践提供更加精确的指导。同样重要的是,单一的文化特征不会独立于其他特征对个人产生影响(如普遍主义和集体主义可能会同时影响一个特定的行为或反应)。因此,未来的研究不能只包括单一的因素,而是要包括不同性格特征的组合。当然,从实践的角度考虑,在采纳这些建议时应该同时考虑样本量、调查时间以及复杂模型的分析方法可能带来的限制,从而找到比较平衡的方法。

不过,我们最需要的还是如何使我们的文化影响模型具有更高的精准性。

文化的确是重要的，但是文化的重要程度因情境而异。若能将文化影响的调节因素考虑进来（例如本研究中提到的一些调节因素），我们的理论就能变得更精确。通过对此类模型的研究，我们就能了解在管理实践当中什么时候必须考虑文化因素，并提出相应的建议。

用实验法研究文化

前面的部分讨论了文化和国际商务的概念及本质问题，最后这一部分我们将关注方法论。具体而言，我们要讨论的是国际商务研究中严重缺乏的实验研究法，这种研究法能够有利于构建上文所呼吁的精确的文化模型。一项针对《国际商务研究》（*Journal of International Dusiness Studies*）所发表的文章中采用的研究方法的分析表明，基于调查或案例分析的研究与基于实验的研究的比例大于 10∶1，证明了实验研究在该领域的应用还存在不足。① 当然，每种研究方法都有其各自的优缺点，但在对文化现象进行理解时，仅仅依靠民族志或案例研究，而不采用实验的方法，就否认了我们这个领域在多种研究方法之间存在的内在平衡，即研究方法是互补的（Leung and Su，2004）。实验的独特作用在于它能很好地展示因果关系，换言之，当其他研究方法在各个变量之间推导出相关关系时，实验却能对假设的变量进行控制操作，从而保护研究结果不受逻辑推导的影响（Leung and Su，2004）。② 本部分意在探讨实验研究如何能够更加准确地发现调节文化（对思维、感受和行为）的影响作用的个体、群体及情境因素，同时也更加准确地找出文化可能不会发挥效应的边界条件。

---

① 三大数据库查询结果支持这一结论。搜索 JIBS 全文引用（1987 年至今）所描述的方法论，ABI/INFORM 数据库中的结果为 13.62∶1，而 JIBS 摘要（1970—2000 年）在 JSTORE 数据库中的结果为 11.5∶1，在 JIBS 网站上的结果为 12.66∶1。

② 可参见 Leung 和 Su（2004）以及 Buchan（2003）关于跨文化实验方法和其他研究方法的对比，以及在实验研究中采取的具体控制手段来加强因果推论的综合讨论。

个体、群体及情境因素的调节作用

实验的本质在于系统地控制和操纵变量的能力。此外,实验所操纵的变量可能是单个的,也可能是多个的,换言之,实验可能是单变量的,也可能是多变量的;实验的变量可能是独立的,也可能是不独立的(Winer,1991)。由于这些特点,实验法特别有利于对文化影响的调节因素——个体、群体及情境因素(单独或协同)——的理解。

个体特质的调节作用

大量的文献开始利用跨文化实验的方法研究个体特质对文化影响的调节作用,这使我们对文化影响的理解进一步成熟和细致。早期的跨文化研究很多都只研究了文化的主效应,即通常将民族文化作为某一特定文化导向的代理变量。这些研究探索了某一特定文化**导向**(主效应)产生的影响,为后来更加复杂的实验奠定了基础。后来的实验研究了某一文化导向(甚至包括尚未形成的或短暂的文化导向)的各个**层次**(调节作用)如何影响人的行为或观念。

Gelfand 等(2002)研究了个人特质对日本和美国谈判中有关公平的利己主义的主效应及调节效应。这项研究将民族文化作为文化导向的代理变量,其结果强有力地证明了个体主义文化中存在自私的偏见(Thompson and Loewenstein,1992)。在这种文化中,"自我是通过增强自己的优势,突出自己,证明自己强于他人来实现的"。但是这项研究也发现,在集体主义文化中,偏见相对较少,"自我是通过专注于自己的弱势,混迹于群体中,与他人形成相互依赖的关系来实现的"(Thompson and Loewenstein,1992:847)。然而,他们也研究了个体的自我定义(Markus and Kitayama,1991),结果表明独立的自我定义在美国更为常见,这与自利偏差正相关。因此,研究结果不仅表明了民族文化对自利偏差的主效应,也证明了个人的自我定义有助于解释以上效应为什么存在。

鉴于商业研究的很多理论都是在西方背景下发展出来的，上述类型的研究就非常有价值。有关个人特质调节作用的实验研究丰富了本领域的研究，说明了个人的观念、偏见和行为究竟是全球现象还是西方所特有的现象。

Oyserman 等（2002b）在对集体主义和个人主义研究的文献回顾中指出，文化启动法是跨文化研究中最有前途的领域之一。启动效应的理论支撑源于社会认知研究。社会认知研究表明，人们获取的知识会影响他们的行为，短暂的知识和长期的知识在实验情境中会产生同等的效果。因此，启动法"通过让受试者暂时将注意力集中于不同的文化价值观，可以对不同文化群体之间的长期差异进行实验模拟"（Oyserman et al.，2002b：7）。前面的论述提到的 Hong 等（2000）、Kuhnen 和 Oyserman（2002）以及 Aaker（2000）的研究都是例证。此类研究为受试者准备了一些提示材料，有的与他们的文化导向相符，有的不相符（如在独立启动中使用"我"等代词，在非独立启动中使用"我们"等代词），从而验证了认知速度及准确度、记忆力和态度等因素所受到的影响。所有这些实验的结果都表明了一种长期文化导向的存在，且这种文化导向会受到当下的文化导向的影响。

群体特质的调节作用

本研究在前面的部分探讨了群体发展阶段等群体特质的重要性。但是我们建议在研究中应该尽可能地同时检验个体特质和群体特质的调节作用。以下为此类研究的一个例子。

Buchan 等（2002）的研究证明，对群体不同的定义和操纵方式将会造成群体形成不同的文化导向，从而对内群体/外群体产生不同的反应。在使用小群体作为样本的研究（Tajfel and Turner，1979）中，个体主义文化导向的受试者正如预期那样，在信任和互惠方面偏向实验操纵的内群体，但集体主义文化导向的受试者并不会这样（这样的话，文化导向与群体操纵在统计学上就形成了重要的相互关系）。个体主义者将群体视作短暂而灵活的存在，可以为了自己的利益自由进出；而集体主义者将群体视作永久的存在，将集体利益置于个人目标之上（Triandis，1995）。这些研究结果深化了人们对文化与群体之间复杂关系的理解，表明了受文化影响的群体偏见何时会存在。

情境特点的调节作用

检验情境特点影响的实验研究在说明一个人的想法、感受和行为受他人的影响上是尤为有价值的，因为它会增进人们对个人特质与情境特点之间相互关系的理解。例如，Adair等（2001）研究了日本与美国管理者的文化内和跨文化沟通。他们发现了不同文化在沟通时行为上的差别（主效应）。更重要的是，研究证实了跨文化沟通比文化内沟通更艰难、更不易成功的假设（Graham，1985；Brettand and Okumura，1998），因为个体文化特质与沟通的双元文化背景间存在交互作用。

Chatman和Barsade（1995）发现了启动研究中的一个有趣的转折点。他们衡量了实验受试者的合作性和亲和性，通过创造一个商业环境来反映与集体主义或个体主义相关的典型目标。结果表明，合作性强的人对代表组织文化的规范会作出更加积极的反应，所以他们在两种文化环境中的行为会有更大的差别。与个体特质启动的研究类似，这项研究表明：当人们面对不同的文化情境时，他们的行为或想法可能会有所不同，甚至可能会改变自己的价值观。此研究为一系列复杂但理论丰富的跨文化实验研究奠定了基础。

通过实验来理解文化影响的局限

前面的部分已经探讨过一个问题，那就是理解文化价值观什么时候起作用，什么时候不起作用，也就是说，如何界定文化影响的范围。在这方面，实验是一种有力的研究方式。目前，这一方面的很多实验研究都是基于个人利益与集体利益对抗的经济博弈背景。例如，Roth等（1991）在四个国家实施了两场不同的经济博弈，强调了情境特质在凸显文化影响方面的重要性。他们的研究表明，在四人市场博弈（一种近似于拍卖的情境）中，各个国家表现出了均衡的行为,然而在两个人的最后通牒博弈(资源分配问题)中,各国的行为就会偏离那种均衡,而且每个国家的行为都有差别。这种研究结果表明了受文化影响的不同价值观对公平分配的影响:由于不同的经济互动结构,在四人市场博弈中,公平问题并不明显,但当最后通牒博弈中只有两方的讨价还价时,公平问题就相当明显了。

类似地,在日本和美国的一场反复进行的最后通牒博弈中,Buchan 等(2004)发现了两国对公平的不同看法以及不同行为,但结果同时也表明,一旦博弈双方对自我利益的追求变得太强烈,行为就不会受到被文化影响的公平观念(如对合作伙伴更加慷慨的观念)的影响。

Kachelmeier 和 Shehata(1997)调查了个体文化导向对审计效果和需求的影响。结果表明,在低匿名率的情况下,持有集体主义价值观的人更有可能挑战个人利益。也就是说,只有当汇报系统可以识别出团队成员的行为时,来自中国香港和中国内地的受试者才比来自加拿大的受试者更愿意放弃自己的利益。在高匿名率的情况下,所有国家或地区的受试者都会同样地追求个人利益。

总之,这些实验研究呼应了我们早先得出的结论,即文化导向在某些情境下并不重要。有关文化影响的范围问题是跨文化研究中的一个挑战,实验可以在解决其中的很多复杂问题时发挥主要作用。

拓展我们对文化的理解

最近的研究强调了拓展文化分析的必要性,即我们可能需要对民间风俗、教育方式、政治体系和经济交流方式等文化的表现形式进行更详细的观察,以全面评估文化对个人的影响。以下是有利于拓展我们对文化的理解的实验研究的例子。

Weber 和 Hsee(1998)的研究表明,与来自美国的受试者相比,来自中国的受试者在财务决策上明显更愿意接受风险,在社会决策上则更不愿意接受风险。为了证实这些区别是真的与文化相关,还是源于当前的经济或政治环境，Weber 等（1998）进行了一项研究，让来自中国、德国和美国的受试者对中国和美国一些鼓励冒险的谚语进行评价。研究结果证实了早先的发现，即对谚语的解释揭示了"在社会凝聚和合作中长期存在的文化差异"，从而解释了为什么在冒险行为上存在区别（Webor et al.，1998：183）。

Yates 等（1989，1998）的研究表明，与日本和美国的受试者相比，中国的受试者在概率判断和通识上有着极端的过度自信。他们的研究还表明，受文化影响的"认知习惯"间可能存在重要差异。这种"认知习惯"导致了跨文化差异，如中国孩子为处理认知问题所学的"规则"（如背诵的东西）（Liu，1986）；也导致了中国文化很少要求人们对一个问题的正反两方面提出多种观点；还导致了对决策问题的描述一般基于历史优先的逻辑，而不是基于决策树的逻辑。这些认知习惯源于文化价值观，通过教育得到加强，它们也许就是不同国家在概率判断和通识上展现出不同程度的过度自信的核心原因。

一项由人类学家主导的经济学研究调查了 12 种少数民族文化（如秘鲁马奇根加部族的农民和巴拉圭阿切部落的猎头族）中的讨价还价行为。这项研究揭示了文化和市场发展程度对协作行为的影响（Henrich et al.，2001）。这两类变量造成不同文化间 68% 的出价差异；合作活动多（如集体猎鲸）、市场更统一（这个指标包含民族语言、以现金方式结算工资的劳动力市场和种植庄稼换取现金等因素）的文化都遵循与平均分配相似的规则。这对于一些理论家来说是个惊人的发现。因为他们认为，现实生活中"适应了某种文化的"市场经验会减弱对个人利益的追逐。由于研究者对理解文化所造成的全部影响感兴趣，因此该项研究表明，我们需要考虑集体主义与个体主义等传统文化维度、市场发展水平、一体化程度之间的相互影响。

此研究表明，拓展我们对文化的分析将非常有助于增进我们对个人如何受其所处的环境影响的理解。Yamagishi 及其同事（相关总结可参见 Yamagishi，2003）在对公共产品的研究中，为拓展对文化的影响和意义的理解，呈现了一个完善而紧迫的例证。我们也许可以通过讨论 Yamagishi 的研究来对本研究的这一部分作一个恰当的总结。Yamagishi 的研究表明，在公共利益面前，美国人比日本人更具有合作性，而只有当有制裁监督体系来确保群体中的其他成员合作时，日本人才更具有合作性。一方面，Yamagishi（2003：367）认为，"一旦所有与理论相关的因素受到实验的控制，人们普遍持有的关于日本人和美国人之间的跨文化区别（前者属于集体主义，后者属于个体主义）就不再存在了"。另一方面，他也认为，社会制裁监督体系对于促进一个群体中的合作来说，或许是一个非常具有集体主义色彩的解决方式（Yamagishi et al., 1998）。因此，这个问题是多层面的。在这样的背景下，文化对想法和行为影响的调节因素可能并非只有个体、群体特质和情境特点，还包括经济和法律约束以及社会网络。这些因素本身受到文化规范的影响，反过来也会直接或间接地影响个人。

通过对每个可能的影响因素进行精确操作的实验方法，以及通过经济学、社会学和人类学来拓展我们对文化的理解，我们就可以开始分解这个问题以及其他问题的多重效应了。本质上来说，我们可以总结出文化中"自上而下，再自下而上"的动态过程（见表1）。在这个过程中，对于文化差异的本质以及它为何出现、何时出现，我们就可以得到更加深刻和丰富的理解。

结　论

有关文化和国际商务的研究肯定是一个有发展潜力的领域，因为全球经济一体化正在变成现实。本研究回顾了该领域目前最前沿的研究趋势，至少包括四个明显的主题。首先，之前对文化和国际商务的研究很多都采取了过于简单的文化价值观，这种文化价值观往往对某几个文化因素的静态影响进行考量，独立于其他文化因素和情境变量。例如，受 Hofstede 影响的很多研究都采取了这种文化观点。在我们看来，这些研究有助于这一领域的开启。然而，本研究讨论的前沿趋势可以为文化实现更加复杂的概念化提供理论和实证基础。本研究提出的关于文化的几个新观点都指向多层次、多方面、情境化和系统化的文化观点。这些观点共同说明，文化包含的内容比已知的文化维度要丰富得多，而且文化体现在很多层次和不同领域。有些文化因素是稳定的，有些则是动态的和变化的。对文化进行准确的解释是有益的，因为这可以为更加贴合情境的文化影响描述提供一个抽象的框架。这个领域的一个重要挑战在于发展出具有代表性的、动态的、可以灵敏地察觉不同背景下的文化的细微差别的文化框架。

其次，文化复杂的概念化必然会引发看待文化影响更为复杂的观点。文化可以是前因也可以是后果，可以是调节变量也可以是中介变量，文化的影响可能根据不同的领域而有所不同，同时也会受到情境的限制。很多关于文化和国际商务的研究往往专注于文化的主效应。这个领域面临的直接挑战在于系统地找出其他更为复杂的文化影响效应，并将这些效应按常规方式与实质性的理论结合，以使文化因素成为国际商务理论模型的主变量。这个研究方向近年来有一个很明显的发展尝试，那就是前面讨论过的 GLOBE 项目，这个项目试图以文化因素来建立领导力模型。

再次，呼吁结合社会、经济、政治变量来研究文化效应并不新颖，但是我们的研究提供了详细的理论依据和具体的研究方向。我们的研究表明，文化变革是与社会、经济、政治变量交互作用的，而且这些情境变量也会增加、调节或中介文化效应。幸运的是，考虑这些变量的影响是国际商务研究的长期传统，未来的研究在评估文化效应时，需要结合社会、经济、政治情况的影响。文化与社会、经济、政治变量之间存在复杂的关联，我们不能只对它们之间的联合效应进行简单的考虑。只有对这些复杂的关系进行更精准的描述，我们才能对影响国际商务的因素进行更为全面的描述。

最后，人们数十年来一直在呼吁采用多重方法进行研究，对于文化和国际商务领域的研究来说，多重研究方法更是极为重要。大多数国际商务研究在本质上都是相互关联的，但我们多多少少会忽视这些研究之间的因果关系。实验研究可以对因果关系进行强有力的探究，我们需要同时采用对比法和实验法来增强我们对国际商务现象的理解，为跨国管理者提供有效而实用的建议。文化是一个如此模糊的概念，因此我们需要尽一切可能对文化进行探索。同时，我们也期待通过多重研究方法使国际商务领域获得突飞猛进的发展。

参考文献

Aaker, J. L. (2000). Accessibility or diagnosticity? Disentangling the influence of culture on persuasion processes and attitudes, *Journal of Consumer Research*, 26(3), 340-357.

Adair, W. L., Okumura, T. and Brett, J. M. (2001). Negotiation behavior when cultures collide: The United States and Japan, *Journal of Applied Psychology*, 86(3), 371-385.

Adler, N. J. (1997). *International Dimensions of Organizational Behavior* (3rd Ed.), South-Western College Publishing: Cincinnati, OH.

Arnett, J. J. (2002). The psychology of globalization, *American Psychologist*, 57(10), 774-783.

Berry, J. W., Poortinga, Y. H., Segall, M. H. and Dasen, P. R. (2002). *Cross-Cultural Psychology: Research and Application* (2nd Ed.), New York: Cambridge University Press.

Bhagat, R. S., Baliga, B. R., Moustafa, K. S. and Krishnan, B. (2003). Knowledge in cross-cultural management in era of globalization: Where do we Go from here?, in D. Tjosvold and K. Leung (Eds.), *Cross-Cultural Management: Foundations and Future* (pp. 155-176), England: Ashgate.

Bhagat, R. S., Kedia, B. L., Harveston, P. and Triandis, H. C. (2002). Cultural variations in the cross-border transfer of organizational knowledge: An integrative framework, *Academy of Management Review*, 27(2), 204-221.

Bochner, S. and Hesketh, B. (1994). Power distance, individualism/collectivism, and job-related attitudes in a culturally diverse work group, *Journal of Cross-Cultural Psychology*, 25, 233-257.

Bond, M. H., Leung, K., Au, A., Tong, K. K., Reimel de Carrasquel, S., Murakami, F., Yamaguchi, S., Bierbrauer, G., Singelis, T. M., Broer, M., Boen, F., Lambert, S. M., Ferreira, M. C., Noels, K. A., van Bavel, J., Safdar, S., Zhang, J., Chen, L., Solcova, I., Stetovska, I., Niit, T., Niit, K. K., Hurme, H., Boling, M., Franchi, V., Magradze, G., Javakhishvili, N., Boehnke, K., Klinger, E., Huang, X., Fulop, M., Berkics, M., Panagiotopoulou, P., Sriram, S., Chaudhary, N., Ghosh, A., Vohra, N., Iqbal, D. F., Kurman, J., Thein, R. D., Comunian, A. L., Son, K. A., Austers, I., Harb, C., Odusanya, J. O. T., Ahmed, Z. A., Ismail, R., van de Vijver, F., Ward, C., Mogaji, A., Sam, D. L., Khan, M. J. Z., Cabanillas, W. E., Sycip, L., Neto, F., Cabecinhas, R., Xavier, P., Dinca, M., Lebedeva, N., Viskochil, A., Ponomareva, O., Burgess, S. M., Oceja, L., Campo, S., Hwang, K. K., D'souza, J. B., Ataca, B., Furnham, A. and Lewis, J. R. (2004). Culture-level dimensions of social axioms and their correlates across 41 cultures, *Journal of Cross-Cultural Psychology*, 35(5), 548-570.

Boyacigiller, N. A. and Adler, N. J. (1991). The parochial dinosaur: Organizational science in a global context, *Academy of Management Review*, 16(2), 262-290.

Brett, J. M. and Okumura, T. (1998). Inter-and intracultural negotiation: US and Japanese negotiators, *Academy of Management Journal*, 41, 495-510.

Buchan, N. R. (2003). Experimental Economic Approaches to International Marketing Research, in S. Jain (Ed.) *Handbook of Research in International Education* (pp. 190-208), Boston, MA: Kluwer Publishing.

Buchan, N. R., Croson, R. T. A. and Dawes, R. (2002). Swift neighbors and persistent strangers: A cross-cultural investigation of trust and reciprocity in social exchange, *American Journal of Sociology*, 108, 168-206.

Buchan, N. R., Croson, R. T. A. and Johnson, E. J. (2004). When do fair beliefs influence bargaining behavior? Experimental bargaining In Japan and The United States, *Journal of Consumer Research*, 31, 181-191.

Cairncross, F. (2001). *The Death of Distance*, Boston, MA: Harvard Business School Press.

Casimir, G. and Keats, D. (1996). The effects of work environment and in-group membership on the leadership preferences of Anglo-Australians and Chinese Australians, *Journal of Cross-Cultural Psychology*, 27, 357-436.

Chang, W. C., Wong, W. K. and Koh, J. B. K. (2003). Chinese values in Singapore: Traditional and modern, *Asian Journal of Social Psychology*, 6, 5-29.

Chatman, J. A. and Barsade, S. G. (1995). Personality, organizational culture, and cooperation: Evidence from a business simulation, *Administrative Science Quarterly*, 40(3), 423-443.

Chatman, J. A. and Flynn, F. J. (2001). The influence of demographic heterogeneity on the emergence and consequences of cooperative norms in work teams, *Academy of Management Journal*, 44(5), 956-974.

Chinese Culture Connection (1987). Chinese values and the search for culture-free dimensions of culture, *Journal of Cross-Cultural Psychology*, 18, 143-164.

Chui, A. C. W., Lloyd, A. E. and Kwok, C. C. Y. (2002). The determination of capital structure: Is national culture a missing piece to the puzzle? *Journal of International Business Studies*, 33 (1), 99-127.

Clugston, M., Howell, J. P. and Dorfman, P. W. (2000). Does cultural socialization predict multiple bases and foci of commitment? *Journal of Management*, 26, 5-30.

Drucker, P. F. (1995). *Managing in a Time of Great Change*, New York: Truman Talley Books/Dutton.

Earley, P. C. and Erez, M. (1997). *The Transplanted Executive: Why You Need to Understand How Workers in Other Countries See the World Differently*, New York: Oxford University Press.

Earley, P. C. and Gibson, C. B. (2002). *Multinational Teams: A New Perspective*, Mahwah, NJ: Lawrence Earlbaum and Associates.

Earley, P. C., Gibson, C. B. and Chen, C. C. (1999). "How did I do?" versus "How did we do?" cultural contrasts of performance feedback use and self-efficacy, *Journal of Cross-Cultural Psychology*, 30(5), 594-619.

Eby, L. T. and Dobbins, G. H. (1997). Collectivistic orientation in teams: An individual and group-level analysis, *Journal of Organizational Behavior*, 18, 275-295.

Erez, M. and Earley, P. C. (1993). *Culture, Self-Identity, and Work*, Oxford: Oxford University Press.

Erez, M. and Gati, E. (2004). A dynamic, multi-level model of culture: From the micro level of the individual to the macro level of a global culture, *Applied Psychology: An International Review*, 53(4), 583-598.

Erez-Rein, N., Erez, M. and Maital, S. (2004). Mind the gap: Key success factors in cross-border acquisitions, in A. L. Pablo and M. Javidan (Eds.) *Mergers and Acquisitions: Creating Integrative Knowledge*, Maiden, MA: Blackwell Publishing, pp. 20-44.

Fu, P. P., Kennedy, J., Tata, J., Yukl, G., Bond, M. H., Peng, T. K., Srinivas, E. S., Howell, J. P., Prieto, L., Koopman, P., Boonstra, J. J., Pasa, S., Lacassagne, M. F., Higashide, H. and Cheosakul, A. (2004). The impact of societal cultural values and individual social beliefs on the perceived effectiveness of managerial influence strategies: A meso approach,

Journal of International Business Studies, 35(4), 284-305.

Gelfand, M. J., Higgins, M., Nishii, L. H., Raver, J. L., Dominguez, A., Murakami, F., Yamaguchi, S. and Toyama, M. (2002). Culture and egocentric perceptions of fairness in conflict and negotiation, *Journal of Applied Psychology*, 87(5), 833-845.

Gibson, C. B. (1999). Do they do what they believe they can? Group-efficacy beliefs and group performance across tasks and cultures, *Academy of Management Journal*, 42(2), 138-152.

Gibson, C. B. and Cohen, S. G. (2003). *Virtual Teams that Work: Creating Conditions for Virtual Team Effectiveness*, San Francisco: Jossey-Bass.

Gibson, C. B. and Zellmer-Bruhn, M. (2001). Metaphor and meaning: An intercultural analysis of the concept of teamwork, *Administrative Science Quarterly*, 46, 274-303.

Gibson, C. B., Maznevski, M. and Kirkman, B. L. (forthcoming), When Does Culture Matter?, in A. Y. Lewin (Ed.) *Emerging Research in International Business*, New York: MacMillan Press.

Govindarajan, V. and Gupta, A. K. (2001). *The Quest for Global Dominance: Transforming Global Presence into Global Competitive Advantage*, San Francisco: Jossey-Bass.

Graham, J. L. (1985). Cross-cultural marketing negotiations: A laboratory experiment, *Marketing Science*, 4(2), 130-146.

Greider, W. (1997). *One World: Ready or Not*, New York: Crown Business.

Guillen, M. (2001). Is globalization civilizing, destructive, or feeble? A critique of five key debates in the social science literature, *Annual Review of Sociology*, 27, 235-260.

Gupta, A. K. and Govindarajan, V. (2000). Knowledge flows within multinational corporations, *Strategic Management Journal*, 21(4), 473-496.

Gupta, V. and House, R. (2004). Understanding Leadership in Diverse Cultures: Implications of Project GLOBE for Leading International Ventures, in D. Tjosvold and K. Leung (Eds.) *Leading in High Growth Asia: Managing Relationship for Teamwork and Change*, Singapore: World Scientific Publishing, pp. 13-54.

Haire, M., Ghiselli, E. E. and Porter, L. W. (1966). *Managerial Thinking: An International Study*, New York: Wiley.

Hanges, P. J., Lord, R. G. and Dickson, M. W. (2000). An information processing perspective on leadership and culture: A case for connectionist architecture, *Applied Psychology: An Interna-

tional Review, 49(1), 133-161.

Harrison, L. E. and Huntington, S. P. (2000). *Culture Matters: How Values Shaped Human Progress*, New York: Basic Books.

Harzing, A. W. and Hofstede, G. (1996). Planned change in organizations: The influence of national culture, *Research in the Sociology of Organizations*, 14, 297-340.

Henrich, J., Boyd, R., Bowles, S., Camerer, C., Fehr, E., Gintis, H. and McElreath, R. (2001). In search of homo economicus: Behavioral experiments in 15 small-scale societies, *The American Economic Review*, 91(2), 73-78.

Heuer, M., Cummings, J. L. and Hutabarat, W. (1999). Cultural stability or change among managers in Indonesia, *Journal of International Business Studies*, 30(3), 599-610.

Hofstede, G. (1980). *Culture's Consequences: International Differences in Work-Related Values*, Newbury Park, CA: Sage.

Hofstede, G. (2001). *Culture's Consequences* (2nd Ed.), Thousand Oaks, CA: Sage.

Hong, Y. Y., Chiu, C. Y. and Kung, T. M. (1997). Bringing Culture Out in Front: Effects of Cultural Meaning System Activation on Social Cognition, in K. Leung, Y. Kashima, U. Kim andS. Yamaguchi (Eds.) *Progress in Asian Social Psychology*, Vol. 1. Singapore: Wiley, pp. 135-146.

Hong, Y. Y., Morris, M. W., Chiu, C. Y. and Benet-Martfnez, V. (2000). Multicultural minds: A dynamic constructivist approach to culture and cognition, *American Psychologist*, 55, 709-720.

House, R. J., Hanges, P. J., Javidan, M., Dorfman, P. and Gupta, V. (Eds.) (2004). *GLOBE, Cultures, Leadership, and Organizations: GLOBE Study of 62 Societies*, Newbury Park, CA: Sage Publications.

Huntington, S. P. (1996). *The Clash of Civilizations and the Remaking of World Order*, New York: Simon & Schuster.

Inglehart, R. and Baker, W. E. (2000). Modernization, cultural change, and the persistence of traditional values, *American Sociological Review*, 61(1), 19-51.

Jung, K., Ang, S. H., Leong, S. M., Tan, S. J., Pompitakpan, C. and Kau, A. K. (2002). A typology of animosity and its cross-national validation, *Journal of Cross-Cultural Psychology*, 33(6), 525-539.

Kachelmeier, S. J. and Shehata, M. (1997). Internal auditing and voluntary cooperation in firms: A cross-cultural experiment, *The Accounting Review*, 72(3), 407-431.

Kerr, C., Dunlop, J. T., Harbison, F. H. and Myers, C. A. (1960). *Industrialism and Industrial Man*, Cambridge, MA: Harvard University Press.

Kirkman, B. L. and Shapiro, D. L. (2000). Understanding why team members won't share: An examination of factors related to employee receptivity to team-based rewards, *Small Group Research*, 31(2), 175-209.

Kirkman, B. L. and Shapiro, D. L. (2001). The impact of team members' cultural values on productivity, cooperation, and empowerment in self-managing work teams, *Journal of Cross-Cultural Psychology*, 32, 597-617.

Kirkman, B. L., Lowe, K. and Gibson, C. B. (in press). Two decades of culture's consequences: A review of empirical research incorporating Hofstede's cultural values framework, *Journal of International Business Studies*.

Kitayama, S. (2002). Cultural psychology of the self: A renewed look at independence and interdependence, in C. von Hofsten and L. Backman (Eds.), *Psychology at the Turn of the Millennium, Vol. 2: Social, Developmental, and Clinical Perspectives*, Taylor & Francis/Routledge: Florence, KY, pp. 305-322.

Klein, K. and Kozlowski, S. W. (2000). *Multilevel Theory, Research and Methods in Organizations*, San Francisco: Jossey-Bass.

Kluckhohn, F. R. and Strodtbeck, F. L. (1961). *Variations in Value Orientations*, Row, Peterson: Evanston, IL.

Kostova, T. (1999). Transnational transfer of strategic organizational practices: A contextual perspective, *Academy of Management Review*, 24(2), 308-324.

Kostova, T. and Roth, K. (2003). Social capital in multinational corporations and a micro-macro model of its formation, *Academy of Management Review*, 28(2), 297-317.

Kuhnen, U. and Oyserman, D. (2002). Thinking about the self influences thinking in general: Cognitive consequences of salient self-concept, *Journal of Experimental Social Psychology*, 38, 492-499.

Leana, C. R. and Barry, B. (2000). Stability and change as simultaneous experiences in organizational life, *Academy of Management Review*, 25(4), 753-759.

Leonhardt, D. (2003). Globalization hits a political speed bump, *New York Times*, 1 June 2003.

Leung, K. and Bond, M. H. (2004). Social Axioms: A Model for Social Beliefs in Multicultural Perspective, in M. P. Zanna (Ed.) *Advances in Experimental Social Psychology*, Vol. 36. San Diego, CA: Elsevier Academic Press, pp. 119-197.

Leung, K., Bond, M. H., Reimel de Carrasquel, S., Munoz, C., Hernandez, M., Murakami, F., Yamaguchi, S., Bierbrauer, G. and Singelis, T. M. (2002). Social axioms: The search for universal dimensions of general beliefs about how the world functions, *Journal of Cross-Cultural Psychology*, 33(3), 286-302.

Leung, K., Smith, P. B., Wang, Z. M. and Sun, H. F. (1996). Job satisfaction in joint venture hotels in China: An organizational justice analysis, *Journal of International Business Studies*, 27, 947-962.

Leung, K. and Su, S. K. (2004). Experimental Methods for Research on Culture and Management, in B. J. Punnett and O. Shenkar (Eds.) *Handbook for International Management Research* (2nd Ed.), Cambridge, MA: Blackwell, pp. 68-97.

Leung, K., Su, S. K. and Morris, M. (2001a). Justice in the culturally diverse workplace: The problems of over and under emphasis of culture, in S. Gilliland, D. Steiner and D. Skarlicki (Eds.) *Theoretical and Cultural Perspectives on Organizational Justice*, Greenwich, CT: Information Age Publishing, pp. 161-186.

Leung, K., Wang, Z. M. and Smith, P. B. (2001b). Job attitudes and organizational justice in joint venture hotels in China: The role of expatriate managers, *International Journal of Human Resource Management*, 12, 926-945.

Levine, R. V. and Norenzayan, A. (1999). The pace of life in 31 countries, *Journal of Cross Cultural Psychology*, 30(2), 178-205.

Lewin, A. Y. and Kim, J. (2004). The National-State and Culture as Influences on Organizational Change and Innovation, in M. S. Poole and A. H. van de Ven (Eds.) *Handbook of Organizational Change and Innovation*, New York: Oxford University Press, pp. 324-353.

Liu, I. M. (1986). Chinese Cognition, in M. H. Bond (Ed.), *The Psychology of the Chinese People*, Hong Kong: Oxford University Press, pp. 73-105.

Markus, H. and Kitayama, S. (1991). Culture and self: implications for cognition, emotion, and motivation, *Psychological Review*, 98, 224-253.

Marsella, A. J. and Choi, S. C. (1993). Psychological aspects of modernization and economic development in East Asian nations, *Psychologia*, 36, 201-213.

Maznevski, M. L. and Chudoba, K. (2000). Bridging space over time: Global virtual team dynamics and effectiveness, *Organization Science*, 11(5), 473-492.

McClelland, D. C. (1961). *The Achieving Society*, Princeton, NJ: Van Nostrand Reinhold.

Meglino, B. M., Ravlin, E. C. and Adkins, C. L. (1989). A work values approach to corporate culture: A field test of the value congruence process and its relationship to individual outcomes, *Journal of Applied Psychology*, 74, 424-432.

Mitchell, R. K., Smith, B., Seawright, K. W. and Morse, E. A. (2000). Cross-cultural cognitions and the venture creation decision, *Academy of Management Journal*, 43, 974-993.

Morris, M. W. and Peng, K. P. (1994). Culture and cause: American and Chinese attributions for social and physical events, *Journal of Personality and Social Psychology*, 67, 949-971.

Oyserman, D., Coon, H. M. and Kemmelmeier, M. (2002a). Rethinking individualism and collectivism: Evaluation of theoretical assumptions and meta-analyses, *Psychological Bulletin*, 128(1), 3-72.

Oyserman, D., Kemmelmeier, M. and Coon, H. M. (2002b). Cultural psychology, a new look: reply to Bond (2002), Fiske (2002), Kitayama (2002), and Miller (2002), *Psychological Bulletin*, 128(1), 110-117.

Peng, K. P. and Knowles, E. D. (2003). Culture, education, and the attribution of physical causality, *Personality and Social Psychology Bulletin*, 29(10), 1272-1284.

Peterson, M. F., Smith, P. B., Akande, A., Ayestaran, S., Bochner, S., Callan, V., Cho, N. G., Jesuino, J. C., D'Amorim, M., Francois, P. H., Hofmann, K., Koopman, P. L., Leung, K., Lim, T. K., Mortazavi, S., Munene, J., Radford, M., Ropo, A., Savage, G., Setiadi, B., Sinha, T. N., Sorenson, R. and Viedge, C. (1995). Role conflict, ambiguity, and overload: A 21-nation study, *Academy of Management Journal*, 38(2), 429-452.

Ravlin, E. C., Thomas, D. C. and llsev, A. (2000). Beliefs about values, status, and legitimacy in multicultural groups, in P. C. Earley and H. Singh (Eds.) *Innovations in International and Cross-Cultural Management*, Thousands Oaks, CA: Sage, pp. 17-51.

Roth, A. E., Prasnikar, V., Okuno-Fujiwara, M. and Zamir, S. (1991). Bargaining and market behavior in Jerusalem, Ljubljana, Pittsburgh, and Tokyo: An experimental study, *The Ameri-*

can *Economic Review*, 81(5), 1068-1096.

Rotter, J. B. (1966). Generalized expectancies for internal versus external control of reinforcement, *Psychological Monographs*, 80, 1-28.

Sarros, J. C. and Woodman, D. S. (1993). Leadership in Australia and its organizational outcomes, *Leadership and Organization Development Journal*, 14, 3-9.

Sassan, S. (1998). *Globalization and Its Discontent*, New York: Free Press.

Schaeffer, R. K. (2003). *Understanding Globalization: The Social Consequences of Political, Economic, and Environmental Change*, Rowman & Littlefield: Lanham, MD.

Schein, E. H. (1992). *Organizational Culture and Leadership*, San Francisco: Jossey-Bass.

Schwartz, S. H. (1994). Beyond individualism/collectivism: New dimensions of values, in U. Kim, H. C. Triandis, C. Kagitcibasi, S. C. Choi and G. Yoon (Eds.) *Individualism and Collectivism: Theory, Method, and Applications*, Newbury Park, CA: Sage, pp. 85-119.

Smith, P. B. and Bond, M. H. (1998). *Social Psychology across Cultures* (2nd Ed.), Boston, MA: Allyn & Bacon.

Smith, P. B., Dugan, S. and Trompenaars, F. (1996). National culture and managerial values: A dimensional analysis across 43 nations, *Journal of Cross-Cultural Psychology*, 27, 231-264.

Smith, P. B., Peterson, M. F. and Schwartz, S. H. (2002). Cultural values, source of guidance, and their relevance to managerial behavior: A 47-nation study, *Journal of Cross-Cultural Psychology*, 33(2), 188-208.

Smith, P. B., Trompenaars, F. and Dungan, S. (1995). The Rotter locus of control scale in 43 countries: A test of cultural relativity, *International Journal of Psychology*, 30(3), 377-400.

Staw, B. M., Sandelands, L. E. and Dutton, J. E. (1981). Threat-rigidity effects in organizational behavior: A multi-level analysis, *Administrative Science Quarterly*, 26, 501-524.

Steensma, H. K., Marino, L. and Dickson, P. H. (2000). The influence of national culture on the formation of technology alliances by entrepreneurial firms, *Academy of Management Journal*, 43(5), 951-973.

Tajfel, H. and Turner, J. C. (1979). An integrative theory of intergroup conflict, in W. G. Austin and S. Worchel (Eds.), *The Social Psychology of Group Relations*, Monterey, CA: Brooks-Cole, pp. 33-47.

Thompson, L. and Loewenstein, G. (1992). Egocentric interpretations of fairness and interpersonal conflict, *Organizational Behavior and Human Decision Processes*, 51(2), 176-198.

Tinsley, C. H. and Brodt, S. E. (2004). Conflict management in Asia: A dynamic framework and future directions, in K. Leung and S. White (Eds.), *Handbook of Asian Management*, New York: Kluwer, pp. 439-458.

Triandis, H. C. (1994). *Culture and Social Behavior*, New York: McGraw-Hill.

Triandis, H. C. (1995). *Individualism and Collectivism*, Boulder, CO: Westview Press.

Turner, J. C. (1987). *Rediscovering the Social Group*, Oxford: Basil Black-well.

Van de Vliert, E., Schwartz, S. H., Huismans, S. E., Hofstede, G. and Daan, S. (1999). Temperature, cultural masculinity, and domestic political violence: A cross-national study, *Journal of Cross-Cultural Psychology*, 30(3), 291-314.

Van Dyne, L., Vandewalle, D., Kostova, T., Latham, M. E. and Cummings, L. L. (2000). Collectivism, propensity to trust and self-esteem as predictors of organizational citizenship in a non-work setting, *Journal of Organizational Behavior*, 21, 3-23.

Watson, E. W., Kumar, K. and Michaelson, L. K. (1993). Cultural diversity impact on interaction process and performance: Comparing homogeneous and diverse task groups, *Academy of Management Journal*, 36, 590-606.

Weber, E. U. and Hsee, C. K. (1998). Cross-Cultural differences in risk perception, but cross-cultural similarities in attitudes towards perceived risk, *Management Science*, 44(9), 1205-1217.

Weber, E. U., Hsee, C. K. and Sokolowska, J. (1998). What folklore tells us about risk and risk taking: Cross-cultural comparisons of American, German, and Chinese proverbs, *Organizational Behavior and Human Decision Processes*, 75(2), 170-186.

Weick, K. E. and Quinn, R. E. (1999). Organizational change and development, *Annual Review of Psychology*, 50, 361-386.

Wetlaufer, S. (1999). Organizing for empowerment: An interview with AES's Roger Sant and Dennis Bakke, *Harvard Business Review*, 77(1), 110-123.

Winer, B. J. (1991). *Statistical Principles in Experimental Design* (3rd Ed.), New York: McGraw-Hill.

Yamagishi, T. (2003). Cross-societal experimentation on trust: A comparison of the United States and Japan, in E. Ostrom and J. Walker (Eds.), *Trust and Reciprocity*, New York: Russell

Sage Foundation, pp. 352-370.

Yamagishi, T., Cook, K. S. and Watabe, M. (1998). Uncertainty, trust, and commitment formation in the United States and Japan, *American Journal of Sociology*, 104, 165-194.

Yates, J. F., Lee, J. W., Shinotsuka, H., Patalano, A. L. and Sieck, W. R. (1998). Crosscultural variations in probability judgment accuracy: Beyond general knowledge overconfidence? *Organizational Behavior and Human Decision Processes*, 74(2), 89-118.

Yates, J. F., Zhu, Y., Ronis, D. L., Wang, D. F., Shinotsuka, H. and Toda, M. (1989). Probability judgment accuracy: China, Japan, and the United States, *Organizational Behavior and Human Decision Processes*, 43, 145-171.

Zellmer-Bruhn, M., Gibson, C. B. and Earley, P. C. (2002). Some of these things are not like the others: An exploration of heterogeneity in work, Paper Presented at the National Academy of Management Meetings, Denver, CO.

Zhang, X., Zheng, X. and Wang, L. (2003). Comparative research on individual modernity of adolescents between town and countryside in China, *Asian Journal of Social Psychology*, 6, 61-73.

第11章

处于文化-行为关系中的价值观、心理图式和规范：一个情境化的动态框架*

梁 觉 Michael W. Morris

翻译：郭 理
校对：陈晓萍

摘要：长期以来，国际商务研究主要依赖价值观的概念来解释社会文化的影响，其中最引人注目的就是 Hofstede 的文化维度概念。虽然该方法比较简洁，但它对国家内部价值观的一致性、行为文化模式的普遍性和稳定性的假设正面临越来越多的挑战。本研究讨论了两个具有发展潜力的替代方法——以心理图式为中心的建构主义法和以规范为中心的跨主观/主体法，并提供了这两种研究方法可以用来解释不同文化中管理者、员工和消费者行为差异的证据。接着，本研究提出了一个情境化的动态框架，详细阐述价值观、心理图式和规范在解释文化差异时扮演的角色，并厘清了每种因果机制运作的条件。本研究认为，价值观在解释限制因素较少的弱情境中的文化差异上扮演了更重要的角色；心理图式在情境线索更明显和相关时更能解释文化差异；而规范则在社会评价凸显时更能解释文化差异。最后，本研究讨论了基于该整合框架的未来研

---

* Leung, K., & Morris, M. W. (2015). Values, schemas, and norms in the culture-behavior nexus: A situated dynamics framework. *Journal of International Business*, 46, 1028-1050.

第 11 章
处于文化-行为关系中的价值观、心理图式和规范：一个情境化的动态框架

究方向以及该研究框架对文化测量和应用的启示。

引 言

长久以来，研究者都使用价值观这个概念来解释工作场合下人的行为和消费者行为中存在的国际差异：社会成员融入社会时吸收了重要程度不同的价值观，然后这些被内化的文化价值观驱动产生符合社会特点的行为。其中最有影响力的价值观理论框架就是 Hofstede（1980）的价值观维度理论，他在一系列价值观维度上对各个国家进行评分。Hofstede（1980）提出的价值观维度既简洁，又包含相当广泛的内容，已被学者证明对解释许多商务行为中的文化差异有用（Taras, Kirkman, & Steel, 2010），包括外国投资模式（Kogut & Singh, 1988）、消费者网购行为（Lim, Leung, Sia, & Lee, 2004），以及不同国家所用的外包服务（Peeters, Dehon, & Garcia-Prieto, 2014）。与此同时，也有不少研究者发现，有些实践中的行为模式并不能为价值维度理论所解释，因此呼吁研究文化产生影响的其他机制（例如，Kirkman, Lowe, & Gibson, 2006）。

本研究讨论价值观方法强调各个国家的人追求不同目标这个假设的局限性，并介绍两种替代研究方法：建构主义法和跨主观/主体法。建构主义法认为文化通过图式，即人们理解模糊信息的认知机制来影响行为，跨主观/主体法认为文化通过社会规范引导人们在特定情境中的典型行为和恰当行为。虽然这两种方法源自不同的研究传统，但近来越来越多的研究表明，文化差异的形成是基于价值观、图式和规范的相互联系和共同作用。在不同流派的研究基础之上，本研究提出一种情境化的动态框架来综合这三种解释机制，并讨论三种机制解释行为的文化模式所对应的环境条件。

本研究对文化-行为理论和方法论主要有三点贡献。首先，虽然已经证明价值观方法不能有力地解释广泛的文化差异，但其局限性尚未被系统地讨论。在过去 20 年里，对图式和规范的研究已经增加了它们作为替代解释机制的有

效性。例如，图式研究解释了为什么双文化者在行动中避免违背文化期望以轻松融入社会。规范研究解释了移民、游客等文化中的新来者如何在没有融入该社会文化价值观的情况下举止得体。因此，突破过去的价值观研究方法能让我们更好地理解国际商务中出现的重要现象。价值观方法未能全面解释的现象可以由图式和规范等更广阔的视角来补充。

其次，国际商务等行为研究领域需要一个全面的框架来解释文化对行为的影响。本研究综合价值观、图式和规范理论发展出情境化的动态框架，从而提供了一个更完整的文化-行为理论。这个理论框架通过分析促进或阻碍相关心理过程的情境因素来确定三种方法具备解释力的条件。

最后，我们从情境化视角提出如何测量文化的建议，并讨论了如何在国际商务中运用情境化动态框架。文化测量不应局限于价值观，而应被扩展至图式和规范，我们对此进行了举例说明。为了阐述情境化动态框架的效用，本研究讨论了它对国际商务研究的新启示，例如，它从新的角度来看待国际企业兼并，并提出有趣的崭新研究课题，比如发展中国家为什么直接投资于西方市场。

价值观

Hofstede（1980）根据 IBM 公司在各国的员工对工作价值观进行的评分，通过统计分析提炼出四个文化维度，如个体主义-集体主义、权力距离等。之后发现的第五个文化维度是儒家思想或短期导向/长期导向，由对世界范围内的华人价值观进行独立调查后得出（Chinese Culture Connection，1987）。Schwartz（1994）及 GLOBE 项目（House, Hanges, Javidan, Dorfman, & Gupta, 2004）改进了价值观的概念及方法。这些价值观框架对文化的解释进展显著，超越了过去对行为差异的简单描述（例如，Hall，1959），因为它们从理论上解释了组织行为中的文化差异，如员工对领导者的反应因文化而异（Kirkman, Chen, Farh, Chen, & Lowe, 2009）。价值观方法的视角是，行为是个人特征的反映，即可观察的现状是组织行为的症状，而其潜在的基因则是一系列重要程度不等的价值观（例如，Triandis，1995）。尽管价值观方法的影响力很大，但越来越多的研究发现，存在行为模式与价值观预测不一致的现象。

第一个问题涉及共识。Hofstede 将文化定义为"区分一群人或一类人与其他人……的集体心理程序"（1980：25）。采用价值观方法的理论家用国家层面的评分来预测来自同一国家的个体的行为，假设价值观的平均值具有广泛的代表性。Tung 和 Verbeke（2010）批判了这个假设。同一文化内的价值观差异不仅可以从部落和地区的亚文化中看见（Baskerville，2003），也可以从社会角色、性格或其他个体差异上看见（McSweeney，2002）。一篇综述论文发现，个体主义和集体主义价值观在国家内部可能差异巨大，而国家之间的差异反而没有过去认为的那么大（Oyserman，Coon，& Kemmelmeier，2002）。Fischer 和 Schwartz（2011）研究了多个国家的数据，发现国家内部的差异比国家之间的差异要大，这个结论反驳了 Hofstede（1980）的观点，即价值观是区分不同文化群体的共享心理软件。

第二个问题涉及文化范式跨越情境的**普遍性**。Hofstede 认为，价值取向会引导人们对某些状态形成广泛的偏好趋势（1980：19）。研究揭示了一些广泛的范式，比如在具有更多权力层级的高权力距离社会中，人们会把判断和决策的权力交给权威人士（Kirkman et al.，2009）。Osland 和 Bird（2000）认为，虽然认识到这些趋势有用，但这些描述只是"精致的刻板印象"，不能解释情境中的微妙之处。有些文化引起的行为趋势在不同情境中可能存在巨大的差异，如日本消费者使用的厨具非常传统，但他们却乐于在厕所里配备高科技产品。传统方法不能提供解释日本消费者偏好二元性的普遍价值观，因此必须结合具体情境来讨论隐藏在这些行为趋势下的推动力。

第三个问题与文化范式的**稳定性**有关，即微观层面的个体在类似情境中的行为稳定性和宏观层面整个社会的行为范式的长期稳定性。价值观研究法认为稳定性是存在的。如果个体融入社会文化的过程已经形塑了个体的行为，那么个体在典型决策中的行为趋势差异就不应随着时间的推移而改变。但研究显示，个体行为对文化特征的体现会因情绪（Ashton-James，Maddux，Galinsky，& Chartrand，2009）、认知负荷（Knowles，Morris，Chiu，& Hong，2001）、是否需要解释选择的原因（Briley，Morris，& Simonson，2000）等条件发生显著变化。另外，个体的决策和行动是否反映文化特征还取决于近期的经历（Savani，Morris，Naidu，Kumar，& Berlia，2011）。

因为外来者和移民在面对自身与环境的失调时会经历长期的"文化休克"，甚至在回到故乡后还会经历"反向文化休克"（Sussman，2000），所以价值观研究法认为文化特征几乎是不变的，具有稳定性。尽管许多移民和外来者在文化适应过程中有过挣扎，但学习一种新文化不一定充满压力。Berry、Phinney、Sam 和 Vedder（2006）研究了若干社会中大量的移民青少年，发现移民在心理状态和对学校的适应上的表现并不比本地人差。移民不仅很快地适应了新文化，很多还成了双文化者，即他们同时通过原文化和主文化进行自我认同并产生行动。研究显示，双文化者潜意识地根据不同情境中的文化预期在不同文化框架间自动切换（Hong，Morris，Chiu，& Benet-Martínez，2000）。随着全球化进程的加深，更多的人会接触到多种多样的文化传统，国际商务研究与单一的、静态的文化取向的相关性正在降低，多元的、动态的文化实践如何在情境中体现才是更重要的研究问题。

价值观研究法还认为国家层面的行为模式具有长期稳定性。Hofstede（1993：92）曾断言"一个国家的文化就算发生改变也极为缓慢"。Schwartz（2006）认为，每一代人都会在下一代融入社会的过程中传递价值观，因此国家层面的价值取向可能历经多个世纪而不改变。然而，一些国家的行为文化模式已经发生了巨大的变化。在当今中国，个体主义的价值观已经比上一代人要高得多（例如，Ralston，Egri，Stewart，Terpstra，& Kaicheng，1999）。Gould 和 Grein（2009）注意到文化并非闭合的系统，随着许多跨国界网络的出现，跨文化交流将会带来文化变革。Morris、Chiu 和 Liu（2014）基于网络概念定义文化，提出了多元文化研究项目。Boyd 和 Richerson（2005）建立了将文化演进视为一种过程的模型，用以解释新的行为实践作为社会规范的功能在人群中传播的过程，如对同伴的模仿和对成功者的效仿。把价值取向看成个体特征，其实无法解释因文化自身应对内外冲击而发生的变化，也无法解释新思想、新实践在社会间的扩散，但社会规范就可以解释这些现象。

总的来说，以 Hofstede（1980）为代表的价值观研究法极大地推动了国际商务研究，但行为的国际差异并不与价值观的模式相对应（Fischer & Smith，2003；Kirkman et al.，2006；Lamoreaux & Morling，2012；Taras et al.，2010）。与期望中的相反，GLOBE 研究项目居然发现文化价值观和文化实践之间存在负相关性（如有疑问请参见 Taras，Steel，& Kirkman，2010）。目前，已有许多学者呼吁发展替代价值观研究法的概念框架来研究文化（例如，Fang，2010；Leung，Bhagat，Buchan，Erez，& Gibson，2005）。Kirkman 等（2006：313）提出，"也许是时候探索 Hofstede 视野之外的研究方法了"。的确，文化-行为研究需要"突破价值观方法的研究框架"。

过去 20 年，两种替代研究方法已经在文化心理学中出现，即文化产生影响的不同心理机制——图式激活和规范凸显。图式和规范解释了价值观未能解释的文化差异。我们先一起看看这两种方法，然后再提出新的情境化研究框架。

图　式

建构主义法从引导人们的理解、期望和反应的认知机制与模型开始解释文化差异。持有相同价值顺序的人可能因为文化赋予的图式不同而产生不同的判断和行为。建构主义强调人们利用文化赋予的认知结构来理解刺激和问题；如果离开图式，人们将无法理解经验的意义或组织复杂程序的行动。我们通过文化的镜头来观察世界；我们跟随文化脚本与他人协调一致。

文化研究的建构主义法可以追溯到 20 世纪 20 年代俄罗斯学派的学者 Vygotsky（1962/1986）和 Luria（1976），但直到 20 世纪 90 年代，实验社会心理学开始研究社会认知偏见中的文化差异，建构主义法才获得了新的生命力。

Markus 和 Kitayama（1991）分析了东方人与西方人对自我定义的差异，认为东亚人因为较少受到西方文化中独立自我概念的影响，因此表现出较少的自我抬举偏差。同时，东亚人较少犯"基本归因错误"，不太会将行为看作个人特征的反映，从而忽视了情境因素的限制。在一个关于社会判断的比较研究中，Morris 和 Peng（1994）发现，与美国人相比，中国人较少将个体行为归因于行动者的内在特点，而更多地认为个体行为受到了社会环境（关系、群体和规范）的影响。但是还有研究发现，中国人在解释群体行为或组织行为时，更加强调集体行动者的内在特点而非环境的影响。因此，两种文化都表现出内在归因的倾向，差异在于行动者是个人还是群体（Menon，Morris，Chiu，& Hong，1999）。西方人习惯于将个人看作行动者，而东亚人习惯于将群体看作行动者。

建构主义（图式）法与价值观（特征）研究法最大的不同在于对文化行为范式普遍性和稳定性的预测。因为图式只有在被激活时才能对行为产生影响，或者充当人们处理信息的过滤器。建构主义者通常将一个人继承的文化图式比作装有一套设备的工具箱：最近使用的工具留在最上层，其他工具则压在箱底生锈；只有部分工具能解决当前的文化问题；只有部分工具人们觉得用着顺手（Swidler，1986）。图式的激活依赖于三个因素：可提取性（accessibility）、可应用性（applicability）和适当性（appropriateness）（Higgins，1996）。

可提取性是建构主义对依赖情境的文化行为进行理论假设的关键因素。近期被激活的图式具有高度的可提取性，因此被使用的可能性更大（Bruner，1956；Higgins，Bargh，& Lombardi，1985）。情境线索通过两种方式激活文化图式——直接语义启动和间接联想启动。人们先前参与的任务可以直接对个体主义/集体主义、独立性/相互依赖性、个性化/情境化图式进行启动。Trafimow、Triandis 和 Goto（1991）发现，人们在阅读一篇关于个体主义战士或集体主义战士的故事后，对自我的描述会改变。个体主义故事会引发更多有关个体特征的描述，而集体主义故事则引起更多关于人际关系和群体成员身份的描述。Oishi、Wyer 和 Colcombe（2000）也发现了启动效应，他们向被研究者展示了与个体主义和集体主义存在潜在关联的词语，发现被研究者对负面结果的归因发生了他们预期的变化。

唤起文化记忆的图像、声音甚至气味和味道可以间接启动文化图式，即便这些刺激与图式并无语义关联。文化标志——象征文化核心特点的图像——能引发具有文化特点的想法和行为。Hong 等（2000）发现，向双文化的香港学生分别展示西方地标或中国地标（白宫或紫禁城）会引发不同的归因倾向和更加情境化的归因行为。如果展示中国面孔或中国风的花瓶等标志，则会提高汉语语言结构的可提取性，降低英语语言结构的可提取性（Zhang，Morris，Cheng，& Yap，2013）。另一个研究分别向双文化的中国香港学生展示了中国图像（如功夫）、美国图像（如美式足球）和中性的文化图像，然后让他们参与囚徒困境游戏，选择与组内成员或是组外成员合作，结果发现，看到中国图像的学生更多地选择与组内成员合作。图像启动激发了中国传统文化中的关系图式，因此学生们用一种更具中国特征的思维来玩游戏。

另一套建构主义假设强调**可应用性**。激活的图式如果与该行为无关则可能不会对行为产生影响。例如，与美国人更接近的个体主义行为图式适用于个人行动的事件而非群体行动的事件。类似地，与东亚人更接近的群体行动图式适用于群体行动的事件而非个体行动的事件。图式激活后影响行为的程度与图式和行为的相关性有关（Menon et al.，1999）。

适当性是图式激活的最后一道关口。很多人不愿意让性别歧视和种族歧视干扰自己的判断，即便这些偏见被激活，他们也会警惕地避免受其影响，甚至有时还会进行反向决策。是否遵从文化习俗的动机也会对文化心理图式是否能指导思想和行为产生影响。最近很多研究关注了一种动机，即认知闭合需求（NFCC，Kruglanski，Webster，& Klem，1993），即人们需要快速、清晰、坚定的回答而非复杂、模糊、临时的解决办法。Chiu、Morris、Hong 和 Menon（2000）通过改变一项任务的时间压力来研究情境引导下认知闭合的需要，发现时间压力只加强了中国人对群体成员行动者的内归因，只加强了美国人对个人行动者的内归因。这些研究表明，时间压力造成的认知闭合动机仅仅加强了特定文化中长期以来最可获得的行为图式,也就是说,中国人头脑中有的是群体行为图式,而美国人头脑中有的是个体行为图式。

动机对人们采取不同行为图式的影响进一步表现在双文化者对启动效应的个人反应差异上。Benet-Martínez、Leu、Lee 和 Morris（2002）提出了双文化者的认同整合这个概念,用来区分双文化者的二元身份兼容或冲突。双文化兼容者表现出与被启动的文化相一致的行为,双文化冲突者则表现出相反的行为,即与未启动的文化保持一致,但表现出对被启动文化的反抗。双文化冲突者即便在受到隐性文化启动时也会表现出类似的框架转换,可见这个过程具有反射性和自发性（Mok & Morris, 2013）。最近有证据表明,双文化冲突者具有要维护未被启动的文化身份的需要（Mok & Morris, 2009, 2013）。

有关心理图式可提取性、可应用性和适当性决定因素的研究能帮助我们更好地解答"文化有何重要性?""文化何时具有重要性?"（Gibson, Maznevski, & Kirkman, 2009）这两个问题。

对建构主义法的评价

在对建构主义（心理图式）和个体特征（价值观）两种研究方法进行全面比较之前,我们必须承认建构主义法远没有价值观法那么简洁,建构主义法认为行为的文化图式是由多个变量的互动决定的。但建构主义法可以解释为什么许多文化图式是情境化的而非普适的,因而解释了文化图式的可变性。这种方法展示了一个人的短暂动机或生活经历,如在多元文化背景的环境下工作或在国外生活,如何改变表达原文化的行为模式特征。

建构主义法也能更好地解释多元文化背景对个体的影响。价值观法认为双文化者是价值观处于两种文化间的文化混血儿,在工作场合和家庭场合分别遵从不同的价值观（例如,Phinney & Devich-Navarro, 1997）。相反,建构主义研究用双文化者在不同文化框架间的转换解释他们解决问题的灵活性（Hong et al., 2000）。建构主义认为,文化对个体行为的影响是可变的、多样的。

有人可能会质疑建构主义法是否夸大了不稳定性,不同社会之间存在的广泛差异可以追溯到数世纪之前甚至千年以前，如果个人行为的文化图式不具有短期稳定性，那么该如何解释宏观层面的社会稳定性？Kitayama 及同事（例如，Kitayama, Markus, Matsumoto, & Norasakkunkit, 1997; Kitayama, Mesquita, & Karasawa, 2006; Morling, Kitayama, & Miyamoto, 2002）对美国学生和日本学生经常经历的人际关系情境进行取样，然后将这些情境展示给两个国家的新来者，以观察这些情境如何影响他们的行为。研究结果表明，情境对文化存在影响：对两组学生来说，美国学生经常经历的情境会引发自我抬举和效能感，而日本学生经常经历的情境则会引发自我批评和人际关联感。美国和日本不同的社会文化环境为个体体验自我提供了不同的图式。不仅如此，研究结果还显示了原文化的影响，总体来说，美国学生更容易表现出自我表扬，日本学生更容易表现出自我批评。每一组都有一个被默认的解读，反映出人们在模糊情境中很容易使用在头脑中根深蒂固的心理图式。一种能使这些心理图式长久不衰的机制可能是强化，即不同的社会倾向于奖励不同的认知习惯（例如，Savani et al., 2011）。

规 范

价值观法和图式法认为导致文化行为差异的原因在于个体的主观信念，因此可以看作"主观文化"研究法。另一种方法，有时被称为"跨主体"法，则认为文化的影响在于个体周围的人群以及个体对周围人群的认知。

社会心理学家早已发现人们的想法容易被群体规范同化，因为同伴之间的反馈是颇具影响力的信息来源（Sherif, 1936），而且人们会努力避免他人的负面评价（Asch, 1956）。在合理行动理论中，人们对规范的认知是影响行为的关键（Fishbein & Ajzen, 1975）。Cialdini、Kallgren 和 Reno（1991）区分了描述性规范与命令性规范，描述性规范是指群体内部成员在某种情境下的惯常行为，命令性规范是群体内部成员认同的行为。人们遵从描述性规范是因为它提供了简单的默认解决办法，使个体能够与群体内的其他成员协作。命令性规范教化和灌输"应该做什么",人们因为羞愧等道德情感而遵从命令性规范。道德情感也会驱使我们惩罚违反命令性规范的人,即便惩罚会让我们自己也付出一定的代价。

遵从规范不仅会引发商务礼仪上的差异(鞠躬、亲吻和握手),也会引发判断和决策上的差异。Norenzayan 及同事(Buchtel & Norenzayan,2008;Norenzayan, Smith, Kim, & Nisbett, 2002)发现,在三段论等问题任务中,西方人对正式逻辑的依赖和东亚人对直觉联想的依赖并没有引发解决问题能力上的差异,但在判断"什么是有道理的或什么是有智慧的"问题时出现了差异,即命令性规范差异。Yamagishi、Hashimoto 和 Schug(2008)反复检验了从一系列选项中作出独特选择的文化差异,Kim 和 Markus(1999)曾把这个决策视为个体主义价值观或一种独立自我概念的表达。Yamagishi 等人发现,如果个体是最后作选择的那个人,那么日本人和美国人都会挑那个只剩下一个的选项(因为不会剥夺他人选择的权利),但如果他们是在别人之前作选择(很明显会剥夺其他人选择的权利),日本人和美国人都会拒绝选择那个只剩下一个的选项。只有在模糊不清的情况下,两国人才会作出与预期不同的决策。Yamagishi 等人进一步发现日本人在私下的场合更会选择那个只剩下一个的选项,但在被他人注视时则不会,因此印证了文化差异来源于更凸显的规范而非自我导向。其实日本人和美国人在此情境中持有相同的价值观,但行为表现不同,是由不同文化对不同规范的强化不一样所造成的。

一些关于文化和规范的研究表明,个人会受到群体内部的普遍信念和行为等客观规范的影响(例如,Becker et al., 2014),还有人对个体如何受到主观规范的影响,即个体对群体中典型行为的认知进行了研究。这些认知的形成是基于对他人在公共场合行为的观察,而公开行为并不能完全反映个人的想法,所以这些认知可能是失实的,会导致整个群体对自身的误读,而正是这种"集体无知"使行为的文化范式得以为继。Hirai(2000)发现,虽然日本人大多数都认同个体主义价值观,但他们却觉得"典型的日本人"所持有的是集体主义价值观。而正是这种认知使他们在公共场合的行为符合集体主义价值观，进而维持了对集体主义规范的认知。

GLOBE 项目（House et al., 2004）测量了对工作场合价值观（"应该这么做"）和典型行为的认知（"通常这么做"），意外发现文化价值观和描述性规范认知之间存在较弱的相关性甚至是负相关性。类似地，Fischer 等（2009）测量了群体内的典型行为，四个文化维度中仅有自我概念的独立性和相互依赖性显示出与 Hofstede（1980）提出的个体主义－集体主义的高度相关性。描述性规范视角捕捉到了价值观方法未发现的社会在个体主义和集体主义维度上的差别。研究价值观的学者也发现了类似的结果，Fischer（2006）测量了个人拥有的价值观和个人认为群体拥有的价值观的相关性，发现两者之间的关系并不大。

越来越多的研究发现，判断模式的文化差异更多的是由认知的描述性规范而非个人的信念和价值观造成的。众所周知，东亚社会较少责备个体，强调义务而非权利。Shteynberg、Gelfand 和 Kim（2009）发现，韩国人比美国人更容易通过情境理解结果而非责备个人，但这并不是因为个体认同集体主义价值观，而是因为他们感知到的集体主义描述性规范。同样，描述性规范比文化价值观更好地揭示了对违背权利和义务所导致的危害的认知上的文化差异。Zou、Tam、Morris、Lee、Lau 和 Chiu（2009）发现，认知的描述性规范传递了社会认知偏见中的文化差异。例如，美国人和波兰人对请求的应答能力不是由个人的集体主义价值观决定的，而是由他们认知的集体主义文化规范决定的。美国人和中国香港人在归因倾向上的差异不是由个人信念决定的，而是由他们对文化成员典型行为的认知决定的。总之，这些研究结果表明，国家层面在认知偏见上的差异并非由于国家之间真的存在那么不同的内在价值观和信念，而是因为反映了感知到的不同文化规范而已。

Chiu、Gelfand、Yamagishi、Shteynberg 和 Wan（2010）描绘了对描述性规范的认知影响行为的几种机制。除了认知功能和与他人保持协调的功能外，规范还提供了自我认同和自我尊重的基础。Wan、Chiu、Tam、Lee、Lau 和 Peng

（2007）通过计算基于个体对规范认知的"跨主体一致性"测量了一个社群或一个社会的内部规范。大部分文化群体成员认为，别人共享的价值观/信念，因为集体无知，并未达到个体信念和价值观的平均水平。作者发现，对文化的认同最能为个体价值观与文化中跨主体共识相一致的程度所预测，而不是为个体价值观与总样本的平均个体价值观的一致程度所预测。Wan、Chiu、Peng 和 Tam（2007）的研究也得到了类似的结论。

对跨主体方法的评价

与其他两种方法相比，规范法没有假设文化内部个人信念或价值观是一致的，而是认为文化内部成员拥有对群体规范的共同认知——对群体成员典型信念、行为和期望的认知。各国对文化规范的认知有所不同，但文化规范能够解释许多社会认识和社会行为上的文化差异。与图式法一样，规范法有助于理解具体情境下的文化差异，规范是对具体情境的典型反应。

规范法可能比图式法更好地解释了社会行为文化图式的稳定性和持续性。同一个国家的个体可能在价值观上千差万别，但他们对社会规范的认知却大致相似，这使得他们表现出相似的行为模式，至少他们在公共场合的行为相似（例如，Yamagishi et al.，2008），继而维持该文化的行为模式。同样，信念的稳定性可能来自跨主体感知在沟通中扮演的角色。当一个谣言被传播或当一个故事被复述时，其内容和细节会不断得到修正。然而这种修正并不是随机的，被改变的内容会越来越接近于该文化的传统和习惯（Kashima，2000，2014）。沟通者会强调他们与其他人共享的背景，通过这一过程，故事会变得更加接近文化传统和习惯。

规范法还解释了文化中的新来者不必融入该文化的价值观就可与他人的行为相协调。新来者对主文化规范价值重要程度的理解越准确，他们与当地人的人际交往就越好（Li & Hong，2001）。双文化者对他们拥有的两种文化背景的情境规范都有良好的认知。与单一文化背景的欧裔美国人相比，具有双文化背景的中国人能更加准确地估计中美两国人在决策中的差异，尤其是对得失的权衡（Leung, Lee, & Chiu, 2013）。因此，具有双文化背景的中国人能够量体裁衣式地向不同文化中的人传递具有说服力的信息，与他们各自的文化偏见产生共鸣。双文化者在国际商务中拥有不少优势，包括掌握多种规范知识、制定跨文化交际策略的灵活性和能力。

比行为规范更普遍的一种社会信念是社会通则，即理解社会和人生目标的基本原则，如一分耕耘，一分收获（Leung & Bond, 2004, 2009）。社会通则并不是自描述的，社会通则与价值观和人格特点的相关性也不强（例如，Chen, Fok, Bond, & Matsumoto, 2006；Leung Au, Huang, Kurman, Niit, & Niit, 2007）。Kurman 和 Ronen-Eilon（2004）调查了以色列的两组移民的个人通则以及他们认为的普通以色列人的个人通则。对普通以色列人的认知比其自身和以色列人的接近性更有助于移民的文化适应。与之前提到的研究相同，这些研究也强调文化群体的适应取决于主体间的信念，这些信念与群体成员所支持的东西有关。

对三种方法的比较

我们已经从价值观、图式和规范三个视角解释了文化差异，三种方法各有优点。基于价值观的解释虽然简洁，但在面临情境变量、历时变化和文化遗产的多样性时存在局限。基于图式激活的建构主义法引入了启动效应来解释情境变量和双文化者行为，但这种方法不能全面解释文化模式持续的原因。跨主体法关注认知的规范和信念，是最新的视角且仍有发展空间，这种研究成功地定义了个体层面通过判断、决策和行为模式影响国际差异的因素。规范法还解释了个人如何与社会保持一致、微观变化如何与宏观稳定性保持一致。表 1 是对三种方法之间差异的总结。

一个整合的框架

价值观、图式和规范常被看作解释文化差异如何影响个体行为的三种对立的心理学机制。然而，三种方法也可能是互补的，不同的解释机制可以增加解释的效用和力度（例如，Bond, Leung, Au, Tong, & Chemonges-Nielson, 2004）。其实，长期以来主导国际商务研究的价值观法并不完全，而能够整合图式和规范的研究框架应该能更全面地解释文化差异。我们因此提出如下的情境动态框架，认为在不同情境中这三种机制，即价值观、图式和规范哪一种最有用，要视不同的情境而定。情境在调节文化模式中扮演的不同角色是这个整合性框架的核心内容。

表1 价值观、图式和规范作为文化影响的中介

	价值观	图式	规范
本质	个体差异	知识结构	社会认知
定位	自我	心理和环境互动	社会认知者和情境互动
文化影响的理论机制	偏好驱动行为	可提取的图式引导理解	描述性规范——信息的影响 命令性规范——规范的影响
共识	文化内部共享	特定情境共享	作为社会群体的功能变化
普遍性/情境性	强情境中抑制偏好 弱情境中释放偏好	被情境线索激活，例如启动	凸显性被隐性和显性惩罚等社会情境影响
文化稳定性	微观和宏观稳定性	微观不稳定性；长期可提取图式产生的宏观稳定性	微观不稳定性；知觉到的共享性使规范变得习俗化和神圣化从而产生的宏观稳定性
文化多元性	双文化者具有中间的价值观或拥有区隔化的价值观	双文化者有两套图式网络	双文化者有两套规范表征

情境扮演的角色

有关性格的特质理论假设人们在不同情境中会表现出相同的行为特点。但Mischel（1968）指出，大量研究发现人们在不同情境中的行为一致性很低。个人特质理论在文化研究中也受到了挑战，许多实证研究对行为的文化差异反

映了价值观的文化差异的结论进行了反驳（例如，Kirkman et al.，2006）。与个人特征一样，文化价值观对行为的引导作用也会随情境而变化（例如，Bond，2013；Chiu，Ng，& Au，2013）。

为了解释个性特征和行为之间的短期关系，Mischel（1973）提出了性格的社会学习认知观点，后发展成为认知-情感人格系统（Mischel & Shoda，1995）。这种观点的核心在于人们生活的社会环境不是真空而是某种情境，Mischel（1973：276）认为情境是决定行为的核心因素："心理'情境'和'实验处理'可以强有力地影响人们以相同的方式理解特定事件，引发最合适的反应模式，并对如此的反应模式进行奖励，以培养能产生这种模式建构和执行的必要技巧。"Mischel 和 Shoda（1995，2010）进一步发展了"情境性的人"的观点，从理论上解释为什么一些情境特点可以对大多数人产生相同的影响，而另一些情境特点只能影响一部分的人，原因在于个人对情境的不同理解导致了不同的预期、目标和情感，进而引发不同的行为。这个观点来自对组织情境的研究，认为"强"情境对行为的影响超过个体特质对行为的影响（Meyer，Dalal，& Hermida，2010）。例如，一条生产线需要很强的规范，因此不论工人们的个性如何、拥有怎样的文化价值观，基本上都能保持行动一致。

解释情境的影响结合了情境对行为的限制方式，但是区分这些限制方式才能很好地综合价值观、心理图式和规范三种方法来解释文化差异。我们提出的情境动态框架就像一个可调节的控制模型，这三种心理机制共同控制文化对个体行为的影响，情境的不同特点分别影响三种机制的凸显性。我们通过定义情境性的人（例如，Mischel & Shoda，1995，2010），来确认影响价值观重要性的情境特点；我们通过应用 Loersch 和 Payne（2011）的情境推论模型，来寻找影响图式重要性的情境特点；我们通过把规范聚焦理论作为基础，来研究影响规范重要性的情境特点（例如，Cialdini et al.，1991；Goldstein & Cialdini，2010）。图1展示了文化影响行为的情境动态框架。

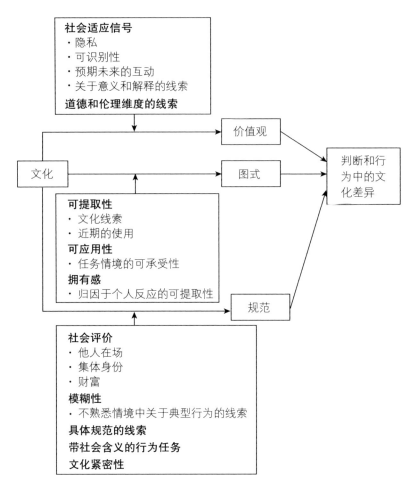

图 1　情境动态框架

价值观产生影响的条件

缺乏社会适应信号

一个特别明显的情境维度就是其他在场人员的行为。来自他人的压力对个人行为的影响可能超过其内在的文化价值观。Milgram（1963）在研究中调查持平等主义理念的美国人，问他们是否愿意向权威妥协，按要求作出伤害他人的行为。尽管他们的价值观不赞同这种行为，但他们因为担心权威的负面社会评价还是按照指令去做了。这种偏离价值观的行为可以是适应性的。例如，美国人一般喜欢通过司法程序解决争议，而中国人一般喜欢调解等相互妥协的方式。这种差异说明中美两国人对竞争这个价值观的重要程度认识不一。但在强情境中，行为的文化差异会消失。如果冲突双方分歧巨大且对方情绪激动，中美两国人都会倾向于走司法程序（Morris, Leung, & Iyengar, 2004）。选择与一个性格倔强、情绪激烈的人协商并不明智，此时文化价值观对决策的影响就被情境超越了。

研究表明，价值观对行为的影响只存在于缺乏明显的社会适应信号的情境中。因此，价值观在私下的场合比在公共场合更具影响力（Kim, Chiu, Peng, Cai, & Tov, 2010），如向管理者提出匿名建议或在网站上留下匿名评论时，大家就会真实地表达自己的想法。如果在公共场合完成集体任务时个体不易被辨认出来，其行为也可能更受价值观的影响（例如，Brickner, Harkins, & Ostrom, 1986）。如果个体认为未来与在场的人不可能再有交往，或者不会再见面，那么这些人对其的影响也会减弱；此时个人倾向对行为的引导会更明显（例如，Heide & Miner, 1992）。此外，还有一类强烈的社会适应信号缺失的情境发生在人们无法解读信号时。例如，初到越南工厂出任总经理的德国人可能观察不到自己过去习惯的下属表现偏好的信号。人们通常倾向于用抽象概念理解陌生的情境，并以价值观来决定行为（例如，Torelli & Kaikati, 2009; Vallacher & Wegner, 1989）。在这些情境中，价值观的差异往往会造成行为上的文化差异。

对文化价值观的坚持与否不能仅靠社会适应信号来解释。例如，持有个体主义价值观的美国人可能不喜欢在工作中采取基于团队的激励形式，但他们却喜欢团队一起运动。这是因为工作情境比运动情境的社会适应信号弱吗？似乎并非如此。同事和管理者都是角色示范及社会评价的重要来源，工作场合的偏好和文化价值观的一致性反映了组织机构对工作行为的影响（例如，Ashforth & Anand, 2003）。绩效评价和晋升机制影响了个人的工作行为。因此，情境的强度弱化了价值观对行为的影响只能部分回答为什么情境变化影响行为的文化模式。

道德维度

有些选择情境中具有道德意味，容易引发基于个人价值观的讨论。在这种情况下，个人价值观会起决定性作用，即便这些情境可能激活与价值观不一致的图式和规范。Fischer（2006）调查了不同文化中个人价值观和感觉到的群体内价值如何预测自我报告行为。他发现，在解决人际冲突这一类任务时，规范能够比个人价值观更好地预测人们的行为，而在拒绝种族偏见这一类任务中，个人价值观能够比感知到的群体规范更好地预测人们的反应。这是因为人际冲突类任务更容易让人联想到与社会规范相关的问题，从而激活了有关社会规范的知识，而拒绝种族偏见属于道德任务，因此激活了个人的价值观。类似地，Fischer 等（2009）发现，个体感知到的该文化中存在的个体主义-集体主义可以预测他们的传统、遵从和社会导向行为，但无法预测他们的自我导向和针对特定刺激的反应行为。

图式和情境化推论

激活的心理图式作为解释文化差异的机制因情境因素而异。启动的情境推理模型（Loersch & Payne, 2011）区分了好几种激活知识结构影响行为的情境因素。在开始一项任务之前所处的情境本身就可能激活某种特定的心理图式。这个模型认为，起到启动作用的情境线索并不直接决定人们的决策，但它们能够促使与该线索有关的心理结构更可提取。

而任务本身的情境同样具有重要影响。不同类型的任务会在内心激发出不同的问题，然后选择相应的图式。如果任务是理解一个模糊的刺激，那么理解性问题可能出现（比如：这是什么样的人？什么样的东西？什么样的事？），相应的图式（刻板印象、对象概念、事件脚本）也可能出现。如果遇到行动类任务，那就可能出现与行为有关的问题（比如：我该做什么？）和指导行为的图式。如果任务是自我表达类型的，那就会出现认同问题（我想要什么或我关心什么？），并激发自我关联的图式。对任务情境的探讨是对过去图式研究中可应用性概念的延伸。比如，我们可以试想一下派遣西方人到日本工作的例子。关于理解，她可能需要弄明白日本消费者是否喜欢她们的产品，消费者偏好的图式以及与此任务相关的日本消费文化。关于行动，她可能需要知道如何处理消费者的投诉。处理投诉的图式和与日本人的交往是相关的。最后，当她被指责工作失误时，自我认同的问题就会出现。这时，如何澄清自己的名誉以及保护个人利益的图式就会影响她的行为。情境推理模型最新的研究成果是在认知层面对图式可提取性的"拥有感"。当一个人从元认知上认为自己对一个任务或问题的意见是本能反应时，她会感觉自己拥有可提取性。当一个人认为某种想法的可提取性来自过去经验的溢出时，她就不会感觉自己拥有可提取性。"拥有感"的作用解释了为什么模糊的线索往往比清晰的线索更能影响一个人的行为——清晰的线索虽然可提取性强，但人们并不觉得自己拥有这种可提取性。人们总是努力不被自己无法"拥有"的可提取性影响，这个过程会导致反向补偿效果，即人们作出与清晰线索相反的行为。例如，Shih、Ambady、Richeson、Fujita 和 Gray（2002）发现，亚裔美国人在模糊的亚洲身份启动后，在计算测验中做得更好，清晰的启动反而让他们表现差劲。拥有感也可以解释双文化者经历认同冲突时的反应。双文化者经历认同冲突时倾向于远离其中一个文化，甚至两种文化都远离，在文化启动之后不容易感受到对文化图式的拥有感（Zou, Morris, & Benet-Martínez, 2008）。

注意力焦点下的规范

规范性行为的聚焦理论认为，描述性规范解释了什么是典型行为，命令性规范解释了什么是社会接纳的行为。描述性规范来自对他人行为的观察和社会学习（Kashima, Pearson, & Pearson, 2013），命令性规范则来自社会对个人行为的反应和评价（例如，Schultz, Nolan, Cialdini, Goldstein, & Griskevicius, 2007）。明确的评价性反馈体现了行为被社会接受的程度，比如管理者对下属的绩效评价。隐性的反馈如反对的眼神或摇头的动作都反映了社会的接纳程度。重要的是，社会规范只有在被人们注意到或凸显时才会对行为产生引导作用（Cialdini et al., 1991）。

一般来说，当社会身份和群体成员身份的线索出现，如受到他人评判时，社会规范会得到凸显（Cialdini et al., 1991）。最近的研究表明，代表集体身份的情境线索会凸显命令性规范和描述性规范（White & Simpson, 2013）。认识到自己是集体的一员，规范便进入注意力的焦点。反之同样成立，当对他人的依赖减少时，规范的影响力便减弱了。财富象征着自足和自治的感觉，受到金钱启动的人会感觉社会的影响威胁到了他们的自治（Liu, Smeesters, & Vohs, 2012；Vohs, Mead, & Goode, 2008），这意味着富有的人拥有较强的自治感和自足感，不容易被规范影响。这个论点可以拓展到宏观层面，正如 Inglehart 和 Welzel（2005）从大量研究数据中总结的，在后工业化的富裕社会中规范的影响是减弱的。

不同的情境会凸显不同的规范。当情境提供了关于社会评价的线索时，命令性规范就会凸显出来。日本学生作选择任务时，同伴的出现会激活其内心的命令性规范（Yamagishi et al., 2008）。另一些情境中评价暗示会更明确，如向工作团队作展示演讲等。工作面试也是十分明确的评价情境。这些情境都属于激发遵从社会规范的强情境。总之，社会评价带来的压力越大，社会规范就越凸显，规范对行为的影响也就越大。

在某些情境中命令性规范缺失时，人们会转向描述性规范。如果情境没有关于恰当行为的线索，跟随他人的行为就是争取被社会接受的一种安全做法。在陌生的情境中，关于恰当行为的信息和知识较少，但可以观察他人的行为，因此描述性规范可以指导人们的判断和行为（Asch, 1956；Sherif, 1936）。中国管理者初到法国，很可能会学着法国同事的样子与下级交往，以免引起社交反感。

具体的情境线索会凸显特定的规范，这种激活通过自动联想得以实现（Aarts & Dijksterhuis, 2003）。例如，图书馆的环境暗示人们保持安静，因为人们知道在图书馆应该保持安静的行为规范。Kwan、Chiu 和 Leung（2014）发现，受到布什总统这个刺激源的启动，美国人对其偏好的标志性美国品牌的认知会加强，这是具体的描述性规范。Savani、Morris 和 Naidu（2012）发现，印度人受到他们的老板这个刺激源的启动，会倾向于选择参加更实用的培训班，以避免产生负罪感和惭愧感，表明这是命令性规范的激活。

社会规范的显著性因国家而不同。Gelfand 等（2011）通过调查人们对其文化成员典型行为的感知来测量文化严谨性。严谨的社会中存在严格的服从规范，对规范的偏离会受到惩罚。宽松的社会中的规范则很弱，违反规范的行为也可以容忍。在巴基斯坦、马来西亚等严谨文化中，人们表示很多的情境都有明确的规范，违反规范将受到惩罚。在荷兰、巴西等宽松文化中，人们较少提到这样的情境（Gelfand et al., 2011）。严谨文化中的人总是意识到他们的行为一直处于被评价的状态，所以他们的行为是预防导向的、谨慎的、守本分的，更多地表现出对冲动的控制和自我监督。宽松文化中的人不会进行这样的自我监管，所以规范对行为的影响普遍较小。

情境变量的差异能够影响这三种机制的文化影响。表 2 展示了给定情境中调节变量对价值观、图式和规范重要性的影响。

激活价值观、图式和规范以及三者的互动

对不同图式和规范的独特线索的讨论提出了许多具有潜力但未被整合的观点，即情境线索如何激发与个人价值观和信念不一致的行为。前文回顾了凸显文化影响的三种解释机制的主要情境因素，下面我们将探索这些情境化过程是怎样被激活的，以及对未来研究的启示。

基于情境推理模型的分析视角，不同的任务情境会引发不同的心理问题（Loersch & Payne, 2011）。这个模型认为，任务情境会在行动者内心引发三个问题：动机问题、解释问题和行为问题。组织非常关心任务的完成，三个问题都与此情境高度相关。我们假设不同的任务会引发不同的心理问题，暗示不同的机制。涉及道德和认同的任务如明知产品有瑕疵是否还应该卖给消费者，具备自然的动机而且可能刺激价值观，使判断和行动与个人价值观保持一致。解释任务要求理解含义，比如决定产品的什么特点会吸引特定类型的顾客，这可

能会激发图式，从而引导理解和推理。任务若涉及选择恰当的社会行为，比如是以正式还是非正式的方式和消费者打交道，可能会激发规范来引导行为。这种引发问题的任务情境提供了一个预测情境中激活机制的简单过程，可以在未来的研究中发展出具有普遍性的情境过程模型。

另一种理论视角是讨论三种机制的互动关系。作为生活指导原则的价值观可能激活图式和规范。我们知道，受到价值观影响的动机和目标会激活图式（例如，Cohen，1979）。Harris（1994）指出，价值观是组织文化的关键组成部分，组织文化可能激活图式，因为组织文化和特定图式在经历、社会学习和组织成员互动中形成了联系。这些观点暗示，文化价值观可能激活人们习惯的与文化价值观相关的图式。Kwan 等（2014）认为，大部分人共同持有的价值观会激活对特定规范的期待。他们的实证研究显示，大部分美国人持有的价值观可能激发偏好美国标志性品牌的规范。

表 2　情境对价值观、图式和规范重要性的影响

文化通过价值观产生影响
价值观引导想法和行为的条件
来自社会适应信号的线索
隐私程度高，如匿名的建议
个人可识别性低，如一大群人在场
预期未来的交往少，如一次性买卖中的顾客谈判
缺少意义和理解的线索，如处于新的文化中
道德和伦理维度的线索，如企业社会责任决策
文化通过图式产生影响
图式形塑想法和行为的条件
可提取性
文化线索，比如标志性图像、传统语言或民族风味的食物通过关联性图式网络传递刺激（关联性启动），例如美国国旗可能提升竞争图式的可提取性
最近使用（直接语义性启动），比如近期经历了一场竞争性的谈判，使得竞争图式更具可提取性
可应用性
对刺激或问题的适配——不同的任务情境引发解决不同问题的图式，比如要弄清鸡尾酒派对上的互动是什么类型的，关于社交活动的图式就变成可应用的

续表

文化通过图式产生影响
拥有感
对某个图式的可提取性具有拥有感——没有线索显示图式的可提取性是来自当前的任务，比如一位高管如果在世界职业棒球大赛期间看到了一个以棒球为主题的广告创意，可能就会不信任这个创意，因为所有的媒体都在报道棒球
文化通过规范产生影响
规范引导想法和行为的条件
社会评价
他人在场，比如向客户作展示
凸显的集体身份，比如群体成员的高度相互依赖
财富减弱了社会评价的影响
模糊性——缺少对如何行动的个人偏好和知识，比如陌生的场合
具体规范线索的出现——基于社会学习的情境线索和具体规范之间的关联，比如正式的场合暗示人们注意遵循礼仪
带有社交含义的行动任务，比如草拟一份公开声明
文化紧密性——对服从社会内部规范的共享性期待，比如日本

认知-情感人格系统暗示了图式和规范之间也存在互相激活的可能（Mischel & Shoda, 1995）。在这个系统中，情境附属的心理意义激活了认知-情感单元，如期望、信念、编码（类别和概念）等，被激活的单元还可能激活其他单元。以此推论，一种概念的激活可能会引发另一种概念的激活，例如，关于人的主观能动性的通俗理论可能会激活另一类与之相联系的概念，如社会规范。试想一个欧洲人和一个中国人在日本餐厅共进商务午餐的场景。日式餐厅的环境可能会激活这个欧洲人的社会关系建立图式，进而激活主动帮助别人的社会规范。图式也可能激活对情境的具体理解，从而激活与该理解有关的社会规范。如果将跨文化谈判看作一次建立关系的机会，可能会激活妥协的规范。

同样，情境线索将社会规范聚焦可能也会激活图式。试想在中国营业的跨国公司中，中国员工和外国员工的报酬存在巨大的差距，外国员工的收入远高于中国员工，中国员工会认为这个差距对他们不公平；但是这种不公平的感觉取决于公司中是否存在规范来支持这种收入差距。Leung、Lu 和 Lin（2014a）发现，事实上的收入差异与感知到的分配不公关联越弱，赞同差异的规范就越显著，即本地员工对收入差异的接受程度就越高。可能的解释是，赞同差异的规范激活了对收入差异的认识——外国员工来自不同的劳动力市场，因此获得更高的收入是合理的。

我们对价值观、图式和规范如何互动的认识仍然有限，因此提出关于三者互动的具体理论为时尚早，但这些认识对研究三者对行为的共同影响是十分关键的，故关于三者互动关系的研究也是未来的重点。

情境化动态框架的启示

文化的概念化

我们指出情境动态框架对文化概念化的三个重要启示：情境、共享性和变化。文化的许多定义都认为文化是不具有环境差异的，包括 Triandis（1972：4）对主观文化的知名定义："一个文化群体感知人造环境的独特方式。主观文化包括对规则和群体规范、角色和价值观的感知。"这种文化的特征视角认可情境变量的作用，但认为情境变量仅存在于外部，并不属于文化的构成部分（Kirkman et al., 2006）。相反，情境化动态框架认为情境是文化的组成部分，因为情境是嵌入文化的，不考虑情境就无法全面地解释文化的影响。Gelfand 等（2011）发现，一般而言，人们感知到的情境局限是区分不同文化的有效概念，情境局限随着文化中的情境而发生变化，但有些文化可能比其他文化拥有更多的局限性情境。

有关文化定义的另一个共同主题就是文化的共享性（Schwartz, 2014）。特质法认为同一文化中的成员共同拥有文化特色。最近，将共享性视为文化基础的观点遭到了质疑，研究者观察到价值观在文化内部的差异比文化间的差异更大（Fischer & Schwartz, 2011）。尽管对这个发现的意义还有争论，但情境框架并不用共享性来定义文化。任何文化中都有强度各异的无数个情境，文化中的子群体可能就是基于人们作出典型行为的情境而形成的。与农民相比，生产线上的工人处于更强的情境中，因为工厂有严格的规则和严密的监督。类似地，集体主义在日本全国各地的表现程度也是有差异的（Yamawaki, 2012）。文化内部不同群体的典型情境差异降低了共享性，情境框架提供了解释这种差异的机制。共享性可能与文化内部情境的异质性有关。例如在中国，财富和产业的地区差异很明显，在丹麦，大多数人的收入接近且都在服务性行业中工作，因此共享性在中国要比在丹麦低。

情境框架带来的另一个启示就是对 Hofstede（1993）静态视角看文化的挑战。情境框架认为，文化的某些方面如图式和规范是随情境而变化的，文化差异不具有跨地域的一致性。文化群体作出违背文化价值观行为的情境是普遍存在的（例如，Yamagishi et al., 2008）。日本人的个体主义行为和美国人的集体主义行为等文化悖论从情境视角来看都是可以解释的。

文化理论既要解释文化稳定性也要解释文化演变。基于特征的研究注重稳定的差异，建构主义者详细讨论了不同情境中图式影响行为模式的变化，而跨主体法则为结合特征方法中的稳定性和建构主义方法中的变化性提供了可能。文化中流行的图式和规范形成于过去的社会认知及社会学习，同一个文化中的成员认为图式和规范在主体之间是存在且有效的。美国人会认为大部分美国同伴赞同个人行为具有能动性的观点，支持个体主义规范；中国人会认为在大部分中国人眼中集体主义规范是合理的。正因为这样的跨主体认知，一个文化的中心图式和规范通常演变得很缓慢，因此文化对行为的影响比较稳定。由此可知为什么在像新加坡这样富裕的亚洲工业化国家，年轻人会表现出集体主义行为。图式和规范对社会认知及社会学习的依赖也揭示了为什么变化得以发生，有时甚至是以戏剧化的形式发生的。当一种新行为的流行程度达到顶点，越来越多的人接纳了这种行为时，社会图式和规范就会发生剧烈的变化，这种变化又会引发新的行为。这种连环影响说明，文化既可以好几个世纪不变，也可以在短期内快速变化，比如中国的离婚率陡增、物质主义兴起等现象。

对文化测量的意义

情境动态框架要求对情境进行仔细分析。在管理学中,情境强度的概念十分有名(Meyer et al.,2010),一个标准的量表最近被设计了出来(Meyer et al.,2014)。这个量表从四个维度测量个体的认知:情境线索的明确性和一致性,决策和行为的限制及影响。这个量表被用来定义强度低的情境非常有效,这时很可能表现出文化价值观对行为的影响。

对情境更全面的解释需要测量图式的可提取性和规范的凸显性。跨文化的图式研究基本上采取实验法,通过系统的控制来研究图式对判断和行为的影响。这种方法尽管可以提供因果关系的依据,但在国际商务研究领域可用性则不强。国际商务研究已有可采用的定义人们用以判断和决策图式的成熟方法。在半结构化的诱导程序中,要求被调查者列出他们经常使用的定义明确的判断任务和决策任务的概念。Wojciszke、Bazinska 和 Jaworski(1998)用这种方法确认了一系列重要的、引人注意的性格特点。这种方法在国际商务中的应用包括定义跨文化谈判者用来总结对方行为的突出的特征。

内隐理论的方法,即普通人对一个事件或现象的解释,可以被用来测量可提取的图式。内隐理论的完整概念通常基于文献综述和对被研究者的访谈,要求被调查者指出这些概念对描述或解释问题中的事件或现象的有效性。Engle 和 Lord(1997)用这种方法测量领导力,确定了被视为领导者原型的特点和行为。国际商务研究就可以用这种方法来定义跨国团队中有效领导者的内隐理论。不同文化的团队可能会把不同特点和行为归因于有效领导者。

最后,认知路径图绘可以定义可提取的图式,通过对叙事的内容分析来理解判断和决策的潜意识过程。Barr、Stimpert 和 Huff(1992)用这种方法来分析写给股东的信,从而理解高管的推理和决策程序。这种方法在国际商务中的应用是,在跨国合资企业中,不同文化背景的管理者可能对工作问题产生的原因有着不同的理解。认知路径图绘可以用来确认与图式有关的文化差异。不同的研究问题需要不同的研究方法,为了实现特定的目的,应该对所选的方法进行一定的调整。

对规范的测量发展得相当成熟，已经形成了标准化的手段。现有研究开发出了一系列跨文化的描述性规范，尤其是与个体主义-集体主义有关的规范（例如，Fischer et al., 2009; Gelfand et al., 2011）。有很多方法可以测量特定情境中凸显的规范（例如，Goldstein & Cialdini, 2010），也有人研究了国际商务中重要的具体规范（例如，Leung et al., 2014a）。主要的挑战在于，研究者需要在一个恰当的方法被定义和发展之前定义情境中凸显的规范。目前的国际商务研究缺乏一种对主要规范的分类，这是未来的一个重要目标。

总之，定义情境中激活的图式和规范需要理论分析。情境框架描绘了激活图式和规范的主要情境因素。前文关于图式和规范的充分讨论为进行情境框架下的理论分析提供了研究依据。

结　论

对国际商务研究的意义

特征视角的文化是不需要情境的，是共享的、稳定的，特征视角的研究在国际商务研究中颇受欢迎，占据主流地位。这种观点认为文化差异普遍存在且经久不衰，因此文化差异带来的负面影响（如跨文化冲突）也是难以解决的。情境动态框架认为文化中的一般行为图式具有长期稳定性，但文化差异会随情境的变化而改变，因为不同的情境激活了不同的图式，凸显了不同的规范。情境化的研究方法为国际商务研究的许多主题提供了新的见解，我们通过与国际商务研究中特征方法的两个流派进行比较，证明了这种新方法的效用。

文化距离这个概念在国际商务研究中已有很长的历史，文化距离由两个文化价值观的相似性来衡量（Kogut & Singh, 1988），Hofstede（2001）以及GLOBE项目（House et al., 2004）采用的就是这种方法。文化的特征方法认为文化距离较远的人员和企业难以合作，因为普遍的、稳定的文化差异阻碍了跨文化的交往（例如，Manev & Stevenson, 2001）。但是许多研究已经反驳了这个论点——跨文化交往的难度随着文化距离的增加而提高（例如，Brouthers & Brouthers，2001）。

　　从情境框架的视角来看，文化价值观及文化距离在弱情境中比在强情境中影响更大。情境框架认为，研究文化距离得出不一致结论的原因在于强情境，是情境线索而不是基于个人价值观的文化距离，通过激活图式和规范形塑了个体行为。例如，Nouri、Erez、Rockstuhl、Ang、Leshem-Calif 和 Rafaeli（2013）发现，在明确的任务中，文化距离对团队绩效的影响较小，明确的任务结构是强情境的特点。

　　为了阐明情境框架超越了价值观方法，我们来看奔驰和克莱斯勒公司合并失败的案例。德国和美国拥有相似的价值观（例如，Hofstede，2001），特征方法无法解释企业合并失败的原因。相反，情境框架从两国人员的图式和规范差异中寻找答案，发现原因可能与图式的文化差异有关。这项并购本被视为一项合作，但许多德国员工却认为这项并购只是德国方面的专家单向流入美国（Meiners，2004）。许多德国人认为美国方面没有给并购后的公司带来专家资源，这可能是戴姆勒-克莱斯勒公司没能占据广大汽车市场的原因，因而没能实现这项并购的原始目标（Badrtalei & Bates，2007）。

　　关于文化差异在规范中的影响，美国员工认为并购应该是平等的，但他们中的许多人在并购后不久便离开了新公司，德国员工占了大多数（Badrtalei & Bates，2007）。并购失败的原因可能是美国员工不认同德国管理人员对一起工作的两个文化群体所采取的管理方式。

　　从动态的情境视角看，戴姆勒-克莱斯勒公司的例子显示出，要理解国际商务中的企业兼并，研究者必须考虑典型情境，找到与决策及跨文化交往相关的图式和规范。研究者还需要考虑情境框架中各种可能影响图式和规范凸显性的调节变量。

　　另一个例子与企业的全球化有关，也是国际商务研究中的重点领域。传统的研究主要关注西方跨国公司在新兴市场面临的挑战，近期出现了外国直接投资从中国等新兴市场向西方回流的趋势（例如，Child & Rodrigues，2005）。比如，中国企业联想在 2005 年收购了 IBM 公司的个人电脑业务，在 2014 年收购了摩托罗拉的移动业务。国际商务理论和研究并未对发展中经济体到发达经济体进行投资的文化问题进行充分的讨论。对于旅居西方的中国员工，价值观方法认为研究者需要检验中国员工的价值观与西方国家的价值观的兼容性，而情境框架认为研究者应该关注影响他们工作效率的凸显图式和规范。一个重要的图式可能与中国是一个拥有少量领先企业的发展中国家的国情有关，西方员工认为中国上司的职位权力很大，但专家权力较小。这些中国外派人员可能因为来自第三世界而被西方国家的下属看轻，影响他们作为有效领导者的合法性（DeRue & Ashford，2010）。情境动态框架认为需要分析西方员工采用这种图式的程度和结果，以及在不同情境中影响这种图式的可接近性和有效性的调节变量。

  影响中国管理者在西方的工作效率的一个规范是什么被视为有效的管理实践。中国管理者可能在具有中国特色的管理行为中表现出中国文化特色，也可能采用西方的管理实践来迎合主文化/西方文化（例如，Bond & Yang，1982）。这与他们对企业里的中国员工和西方员工关于规范期待的认知是相关的。他们可能会认为两个群体持有相同或不同的规范期待，情境框架呼吁分析两类规范认知的影响以及调节变量是怎样影响两类规范认知的凸显性的。

  总之，这两个例子说明了情境框架可能为研究提供超越价值观方法的新见解。为了解释行为的文化差异，研究者需要考虑情境的影响、图式和规范的相关性以及影响这种相关影响的调节变量。

对实践的意义

  情境动态框架认为国际管理者既要考虑文化价值观的影响，也要通过图式的可提取性和规范的凸显性理解情境的影响。情境框架主要应用于三个方面。首先，管理者需要对跨国公司中影响个体行为的情境变量保持敏感。在弱情境中，价值观的文化差异很重要，应该作为增进跨文化合作的干预目标。例如在多元化文化背景的研发队伍中，应该鼓励自治以激发创造力（West，Hirst，

Richter, & Shipton, 2004)。这种情境中的文化价值观很可能产生影响,团队管理者应该认识并控制价值观中的文化差异,以降低干扰生产率的跨文化冲突。

其次,国际管理者需要理解和处理强情境中激活的图式和规范的影响。Shenkar(2001)认为文化距离的影响不具有对称性,例如在美国营业的德国企业和在德国营业的美国企业处于两个不同的情境中。事实上,在美国工作的德国高管和在德国工作的美国高管面临的挑战是不一样的(Selmer, Chiu, & Shenkar, 2007)。因此,双方被激活的图式和规范也应该是不一样的。要让外来的高管适应本土文化,关键在于确认哪些图式和规范在这个具体情境中能提高他们的绩效,可以通过有效的组织设计与工作设计来推动适应性图式和规范。确认及增强能够提升适应性图式和规范的可提取性的调节变量也很重要。例如,推动跨文化学习的图式和规范对跨文化适应很有效,可以通过创造一种学习氛围来实现这些图式和规范(Edmondson, 1999)。

最后,过去选择和培训外派人员常着眼于能实现外派成功的个人特征(Leung, Ang, & Tan, 2014b)。情境框架则强调,在主文化中激活的图式和规范是选择及培训外派人员应该着重考虑的因素。外派管理者需要掌握适应性图式和规范,一个有效的策略是学习怎样创造和维持有利于这种激活的情境。如前文所述,发展中国家外来员工和本地员工巨大的收入差距是导致本地员工不满的原因之一。外派者应该得到在他们的企业中推动支持差异规范的策略和管理实践方面的培训,以减少收入差距给他们和本地员工带来的摩擦(Leung et al., 2014b)。

研究局限和未来的研究方向

尽管情境动态框架比文化的特征法提供了对文化动态的更丰富的阐释,但仍有一些动态因素需要进一步考虑。我们讨论未来研究需要注意的一些局限。第一,我们关注了图式和规范,但其他概念可能也很重要。一种可能是文化身份,虽然通常并不明显,但文化身份一旦被激活,对行为的影响可能就是巨大的（例如，Verkuyten & Pouliasi，2002）。随着全球化的加深，人们可能同时认同两种甚至更多的文化（Chao & Moon，2005），对这类人来说文化身份既重要又复杂。我们需要更多的研究来理解文化身份的激活如何解释文化差异，以及文化身份的概念如何融入情境框架。

第二，我们需要探索价值观、图式和规范影响行为时的互动关系。价值观在弱情境中表现得更多，但长期可提取的图式和规范也可能在弱情境中产生影响，因此需要更多的研究来探索他们三者的共同作用。我们认为图式和规范的重要性随情境的强度变化而变化，但我们对情境强度影响价值观、图式和规范三者互动的了解还很少，这将是未来的研究重点。

第三，除了客观情境，Bond（2013）还提出了两种不同的情境——被群体共同认知的情境和被个人认知的情境。这种区分很关键，因为对情境概念定义的不同会导致不同的影响（Smith，2013）。另外，客观情境和共同定义的情境是群体层面的概念，而个人认知的情境是个人层面的概念，因此未来需要从多个层面发展理论（Fischer，2013）。

第四，强情境中的图式和规范的相对影响依赖于情境因素，因此我们使用了一些代表情境因素的调节变量。有必要对这些通过价值观、图式和规范调节文化影响的变量进行全面的解释。一些调节变量可能在任何情境中都有效，而另一些调节变量可能只在特定的情境中有效。对两类调节变量的区分可以为价值观、图式和规范的相互作用提供新的认识，并对其共同影响判断、决策和行为提供新的见解。

第五，我们从实证主义视角定义了文化，认为文化拥有可测量的甚至是可操纵的特点。我们也认可解释主义的观点——文化是一个不能被简单描述和测量的整体（例如，Gould & Grein，2009；Shweder & Sullivan，1993）。解释主义提供了实证主义没有捕捉到的洞见，未来也需要利用解释主义法来丰富情境框架对文化的研究。Romani 及其合作者（例如，Primecz, Romani, & Sackmann，2009；Romani, Primecz, & Topçu，2011）已经为实证主义和解释主义的结合提供了方向。

总而言之，我们结合了特征方法、建构主义方法和跨主体方法来发展情境动态框架，丰富了文化研究的视角。情境动态框架可以解释特征方法未能解释的实证研究的结果和理论议题，并且为国际商务研究开辟既重要又新颖的研究主题。

参考文献

Aarts, H., & Dijksterhuis, A. (2003). The silence of the library: Environment, situational norm, and social behavior. *Journal of Personality and Social Psychology*, 84(1), 18-28.

Asch, S. E. (1956). Studies of independence and conformity: I. A minority of one against a unanimous majority. *Psychological Monographs*, 70(9), 1-70.

Ashforth, B. E., & Anand, V. (2003). The normalization of corruption in organizations. *Research in Organizational Behavior*, 25, 1-52.

Ashton-James, C. E., Maddux, W. W., Galinsky, A. D., & Chartrand, T. L. (2009). Who I am depends on how I feel: The role of affect in the expression of culture. *Psychological Science*, 20(3), 340-346.

Badrtalei, J., & Bates, D. L. (2007). Effect of organizational cultures on mergers and acquisitions: The case of Daimler Chrysler. *International Journal of Management*, 24(2), 303-317.

Barr, P. S., Stimpert, J. L., & Huff, A. S. (1992). Cognitive change, strategic action, and organizational renewal. *Strategic Management Journal*, 13(S1), 15-36.

Baskerville, R. F. (2003). Hofstede never studied culture. *Accounting, Organizations and Society*, 28(1), 1-14.

Becker, M., Vignoles, V. L., Owe, E., Easterbrook, M. J., Brown, R., Smith, P. B., Bond, M. H., Regalia, C., Manzi, C., Brambilla, M., Aldhafri, S., González, R., Carrasco, D., Paz Cadena, M., Lay, S., Schweiger Gallo, I., Torres, A., Camino, L., Özgen, E., Güner, Ü. E., Yamakoğlu, N., Silveira Lemos, F. C., Trujillo, E. V., Balanta, P., Macapagal, M. E., Cristina Ferreira, M., Herman, G., de Sauvage, I., Bourguignon, D., Wang, Q., Fülöp, M., Harb, C., Chybicka, A., Mekonnen, K. H., Martin, M., Nizharadze, G., Gavreliuc, A., Buitendach, J., Valk, A., & Koller, S. H. (2014). Cultural bases for self-evaluation:

Seeing oneself positively in different cultural contexts. *Personality and Social Psychology Bulletin*, 40(5), 657-675.

Benet-Martínez, V., Leu, J., Lee, F., & Morris, M. W. (2002). Negotiating biculturalism: Cultural frame switching in biculturals with oppositional versus compatible cultural identities. *Journal of Cross-Cultural Psychology*, 33(5), 492-516.

Berry, J. W., Phinney, J. S., Sam, D. L., & Vedder, P. (2006). Immigrant youth: Acculturation, identity, and adaptation. *Applied Psychology: An International Review*, 55(3), 303-332.

Bond, M. H. (2013). Refining Lewin's formula: A general model for explaining situational influence on individual social behavior. *Asian Journal of Social Psychology*, 16(1), 1-15.

Bond, M. H., Leung, K., Au, A., Tong, K. K., & Chemonges Nielson, Z. (2004). Combining social axioms with values in predicting social behaviors. *European Journal of Personality*, 18(3), 177-191.

Bond, M. H., & Yang, K. S. (1982). Ethnic affirmation versus crosscultural accommodation: The variable impact of questionnaire language on Chinese bilinguals from Hong Kong. *Journal of Cross-Cultural Psychology*, 13(2), 169-185.

Boyd, R., & Richerson, P. J. (2005). *The Origin and Evolution of Culture*. New York: Oxford University Press.

Brickner, M. A., Harkins, S. G., & Ostrom, T. M. (1986). Effects of personal involvement: Thought-provoking implications for social loafing. *Journal of Personality and Social Psychology*, 51(4), 763-769.

Briley, D. A., Morris, W. W., & Simonson, I. (2000). Reasons as carriers of culture: Dynamic versus dispositional models of cultural influence on decision making. *Journal of Consumer Research*, 27(2), 157-178.

Brouthers, K. D., & Brouthers, L. E. (2001). Explaining the national cultural distance paradox. *Journal of International Business Studies*, 32(1), 177-189.

Bruner, J. S. (1956). You are your constructs. *Contemporary Psychology*, 1, 355-356.

Buchtel, E. E., & Norenzayan, A. (2008). Which should you use, intuition or logic? Cultural differences in injunctive norms about reasoning. *Asian Journal of Social Psychology*, 11(4), 264-273.

Chao, G. T., & Moon, H. (2005). The cultural mosaic: A metatheory for understanding the complexity of culture. *Journal of Applied Psychology*, 90(6), 1128-1140.

Chen, S. X., Fok, H. K., Bond, M. H., & Matsumoto, D. (2006). Personality and beliefs about the world revisited: Expanding the nomological network of social axioms. *Personality and Individual Differences*, 41(2), 201-211.

Child, J., & Rodrigues, S. B. (2005). The internationalization of Chinese firms: A case for theoretical extension? *Management and Organization Review*, 1(3), 381-410.

Chinese Culture Connection. (1987). Chinese values and the search for culture-free dimensions of culture. *Journal of Cross-Cultural Psychology*, 18(2), 143-164.

Chiu, C.-Y., Gelfand, M. J., Yamagishi, T., Shteynberg, G., & Wan, C. (2010). Intersubjective culture: The role of intersubjective perceptions in cross-cultural research. *Perspectives on Psychological Science*, 5(4), 482-493.

Chiu, C.-Y., Morris, M. W., Hong, Y.-Y., & Menon, T. (2000). Motivated cultural cognition: The impact of implicit cultural theories on dispositional attribution varies as a function of need for closure. *Journal of Personality and Social Psychology*, 78(2), 247-259.

Chiu, C.-Y., Ng, S. S.-L., & Au, E. (2013). Culture and social cognition. In D. Carlston (Ed.), *Oxford Handbook of Social Cognition* (pp. 767-785). New York: Oxford University Press.

Cialdini, R. B., Kallgren, C. A., & Reno, R. R. (1991). A focus theory of normative conduct: A theoretical refinement and reevaluation of the role of norms in human behavior. In M. P. Zanna (Ed.), *Advances in Experimental Social Psychology* (Vol. 24, pp.201-234). New York: Academic Press.

Cohen, C. E. (1979). Observational goals and schema activation: A theoretical framework for behavior perception. *Journal of Experimental Social Psychology*, 15(4), 305-329.

DeRue, D. S., & Ashford, S. J. (2010). Who will lead and who will follow? A social process of leadership identity construction in organizations. *Academy of Management Review*, 35(4), 627-647.

Edmondson, A. (1999). Psychological safety and learning behavior in work teams. *Administrative Science Quarterly*, 44(2), 350-383.

Engle, E. M., & Lord, R. G. (1997). Implicit theories, self-schemas, and leader-member exchange. *Academy of Management Journal*, 40(4), 988-1010.

Fang, T. (2010). Asian management research needs more selfconfidence: Reflection on Hofstede

(2007) and beyond. *Asia Pacific Journal of Management*, 27(1), 155-170.

Fischer, R. (2006). Congruence and functions of personal and cultural values: Do my values reflect my culture's values? *Personality and Social Psychology Bulletin*, 32(11), 1419-1431.

Fischer, R. (2013). Situational challenges: Putting biology, resources and multi-level constraints back into the picture. *Asian Journal of Social Psychology*, 16(1), 30-33.

Fischer, R., Ferreira, M. C., Assmar, E., Redford, P., Harb, C., Glazer, S., Cheng, B.-S., Jiang, D.-Y., Wong, C. C., Kumar, N., Kärtner, J., Hofer, J., & Achoui, M. (2009). Individualism-collectivism as descriptive norms: Development of a subjective norm approach to culture measurement. *Journal of Cross-Cultural Psychology*, 40(2), 187-213.

Fischer, R., & Schwartz, S. H. (2011). Whence differences in value priorities? Individual, cultural, or artifactual sources. *Journal of Cross-Cultural Psychology*, 42(7), 1127-1144.

Fischer, R., & Smith, P. B. (2003). Reward allocation and culture: A meta-analysis. *Journal of Cross-Cultural Psychology*, 34(3), 251-268.

Fishbein, M., & Ajzen, I. (1975). *Belief, Attitude, Intention, and Behavior: An Introduction to Theory and Research*. Reading, MA: Addison-Wesley.

Gelfand, M. J., Raver, J. L., Nishii, L., Leslie, L. M., Lun, J., Lim, B. C., Duan, L., Almaliach, A., Ang, S., Arnadottir, J., Aycan, Z., Boehnke, K., Boski, P., Cabecinhas, R., Chan, D., Chhokar, J., D'Amato, A., Ferrer, M., Fischlmayr, I. C., Fischer, R., Fülöp, M., Georgas, J., Kashima, E. S., Kashima, Y., Kim, K., Lempereur, A., Marquez, P., Othman, R., Overlaet, B., Panagiotopoulou, P., Peltzer, K., Perez-Florizno, L. R., Ponomarenko, L., Realo, A., Schei, V., Schmitt, M., Smith, P. B., Soomro, N., Szabo, E., Taveesin, N., Toyama, M., Van de Vliert, E., Vohra, N., Ward, C., & Yamaguchi, S. (2011). Differences between tight and loose cultures: A 33-nation study. *Science*, 332 (6033), 1100-1104.

Gibson, C. B., Maznevski, M. L., & Kirkman, B. L. (2009). When does culture matter? In R. S. Bhagat, & R. M. Steers (Eds.), *Cambridge Handbook of Culture, Organizations, and Work* (pp. 46-70). Cambridge: Cambridge University Press.

Goldstein, N. J., & Cialdini, R. B. (2010). Managing normative influences in organizations. In D. D. Cremer, J. K. Murnighan, & R. V. Dick (Eds.), *Social Psychology and Organizations*, pp. 67-85.

Boca Raton, FL: Taylor & Francis. Gould, S. J., & Grein, A. F. (2009). Think glocally, act glocally: A culture-centric comment on Leung, Bhagat, Buchan, Erez and Gibson (2005). *Journal of International Business Studies*, 40(2), 237-254.

Hall, E. T. (1959). *The Silent Language*. Garden City, NY: Doubleday.

Harris, S. G. (1994). Organizational culture and individual sensemaking: A schema-based perspective. *Organizational Science*, 5(3), 309-321.

Heide, J. B., & Miner, A. S. (1992). The shadow of the future: Effects of anticipated interaction and frequency of contact on buyerseller cooperation. *Academy of Management Journal*, 35(2), 265-291.

Higgins, E. T. (1996). Knowledge activation: Accessibility, applicability, and salience. In E. T. Higgins, & A. W. Kruglanski (Eds.), *Social Psychology: Handbook of Basic Principles* (pp. 133-168). New York: Guilford Press.

Higgins, E. T., Bargh, J. A., & Lombardi, W. J. (1985). Nature of priming effects on categorization. *Journal of Experimental Psychology: Learning, Memory, and Cognition*, 11(1), 59-69.

Hirai, M. (2000). Stereotypes about the Japanese: Differences in evaluations between "the Japanese" and "myself". *Japanese Journal of Experimental Social Psychology*, 39(2), 103-113.

Hofstede, G. (1980). *Culture's Consequences: International Differences in Work-related Values*. Beverly Hills, CA: Sage.

Hofstede, G. (1993). Cultural constraints in management theories. *Academy of Management Executive*, 7(1), 81-94.

Hofstede, G. (2001). *Culture's Consequences: Comparing Values, Behaviors, Institutions, and Organizations Across Nations* (2nd Ed.), Thousand Oaks, CA: Sage.

Hong, Y.-Y., Morris, M. W., Chiu, C.-Y., & Benet-Martínez, V. (2000). Multicultural minds: A dynamic constructivist approach to culture and cognition. *American Psychologist*, 55(7), 709-720.

House, R. J., Hanges, P. J., Javidan, M., Dorfman, P. W., & Gupta, V. (Eds.) (2004). *Culture, Leadership, and Organizations: The GLOBE Study of 62 Societies*. Thousand Oaks, CA: Sage.

Inglehart, R., & Welzel, C. (2005). *Modernization, Cultural Change, and Democracy: The Human Development Sequence*. New York: Cambridge University Press.

Kashima, Y. (2000). Maintaining cultural stereotypes in the serial reproduction of narratives. *Personality and Social Psychology Bulletin*, 26(5), 594-604.

Kashima, Y. (2014). Meaning, grounding, and the construction of social reality. *Asian Journal of Social Psychology*, 17(2), 81-95.

Kashima, Y., Pearson, L. J., & Pearson, C. (2013). The acquisition of perceived descriptive norms as social category learning in social networks. *Social Networks*, 35(4), 711-719.

Kim, H., & Markus, H. R. (1999). Deviance or uniqueness, harmony or conformity? A cultural analysis. *Journal of Personality and Social Psychology*, 77(4), 785-800.

Kim, Y.-H., Chiu, C.-Y., Peng, S., Cai, H., & Tov, W. (2010). Explaining East-West differences in the likelihood of making favorable self-evaluations: The role of evaluation apprehension and directness of expression. *Journal of Cross-Cultural Psychology*, 41(1), 62-75.

Kirkman, B. L., Lowe, K. B., & Gibson, C. B. (2006). A quarter century of Culture's Consequences: A review of empirical research incorporating Hofstede's cultural values framework. *Journal of International Business Studies*, 37(3), 285-320.

Kirkman, B. L., Chen, G., Farh, J. L., Chen, Z. X., & Lowe, K. B. (2009). Individual power distance orientation and follower reactions to transformational leaders: A cross-level, cross-cultural examination. *Academy of Management Journal*, 52(4), 744-764.

Kitayama, S., Markus, H. R., Matsumoto, H., & Norasakkunkit, V. (1997). Individual and collective processes in the construction of the self: Self-enhancement in the United States and self-criticism in Japan. *Journal of Personality and Social Psychology*, 72(6), 1245-1267.

Kitayama, S., Mesquita, B., & Karasawa, M. (2006). Cultural affordances and emotional experience: Socially engaging and disengaging emotions in Japan and the United States. *Journal of Personality and Social Psychology*, 91(5), 890-903.

Knowles, E. D., Morris, M. W., Chiu, C. Y., & Hong, Y. Y. (2001). Culture and the process of person perception: Evidence for automaticity among East Asians in correcting for situational influences on behavior. *Personality and Social Psychology Bulletin*, 27(10), 1344-1356.

Kogut, B., & Singh, H. (1988). The effect of national culture on the choice of entry mode. *Journal of International Business Studies*, 19(3), 411-432.

Kruglanski, A. W., Webster, D. M., & Klem, A. (1993). Motivated resistance and openness to persuasion in the presence or absence of prior information. *Journal of Personality and Social*

Psychology, 65(5), 861-876.

Kurman, J., & Ronen-Eilon, C. (2004). Lack of knowledge of a culture's social axioms and adaptation difficulties among immigrants. *Journal of Cross-Cultural Psychology*, 35(2), 192-208.

Kwan, L. Y.-Y., Chiu, C.-Y., & Leung, A. K.-Y. (2014). Priming Bush (vs. Obama) increases liking of American brands: The role of intersubjectively important values. *Social Influence*, 9(3), 206-223.

Lamoreaux, M., & Morling, B. (2012). Outside the head and outside individualism-collectivism: Further meta-analyses of cultural products. *Journal of Cross-Cultural Psychology*, 43(2), 299-327.

Leung, K., & Bond, M. H. (2004). Social axioms: A model for social beliefs in multicultural perspective. In M. P. Zanna (Ed.), *Advances in Experimental Social Psychology* (Vol. 36, pp. 119-197). New York: Academic Press.

Leung, K., & Bond, M. H. (Eds.) (2009). *Psychological Aspects of Social Axioms: Understanding Global Belief Systems*. New York: Springer.

Leung, K., Bhagat, R. S., Buchan, N. R., Erez, M., & Gibson, C. B. (2005). Culture and international business: Recent advances and their implications for future research. *Journal of International Business Studies*, 36(4), 357-378.

Leung, K., Au, A., Huang, X., Kurman, J., Niit, T., & Niit, K. K. (2007). Social axioms and values: A cross-cultural examination. *European Journal of Personality*, 21(2), 91-111.

Leung, A. K.-Y., Lee, S.-L., & Chiu, C.-Y. (2013). Meta-knowledge of culture promotes cultural competence. *Journal of Cross-Cultural Psychology*, 44(6), 992-1006.

Leung, K., Lu, L., & Lin, X. (2014a). Compensation disparity between locals and expatriates in China: A multilevel analysis of the influence of norms. *Management International Review*, 54(1), 107-128.

Leung, K., Ang, S., & Tan, M. L. (2014b). Intercultural competence. *Annual Review of Organizational Psychology and Organizational Behavior*, 1, 489-519.

Li, Q., & Hong, Y.-Y. (2001). Intergroup perceptual accuracy predicts real-life intergroup interactions. *Group Processes & Intergroup Relations*, 4(4), 341-354.

Lim, K. H., Leung, K., Sia, C. L., & Lee, M. K. (2004). Is eCommerce boundary-less? Effects of individualism-collectivism and uncertainty avoidance on internet shopping. *Journal of International Business Studies, 35(6), 545-559.

Liu, J., Smeesters, D., & Vohs, K. D. (2012). Reminders of money elicit feelings of threat and reactance in response to social influence. *Journal of Consumer Research*, 38(6), 1030-1046.

Loersch, C., & Payne, B. K. (2011). The situated inference model: An integrative account of the effects of primes on perception, behavior, and motivation. *Perspectives on Psychological Science*, 6(3), 234-252.

Luria, A. R. (1976). *The Cognitive Development: Its Cultural and Social Foundations*. Cambridge, MA: Harvard University Press.

Manev, I. M., & Stevenson, W. B. (2001). Nationality, cultural distance, and expatriate status: Effects on the managerial network in a multinational enterprise. *Journal of International Business Studies*, 32(2), 285-303.

Markus, H. R., & Kitayama, S. (1991). Culture and the self: Implications for cognition, emotion, and motivation. *Psychological Review*, 98(2), 224-253.

McSweeney, B. (2002). Hofstede's model of national cultural differences and their consequences: A triumph of faith-A failure of analysis. *Human Relation*, 55(1), 89-118.

Meiners, J. (2004). Germans view Chrysler as a drag on M-B. *Automotive News Europe*, 9(22), 1.

Mendoza-Denton, R., & Mischel, W. (2007). Integrating system approaches to culture and personality: The cultural cognitiveaffective processing system (C-CAPS). In S. Kitayama, & D. Cohen (Eds.), *Handbook of Cultural Psychology* (pp. 175-195). New York: Guilford.

Menon, T., Morris, M. W., Chiu, C.-Y., & Hong, Y.-Y. (1999). Culture and the construal of agency: Attribution to individual versus group dispositions. *Journal of Personality and Social Psychology*, 76(5), 701-717.

Meyer, R. D., Dalal, R. S., & Hermida, R. (2010). A review and synthesis of situational strength in the organizational sciences. *Journal of Management*, 36(1), 121-140.

Meyer, R. D., Dalal, R. S., José, I. J., Hermida, R., Chen, T. R., Vega, R. P., Brooks, C. K., & Khare, V. P. (2014). Measuring job-related situational strength and assessing its interactive effects with personality on voluntary work behavior. *Journal of Management*, 40(4), 1010-1041.

Milgram, S. (1963). Behavioral study of obedience. *Journal of Abnormal and Social Psychology*, 67(4), 371-378.

Mischel, W. (1968). *Personality and Assessment*. New York: John Wiley.

Mischel, W. (1973). Toward a cognitive social learning reconceptualization of personality. *Psychological Review*, 80(4), 252-283.

Mischel, W., & Shoda, Y. (1995). A cognitive-affective system theory of personality: Reconceptualizing situations, dispositions, dynamics, and invariance in personality structure. *Psychological Review*, 102(2), 246-268.

Mischel, W., & Shoda, Y. (2010). The situated person. In B. Mesquita, L. F. Barrett, & E. R. Smith (Eds.), *The Mind in Context* (pp. 149-173). New York: Guilford Press.

Mok, A., & Morris, M. W. (2009). Cultural chameleons and iconoclasts: Assimilation and reactance to cultural cues in biculturals' expressed personalities as a function of identity conflict. *Journal of Experimental Social Psychology*, 45(4), 884-889.

Mok, A., & Morris, M. W. (2013). Bicultural self-defense in consumer contexts: Self-protection motives are the basis for contrast versus assimilation to cultural cues. *Journal of Consumer Psychology*, 23(2), 175-188.

Morling, B., Kitayama, S., & Miyamoto, Y. (2002). Cultural practices emphasize influence in the United States and adjustment in Japan. *Personality and Social Psychology Bulletin*, 28(3), 311-323.

Morris, M. W., & Peng, K. (1994). Culture and cause: American and Chinese attributions for social and physical events. *Journal of Personality and Social Psychology*, 67(6), 949-971.

Morris, M. W., Leung, K., & Iyengar, S. S. (2004). Person perception in the heat of conflict: Negative trait attributions affect procedural preferences and account for situational and cultural differences. *Asian Journal of Social Psychology*, 7(2), 127-147.

Morris, M. W., Chiu, C.-Y., & Liu, Z. (2014). Polycultural Psychology. *Annual Review of Psychology, Advance Online Publication*, September 22, doi: 10.1146/annurev-psych-010814-015001.

Norenzayan, A., Smith, E. E., Kim, B. J., & Nisbett, R. E. (2002). Cultural preferences for formal versus intuitive reasoning. *Cognitive Science*, 26(5), 653-684.

Nouri, R., Erez, M., Rockstuhl, T., Ang, T., Leshem-Calif, T., & Rafaeli, A. (2013). Taking the bite out of culture: The impact of task structure and task type on overcoming impediments to cross-cultural team performance. *Journal of Organizational Behavior*, 34(6), 739-763.

Oishi, S., Wyer, Jr., R. S., & Colcombe, S. J. (2000). Cultural variation in the use of current life satisfaction to predict the future. *Journal of Personality and Social Psychology*, 78(3), 434-445.

Osland, J. S., & Bird, A. (2000). Beyond sophisticated stereotyping: Cultural sensemaking in context. *Academy of Management Executive*, 14(1), 65-79.

Oyserman, D., Coon, H. M., & Kemmelmeier, M. (2002). Rethinking individualism and collectivism: Evaluation of theoretical assumptions and meta-analyses. *Psychological Bulletin*, 128(1), 3-72.

Peeters, C., Dehon, C., & Garcia-Prieto, P. (2014). The attention stimulus of cultural differences in global services sourcing. *Journal of International Business Studies*, Advance Online Publication, September 4, 2014; doi:10.1057/jibs.2014.30.

Phinney, J. S., & Devich-Navarro, M. (1997). Variations in bicultural identification among African American and Mexican American adolescents. *Journal of Research on Adolescence*, 7(1), 3-32.

Primecz, H., Romani, L., & Sackmann, S. A. (2009). Cross-cultural management research: Contributions from various paradigms. *International Journal of Cross-Cultural Management*, 9(3), 267-274.

Ralston, D. A., Egri, C. P., Stewart, S., Terpstra, R. H., & Kaicheng, Y. (1999). Doing business in the 21st century with the new generation of Chinese managers: A study of generational shifts in work values in China. *Journal of International Business Studies*, 30(2), 415-428.

Romani, L., Primecz, H., & Topçu, K. (2011). Paradigm interplay for theory development: A methodological example with the Kulturstandard method. *Organizational Research Methods*, 14(3), 432-455.

Savani, K., Morris, M. W., Naidu, N. V. R., Kumar, S., & Berlia, N. V. (2011). Cultural conditioning: Understanding interpersonal accommodation in India and the United States in terms of the modal characteristics of interpersonal influence situations. *Journal of Personality and Social Psychology*, 100(1), 84-102.

Savani, K., Morris, M. W., & Naidu, N. V. R. (2012). Deference in Indians' decision making: Introjected goals or injunctive norms? *Journal of Personality and Social Psychology*, 102(4), 685-699.

Schultz, P. W., Nolan, J. M., Cialdini, R. B., Goldstein, N. J., & Griskevicius, V. (2007). The constructive, destructive, and reconstructive power of social norms. *Psychological Science*, 18(5), 429-434.

Schwartz, S. H. (1994). Beyond individualism/collectivism: New cultural dimensions of values. In U. Kim, H. C. Triandis, Ç. Kâğitçibas, i, S.-C. Choi, & G. Yoon (Eds.), *Individualism and Collectivism: Theory, Method, and Applications* (Vol. 18, pp. 85-119). Thousand Oaks, CA: Sage.

Schwartz, S. H. (2006). A theory of cultural value orientations: Explication and applications. *International Studies in Sociology and Social Anthropology*, 5(2-3), 137-182.

Schwartz, S. H. (2014). Rethinking the concept and measurement of societal culture in light of empirical findings. *Journal of CrossCultural Psychology*, 45(1), 5-13.

Selmer, J., Chiu, R. K., & Shenkar, O. (2007). Cultural distance asymmetry in expatriate adjustment. *Cross Cultural Management*, 14(2), 150-160.

Shenkar, O. (2001). Cultural distance revisited: Towards a more rigorous conceptualization and measurement of cultural differences. *Journal of International Business Studies*, 32(3), 519-535.

Sherif, M. (1936). *The Psychology of Social Norms*. Oxford: Harper.

Shih, M., Ambady, N., Richeson, J. A., Fujita, K., & Gray, H. M. (2002). Stereotype performance boosts: The impact of selfrelevance and the manner of stereotype activation. *Journal of Personality and Social Psychology*, 83(3), 638-647.

Shteynberg, G., Gelfand, M. J., & Kim, K. (2009). Peering into the "magnum mysterium" of culture: The explanatory power of descriptive norms. *Journal of Cross-Cultural Psychology*, 40(1), 46-69.

Shweder, R. A., & Sullivan, M. A. (1993). Cultural psychology: Who needs it? *Annual Review of Psychology*, 44, 497-523.

Smith, P. B. (2013). Through a glass darkly: Viewing the social contexts of our behaviour. *Asian Journal of Social Psychology*, 16(1), 19-21.

Sussman, N. M. (2000). The dynamic nature of cultural identity throughout cultural transitions: Why home is not so sweet. *Personality and Social Psychology Review*, 4(4), 355-373.

Swidler, A. (1986). Culture in action: Symbols and strategies. *American Sociological Review*,

51(2), 273-286.

Taras, V., Kirkman, B. L., & Steel, P. (2010). Examining the impact of Culture's Consequences: A three-decade, multilevel, metaanalytic review of Hofstede's cultural value dimensions. *Journal of Applied Psychology*, 95(3), 405-439.

Taras, V., Steel, P., & Kirkman, B. L. (2010). Negative practice-value correlations in the GLOBE data: Unexpected findings, questionnaire limitations and research directions. *Journal of International Business Studies*, 41(8), 1330-1338.

Torelli, C. J., & Kaikati, A. M. (2009). Values as predictors of judgments and behaviors: The role of abstract and concretemindsets. *Journal of Personality and Social Psychology*, 96(1), 231-247.

Trafimow, D., Triandis, H. C., & Goto, S. G. (1991). Some tests of the distinction between the private self and the collective self. *Journal of Personality and Social Psychology*, 60(5), 649-655.

Triandis, H. C. (1972). *The Analysis of Subjective Culture*. New York: Wiley.

Triandis, H. C. (1995). *Individualism & Collectivism*. Boulder, CO: Westview Press.

Tung, R. L., & Verbeke, A. (2010). Beyond Hofstede and GLOBE: Improving the quality of cross-cultural research. *Journal of International Business Studies*, 41(8), 1259-1274.

Vallacher, R. R., & Wegner, D. M. (1989). Levels of personal agency: Individual variation in action identification. *Journal of Personality and Social Psychology*, 57(4), 660-671.

Verkuyten, M., & Pouliasi, K. (2002). Biculturalism among older children: Cultural frame switching, attributions, self-identification, and attitudes. *Journal of Cross-Cultural Psychology*, 33(6), 596-609.

Vohs, K. D., Mead, N. L., & Goode, M. R. (2008). Merely activating the concept of money changes personal and interpersonal behavior. *Current Directions in Psychological Science*, 17(3), 208-212.

Vygotsky, L. (1962/1986). *Thought and Language*. Cambridge, MA: The MIT Press.

Wan, C., Chiu, C.-Y., Peng, S., & Tam, K.-P. (2007). Measuring cultures through intersubjective cultural norms: Implications for predicting relative identification with two or more cultures. *Journal of Cross-Cultural Psychology*, 38(2), 213-226.

Wan, C., Chiu, C.-Y., Tam, K.-P., Lee, S.-L., Lau, I. Y.-M., & Peng, S. (2007). Perceived cultural importance and actual self-importance of values in cultural identification. *Journal of Personality and Social Psychology*, 92(2), 337-354.

West, M. A., Hirst, G., Richter, A., & Shipton, H. (2004). Twelve steps to heaven: Successfully managing change through developing innovative teams. *European Journal of Work and Organizational Psychology*, 13(2), 269-299.

White, K., & Simpson, B. (2013). When do (and don't) normative appeals influence sustainable consumer behaviors? *Journal of Marketing*, 77(2), 78-95.

Wojciszke, B., Bazinska, R., & Jaworski, M. (1998). On the dominance of moral categories in impression formation. *Personality and Social Psychology Bulletin*, 24(12), 1251-1263.

Wong, R. Y.-M., & Hong, Y.-Y. (2005). Dynamic influences of culture on cooperation in the prisoner's dilemma. *Psychological Science*, 16(6), 429-434.

Yamagishi, T., Hashimoto, H., & Schug, J. (2008). Preference versus strategies as explanations for culture-specific behavior. *Psychlogical Science*, 19(6), 579-584.

Yamawaki, N. (2012). Within-culture variations of collectivism in Japan. *Journal of Cross-Cultural Psychology*, 43(8), 1191-1204.

Zhang, S., Morris, M. W., Cheng, C. Y., & Yap, A. J. (2013). Heritage-culture images disrupt immigrants' second-language processing through triggering first-language interference. *Proceedings of the National Academy of Sciences*, 110(28), 11272-11277.

Zou, X., Morris, M. W., & Benet-Martínez, V. (2008). Identity motives and cultural priming: Cultural (dis)identification in assimilative and contrastive responses. *Journal of Experimental Social Psychology*, 44(4), 1151-1159.

Zou, X., Tam, K.-P., Morris, M. W., Lee, S.-l., Lau, I. Y.-M., & Chiu, C.-Y. (2009). Culture as common sense: Perceived consensus versus personal beliefs as mechanisms of cultural influence. *Journal of Personality and Social Psychology*, 97(4), 579-597.

附 录

梁觉教授学术成果概览

引用影响力、所获奖项及荣誉

引用影响力

Methods and Data Analysis for Cross-Cultural Research（co-authored book）over 1 700 citations based on Google Scholar

H Index-60（Google Scholar-journal articles and book chapters）

H index-38（Social Science Citation Index-journal articles）

学会会士

Academy of International Business

Association for Psychological Science, USA

International Academy of Intercultural Research

Hong Kong Psychological Society

所获奖项

Excellence in Research Award, 2009, City University of Hong Kong

Highly Commended Award, Literati Network Awards for Excellence 2012, Emerald Group Publishing Limited

Misumi Award, 2005, for the best paper published in *Asian Journal of Social Psychology* in 2004

Robert Ferber Dissertation Award, 1985, University of Illinois, Urbana-Champaign

University Fellowship, 1981-1982, summer of 1984, 1984-1985, University of Illinois,

Urbana-Champaign

主要研究基金和奖项

2011—2014　General Research Fund, Research Grants Council. Creative performance of Chinese people: A social adaptation perspective on contextual effects. Principal investigators: Leung, K., and Lau, S.

2007—2010　Research Grant, Research Grants Council. A dualistic model of harmony: Effects of relationship maintenance vs. enhancement on conflict and innovative behaviors. Principal investigator: Leung, K.

2005—2008　Research Grant, Research Grants Council. Social axioms: Refinement of scales and establishment of their nomological network. Principal investigators: Leung, K. and Bond, M. H.

2004—2006　Research Grant, Research Grants Council. Value system as an online customer segmentation tool: Increasing satisfaction through customizing website features. Principal investigators: Lim, K. H., Lee, M. K. O., Sia, C. L., Wei, K. K., and Leung, K.

2003—2005　Research Grant, Research Grants Council. Justice norms and the compensation gaps between locals and expatriates in international joint ventures in China. Principal investigators: Leung, K, and Chan, D. K. S.

2003—2005　Research Grant, Research Grants Council. A culturally relevant personality inventory for Chinese adolescents. Principal investigators: Cheung, F. M. C., and Leung, K.

2002—2003　Research Grant, Social Welfare Department. Evaluation of the ending exclusion program for unemployed single parents. Principal investigators: Leung, K., Ip, O., & Au, K.

2001—2003　Applied Research Grant, Faculty of Business, City University of Hong Kong. Quality of work life in Hong Kong. Principal investigators: Leung, K., and Rensvold, R.

2001—2003　Research Grant, Research Grants Council. Developing effective teamwork in Hong Kong and the Chinese Mainland: Antecedents of cooperative goals and constructive controversy. Principal investigator: Dean Tjosvold. Co-investigators: K. Leung, and C. Hui.

2000—2001　Research Grant, Research Grants Council. Universal and indigenous dimensions of the Chinese personality assessment inventory. Principal investigator: Fanny Cheung. Co-investigators: K. Leung and Frederick Leong.

1999—2000	Research Grant, Social Welfare Department. Evaluation of support for self-reliance scheme. Principal investigators: K. Leung, D. Chan, and W. Chan.
1996—1998	Research Grant, Research Grants Council. A psychological study of conflict processing behavior. Principal investigators: K. Leung.
1994—1995	Research Grant, Hong Kong Institute of Personnel Management, Research on human resources management strategies and practices in Hong Kong. Principal investigators: Sara F. Y. Tang, Paul S. Kirkbride, Edmond W. K. Lai, and K. Leung.
1993—1996	Research Grant, British Council Tripartite Academic Link. Effective event management within hotel joint ventures in the PRC. Principal investigators: Peter B. Smith, K. Leung, and Z. M. Wang.
1993—1995	Research Grant, Research Grants Council. A psychological study of social axioms. Principal investigators: K. Leung, and Michael H. Bond.
1993—1995	Research Grant, South China Program, Hong Kong Institute of Asian PacificStudies, Chinese University of Hong Kong. Personality assessment of Chines people in south China region. Principal investigators: Fanny M. C. Cheung and K. Leung.
1992—1994	Research Grant, American Bar Foundation/National Science Foundation. Cross-cultural adaptation and dispute resolution: Evaluating psychological perspectives. Principal investigator: E. Allan Lind. Co-principal investigators: Tom R. Tyler, K. Leung, and Giinter Bierbrauer.
1991—1993	Research Grant, University and Polytechnic Grants Committee. Further validation and development of uniform T-scores for the Chinese Multiphasic Personality Inventory. Principal investigator: F. Cheung. Co-investigators: K. Leung and J. Sachs.
1991—1993	Research Grant, American Bar Foundation, USA. International study of attitudes towards law and politics. Principal investigator: K. Leung.
1989—1991	Research Grant, University and Polytechnic Grants Committee. Construction of the Chinese Multiphasic Personality Inventory for the study of Chinese personality. Principal investigators, F. Cheung. Co-investigators: K. Leung and A. Chan-Ho.
1984	National Science Foundation, USA. Dissertation Grant SES 84-12152, Cross-cultural study of procedural fairness and disputing behavior.

学术成果发表

书籍

Van de Vijver, F., & Leung, K. (1997). *Methods and Data Analysis for Cross-Cultural Research*. California: Sage.

(A book contract has been awarded by Cambridge University Press for the second edition)

Leung, K., & Bond, M. H. (Eds.) (2009). *Psychological Aspects of Social Axioms: Understanding Global Belief Systems*. New York: Springer SBM.

Zheng, G., Leung, K., & Adair, J. G. (2007). *Perspectives and Progress in Contemporaiy-Cross-Cultural Psychology*. Beijing, China: China Light Industry Press.

Tjosvoid, D., & Leung, K. (Eds.) (2004). *Leadership in Asia-Pacific. Managing Relationship for Teamwork and Change*. Singapore: World Scientific Publishing.

Leung, K., & White, S. (Eds.) (2004). *Handbook of Asian Management*. Boston, MA: Kluwar.

Tjosvold, D., & Leung, K. (Eds.) (2003). *Cross-Cultural Management: Foundations and Future*. Aldershot, UK: Ashgate.

Chen, H. C., & Leung, K. (Eds.) (2000). *Progress in Chinese Psychology*. Hong Kong: Chinese University of Hong Kong Press. (In Chinese).

Leung, K., & Tjosvold, D. W. (Eds.) (1998). *Conflict Management in Asia Pacific Rim*. Singapore: Wiley.

Leung, K., Kashima, Y., Kim, U., & Yamaguchi, S. (Eds.) (1997). *Progress in Asian Social Psychology*. Singapore: Wiley.

Iwawaki, S., Kashima, Y., & Leung, K. (Eds.) (1992). *Innovations in Cross-Cultural Psychology*. Amsterdam: Swets & Zeitlinger B. V.

Bond, M. H., & Leung, K. (Eds.) (1987). *Expanding Options in Human Resource Management: Cases from Social Service Agencies in Hong Kong*. Hong Kong: The Hong Kong Council of Social Service.

书籍章节

Leung, K., & Wang, J. (2015). A cross-cultural analysis of creativity. In C. E. Shalley, M. A. Hitt, & J. Zhou (Eds.), *The Oxford Handbook of Creativity, Innovation, and Entrepreneurship* (pp. 261-278). New York: Oxford University Press.

Leung, K., & Cheng, G. H. -L. (2014). Intercultural interaction in the work context: A cultural tuning perspective. In Chan, D. (Ed.), *Individual Adaptability to Changes at Work: New Directionsin Research* (pp. 156-174). New York, NY: Routledge.

Leung, K., Wang, J., & Deng, H. (2014). Challenges of conducting global research. In R. L. Griffith, L. F. Thompson, & B. K. Armon (Eds.), *Internationalizing the Curriculum in Organizational Psychology* (pp. 283-305). New York: Springer.

Leung, K., & Cheng, G. H. -L. (2014). Intercultural interaction in the work context: A cultural tuning perspective. In D. Chan (Ed.), *Individual Adaptability to Changesat Work: New Directions in Research*. New York: Routledge, Taylor & Francis Group.

Leung, K., & Bond, M. H. (2013). Social Axioms: A cross-cultural theoretical framework based on general beliefs. In K. D. Keith (Ed.), *Encyclopedia of Cross-Cultural Psychology*. Hoboken, NJ: John Wiley & Sons.

Li, F., Lai, X., & Leung, K. (2012). Multilevel modeling for international management research. In C. L. Wang, D. J. Ketchen, & D. D. Bergh (Eds.), *West Meets East: Toward Methodological Exchange* (pp. 101-125). Bingley, UK: Emerald Group Publishing Limited.

Leung, K. (2012). Theorizing about Chinese organizational behavior: The role of culture and social forces. In X. Huang & M. H. Bond (Eds.), *Handbook of Chinese Organizational Theory, Research, and Practice* (pp. 13-28). Cheltenham, UK: Edward Elgar.

Van de Vijver, F. J. R., & Leung, K. (2011). Equivalence and Bias: A review of concepts, models, and data analytic procedures. In D. Matsumoto & F. J. R. van de Vijver (Eds.), *Cross-Cultural Research Methods in Psychology* (pp. 17-45). New York: Cambridge University Press.

Leung, K., & Peterson, M. F. (2011). Globally distributed workforce: Social and international issues. In S. Zedeck, H. Aguinis, W. F. Casio, M. J. Gelfand, K. Leung, S. K. Parker, & J. Zhou (Ed.), *Handbook of Industrial-Organizational Psychology* (pp. 771-805), Washington, DC: APA.

Leung, K., & Morris, M. W. (2010). Culture and creativity: A social psychological analysis. In D. De Cremer, J. K. Murnighan, & R. Van Dick (Eds.), *Social Psychology and Organizations* (pp. 371-395). Boca Raton, FL: Taylor & Francis.

Leung, K. (2010). Beliefs in Chinese culture. In M. H. Bond (Ed.), *The Oxford Handbook of Chinese Psychology* (pp. 221-240). New York: Oxford University Press.

Van de Vijver, F., & Leung, K. (2009). Methodological issues and researching intercultural competence. In D. Deardoff (Ed.), *Sage Handbook of Intercultural Competence* (pp. 404-418). Thousand Oaks, CA: Sage.

Leung, K, & Brew, F. P. (2009). A cultural analysis of harmony and conflict: Toward an integrative model of conflict styles. In R. S. Wyer, C. -Y. Chiu, & Y. -Y. Hong (Eds.), *Understanding Culture: Theory, Research and Application* (pp. 411-428). New York: Psychology Press.

Leung, K., & Ang, S. (2009). Culture, Organizations, and Institutions: An integrative review. In R. S. Bhagat & R. M. Steers (Eds.), *Cambridge Handbook of Culture, Organizations, and Work* (pp. 23-45). New York: Cambridge University Press.

Leung, K. (2008). Methods and Measurements in Cross-Cultural Management. In P. B. Smith, M. F. Peterson, & D. Thomas (Eds.), *Handbook of Cross-Cultural Management Research* (pp. 59-73). Thousand Oaks, CA: Sage.

Leung, K., & Bond, M. H. (2008). Psycho-logic and Eco-logic: Insights from Social Axiom Dimensions. In F. van de Vijver, D. van Hemert, & Y. P. Poortinga (Eds.), *Individuals and Cultures in Multilevel Analysis* (pp. 197-219). Mahwah, New Jersey: Lawrence Erlbaum Associates.

Leung, K. (2006). Effective conflict resolution for intercultural disputes. In T. Garling, G. Backenroth-Ohsako, & B. Ekehammar (Eds.), *Diplomacy and Psychology: Prevention of Armed Conflict after the Cold War* (pp. 254-272). Singapore: Marshall Cavendish Academic.

Leung, K., & Van de Vijver, F. J. R. (2006). Cross-cultural research methodology. In F. Leong & J. Austin (Eds.), *Psychology Research Handbook: A Guide for Graduate Students and Research Assistants* (2nd Ed.) (pp. 443-454). Thousand Oaks, CA: Sage.

Leung, K., & White, S. (2005). Exploring dark corners: An agenda for organizational behavior research in alliance contexts. In O. Shenkar & J. J. Reuer (Eds.), *Handbook of Strategic Alliance* (pp. 199-218). Thousand Oaks, CA: Sage.

Leung, K. (2004). How generalizable are justice effects across cultures? In J. Greenberg, & J. A. Colquitt (Eds.), *Handbook of Organizational Justice* (pp. 555-586). Mahwah, NJ: Lawrence Erlbaum Associates.

Leung, K., Au, A., & Leung, B. W. C. (2004). Creativity and innovation: East-West comparisons with an emphasis on Chinese societies. In S. Lau, A. N. N. Hui, & G. Y. C. Ng (Eds.), *Creativity: When East Meets West* (pp. 113-135). Singapore: World Scientific Publishing.

Leung, K. & Tong, K. K. (2004). Justice across cultures: A three-stage model for intercultural negotiation. In M. J. Gelfand and J. M. Brett (Eds.), *The Handbook of Negotiation and Culture* (pp. 313-333). Stanford, CA: Stanford University Press.

Leung, K., & Su, S. K. (2004). Experimental Methods for Research on Culture and Management. In B. J. Punnett and O. Shenkar (Eds.), *Handbook for International Management Research* (2nd Ed.) (pp. 68-95). Cambridge, Mass. : Blackwell.

Leung, K, Lu, L., & Liang, X. F. (2003). When East and West meet: Effective teamwork across cultures. In M. West, D. Tjosvold, & K. G. Smith (Eds.), *International Handbook of Organizational Teamwork and Cooperative Working* (pp. 551-571). Chichester, England: Wiley.

Leung, K. & Tong, K. K. (2003). A normative model of justice. In D. Skarlicki, S. Gilliland, & D. Steiner (Eds.), *Research in Social Issues in Management* (Vol. 3, pp. 97-120). Greenwich, Connecticut: Information Age Publishing.

Leung, K. (2002). Preface. In A. G. Tan and L. C. Law (Eds.), *Psychology and Contexts: A Perspective from the South Asian Societies*. Singapore: Lingzi Media.

Leung, K. (2001). Different carrots for different rabbits: Effects of individualism-collectivism and power distance on work motivation. In M. Erez, H. Thierry, & U. Kleinbeck (Eds.), *Work Motivation in the Context of a Globalizing Economy* (pp. 329-339). Mahwah, NJ: Lawrence Erlbaum.

Leung, K., & Stephan, W. G. (2001). Social Justice from a Cultural Perspective. In D. Matsumoto (Ed.), *The Handbook of Culture and Psychology* (pp. 375-410). New York: Oxford University Press.

Carnevale, P. J., & Leung, K. (2001). Cultural Dimensions of Negotiation. In M. A. Hogg & Tindale, R. S. (Eds.), *Blackwell Handbook of Social Psychology*, 3, *Group Processes* (pp. 482-496). Oxford, UK: Blackwell. Reprinted in D. Druckman, & P. F. Diehl (Eds.) (2006). *Conflict Resolution* (Sage Library of International Relations). London: SAGE Publications.

Leung, K., Su, S. K., & Morris, M. W. (2001). Justice in the Culturally Diverse Workplace: The Problems of Over and Under Emphasis of Cultural Differences. In S. Gilliland, D. Steiner, & D. Skarlicki (Eds.), *Research in Social Issues in Management* (Vol. 1, pp. 161-185). Greenwich, Connecticut: Information Age Publishing.

Leung, K., & Morris, M. W. (2001). Justice through the lens of culture and ethnicity. In J. Sanders and V. L. Hamilton (Eds.), *Handbook of Justice Research in Law* (pp. 343-378). New York: Plenum.

Tjosvold, D., Leung, K, & Johnson, D. W. (2000). Cooperative and Competitive Conflict in China. In M. Deutsch and P. T. Coleman (Eds.), *Handbook of Conflict Resolution* (pp. 475-495).

San Francisco: Jossey-Bass.

Leung K., & Stephen, W. G. (2000). Conflict and injustice in intercultural relations: Insights from the Arab-Israeli and Sino-British disputes. In J. Duckitt & S. Renshon (Eds.), *Political Psychology: Cultural and Cross-Cultural Perspectives* (pp. 128-145). London: Macmillan.

Leung, K., & Chan, D. K. S. (1999). Conflict management across cultures. In J. Adamopoulos and Y. Kashima (Eds.), *Social Psychology and Cultural Context* (pp. 177-188). Thousand Oaks, CA.: Sage.

Su, S. K., Chiu, C. Y., Hong, Y. Y., Leung, K., Peng, K., Morris, M. W. (1999). Self organization and social organization: American and Chinese constructions. In T. R. Tyler, R. Kramer, & O. John (Eds.), *The Psychology of the Social Self* (pp. 193-222). Mahway, NJ: Lawrence Earlbaum and Associates.

Leung, K., & Wu, P. G. (1998). Harmony as a double-edge sword in management. In B. S. Cheng, K. L. Huang, and C. C. Kuo (Eds.), *Human Resources Management in Taiwan and Mainland of China* (pp. 1-19). Taiwan: Yuan Liou Publishing. (In Chinese).

Tse, D. K., & Leung, K. (1998). Morality of leaders: The starting point of Confucianism in modern times. In B. S. Cheng, K. L. Huang, and C. C. Kuo (Eds.), *Chinese Legacies and Management in Taiwan and Mainland of China* (pp. 227-242). Taiwan: Yuan Liou Publishing. (In Chinese).

Leung, K. (1997). Negotiation and reward allocations across cultures. In P. C. Earley and M. Erez (Eds.), *New Perspectives on International Industrial and Organizational Psychology* (pp. 640-675). San Francisco: Jossey-Bass.

Van de Vijver, F. J. R., & K. Leung (1997). Method and data analysis for cross-cultural research. In J. W. Berry, Y. H. Poortinger, and J. Pandey (Eds.), *Handbook of Cross-Cultural Psychology*, 1 (pp. 257-300). Boston: Allyn & Bacon.

Leung, K., & Fan, R. M. T. (1997). Dispute processing: An Asian perspective. In Henry S. R. Kao & D. Sinha (Eds.), *Asian Perspectives in Psychology*. India: Sage.

Leung, K., Cheung, F. M., Zhang, J. X., Song, W. Z., & Xie, D. (1997). The five-factor model of personality in China. In K. Leung, Y. Kashima, U. Kim, & S. Yamaguchi (Eds.), *Progress in Asian Social Psychology*, 1 (pp. 231-246). Wiley: Singapore.

Cheung, F. M., Leung, K., Zhang, J., Song, W., & Xie, D. (1996). Chinese personality and social change. In M. Brosseau, S. Pepper, & S. K. Tsang (Eds.), *China Review 1996*. Hong

Kong: Chinese University Press. (In Chinese).

Leung, K., & Van de Vijver, F. J. R. (1996). Cross-cultural research methodology. In F. Leong & J. Austin (Eds.), *Psychology Research Handbook: A Primer for Graduate Students and Research Assistants*. Thousand Oaks, CA: Sage.

Leung, K., & Fan, R. M. T. (1996). Adolescent delinquent behavior in Chinese societies. In S. Lau (Ed.), *Youth and Child Development in Chinese Societies* (pp. 237-264). Hong Kong: Chinese University of Hong Kong Press.

Leung, K. (1996). Beliefs in Chinese societies. In M. H. Bond (Ed.), *Handbook of Chinese Psychology* (pp. 247-262). Hong Kong: Oxford University Press.

Leung, K. (1992). Decision-making process. In Robert I. Westwood (Ed.), *Organisational Behaviour: A South East Asian Perspective*. Hong Kong: Longman.

Leung, K. (1992). Groups and social interaction. In Robert I. Westwood (Ed.), *Organisational Behaviour: A South East Asian Perspective*. Hong Kong: Longman.

Leung, K. (1990). Dispute processing: A cross-cultural analysis. In R. Brislin (Ed.), *Applied Cross-Cultural Psychology* (pp. 209-231). California: Sage.

Leung, K. (1988). Theoretical advances injustice behavior: Some cross-cultural inputs. In M. H. Bond (Ed.), *The Cross-Cultural Challenge to Social Psychology*. California: Sage.

Komorita, S. S., & Leung, K. (1985). Towards a synthesis of power and justice in rewardallocation. In E. J. Lawler (Ed.), *Advances in Group Processes: Theory and Research*, 2. Connecticut: JAI Inc.

文章

Au, A. K. C., & Leung, K. (2016). Differentiating the effects of informational and interpersonal justice in co-worker interactions for task accomplishment. *Applied Psychology-An international-Review*, 65 (1), 132-159.

Chen, C. C., Ünal, A. F., Leung, K, & Xin, K. R. (2016). Group harmony in the workplace: Conception, measurement, and validation. *Asia Pacific Journal of Management*, 33 (4), 935-936.

Chen, T., Li, F., & Leung, K. (2016). When does supervisor support encourage innovative behavior? Opposite moderating effects of general self-efficacy and internal locus of control. *Personnel Psychology*, 69, 123-158.

Deng, H., Wu, C. H., Leung, K., Guan, Y. J. (2016). Depletion from self-regulation: A resource-based account of the effect of value incongruence. *Personnel Psychology*, 69(2), 431-465.

Li, F., Deng, H., Leung, K., & Zhao, Y. (2016). Is perceived creativity-reward contingency good for creativity? The role of challenge and threat appraisals. Accepted by *Human Resource Management* (FT145).

Leung, K., Wang, J., & Deng, H. (2016). How can indigenous research contribute to universal knowledge? An illustration with research on interpersonal harmony. *Japanese Psychological Research*, 58(1), 110-124.

Chen, T., Leung, K., Li, F., & Ou, Z. (2015). Interpersonal harmony and creativity in China. *Journal of Organizational Behavior*, 36(5), 648-672.

Kim, T.-Y., Lin, X., & Leung, K. (2015). A dynamic approach to fairness: Effects of temporal changes of fairness perceptions on job attitudes. *Journal of Business and Psychology*, 30(1), 163-175.

Leung, K., & Morris, M. W. (2015). Values, schemas, and norms in the culture-behavior nexus: A situated dynamics framework. *Journal of International Business Studies*, 46(9), 1028-1050.

Leung, K., Deng, H., Wang, J., & Zhou, F. (2015). Beyond risk-taking: Effects of psychological safety on cooperative goal interdependence and prosocial behavior. *Group & Organization Management*, 40(1), 88-115.

Leung, K., & Wang, J. (2015). Social processes and team creativity in multicultural teams: A socio-technical framework. *Journal of Organizational Behavior*, 36(7), 1008-1025.

Deng, H., & Leung, K. (2014). Contingent punishment as a double-edged sword: A dual-pathway model from a sense-making perspective. *Personnel Psychology*, 67(4), 951-980.

Leung, K. (2014). Distributive justice and interpersonal interaction across cultures in the context of expatriate pay disparity in multinationals. *Research in Global Strategic Management*, 16, 29-55.

Leung, K. (2014). Globalization of Chinese firms: What happens to culture? *Management and Organization Review*, 10(3), 391-397.

Leung, K., Ang, S., & Tan, M. L. (2014). Intercultural Competence. In Morgeson, F. P. (Eds.), *Annual Review of Organizational Psychology and Organizational Behavior*, 1, 489-519.

Leung, K., Chen, T., & Chen, G. (2014). Learning goal orientation and creative performance: The differential mediating roles of challenge and enjoyment intrinsic motivations. *Asia Pacific Journal of Management*, 31 (3), 811-834.

Leung, K., Chen, Z., Zhou, F., & Lim, K. (2014). The role of relational orientation as measured by face and renqing in innovative behavior in China: An indigenous analysis. *Asia Pacific Journal of Management*, 31 (1), 105-126.

Leung, K., & Deng, H. (2014). Contingent punishment as a double-edged sword: A dual-pathway model from a sense-making perspective. *Personnel Psychology*, 67 (4), 951-980.

Leung, K., Lin, X., & Lu, L. (2014). Compensation disparity between locals and expatriates in China: A multilevel analysis of the influence of norms. *Management International Review*, 54 (1), 107-128.

Lin, X., & Leung, K. (2014). What signals does procedural justice climate convey? The roles of group status, and organizational benevolence and integrity. *Journal of Organizational Behavior*, 35, 464-488.

Wang, J., Leung, K., & Zhou, F. (2014). A dispositional approach to psychological climate: Relationships between interpersonal harmony motives and perceived safety in communication. *Human Relations*, 67, 489-515.

Leung, K., Lin, X., & Lu, L. (2014). Compensation disparity between locals and expatriates in China: A multilevel analysis of the influence of norms. *Management International Review*, 54 (1), 107-128.

Lin, X., & Leung, K. (2014). What signals does procedural justice climate convey? The roles of group status, and organizational benevolence and integrity. *Journal of Organizational Behavior*, 35 (4), 464-488.

Wang, J., & Leung, K. (2014). A dispositional approach to psychological climate: Relationships between interpersonal harmony motives and psychological climate for communication safety. *Human Relations*, 67 (4), 489-515.

Lai, X., Li, F., & Leung, K. (2013). A Monte Carlo study of the effects of common method variance on significance testing and parameter bias in hierarchical linear modeling. *Organizational Research Methods*, 16 (2), 243-269.

Leung, K., & Cheng, G. H. L. (2013). Methodological suggestions for climato-economic theory. *Behavioral and Brain Sciences*, 36 (5), 494-495.

Leung, K., Lam, B. C. P., Bond, M. H., Conway, L. G., Ⅲ, Gornick, L. J., Amponsah,

B., Boehnke, K., Dragolov, G., Burgess, S. M., Golestaneh, M., Busch, H., Hofer, J., Dominguez Espinosa, A., Fardis, M., Ismail, R., Kurman, J., Lebedeva, N., Tatarko, A. N., Sam, D. L., Teixeria, M. L. M., Yamaguchi, S., Fukuzawa, A., Zhang, J., & Zhou, F. (2012). Developing and evaluating the Social Axioms Survey in eleven countries: Its relationship with the Five-Factor Model of personality. *Journal of Cross-Cultural Psychology*, 43 (5), 833-857.

Leung, K. (2012). Indigenous Chinese management research: Like it or not, we need it. *Management and Organization Review*, 8 (1), 1-5.

Li, F., & Leung, K. (2012). Effects of evaluation of societal conditions and work-family conflict on social cynicism and distress: A longitudinal analysis. *Journal of Applied Social Psychology*, 42 (3), 717-734.

Li, P. P., Leung, K., Chen, C. C., & Luo, J. -D. (2012). Indigenous research on Chinese management: What and how. *Management and Organization Review*, 8 (1), 7-24.

Leung, K., Huang, K. L., Su, C. H., & Lu, L. (2011). Curvilinear relationships between role stress and innovative performance: Moderating effects of perceived support for innovation. *Journal of Organizational and Occupational Psychology*, 84 (4), 741-758.

Leung, K., Wang, Z. M., Zhou, F., & Chan, D. K. S. (2011). Pay disparity in multinational and domestic firms in China: The role of pro-disparity norm. *International Journal of Human Resource Management*, 22 (12), 2575-2592.

Li, F., Zhou, F., & Leung, K. (2011). Expecting the worst: Moderating effects of social cynicism on the relationships between relationship conflict and negative affective reactions. *Journal of Business and Psychology*, 26 (3), 339-345.

Leung, K. (2011). Presenting post hoc hypotheses as a priori: Ethical and theoretical issues. *Management and Organization Review*, 7 (3), 471-179.

Leung, K., Brew, F. P., Zhang, Z. X., & Zhang, Y. (2011). Harmony and conflict: A cross-cultural investigation in China and Australia. *Journal of Cross-Cultural Psychology*, 42 (5), 795-816.

Wu, P., Chen, T., & Leung, K. (2011). Toward performance-based compensation: A study of the gaps between organizational practices and employee preferences with regard to compensation criteria in the state-owned sector in China. *International Journal of Human Resource Management*, 22 (9), 1986-2010.

Tsui, A. S., & Leung, K. (2011). From the editors: Introducing a new editing team and welcoming a new year. *Management and Organization Review*, 7 (1), 1-3.

Lu, L., Zhou, F., & Leung, K. (2011). Effects of task and relationship conflicts on individual work behaviors. *International Journal of Conflict Management*, 22 (2), 131-150.

Chen, T. T., Wu, P. G., & Leung, K. (2011). Individual performance appraisal and appraisee reactions to workgroups: The mediating role of goal interdependence and the moderating role of procedural justice. *Personnel Review*, 40 (1), 87-105.

Leung, K., Wang, Z. M., & Hon, A. H. Y. (2011). Moderating effects on the compensation gap between locals and expatriates in China: A multi-level analysis. *Journal of International Management*, 17 (1), 54-67.

Leung, K., Bhagat, R. S., Buchan, N. R., Erez, M., & Gibson, C. B. (2011). Beyond national culture and culture-centricism: A reply to Gould and Grein (2009). *Journal of International Business Studies*, 42 (1), 177-181.

Morris, M. W., & Leung, K. (2010). Creativity East and West: Perspectives and parallels. *Management and Organization Review*, 6 (3), 313-327.

Leong, F. T. L., Leung, K., & Cheung, F. M. (2010). Integrating cross-cultural psychology research methods into ethnic minority psychology. *Cultural Diversity and Ethnic Minority Psychology*, 16 (4), 590-597.

Leung, K., & Li, F. (2010). Future directions for Chinese indigenous management research. *Chinese Journal of Management*, 7, 642-648. (In Chinese).

Cheung, C. K., & Leung, K. (2010). Ways that social change predicts personal quality of life. *Social Indicators Research*, 96, 459-477.

Lin, X., & Leung, K. (2010). Differing effects of coping strategies on mental health during prolonged unemployment: A longitudinal analysis. *Human Relations*, 63, 637-665.

Leung, K., & Zhou, F. (2010). Cross-cultural research methods: Review and prospect. *Acta Psychologica Sinica*, 42, 41-47. (In Chinese)

Chen, Z., Zhang, X., Leung, K., & Zhou, F. (2010). Exploring the interactive effect of time control and justice perception on attitudes. *Journal of Social Psychology*, 150 (2), 181-197.

Leung, K., Ip, O. K. M., & Leung, K. K. (2010). Social cynicism and job satisfaction: A longitudinal analysis. *Applied Psychology: An International Review*, 59, 318-338.

Kim, T. Y., Weber, T. J., Leung, K., & Muramoto, Y. (2010). Perceived fairness of pay: The importance of task versus maintenance inputs in Japan, South Korea, and China Hong Kong.

Management and Organization Review, 6 (1), 31-54.

Sia, C. L., Lim, K. H., Leung, K., Lee, M. K. O., Huang, W., & Benbasat, I. (2009). Web strategies to promote internet shopping: Is cultural-customization needed? *MIS Quarterly*, 33 (3), 491-512.

Zhou, F., Leung, K., Bond, M. H. (2009). Social axioms and achievement across cultures: The influence of reward for application and fate control. *Learning and Individual Differences*, 19, 366-371.

Lin, X.-W., Che, H.-S., Leung, K. (2009). The role of leader morality in the interaction effect of procedural justice and outcome favorability. *Journal of Applied Social Psychology*, 39, 1536-1561.

Chen, Y. R., Leung, K., & Chen, C. C. (2009). Bringing national culture to the table: Making a difference with cross-cultural differences and perspectives. *Academy of Management Annals*, 3, 217-249.

Leung, K., Zhu, Y., & Ge, C. (2009). Compensation disparity between locals and expatriates: Moderating the effects of perceived injustice in foreign multinationals in China. *Journal of World Business*, 44, 85-93.

Leung, K. (2009). Never the twain shall meet? Integrating Chinese and Western management research. *Management and Organization Review*, 5, 121-129.

Bello, D., Leung, K., Radebaugh, L., Tung, R. L., & Van Witteloostuijn, A. (2009). Student samples in international business research. *Journal of International Business Studies*, 40, 361-364.

Leung, K., & Van de Vijver, F. J. R. (2008). Strategies for strengthening causal inferences in cross cultural research: The consilience approach. *International Journal of Cross-Cultural Management*, 8, 145-169.

Cheung, F. M., Cheung, S. F., Zhang, J., Leung, K., Leong, F., & Yeh, K. H. (2008). Relevance of openness as a personality dimension in Chinese culture: Aspects of its cultural relevance. *Journal of Cross-Cultural Psychology*, 39, 81-108.

Leung, K. (2008). Chinese culture, modernization, and international business. *International Business Review*, 17, 184-187.

Leung, K. (2007). Glory and tyranny of citation impact: An East Asian perspective. *Academy of Management Journal*, 50, 510-513.

Kim, T. Y., & Leung, K. (2007). Forming and reacting to overall fairness: A cross-cultural comparison. *Organizational Behavior and Human Decision Processes*, 104, 83-95.

Leung, K., Tong, K. K., & Lind, E. A. (2007). *Realpolitik* versus fair process: Moderating effects of group identification on acceptance of political decisions. *Journal of Personality and Social Psychology*, 92, 476-489.

Leung, K., Au, A., Huang, X., Kurman, J., Niit, T., & Niit, K. K. (2007). Social axioms and values: A cross-cultural examination. *European Journal of Personality*, 21 (2), 91-111.

Leung, K. (2007). Asian social psychology: Achievements, threats, and opportunities. *Asian Journal of Social Psychology*, 10, 8-15.

Lu, L., Leung, K., & Tremain Koch, P. (2006). Managerial knowledge sharing: The role of individual, interpersonal, and organizational factors. *Management and Organization Review*, 2, 15-41.

Leung, K. (2006). Discussion for the special issue on megatrends in world cultures and globalization. The rise of East Asia: Implications for research on cultural variations and globalization. *Journal of International Management*, 12, 235-241.

Cheung, M. W. L., Leung, K., Au, K. (2006). Evaluating multilevel models in cross-cultural research: An illustration with social axioms. *Journal of Cross-Cultural Psychology*, 37, 522-541.

Leung, K. (2005). Special issue on cross-cultural variations in distributive justice perception. *Journal of Cross-Cultural Psychology*, 36, 6-8.

Leung, K., Bhagat, R. S., Buchan, N. R., Erez, M., & Gibson, C. B. (2005). Culture and international business: Recent advances and their implications for future research. *Journal of International Business Studies*, 36, 357-378.

Lim, K., Leung, K., Sia, C. L., & Lee, M. (2004), Is e-commerce boundary-less? Effects of individualism-collectivism and uncertainty avoidance on internet shopping. *Journal of International Business Studies*, 35, 545-559.

Bond, M. H., Leung, K., et al. (2004). Culture-level dimensions of social axioms and their correlates across 41 cultures. *Journal of Cross-Cultural Psychology*, 35, 548-570.

Morris, M. W., Leung, K., & Iyengar, S. S. (2004). Person perception in the heat of conflict: Negative trait attributions affect procedural preferences and account for situational and cultural differences. *Asian Journal of Social Psychology*, 7, 127-147.

Leung, K., & Bond, M. H. (2004). Social axioms: A model for social beliefs in multicultural perspective. *Advances in Experimental Social Psychology*, 36, 119-197.

Leung, K., Tong, K. K., Ho, S. S. Y. (2004). Effects of interactional justice on egocentric bias in resource allocation decisions. *Journal of Applied Psychology*, 89, 405-415.

Bond, M. H., Leung, K., Au, A., Tong, K. K., & Chemonges-Nielson, Z. (2004). Combining social axioms with values in predicting social behaviors. *European Journal of Personality*, 18, 177-191.

Chang, L., Arkin, R. M., Leong, F. T., Chan, D. K. S., & Leung, K. (2004). Subjective overachievement in American and Chinese college students. *Journal of Cross-Cultural Psychology*, 35, 152-173.

Leong, F. T. L., & Leung, K. (2004). Academic Careers in Asia: A cross-cultural analysis. *Journal of Vocational Behavior*, 64, 346-357.

Yue, X. D., & Leung, K. (2003). Values for creativity: A study among undergraduates in Hong Kong and Guangzhou. *New Horizons in Education*, 47, 1-5. (In Chinese)

Cheung, F. M., Cheung, S. F., Leung, K., Ward, C., & Leong, F. (2003). The English version of the Chinese personality assessment inventory. *Journal of Cross-Cultural Psychology*, 34, 433-452.

Leung, K. (2003). Asian peace psychology: What can it offer? *Peace and Conflict: Journal of Peace Psychology*, 9, 297-302.

Leung, K., & Kwong, J. Y. Y. (2003). Human resource management practices in international joint ventures in China: A justice analysis. *Human Resource Management Review*, 13, 85-105.

Poon, W. Y., Leung, K., & Lee, S. Y. (2002). The comparison of single item constructs by relative mean and relative variance. *Organizational Research Methods*, 5, 275-298.

Smith, P. B., Peterson, M. F., Schwartz, S. H., Ahmad, A. H., Akande, D., Andersen, J. A., Ayestaran, S., Bochner, S., Callan, V., Davila, C., Ekelund, B., Francois, P. H., Graversen, G., Harb, C., Jesuino, J., Kantas, A., Karamushka, L., Koopman, P., Leung, K., Kruzela, P., Malvezzi, S., Mogaji, A., Mortazavi, S., Munene, J., Parry, K., Punnett, B. J., Radford, M., Ropo, A., Saiz, J., Savage, G., Setiadi, B., Sorenson, R., Szabo, E., Teparakul, P., Tirmizi, A., Tsvetanova, S., Viedge, C., Wall, C., & Yanchuk, V. (2002). Cultural values, sources of guidance, and their relevance to managerial behavior: A 47-nation study. *Journal of*

Cross-Cultural Psychology, 33, 188-208.

Tong, K. K., & Leung, K. (2002). Tournament as a motivational strategy: Extension to dynamic situations with uncertain duration. *Journal of Economic Psychology*, 23, 399-420.

Leung, K., Tremain Koch, P., & Lu, L. (2002). A dualistic model of harmony and its implications for conflict management in Asia. *Asia Pacific Journal of Management*, 19, 201-220.

Kwong, J. Y. Y., & Leung, K. (2002). A moderator of the interaction effect of procedural justice and outcome favorability: Importance of the relationship. *Organizational Behavior and Decision Making Processes*, 87, 278-299.

Leung, K., Bond, M. H., Reimel de Carrasquel, S., Munoz, C., Hernandez, M., Murakami, F., Yamaguchi, S., Bierbrauer, G., & Singelis, T. M. (2002). Social axioms: The search for universal dimensions of general beliefs about how the world functions. *Journal of Cross-Cultural Psychology*, 33, 286-302.

Au, K., Hui, M. K., & Leung, K. (2001). Who should be responsible? Effects of voice and compensation on responsibility attribution, perceived justice, and post-complaint behaviors across cultures. *International Journal of Conflict Management*, 12, 350-364.

Van de Vijver, F., & Leung, K. (2001). Personality in cultural context: Methodological issues. *Journal of Personality*, 69, 1007-1032.

Leung, K., Wang, Z. M., & Smith, P. B. (2001). Job attitudes and organizational justice in joint venture hotels in China: The role of expatriate managers. *International Journal of Human Resource Management*, 12, 926-945.

Leung, K., Su, S. K., & Morris, M. W. (2001). When is criticism not constructive? The roles of fairness perceptions and dispositional attributions in employee acceptance of critical supervisory feedback. *Human Relations*, 54, 1155-1187.

Cheung, F. M., Leung, K., Zhang, J. X., Sun, H. F., Gan, Y. Q., Song, W. Z., & Xie, D. (2001). Indigenous Chinese personality constructs-Is the five-factor model complete? *Journal of Cross-Cultural Psychology*, 32, 407-433.

Brockner, J., Ackerman, G., Greenberg, J., Gelfand, M. J., Francesco, A. M., Chen, Z. X., Leung, K., Bierbrauer, G., Gomez, C., Kirkman, B. L., & Shapiro, D. (2001). Culture and procedural justice: The influence of power distance on reactions to voice. *Journal of Experimental Social Psychology*, 37, 300-315.

Leung, K., Liang, X. F., & Lu, L. (2000). The evolution of paternalistic leadership: A contingent approach. *Indigenous Psychological Research*, 13, 203-217. (In Chinese).

Zhang, J., Cheung, F., & Leung, K. (2000). Path model of specific trust and general trust in interpersonal behavior. *Acta Psychologica Sinica*, 32, 311-316. (In Chinese).

Wu, P., & Leung, K. (2000). Negative feedback and responses from subordinates. *Journal of Human Resource and Accounting*, 5, 37-44.

Morris, M. W., & Leung, K. (2000). Justice for all? Progress in research on cultural variation in the psychology of distributive and procedural justice. *Applied Psychology: An International Review*, 49, 100-132.

Brockner, J., Chen, Y. R., Mannix, E. A., Leung, K., & Skarlicki, D. P. (2000). Culture and procedural fairness: When the effects of what you do depend on how you do it. *Administrative Science Quarterly*, 45, 138-159.

Van de Vijver, F., & Leung, K. (2000). Methodological issues in psychological research on Culture. *Journal of Cross-Cultural Psychology*, 31, 33-51.

Yung, Y. F., Chan, W., Cheung, F. M. C., Leung, K., Law, J. S., & Zhang, J. X. (2000). Standardization of the Chinese personality assessment inventory: The prototype standardization method and its rationale. *Asian Journal of Social Psychology*, 3, 133-152.

Chan, W., Ho, R. M., Leung, K., Chan, D. K. S., & Yung, Y. F. (1999). An alternative method for evaluating congruence coefficients with procrustes rotation: A bootstrap procedure. *Psychological Methods*, 4, 378-402.

Wang, L., Li, L., & Leung, K. (1999). Comprehensive intelligence: Integration of concepts of intelligence. *Psychological Science*, 22, 1-7. (In Chinese).

Morris, M. W., Leung, K., Ames, D., & Lickel, B. (1999). Incorporating perspectives from inside and outside: Synergy between emic and etic research on culture and justice. *Academy of Management Review*, 24, 781-796.

Morris, M. W., Williams, K. Y., Leung, K., Larrick, R., Mendoza, M. T., Bhatnagar, D., Li, J. F., Kondo, M., Luo, J. L., & Hu, J. C. (1998). Conflict management style: Accounting for cross-national differences. *Journal of International Business Studies*, 29, 729-747.

Leung, K., Li, W. K., & Au, Y. F. (1998). The impact of customer service and product value on customer loyalty and purchase behavior. *Journal of Applied Social Psychology*, 28, 1731-1741.

Mann, L., Radford, M., Burnett, P., Ford, S., Bond, M., Leung, K., Nakamura, H., Vaugham, G., & Yang, K. S. (1998). Cross-cultural differences in self-reported decision-making style and confidence. *International Journal of Psychology*, 33, 325-335.

Leung, K., & Stephan, W. G. (1998). Perceptions of injustice in intercultural relations. *Applied and Preventive Psychology*, 7, 195-205.

Smith, P. B., Peterson, M. F., Leung, K., & Dugan, S. (1998). Individualism-collectivism, power distance, and handling of disagreement: A cross-national study. *International Journal of Intercultural Relations*, 22, 351-367.

Ho, A. S. Y., & Leung, K. (1998). Group size effects on risk perception: A test of several hypotheses. *Asian Journal of Social Psychology*, 1, 133-145.

Leung, K., Lau, S., & Lam, W. L. (1998). Parenting styles and academic achievement: A cross-cultural study. *Merrill-Palmer Quarterly*, 44, 157-172.

Cheung, F. M., & Leung, K. (1998). Indigenous personality measures: Chinese examples. *Journal of Cross-Cultural Psychology*, 29, 233-248.

Leung, K., & Wu, P. G. (1997). The internationalization of indigenous psychologies. *Indigenous Psychological Research*, 8, 173-180. (In Chinese).

Smith, P. B., Wang, Z. M., & Leung, K. (1997). Leadership, decision-making and cultural context: Event management within Chinese joint ventures. *Leadership Quarterly*, 8 (4), 413-431.

Leung, K. (1997). Relationship among satisfaction, commitment, and performance: A group-level analysis. *Applied Psychology: An International Review*, 46, 199-205.

Leung, K., Smith, P. B., Wang, Z. M., & Sun, H. F. (1996). Job satisfaction in joint venture hotels in China: An organizational justice analysis. *Journal of International Business Studies*, 27, 947-962.

Fijneman, Y. A., Willemsen, M. E., Poortinga, Y. H., Erelcin, F. G., Georgas, Hui, C. H., Leung, K., & Malpass, R. S. (1996). Individualism-Collectivism: An empirical study of a conceptual issue. *Journal of Cross-Cultural Psychology*, 27, 381-402.

Cheung, F. M., Leung, K., Fan, R. M., Song, W. Z., Zhang, J. X., & Zhang, J. P. (1996). Development of the Chinese Personality Assessment Inventory (CPAI). *Journal of Cross-Cultural Psychology*, 27, 181-199.

Leung, K., Bond, M. H., & Schwartz, S. H. (1995). How to explain cross-cultural differences: Values, valences, and expectancies? *Asian Journal of Psychology*, 1, 70-75.

Farh, J. L., Leung, K., & Tse, D. K. (1995). Managing human resources in Hong Kong: 1997 and beyond. *Columbia Journal of World Business*, 30, 42-49.

Smith, P. B., Peterson, M. F., Akande, D., Ayestaran, S., Callan, V., Cho, N. G., Jesuino, J., D'Amorim, M., Francois, P., Garcia, M., Hoffman, K., Koopman, P., Leung, K., Lim, T. K., Mortazawi, S., Munene, J., Radford, M., Ropo, A., Savage, G., Setiadi, B., Sorenson, R., & Viedge, C. (1995). Role conflict, ambiguity and overload by national culture: A 21 nation study. *Academy of Management Journal*, 38, 429-452.

Leung, K., & Zhang, J. X. (1995). Systemic considerations: Factors facilitating and impeding the development of psychology in developing countries. *International Journal of Psychology*, 30, 693-706.

Song, W. Z., Zhang, J. X., Zhang, J. P., Cheung, F., & Leung, K. (1993). The significance and process of developing Chinese Personality Assessment Inventory (CPAI). *Acta Psychologica Sinica*, 4, 400-407. (In Chinese).

Leung, K., Chiu, W. H., & Au, Y. K. (1993). Sympathy and support for industrial actions. *Journal of Applied Psychology*, 78, 781-787.

Triandis, H. C., McCusker, C., Betancourt, H., Iwao, S., Leung, K., Salazar, J. M., Setiadi, B., Sinha, J. B. P., Touzard, H., Wang, D. Y., & Zaleski, Z. (1993). An etic-emic analysis of individualism and collectivism. *Journal of Cross-Cultural Psychology*, 24, 366-383.

Leung, J. P., & Leung, K. (1992). Life satisfaction, self-concept, and relationship with parents in adolescents. *Journal of Youth and Adolescence*, 21, 653-665.

Gudykunst, W. B., Gao, G., Schmidt, K. L., Nishida, T., Bond, M. H., Leung, K., & Wang, G. (1992). The influence of individualism-collectivism, self-monitoring, and predicted outcome value on communication in ingroup and outgroup relationships. *Journal of Cross-Cultural Psychology*, 23, 196-213.

Lau, S., & Leung, K. (1992). Relations with parents and school and Chinese adolescents' self-concept, delinquency, and academic performance. *British Journal of Educational Psychology*, 62, 193-202.

Lau, S., & Leung, K. (1992). Self-concept, delinquency, relations with parents and school and Chinese adolescents' perception of personal control. *Personality and Individual Differences*, 73, 615-622.

Bond, M. H., Leung, K., & Schwartz, S. (1992). Explaining choices in procedural and distributive justice across cultures. *International Journal of Psychology*, 27, 211-225.

Leung, K., Au, Y. F., Fernandez Dols, J. M., & Iwawaki, S. (1992). Preference for methods of conflict processing in two collectivist cultures. *International Journal of Psychology*, 27, 195-209.

Scott, W. A., Scott, R., Boehnke, K., Cheng, S. W., & Leung, K. (1991). Children's personality as a function of family relations within and between cultures. *Journal of Cross-Cultural Psychology*, 22, 182-208.

Feldman, S. S., Rosenthal, D. A., Mont-Reynaud, R., Leung, K., & Lau, S. (1991). Ain't misbehavin': Adolescent values and family environments as correlates of misconduct in Australia, China Hong Kong, and the United States. *Journal of Research on Adolescence*, 1, 109-134.

Leung, K., & Li, W. K. (1990). Psychological mechanisms of process control effects. *Journal of Applied Psychology*, 75, 613-620.

Triandis, H. C., Bontempo, R., Leung, K., & Hui, C. H. (1990). A method for determining cultural, societal, and personal values. *Journal of Cross-Cultural Psychology*, 21, 283-301.

Leung, K., Bond, M. H., Carment, D. W., Krishnan, L., & Liebrand, W. B. G. (1990). Effects of cultural femininity on preference for methods of conflict processing: A cross-cultural study. *Journal of Experimental Social Psychology*, 26, 373-388.

Leung, K., & Lau, S. (1989). Effects of self-concept and perceived approval on delinquent behavior in school children. *Journal of Youth and Adolescence*, 18, 345-359.

Gudykunst, W. B., Gao, G., Nishida, T., Bond, M. H., Leung, K., Wang, G., & Barraclough, R. A. (1989). A cross-cultural comparison of self-monitoring. *Communications Research Report*, 6, 7-12.

Leung, K. (1989). Cross-cultural differences: Individual-level vs. culture-level analysis. *International Journal of Psychology*, 24, 703-719.

Leung, K., & Bond, M. H. (1989). On the empirical identification of dimensions for cross-cultural comparisons. *Journal of Cross-Cultural Psychology*, 20, 133-151.

Chung, P. P., & Leung, K. (1988). Effects of performance information and physical attractiveness on managerial decisions about promotion. *Journal of Social Psychology*, 128, 791-802.

Leung, K. (1988). Some determinants of conflict avoidance: A cross-national study. *Journal of Cross-Cultural Psychology*, 19, 125-136.

Leung, K., & Iwawaki, S. (1988). Cultural collectivism and distributive behavior: A cross-national study. *Journal of Cross-Cultural Psychology*, 19, 35-49.

Leung, K. (1987). Some determinants of reactions to procedural models of conflict resolution: A cross-national study. *Journal of Personality and Social Psychology*, 53, 898-908.

The Chinese Culture Connection (Bond, M. H., Akhtar, H., Ball, P., Bhanthumnavin, D., Boski, P., Carment, W., Cha, J. H., Dutton, O., Forgas, J., Forss, K., Giles, H., Iwawaki, S., Kisiel, A., Latane, B., Leung, K., Moghni, S., Munro, D., Nauta, R., Ng, S. H., Protacio-Marcelino, E., Sinha, J. B. P., Ward, C., & Yang, K. S.) (1987). Chinese values and the search for culture-free dimensions of culture. *Journal of Cross-Cultural Psychology*, 18, 143-164.

Graham, R. G., & Leung, K. (1987). Management motivation in Hong Kong. *Hong Kong Manager*, February/March, 17-24.

Leung, K., & Drasgow, F. (1986). Relation between self-esteem and delinquent behavior in three ethnic groups: An application of item response theory. *Journal of Cross-Cultural Psychology*, 17, 151-167.

Leung, K., & Lind, E. A. (1986). Procedural justice and culture: Effects of culture, gender, and investigator status on procedural preference. *Journal of Personality and Social Psychology*, 50, 1134-1140.

Leung, K., & Park, H. J. (1986). Effects of interactional goals on choice of allocation rule: A cross-national study. *Organizational Behavior and Human Decision Processes*, 37, 111-120.

Triandis, H. C., Bontempo, R., Betancourt, H., Bond, M. H., Leung, K., Brenes, A., Georgas, J., Hui, H. C. C., Marin, G., Setiadi, B., Sinha, J. B. P., Verma, J., Spangenberg, J., Touzard, H., & de Montmollin, G. (1986). The measurement of the etic aspects of individualism and collectivism across cultures. *Australian Journal of Psychology*, 38, 257-268.

Bond, M. H., Wan, K. C., Leung, K., & Giacalone, R. (1985). How are responses to verbal insult related to cultural collectivism and power distance? *Journal of Cross-Cultural Psychology*, 16, 111-127.

Komorita, S. S., & Leung, K. (1985). The effects of alternatives on the salience of reward allocation norms. *Journal of Experimental Social Psychology*, 21, 229-246.

Triandis, H. C., Leung, K., Villareal, M. J., & Clack, F. J. (1985). Allocentric vs. idiocentric tendencies: Convergent and discriminant validation. *Journal of Research in Personality*, 19, 395-415.

Leung, K., & Bond, M. H. (1984). The impact of cultural collectivism on reward allocation.

Journal of Personality and Social Psychology, 4, 793-804.

Leung, K., & Bond, M. H. (1982). How Chinese and Americans reward task-related contributions: A preliminary study. *Psychologia*, 25, 32-39.

Bond, M. H., Leung, K., & Wan, K. C. (1982). How does cultural collectivism operate? The impact of task and maintenance contributions on reward distribution. *Journal of Cross-Cultural Psychology*, 13, 186-200.

Bond, M. H., Leung, K., & Wan, K. C. (1982). The social impact of self-effacing attributions: The Chinese case. *Journal of Social Psychology*, 118, 157-166.

书评

Leung, K. (1996). Review of *Psychology and Culture* by W. J. Lonner and R. S. Malpass. *Journal of Cross-Cultural Psychology*, 27, 135-136.

Leung, K. (1995). Exposing students of introductory psychology to cross-cultural psychology: Guided tour or Kaleidoscope. *Cross-Cultural Psychology Bulletin*, 29 (2), 18-22.

Leung, K. (1993). Review of *Cultures and Organizations: Software of the Mind* by G. Hofstede. *Journal of Cross-Cultural Psychology*, 24, 122-123.

Leung, K. (1990). Review of *Leadership, Organizations and Culture* by P. B. Smith and M. F. Peterson. *Journal of Cross-Cultural Psychology*, 21, 251-252.

后 记

本书出版的目的在于让读者了解梁觉教授所从事的研究，同时也表达华人学者社区对他的怀念。梁觉教授一生著述颇多，是华人心理学和管理学者当中作品引用量最高的学者之一。本书所选的 11 篇文章，分别涉及社会公正、冲突与和谐，以及跨文化理论三个方面。这些文章虽然代表了梁觉教授的重要研究领域，但并没有反映他研究的全貌。例如，他在跨文化研究方法上作出的卓越贡献、他在创造力领域的出色工作，等等，都没有在本书中体现出来。不过，从我们在代序中对 11 篇文章的简要描述中，读者可以体会到梁觉教授学术研究的起点和发展，学习他专注一点再扩展到相关领域的研究路径，也可以看到他始于主流概念和理论，再探讨具有中国特色的概念的理论演进历程，还可以看到他从跨文化思考到多元文化探索的高远目标。

感谢北京大学光华管理学院的博士生和硕士生们，他们在繁重的学业之余承担了文章的翻译工作。同时，他们还联系文章所属的不同的杂志社和出版社，尽力获得版权。他们的翻译工作分工如下：陈力凡负责翻译第 1 和第 10 章，杨时羽负责翻译第 2 和第 7 章，张烨负责翻译第 3 和第 4 章，雷玮负责翻译第 5 和第 6 章，郭理负责翻译第 8、9、10、11 章。收到同学们完成的翻译稿之后，我们三人负责校对不同的部分，陈昭全负责第 1、2、4、8 章，陈晓萍负责第 3、9、10、11 章，张志学负责第 5、6、7 章。我们三人校对第一稿后再返给同学们修改，修改后的稿件由我们再次校对。基于中国学术界对于术语的使用和翻译标准，张志学最终对各章的术语进行了校对和统一。在这个过程中，我们作为校对者的确花了很多时间，但这些努力是非常值得的。

本书的翻译、校对甚至编辑加工工作早已完成，但由于原先选定的一篇文章（Leung, K. (1997). Negotiation and reward allocations across cultures. In P. C. Earley & M. Erez (Eds.), *New Perspectives on International Industrial Organizational Psychology*, pp. 640-675. San Francisco, CA: New Lexington）虽经多方联系，仍然迟迟未能得到答复，无奈之下，只好删除，甚感遗憾。

特别感谢徐淑英教授帮助我们获得第8、10、11章翻译版权的优惠。感谢上海交通大学经济与管理学院的路琳提供梁觉教授的简介。感谢北京大学出版社经济与管理图书事业部主任林君秀女士长期以来给予IACMR的支持，也感谢贾米娜编辑对本书所做出的非常专业的工作。

陈昭全、陈晓萍、张志学

2017年4月